JK
CAMINHOS DO BRASIL

Os direitos desta obra foram doados para instituições sociais sem fins lucrativos, não recebendo o autor qualquer remuneração proveniente da sua venda.

Woyne Figner Sacchetin

JK
Caminhos do Brasil

Inspirado por

Juscelino Kubitschek

LACHÂTRE

Instituto Lachâtre
Caixa Postal 164 - CEP 12914-970
Bragança Paulista - SP
Tel/Fax: 11 4063-5354
Site: wwww.lachatre.org.br
Email: contato@lachatre.org.br

Capa: Andrei Polessi
Programação visual do miolo: Fernando Luiz Fabris
Supervisão geral: Wisclef Albísio Sacchetin (Olímpia, SP)

do 8.001 ao 10.000 exemplar
3ª edição – 1ª reimpressão – junho/2015

CIP-Brasil. Catalogação na fonte

Sacchetin, Woyne Figner, 1942-
JK – Caminhos do Brasil / Woyne Figner Sacchetin – 3ª edição, 1ª reimpressão, Bragança Paulista, SP: Lachâtre. 2015.
448p.;
1.Literatura brasileira. 2.Romance. 3.Memórias. 4.Kubitschek, Juscelino, 1902- 1976. I.Título.

CDD 869.93 CDU 869.0

Impresso no Brasil
Presita em Brazilo

Sumário

2ª Parte

3ª Parte

Como se fosse prefácio

Sim, meu patrício querido, sou eu mesmo, o Nonô Pé-de-valsa, engraxate na Diamantina saudosa, o filho da dona Júlia.

Estou de volta. De volta não é bem o termo. Estou presente porque, desde o nascimento e mesmo após o desastre na Dutra, jamais me afastei da atmosfera suave e amistosa do Brasil e das vibrações de afeto dos brasileiros que tanto amo. Enfim, estou aqui novamente!

Muitos corações queridos encontrei e – continuam os mesmos – com idênticos pensamentos, ideias e sentimentos. Deparei-me com Carlos Lacerda dias atrás e tornamo-nos grandes amigos. Algum dia não o fomos? – perguntei a ele... – Cada crítica da sua oratória inflamada, cada verbo, cada frase dos discursos contundentes eram faróis a me guiar numa determinada direção – a construção de Brasília!

As obras monumentais sempre me fascinaram! As pirâmides do Egito, homenagem à grandeza do homem, me inspiraram na construção da Cidade -Esperança em cinquenta por cento. A outra metade das forças veio do brilho inteligente e inquiridor dos olhos morenos e doces das crianças brasileiras. Era necessário preparar-lhes o país para o porvir, tarefa já iniciada com auxílio de muitos que fizeram nossa história: do querido Pedro II a Anita Garibaldi, de Cabral a Caxias, todos foram preciosos líderes.

Embora haja os grandes que dirigem as ideias e recebem os louros das conquistas e da fama, vou contar a história de milhões de patrícios humildes e anônimos, apesar de valorosos e bravos.

Severino, o candango, personagem que conheci e abracei muitas vezes no então precário aeroporto de Brasília, representa a gloriosa multidão de heróis que respeito e homenageio por terem construído a pátria. Ficarei grato ao verdadeiro Arquiteto do Universo se apenas um coração brasileiro acreditar nestas páginas e agradecer ao herói Severino, o candango.

Vamos, amigo, conhecer juntos *Os caminhos do Brasil* e, ao percorrê-los, por certo, amaremos mais profundamente a nossa terra, com todas as forças do nosso coração. Um pouco mais de amor falta para construirmos a maior civilização do planeta! Vamos, com afeto à pátria, vencer o desafio!

Com carinho, a gratidão do

JUSCELINO KUBITSCHEK

1ª Parte

1. Inspiração para o futuro

Era abril de 1955. A cidadezinha de Jataí, em Goiás, recebia-nos para um comício histórico. A pergunta veio direta. Respondendo-a do palanque improvisado sobre a carroceria de um caminhão, alteramos a história de nossa nação.

– Se eleito, o senhor mudará a capital?

Olhei nos olhos de vários cidadãos à minha frente e, como se inspirado por José Bonifácio, respondi sem hesitar:

– Sim, mudarei a capital com a ajuda de Deus e de todos os brasileiros, do mais humilde ao mais ilustre.

Uma sensação de euforia e ansiedade tomou-me os sentimentos; um frêmito dominou o meu coração no descompasso da emoção profunda! Aquelas palavras selaram o destino do Brasil. Começa hoje, pensei rapidamente enquanto discursava, nova fase da história do mundo. O gigante valoroso, "deitado eternamente em berço esplêndido", decidiu levantar-se e liderar a luta do progresso – com paz – no planeta.

Na minha frente, enquanto falava sobre a carroceria velha do cansado chevrolet, vislumbrei o futuro do meu país e me emocionei. Pude notar, como em transe, a grandeza da minha pátria moderna, cheia de universidades magníficas, de Roraima ao Chuí; vi a paz fomentando a grandeza, a cultura conquistando cérebros e corações, o amor patrocinando o crescimento; e me emocionei. Ali tive certeza da vitória nas eleições! Daí em diante, nos comícios, convidava a todos para a posse no palácio do Catete.

A história se fecharia na fase carioca da nossa civilização, quando, no dia 19 de Abril de 1960, ao me despedir do velho palácio, tranquei os pesados portões de ferro que davam para a rua do Catete e rapidamente fiz uma prece a Deus e pedi a dom Bosco me protegesse no planalto Central.

O auxílio e inspiração para meu governo vieram tão nítidos quanto o som das águas fluentes do majestoso Iguaçu. São lembranças preciosas; são momentos inesquecíveis!

Como joias no cofre do coração guardarei sempre a imagem daquele encontro, na sala ampla e antiga do palácio do Catete. Corria o ano de 1956, setembro. Lúcio Costa, Oscar Niemeyer e o desbravador Bernardo Sayão, bandeirante moderno que tanto respeito, éramos os sonhadores que transmutavam pedras em palácios e barro em lindas imagens de arte e conforto.

Lúcio Costa, inspirado por arquitetos que construíram cidades deslumbrantes na Europa e Oriente, séculos atrás, explicava seus planos revolucionários sobre a forma da cidade que surgia no papel diante dos nossos olhos deslumbrados. O avião, da asa ao corpo, nos inspirou a galgar as alturas e pensar com grandeza, refletindo a imagem da metrópole que se iniciava. Oscar Niemeyer, o poeta que rimava pedra com vidros, ferro com cimento, apresentava-nos à crítica projetos baseados em construções de um espaço espiritual. A suavidade das formas, a elegância do perfil, a modernidade do estilo conquistaram o meu coração. Não partilhávamos da mesma filosofia de pensamento político, mas, ao ver seus projetos, convenci-me do acerto da escolha para coordenador do sonho a realizar. A poesia começava a ser escrita com as rimas do futuro e da esperança!

Bernardo Sayão, gigante no físico e nas ideias, sentia, como eu, profundo amor pela terra e pela gente de Goiás. Seria o criador do plano viário e da estratégia de abrir os portões monumentais do planalto Central a todos os brasileiros. Após a chegada pelo sul das vias de acesso à capital, continuaria sua marcha de bandeirante desbravador através da floresta Amazônica até Belém.

A reunião terminou, os trabalhos começaram.

O Nordeste vivia fase difícil, o braseiro da seca queimando dezenas de animais, homens e esperanças! Entre as vítimas, o paraibano Severino decidiu escapar em direção ao sul, certo de que conseguiria nas obras da nova capital o sustento para os cinco filhos e sua mulher Iracema. Depois de viajar dias e noites longas e exaustivas no caminhão velho que o trazia com mais trinta retirantes, Severino, o candango, chegou às terras da nova capital, no centro da clareira, no cerrado, na construção de madeira que servia como local de recrutamento.

Os tratores vindos de Goiânia, ao sul, rasgavam a rodovia como se Deus estivesse moldando veias onde circularia o sangue da nação! Tratoristas, operadores, motoristas, operários dos mais diversos pareciam envolvidos por determinação sem precedentes, inspirados por forças poderosas que os estimulavam a marchar para o oeste – na direção do futuro.

Severino desceu do pau-de-arara sujo e desconfortável. Ao penetrar no salão recém-construído, cheirando madeira nova, sentiu a energia do movimento dirigido pelos que orientavam, há séculos, a nação. Apesar de fisicamente rústico, tinha sensibilidade espiritual refinada; sua boca sem os dentes da frente, sorriu feliz ao ser contratado após a rápida entrevista. Dava agora gargalhadas de alegria ao saber o quanto ali ganharia! Começou a abraçar o chefe da contratação, os auxiliares, os motoristas que iam e vinham carregando os basculantes com terra, abraçou o porteiro, a faxineira e... começou a soluçar baixinho. Lembrou-se de Iracema e dos cinco filhos na Paraíba. Porém, novas esperanças nasciam em seu coração! O ganho do trabalho intenso proporcionaria logo condições de pagar o caminhão que traria todos os seus. Após sessenta e cinco dias por estradas poeirentas sentiu algo pior que a seca, mais agressivo que o calor destruindo os animais, mais contundente que o sopro dolorido do ar quente queimando ideias, mais penetrante que a catástrofe da falta de chuvas por dezoito meses: era a saudade amarga e roxa que sentia de Iracema e dos filhos.

Saiu do salão e fitou ao longe no horizonte o cerrado levemente ondulado, volteou ao redor de si mesmo, trezentos e sessenta graus, como em êxtase, contemplou os quero-queros barulhentos acima de sua cabeça. Voltou-lhe a paz e se sentiu com novo ânimo. Tirou o chapéu de couro de bode, comido pelos anos de uso, manchado pelos dedos suados, olhou os céus e gritou com sotaque e expressões firmes do sertanejo paraibano:

– Brigado, Pai dus afritu, dus retiranti, dus sofredô da secura marvada, mi dê saúdi pra juntá novamenti us meu juntu du meu peitu. Abre u futuru, Pai dus homi cumu eu. U Teu Amô há di mi cubri di proteção. Ó Deus, sô cabra arretado. Prometu colocá tudu qui eu tenho di bom, além da força dus meu braço, pra servi meu país. Mi ajuda, Pai dus afritu.

Levantou os braços e não conseguiu mais falar. Emoção profunda o dominou! Próximo à árvore do Pau d'Arco sob a qual Severino abriu o coração desesperado, o encarregado de contratar e formar um pelotão especial para trabalhar no Alvorada, impressionou-se com a súplica daquelas palavras sinceras e fortes. Indagado o que faria se contratado para o grupo, prontamente Severino dominou a emoção e, com a pronúncia típica, numa avalanche de erros gramaticais, revelando um coração límpido de alma idealista, falou firme:

– Tudu mundu qui mi ajudá trazê os meu quiridu o mais dipressa pussivir, pertu du meu coração, vai tê minha fidélidade i meu isforçu nu trabáio inté caí di cansadu nu fim du dia. Si fô percisu dá minha vida pelu Brasil i pelu presidenti, aceitu cum u coração forti i décididu.

Seus olhos sorriram afáveis. O encarregado, admirado ante a figura pequenina e árida do trabalhador, perguntou-lhe o nome.

– Severino Paraíba, prá ti servi.

– Então, Severino, você vai ser o primeiro do grupo de quinze novos candangos que trabalharão no Alvorada para fazer a casa do presidente. Está especialmente contratado.

Ao apertar-lhe a mão, sentiu-lhe no dorso o couro rígido e enrugado de bode; na palma, a textura irregular da casca do tronco da aroeira! O toque denunciava alguém extremamente firme, decidido e trabalhador.

Severino, com suas mãos rudes, olhos sinceros e pacíficos, fez ali o primeiro amigo que o acompanharia durante a tarefa valorosa, Euzébio de Matos, mineiro gentil de Caratinga.

2. Um lar no planalto

Severino, feliz, voltou para o caminhão junto aos que foram contratados para diversas funções. Todos iriam se alojar nas proximidades da fazenda do Gama que, na época, era um grupo de casebres rústicos e mal construídos; a maioria deles foi alojada em galpões de madeira, mas a Severino e mais quatro candangos coube uma casinha, coberta de telhas velhas entre dois esboços de rua que começava a ser construída. À noite, a temperatura do planalto a transformava em lar agradável e ameno. O clima seco da região deixava a brisa suave refrescar faces e consciências cansadas da labuta diária.

Árvores diversas enfeitavam o descampado que, durante o trajeto no caminhão pau-de-arara, iam observando; os olhos indagadores do Paraíba registravam tudo: "o eixo Monumental com as escavações profundas poderia ser imenso canal de um rio artificial que levaria água ao Nordeste", ele pensou. No altiplano, onde viria a ser a esplanada dos Ministérios, já bem trabalhado por máquinas possantes como animais pré-históricos com garras que raspavam o solo para encher o ventre amplo das carregadeiras velozes, Severino admirou-se dos dentes que feriam profundamente a terra onde seriam plantadas as sementes da nova civilização. O solo era movimentado a centenas de toneladas sem cessar e isso muito o impressionou! Quando, porém, lhe vinha à lembrança a contratação para o trabalho onde poderia ver o presidente, tinha pensamentos de gratidão a Deus que lhe enchiam o peito de reconhecimento. O sonho de viver junto à família, no futuro, paulatinamente ia-se tornando um presente nos céus da realidade!

As cenas de desenvolvimento, otimismo, renovação, esperança e trabalho se repetiam ante sua visão lúcida e deslumbrada. Passava a mão pela face, cobrindo momentaneamente os olhos para se certificar de que não estava sonhando. Abria-os novamente e os fatos reais surgiam-lhe comoventes, visíveis e lindos, repletos de sons e cores das máquinas gigantescas e do palavreado inquieto e feliz dos operários que chegavam à Terra da Promissão aos magotes, todos os dias. Severino ao ver aquelas imagens extasiava-se! Tinha, como pano de fundo, o cenário que registrava, misturado às imagens da sua pequenina Patos na Paraíba e à lembrança de Iracema e os cinco filhos.

O caminhão, cujas tábuas da carroceria mal pregadas, amarradas com arame enferrujado, rangiam, distribuía os migrantes por várias casas. Quando o veículo parou diante de um casebre numa baixada, o motorista, como se fora o guia de uma caravana de desbravadores, solene apontou com o indicador firme e falou com ares de importância:

– *Pia só, irmão Severino, aqui é seu novu lar na capitar da isperança. Désci, cabra arretado, pega tudu us teus pértences, ó xente, i qui Deus ti abençoe.*

O condutor era Zé Baiano, de Ilhéus, que comprou o caminhão a prestações, confiando no pagamento dos retirantes para saldar seus compromissos.

Severino e mais quatro desceram. Nem a pompa da coroação de um rei ultrapassaria em solenidade e beleza de sentimentos aquela hora. "O rei do império da Paraíba, rico e forte", pensou ele, "chega ao novo palácio de verão!"

Lembrou-se do casebre onde, na área rural de Patos, morou vinte anos. Mesmo sendo este melhor, a saudade deu-lhe um nó na garganta emocionada. Havia água abundante, verde vivo, espalhado na plantação e flores plantadas pelos antigos moradores... Porém, a lembrança da terra-mãe sofrida e amada comoveu-o...

O peito arfava emocionado, os olhos amplamente abertos nada perdiam em detalhes, registrando as minúcias para descrever os acontecimentos para quem chegasse posteriormente. Seus olhos eram câmaras de fotos que seriam reveladas no laboratório do coração para serem guardadas, quais joias preciosas, no fundo da alma. Ele entrou primeiro, empurrando com o saco de estopa empoeirado, que era sua mala, a porta da frente, que cedeu gemendo sonolenta, como a saudar com o ruído triste os cinco trabalhadores.

A sala era de chão batido, coberto com pedriscos socados para dar-lhe firmeza. Do lado direito da sala, duas forquilhas com um galho grosso apoiando-se em ambas formavam o banco dos pioneiros. Na cozinha estava o fogão a lenha com o cheiro típico do carvão.

Eram seis horas da tarde. O crepúsculo, nas terras inesquecíveis e coloridas do planalto Goiano, se espalhava gradativamente no horizonte, como se o céu se incendiasse numa profusão imensa de cores vermelhas, alaranjadas, amarelas, com estrias radiadas de um azul claro, diáfano. O astro-rei mostrava sua beleza majestosa já mergulhado pela metade na linha que une a Terra à abóbada celeste. Parecia se despedir dos homens, convidando-os a repousar após um dia de trabalho exaustivo. Um pássaro, ao longe, em canto afinado, cortou o silêncio.

Severino contemplava, coração aos saltos, aquele filme maravilhoso. As imagens multicoloridas se tornaram deformadas pelas lágrimas de gratidão que teimavam em brotar-lhes dos olhos. Ao longe, a siriema voltou a cantar a sinfonia como um hino ao sertão goiano. Para ele tudo aquilo eram os anjos de Deus – o Pai da pátria brasileira – saudando os recém-chegados.

Aquietou-se como hipnotizado pela beleza e pelo conforto das vibrações sutis da aragem leve a acariciar-lhe o rosto. A mala de estopa, aos pés, jazia ali esquecida, enquanto ele contemplava o ipê amarelo, florido, próximo a casa: "na Paraíba não vi tais flores; Deus existe mesmo".

A noite goiana "tão meiga, tão clara, tão pura, tão linda", chegou sutil, dominando a paisagem. Deus brasileiro abriu o cofre da natureza, cheio de estrelas, e as espalhou, aos punhados, pelos céus de Goiás. Anoiteceu no planalto.

3. Brasília

Os astros brilhantes saudavam no veludo escuro dos céus de Brasília os novos habitantes.

O que mais impressionou Severino foi o Cruzeiro do Sul, um pouco mais horizontal do que na Paraíba. De religiosidade natural e profunda, lembrou-se de como aquele símbolo unia os sofredores – a Cruz, o Cristo. Estava observando a abóbada linda negro-azulada, quando Tonhão, um paraibano alto e forte, falou:

– Severino, essa casa é uma princesa, nóis temu chuvêro di água pra lavá u coru cansadu i suju. Eu sô cabra da mulestia! Sô u primeru du grupu. Quando ocê pará di sonhá, podi í.

Severino continuou apoiado no parapeito da janela. O saco de estopa, servia-lhe agora para sustentar a perna esquerda, enquanto a direita suportava-lhe o peso; o queixo na palma da mão esquerda e o cotovelo sobre a madeira da janela. Os olhos umedecidos fitavam o infinito da noite... O murmúrio da água caindo contra as pedras do banheiro fê-lo pensar na bênção do líquido abundante, o oposto na Paraíba distante, seca e imensamente querida.

Após Tonhão, Severino entrou no banheiro rústico no fundo da cozinha. Viu a lata redonda com furos e uma alavanca de cabo longo que controlava o fluxo da água. Ele estudou atentamente o aparelho desconhecido, puxou a corda presa ao gancho fixo na parede, soltou o balde bem abaixo dos seus ombros e começou a enchê-lo: a borracha longa trazia a água da torneira de fora. O hábito o fez tentar estancar o líquido que corria solto e contínuo para economizá-lo! Admirou-se ao ver que a ponta da mangueira estivera todo o tempo livre, pois o quintal já estava encharcado. Era a fartura! Tomou seu banho, remoçou; quase descansado, respirava agora ar livre do pó da viagem de sessenta e cinco dias. Sentia-se um pássaro exausto, mas com vontade de voar pelos céus infinitos.

O Zeca, outro companheiro, preparou algo seco que trazia na mochila velha. Os cinco comeram um pouco de farinha amarela, carne de sol picada e munguzá. Um pedaço de rapadura foi a sobremesa. Engoliram com apetite voraz!

A felicidade estampava-se nos rostos dos novos moradores da casinha do Gama, onde muito da história se passaria. Escreveriam uma epopeia de sofrimento, coragem, determinação, patriotismo e profundo amor à terra e à sua gente.

Severino, cansado como lamparina bruxuleante cujo querosene acabava, lentamente adormeceu na rede que trouxera no saco de estopa. Dependurara uma extremidade na tranca da janela, a outra no prego grosso da parede oposta; ali dormiu como um rei!

Sentiu-se no céu, com emprego, abrigo, água em abundância...

Lá fora, na noite linda, milhares de insetos os mais diversos compunham uma sinfonia. Grilos, vagalumes e outros animais apresentavam as melodias e bailados da natureza. Não longe dali, o cerrado ainda virgem abrigava centenas de espécies vivas. A pomba do mato arrulhava qual amorosa mãe em canção de ninar para a prole repousar em paz. Severino ainda a ouvia; adormecendo mais profundo, começou a roncar.

A atmosfera começou lentamente a mudar. Os sapos da redondeza perceberam a alteração do tempo e começaram, felizes, a coaxar em ritmo. Primeiro um aqui, logo além outro, mais outro, outro mais: e o coral, como em uma reação em cadeia, ia espalhando o som alegre na voz de milhares de integrantes da orquestra dos sapos cantores sertanejos!

O vento forte começava a balançar os braços das árvores retorcidas do cerrado, soprando com violência, despenteando a cabeleira das folhas, dobrando o capim jaraguá até o chão. Nuvens escuras corriam para cobrir as estrelas. Um jorro de luz longínquo clareou a imensidão, qual árvore colossal incendiando-se contra o céu escuro. Arrebentou logo o trovão como se gigantes rolassem imensos tonéis metálicos pelas escarpas do infinito. No barulho, a saparia respondeu com cantar feliz, cada vez mais alto até que as gotas da chuva começassem a tamborilar no teto.

Severino desperta parcialmente, julga-se sonhar, confuso, que estava na Paraíba, e lá chovia... :

– Tá chuvenu, meu Deus. Ele escutô nossa oração meu padim Ciçu. A missa na vila valeu. Jesus Cristu i Nossa Senhora mandáru a chuva prá apagá a seca du sertão i moiá us lábio seco das criança. Meu Deus, qui alegria...

A alma dominada pela emoção, sem auto-controle, gritou a todos os pulmões:

– Iracema, acorda, minina! Vem vê a chuva, acorda! U mandacaru lá fora tá filiz.

Os quatro companheiros despertaram assustados e, sem saber o que acontecia, correram para o quarto de Severino, onde o encontraram rezando ajoelhado junto à rede:

– O Severino, cabra macho, o que se assucedeu? – Perguntou Zeca surpreso.

– Mi adiscurpi, genti, eu pensei tava lá na Paraíba...

Lá fora a chuva torrencial, violenta, chicoteava o telhado e as paredes. Os trovões e relâmpagos através das frestas das portas e janelas mostravam a grandiosidade da natureza do planalto. "Seriam os anjos trabalhadores da Paraíba que vivem nos céus, recepcionando os retirantes com seu amor? Eles mudaram a noite estrelada em chuva volumosa para nos receber", pensou Severino.

Os trovões, gritos de gargantas gigantescas, enrouqueceram até perder a voz e silenciar! Os relâmpagos se apagaram qual lampião sem querosene. Os pingos da chuva espalhados se evaporaram ou se recolheram nas bacias imensas do céu. Tudo se aquietou! Eram quatro horas da manhã.

Severino não conseguiu mais dormir, atento ao que acontecia lá fora. Horas mais tarde um bem-te-vi começou a cantar, os anus pretos piando forte e ritmado voavam na madrugada úmida. Aos poucos, o farol imenso do sol começou a acender, clareando a casinha, o capim, as árvores, o matagal próximo. Parecia um girassol luminoso enfeitando o nascente... A natureza toda, enfim, renascia, límpida, no frescor da madrugada que se retraía para, lentamente, ceder lugar à manhã.

Severino correu à janela do quarto, era o nascente na outra extremidade do mundo: – *U sor si apagô onti na janela dus fundus, agora nasci na frenti prá acordá us homi trabaiadô*

De súbito, como se todos os diamantes, rubis e pepitas de ouro das terras do Brasil se fundissem a altas temperaturas num caudal imenso, as nuvens começaram a colorir o horizonte. Pássaros voavam, mostrando sua silhueta móvel de asas abertas, contra a fonte de luz que jorrava abundante ao longe, no céu. O sol, lançando raios difusos, agora parecia a face de menino bonito e travesso que, levantando a cabeça para espiar a terra acima da linha do horizonte, gradativamente se punha de pé apoiado no chão do infinito. Logo após mostrava a face toda, risonha e feliz, iluminando a terra e as gotículas de chuva, diamantes liquefeitos, teimosos, brilhando para enfeitar o novo lar de Severino.

Ele apagou os devaneios e começou a se preparar para a labuta do primeiro dia de trabalho no planalto Central. A longa caminhada começava no primeiro passo.

4. Um homem honrado

Zé Baiano, o dono do caminhão, conforme combinado, às seis horas da manhã, estacionou à porta da moradia. Levaria os cinco para seus respectivos locais de trabalho, empoleirados na carroceria com bancos de madeira transversais, pregados no chão.

Ele havia retirado a lona encerada que os acompanhou desde o início da viagem. Agora era tudo a céu aberto! Cada um foi sendo deixado em seu lugar. O motorista permaneceria dez dias em Brasília, para retornar com alguém que precisasse voltar às origens para trazer familiares ou resolver problemas urgentes. Era uma maneira de fazer propaganda de sua "empresa de transporte". Com isso ia adquirindo a confiança dos futuros passageiros e também recebia o dinheiro da viagem de vinda. Era costume pagar-se no fim da primeira semana.

Severino foi o último a saltar. O lugar da tarefa diária seria, como já sabia, o palácio da Alvorada, deslumbrante sonho de concreto a pousar suavemente no solo. Serviria a que o presidente se desvencilhasse de atividades administrativas rotineiras e para sua moradia e de seus familiares. Tinha ao lado singela igrejinha romântica e inspiradora!

Severino ficou felicíssimo ao se encontrar com o capataz, que também era paraibano. Cumprimentaram-se e logo ficaram amigos. Pareciam antigos conhecidos.

Um grupo de dez ou doze homens tirou os chapéus de couro à aproximação do novo trabalhador, com a saudação:

– *Ó xente, o trabaio é muito i o povo forte, é não?* – para ferir Severino. Alguns riram. Era o menor do grupo em estatura. Ele, arguto, entendeu e se pôs a trabalhar. Toras de madeira vermelhas e grossas jaziam esparramadas no solo, esperando ser colocadas nos lugares apropriados para fazer as formas de cimento conforme os planos do arquiteto Oscar Niemeyer. Eram pesadas como chumbo! Todos se juntavam aos gritos ritmados do capataz, dando tudo de si em força, substituindo as máquinas e guindastes que chegaram só mais tarde.

– Agora, pessoá, levanta firmi, cabra arretadu. Força di giganti sertaneju. Vamu lá, pessoá!

Severino foi pegar o lado mais pesado do tronco enorme e alguns, de peito mais amplo e ombros mais largos, sorriram sarcásticos. Mas aquele baixinho parecia uma formiga cheia de energia, capaz de levantar até três vezes o seu próprio peso! Um dos homens fraquejou ferindo a mão numa lasca que se desprendeu. Severino se esforçou e compensou a carga apoiando a tora no próprio ombro. O capataz gritou:

– *Oxi, cuidado, cabra da muléstia, a carga é muita prá ocê.*

Ele se concentrou, esticou as pernas magras e rudes, ergueu a ponta da tora, seguido pelos que a elevaram na outra extremidade. Ela deslizou pesada, inclinada para dentro do buraco profundo, feito anteriormente e agora cheio de água da chuva abundante da noite. Todos aplaudiram quando a tora ficou na posição vertical. Os fortões começaram a entender que o recém-chegado era um baixinho diferente! Parecia um guindaste em miniatura, braços como alavancas de aço e mãos quais alicates cobertos de couro grosso de bode.

Gritavam dobrando as pernas, se abaixando ao mesmo tempo, sob o comando do capataz, para levantar outra tora quando, a cem metros dali, a gritaria chamou-lhes a atenção:

–*Agora eu ti mato, cabra suju da bixiga. Minha pexera vai ti esfolá vivu tudinhu.*

Num relance, entendendo o que se passava, Severino gritou ao chefe:

– *Se ocê permiti vô lá apartá us brigão.*

O capataz nem teve tempo de responder; ele saiu correndo em direção ao outro grupo, tão rápido que suas pernas curtas pareciam ter asas.

Dois homens começaram a lutar. Mané desferiu potente soco na boca do Tonhão, que começou a sangrar e rolou no chão atordoado. De repente este se afastou e, como por encanto, uma peixeira larga e longa caiu-lhe nas mãos. Ágil como um gato, feroz como um leão, ele avançou em direção ao Mané, que recuou. Uma faca ampla também caiu aos pés do Mané. Os dois agora estavam em igualdade. Poderiam ambos se matar.

Pequeno, Severino pulou no meio da roda desarmado e começou a gritar:

– Larga a faca, Mané, ocê prá matá meu irmão trabaiadô vai tê que matá eu juntu. I ocê, Tonhão, pára di locura. Tua famía qué ocê vivu i forti, cabra da muléstia. Mi dá a pexera aqui.

Mané, possesso e descontrolado, desferiu golpe tentando atingir o adversário. Severino estendeu o braço esquerdo e desviou a faca que iria certeira no coração do amigo. Corte profundo fez mão e pulso sangrar abundantes. Pulou para o peito do colega de moradia, sujou-o todo de sangue:

– *Tonhão, larga tua pexera qui u cabra eu vô amansá cum a conversa de irmão!*

A voz do baixinho era possante e decidida; havia um tom de coragem e súplica que desarmou, de imediato, os dois lutadores.

Duas facas rodopiaram no ar refletindo o sol e caíram longe. Todos ao redor começaram a gritar vivas ao "homem valente". Ele tomou ambos pela mão e os sujou com tinta vermelha que teimava em borbulhar-lhe do pulso esquerdo. Abraçou um de cada vez e falou:

– Sabi, irmão, nóis tá aqui prá trabaiá, não prá si matá. Quem é valenti mostra a força trabaiando prá construí. Quem é forti usa us braçu prá fazê as obra. Nossa famía i us fiu ispera di nóis tudu qui nós pode fazê di bão. Vamu ficá im paz! Jesus Cristu mi protegeu! Pensei qui ia levá uma pexerada na costa i ôtra nu peitu nu meio di dois leão bravu comu ocêis! Mas Deus é bão i mi sarvô. Si eu morresse, siria um sarvanu dois! Valeu a pena. Tudus nóis precisa sê amigo aqui. A união faiz a força, genti...

Sua mão sangrava e sangrava...

O capataz do grupo, logo após o início da briga, correra para o local ajudar Severino, mas ninguém se atreveu a entrar no campo de batalha. Eram dois gigantes, felinos bravos, muito bem armados. Mas, à surpresa causada pelo pequenino, ambos ficaram estáticos ouvindo-o falar. E a mão sangrava...

Severino, pálido, começou a rodopiar e caiu. Os dois lutadores o pegaram, um pelos braços e outro pelas pernas, e correram, com a ajuda do capataz, para a carroceria do caminhão que o levaria ao Hospital do Instituto de Previdência dos Industriários. O prédio era todo de madeira, relativamente perto.

Ao chegar, uma enfermeira loira os recebeu solícita e instalou soro que corria para as veias de cada braço, abundantemente. Ao mesmo tempo, o médico, terminando de atender a um outro paciente, correu para uma sala extreita e limpa e colocou o garrote para estancar a hemorragia que quase matou nosso herói.

– Pressão quase zero – gritou a gaúcha.

– O coração ameaça parar!

O médico pediu mais fluxo de líquidos e, mesmo sem anestesia, iniciou a sutura do ferimento, pinçando artérias e veias com destreza admirável. Sua experiência no Hospital Getúlio Vargas no Rio de Janeiro valeu-lhe muito. Executou com precisão a cirurgia. Severino, na maca, estava quase em coma, a perda sanguínea fora abundante! A artéria radial estava parcialmente seccionada.

O médico, no típico sotaque do carioca culto e gentil, perguntou, na sala de espera, se alguém doaria sangue à vítima. Dois homens fortes rapidamente se apresentaram: eram os dois briguentos. A enfermeira tipou-lhes o sangue, colheu meio litro de cada um e começou a injetar nas veias de Severino, mesmo sem outros exames, já que o banco de sangue não estava preparado para fazê-lo.

Severino se recuperou gradativamente como planta murcha que ao receber o beijo da água fresca levanta as folhas e começa a reviver.

Lá fora, trinta e oito homens chegados dos dois locais de obra estavam mudos e cabisbaixos, preocupados com aquele homenzinho admirável, valente, duro e idealista que lhes conquistou em cinco minutos e tocou-lhes o coração. Após meia hora, Severino abriu os olhos. Atordoado viu à sua frente os olhos grandes, azul-claros da enfermeira e perguntou:

– *Ó xente, será qui murri duma pexerada i um anju louru veiu mi buscá?*

Todos na sala fizeram força para não rir, mas a felicidade se estampou no rosto de cada um. O médico carioca Carlos Alberto Fernandes compreendeu a situação, contente saiu e gritou ao pessoal:

– O paraibano está fora de perigo. A mão, em duas semanas, vai cicatrizar e sarar. Voltem para o trabalho tranquilos. Nós cuidaremos dele.

Todos deram vivas e se retiraram. Os doadores de sangue foram levados à delegacia e colocados em celas separadas. Não falavam nada. Na mudez de cada um pairava a esperança de que se pacificassem dando exemplo aos outros operários. Que todas as forças fossem dirigidas à construção da nossa capital!

5. Tudo pela pátria

Severino foi novamente operado na manhã seguinte. O médico completou o trabalho do atendimento urgente. Agora com anestesia troncular, atingindo completamente a mão, com potente lupa no centro cirúrgico, conseguiu analisar melhor a situação. Suturou várias estruturas e pôde ver que o sangramento que quase matou o Paraíba vinha de orifício na artéria radial esquerda. Alguns ligamentos do pulso estavam cortados parcialmente, veias superficiais ainda abertas, por isso o hematoma no braço edemaciado. O que mais o impressionou, porém, foi o corte na palma da mão, profundo, atingindo os ossos, amplo quais lábios abertos de boca escancarada.

O campo cirúrgico era limpo e a anatomia bem visível, graças ao garrote elástico no antebraço. A sutura em planos chegou à pele. Severino enfraquecido, mas consciente, alegrou-se ao saber que a enfermeira havia se dirigido, com todos os apetrechos de coleta, para trazer novamente sangue dos dois brigões. Agora o líquido seria submetido aos testes de segurança antes de ser injetado. Feliz ao ver os frascos cheios, meio desperto, pálido como papel amarelado, Severino sorriu:

– *Ó xente, agora tenhu qui começá a gostá daqueles cabra da bixiga, pois até sangui eles mi deru. Ó diachu...*

E começou a gargalhar.

A cirurgia levou quase duas horas, pois os tendões lesados foram reparados um a um. Após o curativo estéril, a mão e o punho foram colocados em posição para impedir a retração, prejudicando a função de pegar objetos. Temia-se a contaminação, pois na luta Severino caíra apoiando a mão no barro sujo. A vacinação antitetânica fora feita. A febre, apesar dos antibióticos endovenosos, prenunciava infecção, talvez até osteomielite pela lesão da lâmina nos ossos da mão. Ficaria internado quinze dias.

Pelo seu palavreado cômico e amistoso, os funcionários do hospital, médicos e pacientes haviam sido conquistados. Admirados do acontecido começaram a respeitar e amar aquele homem especial, e corajoso, tentando parar a briga de dois gigantes ágeis, armados de faca de quase cinquenta centímetros. No décimo dia, conversando com a enfermeira que lhe dava medicamentos orais para controlar a febre, lembrou-se, como uma martelada lhe batesse na testa:

– *Meu Deus, princesa* – falou-lhe com o sotaque típico. – *Percisu i prá delegacia falá cum u delegadu, libertá meus amigu briguentu; eles pagaru us pecadu mi dandu sangui. Ocê mi leva lá?*

Consultado, o médico veio lhe falar: seria arriscado sair do hospital. Severino argumentou firme, falou, suplicou, agiria com todo cuidado! Depois de muita insistência, uma perua kombi, adaptada como ambulância, dirigiu-se à delegacia de polícia na Asa Norte. Severino desceu pálido e fraco amparado pela enfermeira e se dirigiu à sala do delegado, um jovem amazonense que começara há pouco a difícil profissão:

– Dotô, mi perdoa, vim prá falá cum o sinhô e us dois brigão qui quasi mi matáro. U Tonhão i u Mané. Quiria du sinhô u favô di libertá eles dois purquê eles num mi matáro. U qui u Mané feiz num foi pur má. Liberta us dois qui eu, Severino Paraíba, homi honradu i valenti, vô tomá conta deles prá nunca mais brigá cum ninguém. U dotô mi leva na cela deles?

Após longos minutos de argumentação, o delegado foi vencido por aquele palavreado sincero e convincente, estimulado por dois olhos que, como fonte de bondade e honestidade, teimavam em se fixar na autoridade. Os três foram para a primeira cela. A enfermeira amparando Severino pelo braço direito; ele num pijama de algodão grosso azul-escuro entrou na cela e topou com um homem assustado olhando-o fixamente – era Mané:

– Irmão Mané, vim aqui prá ocê pidi perdão pru Tonhão i prá mim. Ocê vai!..

Falou firme apontando-lhe o indicador próximo ao nariz. Mané vacilou:

– Dotô, quantu tempu vô ficá presu? Careci eu trabaiá prá trazê a famia da Paraíba, dotô...

O delegado chamou Tonhão para a cela. Dois guardas fortemente armados o acompanharam. Os dois presos frente a frente se olharam com ódio. O queixo do Tonhão, com hematoma ainda, mostrava sinais da luta feroz. Ambos se aproximaram. Os dois soldados se prepararam para lutar. Severino, porém, pequenino decidido, colocou no peito largo do Tonhão a mão gessada e a outra no tórax musculoso do Mané. Ele parecia uma criança frágil levantando os braços para deixar os gigantes separados. Empurrou-os com as mãos e falou:

– Ó Deus meu, nóis viemu prá esse lugá construí uma cidade linda. Prá que brigá? Nóis tem qui sê amigu, genti!

E balançou-os, as mãos contra o esterno de ambos:

– Nóis, nordestinu percisamu tê orgulho di mostrá prus governanti qui nóis semo di valô. Assim um dia eles vai fazê o canar prá ligá otros rius qui nunca seca e vai mandá água pru Nordeste. Vi num papé qui chama mapa u desenhu

dus rio. I podi acreditá, é fáci fazê isso. Mais fáci qui construí esta cidadi. Si nóis trabaiá bem, cum orde, nóis conquista u coração dus guvernu i eles ajuda nóis.

Os dois baixaram a cabeça envergonhados.

– Nóis tudo qué a merma coisa. É a fartura prás nossa famia. Chega di passá sedi nu Cariri, ô nu Nordeste. Um dia vai nascê flor na secura, quandu a água dus rio chegá nus nossu riu secu. U amor faiz tudu, minha genti.

Balançou os corpos rígidos de ambos com as mãos calosas e continuou:

– Ninguém pódi pensá im matá u outru. U Brasir percisa di tudu nóis, muito mais di dois tratô possanti cumu ocêis. Agora, Tonhão e Mané, na frenti dus dois sordadu, da infermêra i du dotô delegadu, fiqui sabenu qui si ocês brigá outra veiz cum quarqué um, ocês e eu vamu tudu pru xadreis pur um ano! U dotô delegadu é duru mais tamém é bão. Ocêis fica presu nessa gaiola pur um anu, enquantu a famia docêis passa fómi na Paraíba. Ocêis qué isso? Si si abraçá i pedi perdão um pru otro i prá mim tamém, u delegadu vai deixá ocêis i imbora trabaiá. Ocêis qué?

Ambos se aproximaram. Os olhos mais calmos, ódios aplacados pelas palavras e pelo olhar firme de Severino. Depois de vários documentos com as impressões digitais dos três e mais a enfermeira assinando como testemunha, eles deixaram a delegacia na Kombi cheirando nova que levou Severino, meio zonzo, extremamente pálido, de volta ao hospital onde ficou mais dez dias.

As visitas eram constantes e numerosas. Seu gesto de coragem conquistou capatazes e trabalhadores. A fama de homem valente, que enfrentou duas peixeiras e duas 'jamantas' ao mesmo tempo, se espalhou pelos canteiros de obra. Até Euzébio, o mineiro de Caratinga afável e bom, foi lá para vê-lo.

A notícia corria de boca a ouvido como fogo no capim seco. Severino pediu ao médico para trabalhar de imediato após a alta hospitalar. O cirurgião tentou convencê-lo a não fazer força por mais um mês, ao que ele objetou:

– Sabi, dotô, meu braçu mais fórti é u otru. Eu amarru u firidu na barriga i trabaio cum u direitu. Póssu fazê muita coisa. O dotô dexa?

O médico novamente se assustou, mas... consentiu. Toda manhã, antes de ir ao hospital, ele passava pelas obras do Alvorada para ver Severino. O homenzinho conquistara mais um amigo!

Tonhão e Mané aceitaram as sugestões e se pacificaram. A lição de amor com firmeza, coragem e determinação dobrou consciências e domou corações.

O palácio dos sonhos crescia, as colunas elegantes e revolucionárias, leves como plumas tocando o solo. Severino era o transportador de pregos, serras e ferramentas leves, além de distribuidor de água: "o aguadero" o chamavam.

Ele tinha pressa. Dentro de pouco tempo eu, o presidente, e outros homens muito importantes chegaríamos para inaugurar a obra. Severino, líder na coragem, com sorrisos e anedotas nordestinas, a todos estimulava.

O futuro se preparava para receber novos presentes de Deus. Uma atmosfera de otimismo e alegria, baseada no trabalho, tomava conta do país. Cada coração brasileiro trazia sentimentos temperados de amor e orgulho de possuir uma pátria tão rica com gente pacífica, necessitada apenas de um pouco mais de cultura. Brasília nascia abençoada por Deus.

6. Os caminhos levam a Brasília

Um dia antes, 29 de junho de 1958, a seleção brasileira de futebol ganhara, na Suécia, o campeonato mundial. No dia 30, o Brasil inaugurou aquele tesouro arquitetônico: o palácio da Alvorada. A construção, apesar de ainda faltar alguns cômodos e retoques, mostrava o zelo e o carinho dos operários para com a obra que seria a residência do presidente e sua família.

Voando baixo, no avião que vinha de Goiânia, onde havíamos pernoitado, pude ver o palácio. Conseguia reconhecer algumas partes da cidade. Era um verdadeiro formigueiro humano, os candangos valorosos se movimentando constantes. As máquinas cavavam o solo, quais tatus gigantes e domesticados. O eixo Monumental já mostrava suas dimensões admiráveis! A esplanada dos Ministérios já com alguns esqueletos de cimento brotando do solo. O palácio da Alvorada, lindo... ! Tudo dava ao coração um consolo que compensava todos os desafios enfrentados no governo.

A oposição, mais dirigida ao vice-presidente que seria, segundo eles, o continuador da era Vargas que queriam terminada, causara problemas. Ver a terra revolvida, construções nascendo do solo virgem, dava muita paz de espírito. Era como sair do caldeirão em ebulições políticas no Rio de Janeiro e chegar ao paraíso das realizações. A represa do lago, seu aterro começando a barragem, me fez antever o futuro com muita alegria.

Pedi que o comandante da aeronave sobrevoasse a área de construção em círculo bem amplo, para confortar-me interiormente. Minha família, vinda para as festas da inauguração, exultava. Marinha e aeronáutica teimavam em me agredir, com a desculpa de que o marechal Lott, que defendeu a legalidade da minha eleição, havia desrespeitado as duas armas em diversas decisões, durante o governo de transição de Vargas para minhas mãos. Ver Brasília nascendo era uma bênção que diminuía minha angústia ao lembrar que oficiais da aeronáutica, em Aragarças e Jacareacanga, tentavam derrubar o governo civil mais autêntico da história da nossa Pátria. No cálculo dos votos, o vice-presidente ultrapassou os que me foram dados. Isto indicava-lhes que o meu governo havia tido o apoio dos comunistas. Eu – democrata de vida e atitudes, de formação e filosofia – me surpreendi e pedi a Deus me desse fé e força, inspiração e determinação para levar o meu país e o meu povo para construir a civilização brasileira com a qual sempre, sempre, vida afora eu sonhei! Valeu a pena lutar! Pela janela do avião, vi Brasília surgindo como flor vermelho-clara na terra do cerrado.

A aeronave pousou lenta e, ao sentir o toque no solo, parei de meditar e agradeci mais uma vez a dom Bosco, como o fizera no início da minha campanha. Deus, pensei, deve ter-me preparado para construir a capital cuja lei fora aprovada desde 1891. Que honra para um homem brasileiro – que responsabilidade nos ombros de um presidente. Ciente de que o amor constrói para sempre, quando desci as escadas do avião, senti um fluxo de afeto, vindo dos céus do planalto Central, que me emocionou. Abri o coração para depositar dentro dele, como num cofre sublime, o maná do sentimento divino com o qual venceria todas as crises. Através dessa inspiração eu convenceria os militares, os civis, os políticos e inspiraria os operários de sul a norte da pureza das minhas intenções de progresso. Esses trabalhadores dariam aulas de conduta a muitos homens públicos que teimavam segurar o país atado ao passado retrógrado. Eles, meus operários queridos, meus candangos, ensinariam a gerações de políticos como se ama a pátria!

Na kombi que nos conduziu do aeroporto ao Alvorada, enquanto meditava, fui percebendo a atmosfera de esperança e otimismo que brotava de cada sorriso quando nos acenavam as mãos ou as bandeirinhas do Brasil à passagem da comitiva. Tempos saudosos, visões inesquecíveis, caros ao meu coração!

Aos solavancos, em meio ao pó, chegamos mais tarde ao palácio da Alvorada. Ali a nacionalidade iria desabrochar mais e mais em todos os corações. O país, todos os brasileiros, com o nascimento de Brasília, perceberiam a grande importância da sua terra perante o mundo. Prova disso era o número de personalidades mundiais que insistia em visitar as obras. Dentre eles o presidente Eisenhower dos Estados Unidos, o cardeal Montini, mais tarde papa Paulo VI, o imperador da Etiópia, Hailé Sélassié, Yuri Gagarin, o primeiro astronauta a orbitar ao redor da Terra, Foster Dulles, secretário de Estado americano, André Malraux, ministro da cultura da França. Brasília era a oitava maravilha do mundo de acordo com Frank Capra. O orgulho da brasilidade começou a tomar conta das mentes e corações de milhões. Sentia isso nos olhos morenos do povo magnífico que me competia governar.

Em frente ao Alvorada pareceu-me ter Pedro II ao meu lado. Seria isso possível ou era resultado do cansaço e do desgaste emocional? Talvez viesse participar daquela festa maravilhosa. Até os pássaros do cerrado estavam alegres: a pomba juriti, que ouvira muito na minha saudosa Diamantina, começou a arrulhar melodiosa e gentil quando descemos em frente ao palácio. Quando pus o pé no início da rampa junto com Oscar, Lúcio, Sayão e Israel Pinheiro, o grande comandante da Novacap, a siriema dobrou a voz ao longe; Israel, com sua alma sertaneja, observou:

– Escuta, presidente, a mais famosa cantora do planalto Goiano está saudando a nova era.

Parei, sorri feliz, olhei demoradamente os jardins circundando a construção e as árvores do cerrado combinando com as colunas. Em tudo se notava o zelo dos trabalhadores e a genialidade dos técnicos que planejaram o prédio. Alguns ainda, às pressas, tentando dar os retoques finais.

Um grupo de quinze candangos, com seus chapéus de couro de bode, formava à minha esquerda, no canto do palácio, um pelotão muito interessante. Mesmo distante, dava para ver-lhes as fisionomias tostadas de sol, os chapéus velhos de couro, limpos, como engraxados. Alguns de roupas novas, tipo domingueiro, abanavam as mãos, saudando-nos. Respondi ao cumprimento, muito feliz, abanei largamente os braços levantados acima da cabeça.

Entramos na varanda ampla onde outros nos aguardavam. Eram autoridades, técnicos, políticos e governadores. Foi uma festa para os nossos corações! Cumprimentos, sorrisos de orgulho, olhares de fé. Tudo falava da renovação pela qual passava o meu Brasil. Olhares, vozes, gestos, tudo transpirava confiança, esperança, patriotismo, brotando dos sentimentos guardados no coração brasileiro.

Depois de tantas noites em claro, era o prêmio à nossa determinação de amor e luta pelo país. Aqueles foram momentos de suprema felicidade, dias deslumbrantes e inolvidáveis. Israel Pinheiro, rígido, de moral ilibada, extremamente honesto, de caráter introvertido, ali se abria na felicidade do dever bem cumprido, sorrindo alegre, brincando conosco. Nossa preciosa amizade, acalentada por longos anos, era cimentada na realização do trabalho em favor da pátria comum.

Preparâmo-nos para a festa, rapidamente. O cardeal-arcebispo de São Paulo abençoou o edifício. Saudei os candangos trabalhadores agradecendo-os. Falei emocionado. O alto-falante transmitindo lá fora minha voz cheia de sinceridade, gratidão e reconhecimento. Minhas palavras os fez chegar à rampa externa e gritar em uma só voz:

– *Queremus abraçar o presidenti, qui ele venha prá fora. Presidente, presidente, venha aqui. Presidente, presidente...*

Saí à porta, desci as escadas e aqueles homens nordestinos com trajes e chapéus típicos se aproximaram e se acomodaram ao meu redor. Abraçaramme. Procurei olhar nos olhos daquele povo gentil e vi refletida neles a minha fisionomia risonha, mas tensa. Pensei em mim como um orientador daquela geração de bravos! Eu os amaria como meus filhos. Pedi ao meu Pai, talvez me olhando de um santuário de luz lá nos céus, que me ajudasse a guiar meu povo nos caminhos da paz, da alegria e do progresso!

Havia ainda nos ares do Brasil uma incredulidade e má fé contra a mudança da capital. Isso me feria profundamente. A cada inauguração chegávamos mais perto da realidade maravilhosa – a cidade do futuro – Brasília, a capital do Brasil. Enquanto eu pensava, a juriti voltou a arrulhar solene. Seria o Cantor Supremo, respondendo à minha súplica pela garganta sonora do pássaro querido?

7. O BRASIL CAUSA INVEJA NA ONU

A festa era pura alegria. Após os abraços convidei o 'pelotão' dos candangos para entrar na sala onde estava sendo servido o banquete. Como haviam conquistado meu coração, quis fazê-los sentirem-se honrados. Afinal, foram eles que construíram o prédio que nos abrigava. Quem mais senão eles teria o direito moral de participar da festa da inauguração? Chegaram todos juntos em coluna simpática com chapéus de couro que tiraram à entrada. Foram se sentando à mesa que, longa, estendia-se abundante. Os outros convidados ilustres, percebendo-me as intenções, se desdobraram em gentilezas.

Dentre os candangos, um me chamou atenção, particularmente. Já o havia notado quando, lá fora, foi me cumprimentar. Tinha o braço esquerdo em uma tipoia e um pano largo e rústico fixava o antebraço ao abdome amarrado ao gesso que lhe ia perto do cotovelo. Acanhado, pequeno, as pernas tortas como as de um velho boiadeiro que arqueara o joelho de tanto cavalgar atrás da boiada, tinha o rosto redondo do autêntico caboclo nordestino, o cabelo liso e bem escuro com profundas entradas laterais, a testa larga, o nariz encurvado para baixo. Os olhos esverdeados refletiam uma alma sincera; mostravam, talvez, os gens de antepassados holandeses de Pernambuco, espalhando-se mais tarde pelo sertão da Paraíba. O olhar refletia a fortaleza moral de um homem simples e honesto. Olhos francos, olhos firmes, olhos sinceros, olhos bondosos, olhos determinados, olhos religiosos, olhos de esperança, olhos de coragem – olhos de um brasileiro típico! Os zigomas largos na face ampla, o queixo curto, o pescoço bem pequeno, quase saindo dos ombros.

Os braços queimados de sol revelavam o homem trabalhador, a mão esquerda coberta por gesso, marrom pela mistura de pó e suor. A mão direita, quando apertou a minha, exibia a marca do nordestino valente, trabalhador. A palma da mão, até desconfortável, parecia o solado rústico de uma botina de couro ressequido. A firmeza do cumprimento mostrava a coragem e a determinação do caráter valoroso.

Aproximou-se da mesa junto aos outros e começou a olhar embevecido a abundância elegante do alimento ali exposto. Apesar de acanhado, não se conteve, perguntou a um dos garçons o que era aquela travessa de fatias redondas e vermelhas. Que fruta era aquela cortada ali? O garçom sorriu cordial, com um tempero de zombaria, e explicou-lhe:

– Isto, meu irmão, é tomate. Não é uma fruta doce. É para comer salgado como salada.

Foi à cozinha e trouxe um fruto inteiro e deu a Severino admirado. Atendendo ao pedido do garçom, ele cravou os dentes no alimento e ao prová-lo falou admirado:

– *Ó xenti, quanta coisa nova. Nunca vi tar cumida na Paraíba. A secura do sértão produz mandacaru, macaxera, umbu, mais istu aqui não. É deliciosu!*

Embora eu andasse para conversar com outros convidados de rodinha em rodinha, mantive-me observando aquela figura singular que, apesar de humilde, dava mostras de inteligência bem aguçada, observadora. Ele se serviu e comeu a salada de tomates cuja travessa fora reabastecida duas vezes.

Pensei na imensidão do nosso território. A falta de estradas de comunicação entre os irmãos do norte, nordeste, sul e oeste criava pessoas que desconheciam mesmo os alimentos comuns, abundantes e diários da dieta de outros brasileiros. Meu Deus, quanto a fazer por este país grandioso! Estradas, portos, universidades, hospitais... Ó Deus, ajude-me a desempenhar o meu papel com eficiência, pensei naquela hora!

Aproximei-me dele, de pé, deixou o prato sobre a mesa e falou gentil no sotaque próprio do sertão:

– *É muita honra, presidenti, apertá a mão du sinhô. Nunca na vida vô mi isquecê este dia! Isso é benção du céu prá um caboclo inguinorante cumu eu. Mais sabi, eu vô pidi pro meu Pai que vive lá no céu prá Ele dá pro sinhô uma vida cum muita saúde i coragi.*

Olhei aquela figura ímpar e perguntei-lhe o nome:

– *Severino Paraíba, prá sirvi u Sinhô.*

Outros colegas seus foram chegando e se fechou o círculo. O Sayão, também caboclo, juntou-se ao grupo: gostava de prosear com os operários. Perguntei a Severino o que havia acontecido com o braço esquerdo. Ele retorceu a boca, sorriu mostrando a falha de dois dentes superiores e, meio acanhado, disse:

– *Sabi, presidenti, foi um acidenti, mais eu já tô bão. Só parei de trabaiá vinte dia. A mão forti é a direita, sabi... Eu tô bem.*

Ficou esfregando a mão direita meio sem jeito no gesso sujo do braço esquerdo. Sayão, não sei como, sabia do fato, relatou-nos as minúcias do ocorrido. No fim, Severino falou:

– Bem, presidenti, u pessoá é muito bão i fala as coisa prá fazê nóis si sinti bem. Achu qui eles faz isso prá sará um pocu a sodade qui tenhu da famia que tá em Patos, lá na Paraíba.

Quando parou acanhado, todos retrucaram:

– É tudu verdade, presidenti, u hominho é arretadu i corajosu. A fama di valenti dele si espaiô comu fogo nu capim seco. O homem é da muléstia, é arretado prá valê.

Severino sorriu, meio desconcertado, ao me dirigir a palavra:

– Sabi, presidenti, nóis pensa nu sinhô como u pai de tudus us brasileiro. Si argum dia alguém quisé atingi u sinhô cum tiro o faca, pur Deus du céu, pela testemunha du padim Ciçu, esse seu criadu Severinu pula na frenti i segura as bala e a ponta da faca.

Embora todos rissem daquela declaração tragicômica, retruquei:

– Sabe, Severino, o padim Ciço e Deus lá em cima não vão permitir nada disso. Nosso povo é muito bom e nunca alguém atacou um Presidente. Mas eu vou pedir a Deus que Ele lhe aumente toda essa coragem para trabalhar mais e mais. Fiquei sabendo que você quase não parou nem para se tratar. Parabéns! Isso que é amar a terra onde nasceu!

Severino se afastou, eu continuei a dialogar com engenheiros, outros operários, autoridades, encarregados. Algum tempo depois, lá no fundo da sala, notei aqueles olhos a me fitar com insistência. Sorri encorajando-o a se aproximar enquanto caminhava ao seu encontro. Ele, surpreso, agradecido, deixava transparecer a alegria que lhe ia na alma. Tirou do bolso uma foto já amarelada pelo tempo, desbotada, com marcas de dedos do constante manuseio:

– Sabi, Presidenti, esse é u Raimundinho, meu minino mais veio. Eu tenhu otrus quatru, presidenti, dois hominho e duas muiézinha. U Raimundinho tá cum nove i disse qui vai sê dotô. É inteligente cumu a peste, sabi tudu! Aprendeu lê cum a moça dona du armazém lá da vila. Ele lê tudu paper qui cai na mão i dispois di muitu tempo alembra tudu i conta us causu direitinho... Sabi fazê as conta inté di cabeça. Quando us jorná da Paraíba mostrô a enchenti nu Recife di cinco anos atráis, ele inté expricô prá tudu mundu na vila u qui aconteceu. Cum u dinheru qui tô juntandu, dotô, vô trazê u Raimundinho, a Iracema e tudu us otru prá cá im dois meis. U Zeca Baiano já combinô u preçu nu caminhão dele

Peguei a foto do seu filho e notei que seus olhos se fixaram na minha mão, como a suplicar que eu tivesse cautela com aquele tesouro sem preço! Vi a figura de um mocinho de mais ou menos dez anos, olhos verdes, lábios finos, a testa mostrando inteligência, o cabelo liso penteado para o lado. Era de fato um menino muito charmoso.

– Num é bunitu, dotô? È u Raimundinho, meu fio mais veio. Si Deus ajudá vai sê dotô em Brasília

Quase apressado estendeu a mão e por entre os dedos trêmulos recolheu a foto e colocou-a no bolso esquerdo da camisa com um sorriso:

– *Fica du ladu du coração, presidenti. É u tisoro da minha vida, amu a tudos igual, mais esse é a joia da famia. Quando dispidi dele, antes di montá nu caminhão du Zé Baiano, ele mi abraçô cum tanto amô qui eu num chorei perto dele prurque pai nordestinu percisa mostrá prus fiu qui é forti i valenti:*

– *Vai, painho, prepara prá nóis tudu uma casinha bem bunita lá na tar de Brasília. Nóis tudu vai trabaiá juntu, vai istudá i sê dotô, i quandu u sinhô ficá veio, nóis vai ti cuidá, i da mainha. Nóis vai ficá rico lá. Eu li nu jorná da vendinha qui lá chovi muito. Tudu qui u painho prantá vai florescê i dá cumida prá nóis. Painho quiridu, u padim Ciço i Nossa Sinhora vai ti abençoá. Nóis vai logo qui pudé. Dexa qui eu ajudu a mainha a cuidá di tudu. Não si preocupi cum nóis. Nóis vai ficá bem e num vamu morrê di sedi cumu u nossu cavalo baio na semana passada. Vô cuidá du cachorru qui restô, inté ele morrê. Deus ti abençoi, painho. Leva meu retratu prá lembrá di mim sempre.*

– *Eu abracei ele, presidenti, tão apertadu qui ainda sintu u coração dele parpitá juntu du meu. Eli é novinho, dotô, mais é forti cumu um toro i bem maió du qui eu. Achu qui sobrô mais cumida prá ele crescê du qui quandu eu era da idadi dele.*

Olhei comovido aquele chefe de família exemplar, idealista, que amava seu lar, seu país e sua família. Homem religioso no íntimo, sem ser piegas. Pensei nos milhões de Severinos espalhados pelo Brasil. Naquele momento, pensei nos Severinos do Sul, de olhos azuis e pele clara, trabalhando duro nas fábricas, nos hospitais, nas construções, nos aeroportos. Pensei nos Severinos de olhos orientais que vieram buscar a minha terra para ser o lar dos seus descendentes. Pensei nos Severinos que navegam corajosos nas pirogas do Amazonas e durante séculos mantiveram a posse das terras que são nossas. Pensei nos Severinos tropeiros tangendo o gado, nos Severinos garimpeiros procurando brilhantes e ouro, nos Severinos que acordam de madrugada nas grandes metrópoles industriais do Brasil, indo para os locais de alta tecnologia, para as escolas, laboratórios. Pensei nos Severinos dirigindo ônibus, pilotando aviões, noite adentro, fazendo o transporte e a grandeza do meu país. Pensei nos Severinos agricultores da enxada beijando o solo, produzindo alimento para todos, nos Severinos professores amorosos alfabetizando o futuro do meu país, nos Severinos comerciantes distribuindo os produtos industriais e agrícolas, nos Severinos soldados de todas as armas mantendo a paz e a ordem. Pensei também nos Severinos médicos em missão abençoada, dedicados e sonhadores, enfrentando plantões, dores e problemas em nome da dignidade do ser humano! Nos Severinos cientistas que doaram a própria vida gastando-a por inteiro dentro dos laboratórios de pesquisa e ensino como Carlos Chagas,

Osvaldo Cruz, Vital Brasil. Pensei em todos os Severinos dedicados ao país e os abençoei com todas as forças do amor do meu coração! Lembrei-me, olhando os olhos de Severino Paraíba, aqueles olhos patrióticos, valorosos e puros e entendi o ciúme que sentiam os estrangeiros quando, nas assembleias da ONU, eu falava com tanto amor a respeito do meu povo pacífico e inteligente! Ali, naquele encontro, diante dos meus olhos eu tinha o protótipo do brasileiro: grandioso, cheio de afeto, puro, com sentimento profundo de família e de pátria.

Eu pensei tudo isso naqueles instantes. Imaginei quanto os políticos aprenderiam de patriotismo com um homem sem cultura, mas sábio como aquele. A festa, na grandeza do seu significado, lavou-me a alma! Os fatos ali me convenceram – só a ajuda de Deus faria de mim o presidente que eu queria ser.

8. PROGRESSO E JUSTIÇA

Era privilégio ser presidente de um país cuja economia crescia vertiginosamente: a indústria automobilística, já em 1958, se expandia segura, a agricultura atingia safras recordes. Eu, representando o país por quem o respeito internacional aumentara, era recebido no exterior com carinho e muita consideração. Nas duas vezes em que visitei oficialmente Portugal, percebi que jamais um presidente estrangeiro fora tão honrado. O Brasil recebeu homenagens, por meu intermédio, que ninguém, anteriormente, havia conquistado! Assim o gigante despertava para mostrar seu valor e grandeza ao mundo. Isso me fazia imensamente feliz e aumentava minha responsabilidade como condutor do povo brasileiro.

Era um trabalho constante que me causava muita alegria. O primeiro avião presidencial, o Viscount, comprado na Inglaterra, me transportava duas vezes por semana entre o Rio e Brasília. O Lacerda várias vezes me criticou por voar mais do que muitos comandantes de vôos internacionais. Quanto mais ele me atacava, mais eu dedicava à construção de Brasília minhas energias, inspirações e meu tempo.

Nenhuma outra capital do mundo fora construída tão rapidamente quanto Brasília: três anos e dez meses. Eu voava, voava, voava... Meu governo era um grupo de viajantes-aviadores que gostava de visitar varios lugares. Até músicas simpáticas cantavam o presidente bossa-nova. "Voar, voar pra bem distante. Ver o Alvorada e voar de volta ao Rio". Mas apenas a equipe que me acompanhava sabia da angústia e do cansaço sobre as asas daquela máquina amiga.

Certa vez, um dos motores começou a falhar e parou. Quando o comandante me comunicou, coloquei meu pijama e disse-lhe, calmamente: "cumpra sua missão". Zombei dele dizendo-lhe que queria entrar para a história por transportar o presidente para a morte, mas não conseguiria. Dentro de mim a certeza que minha hora chegaria muitos anos depois de Brasília construída. Porém, eu redigi um documento de próprio punho promovendo todos os oficiais a bordo para aumentar a pensão das viúvas. Enquanto falava com ele, o segundo motor enguiçou. Depois o terceiro encrencou e a aeronave comecou a perder altura, mas uma voz me falava nitidamente: "Acalme-se, tudo sairá bem". Daí a pouco avistamos o aeroporto e com um motor só, descemos felizes. Apressei-me a tirar o pijama. Como mocinhos à saída da escola, todos nós, em algazarra, pisamos no chão abençoado do Nordeste do Brasil.

Alguns me perguntaram como tinha ficado tranquilo. Comicamente disse que, no seminário católico em Diamantina, me ensinaram a conversar com Deus e Ele falou que não cairíamos! Alguns sorriram, outros arregalaram os olhos assustados, mas, por via das dúvidas, alguns agradeceram a Deus a ajuda na hora difícil.

No vaivém semanal, eu conversava muito com os candangos e conheci a particularidade da vida de muitos deles. Certa vez pedi ao Sayão que os advertisse para não trabalharem tanto. Fiquei preocupado, pois com a nossa presença eles pareciam formigas sobre-humanas. O índice de acidentes, até então baixíssimo, poderia aumentar. Carregavam peso acima da força. Também trabalhavam com velocidade além da segurança. Os trabalhadores foram advertidos; muitos disseram que o tempo passava muito rápido e a capital deveria estar pronta no prazo certo. Alertamos que, se não se cuidassem melhor, não iríamos mais visitá-los. Mudaram então de tática – fiquei sabendo: à nossa presença trabalhavam normalmente; quando saíamos, aumentavam o esforço e a velocidade. Ó Deus meu, presente dos Céus ser o presidente de tal povo, gente idealista! Entendi que ser político é dar esperança por todos os meios necessários. Tendo esperança, o povo se governa e constrói o futuro com felicidade.

Severino gostava muito de encontrar-nos no aeroporto. Se atrasássemos por algum motivo, fazia alguma tarefa enquanto esperava. A kombi que normalmente nos apanhava trazia, no bagageiro, dúzias de maços de pregos e ele os separava adequadamente para ajudar os carpinteiros. Fazia pequenos pacotes com o número e tamanho certos para cada especificação, na hora de pregar tábuas, caibros e vigotas nas construções.

Carregava minhas malas do avião até o carro com cuidado como se lhe fossem preciosos presentes. Sentava-se no último banco e escutava o que falávamos sem nada dizer, a não ser que algo lhe fosse perguntado. Sentia-se embevecido em minha presença. Indaguei-lhe como ia a família e Raimundinho. Falou-me que Zé Baiano, na última viagem, trouxera notícias que estavam esperando, para sair de Patos, na Paraíba, em sete semanas. E ele ficaria rezando o tempo todo.

9. Dores lancinantes

O caminhão do Zé Baiano, aproximava-se da área rural de Patos. A família Paraíba, depois das emoções da despedida do torrão natal, decidiu partir. A casinha humilde, mas querida, a secura dos pastos e o cachorro vira-latas ficariam no sertão. Sabe Deus se um dia qualquer membro da família voltaria.

Iracema nem conseguia falar! Raimundinho abraçou o cachorro – o Sabiá – e chorou junto aos outros meninos. O animal, parece, entendia o que estava acontecendo. Foi para o canto da casa, protegido do sol, que de manhã já tostava tudo. O cachorro ali ficou, um vizinho ficaria com ele. Os móveis pobres foram doados ou trocados por algum alimento.

Iracema entrou pela última vez na casa onde criou os cinco filhos. Ali morou com Severino por vinte anos. Quantas recordações! Com a retirada, havia um golpe doloroso nas suas lembranças mais caras. Foram anos de lutas e de sofrimentos mas o destino os consolava. “Afinal”, pensou ela, “temos os cinco filhos saudáveis”. Casados há vinte anos e estamos juntos! Abriu a porta da saleta da frente e o rangido triste soou como um adeus. Ela olhou a cozinha, o fogão de barro rústico onde preparou comida para a família por vinte anos. A chapa de cinco buracos, rachada, o gancho de arame de mexer as brasas, tudo era-lhe enfeitado com sons e cores da melancolia na despedida dolorida e penetrante. O quarto dos meninos com a janelinha rústica olhando para o poente e o vale seco lá embaixo, o dormitório pobre das meninas voltado para o nascente com o caminho poeirento e agreste que demandava a cidade. Dali ela pôde ver, no pasto, o esqueleto do cavalo Pedregulho que havia morrido de sede, há um mês. Pensou que o cachorro Sabiá logo teria o mesmo fim. Entrou no quarto onde ela e Severino passaram juntos todos os vinte anos. Ela viu o estrado de paus roliços da caatinga apoiados em quatro travessas; o colchão de palha de milho fora descartado e o pano retirado. As palhas talvez servissem para aplacar a fome de algum boi desesperado. À porta de saída fizeram uma roda com as mãos dadas e tentaram rezar em despedida. Ninguém foi capaz. A voz abafada pela emoção não saía. Apenas Iracema conseguiu dizer:

– *Adeus, casinha quirida, Deus ti guardi i a nóis tamém...*

Apesar da seca, o nordestino ama o solo natal. "Só deixo o meu Cariri no último pau-de-arara" é a filosofia que a canção tradicional mostra ser verdadeira.

Subiram no pau-de-arara. No caminho iriam juntando os outros trinta passageiros que ficariam na carroceria. Iracema, pelo vidro traseiro, virando o pescoço o mais que podia, olhou demoradamente a casinha emoldurada pelo pó que os pneus levantavam. Fechou os olhos para guardar para sempre aquela imagem. Baixou a cabeça e enxugou o nariz com pequeno lenço que ela cortou do pano do colchão. Firmou os olhos adiante, olhando o horizonte pintado nas cores marrom, negra e cinza das folhas e dos galhos mortos. Suspirou fundo:

– Deus é nosso Pai, ele sabi o qui nóis percisa.

Diante dela estendia-se a vida e, além do motor do caminhão, uma estrada cheia de perigos, pedras, belezas, buracos, surpresas, experiências, curvas, sofrimentos em mais de três mil quilômetros.

Iracema foi na cabine e os cinco filhos na carroceria velha e cheia de buracos com assoalho rangedor e barulhento. Raimundinho quis sentar-se na beirada do banco transversal para ver a paisagem toda com detalhes para contar ao painho quando o encontrasse.

Passaram por Cajazeiras, no décimo dia de viagem. O cansaço começava a dominar os retirantes. Só a esperança os mantinha alegres. Na tarde do décimo-segundo dia, numa curva da estrada poeirenta, um buraco traiçoeiro fez o caminhão pular como cavalo bravo. Zé Baiano tentou desviar rapidamente, e a carroceria rangeu no esforço. A roda traseira, do lado direito, pulou alto após o choque contra a borda da vala. Raimundinho distraído, observando a paisagem, voou sobre a grade da carroceria e estatelou-se no chão da estrada. Todos gritaram desesperados! Os mais próximos da cabina batiam os punhos na capota, pedindo aos gritos para o motorista parar.

Ele estacionou rápido, fechou a porta após saltar da cabine e, apressado, em meio ao pó, correu para auxiliar o mocinho que jazia de bruços na estrada. Iracema, desesperada, correu para ampará-lo. Todos os outros desceram angustiados. Uma roda de pessoas aflitas cercou Raimundinho, que jazia sem sentidos no chão.

Zé Baiano, sertanejo duro, sentindo o peso da responsabilidade, ajoelhou-se perto da vítima, pegou-lhe a mão e, quase chorando, suplicou:

– *Meu Deus du céu, meu padim Ciço, ajuda nóis tudu, dá vida pru Raimundinho. Dá força prá ele sará. Mi perdoa u erru, meu Pai, não foi pur discuido. U pó da istrada levantado pelo ventu mi atrapaiô. Mi ajuda, meu Deus.*

Raimundinho não conseguia mover as pernas nem os braços, mas, abrindo os olhos, procurou Iracema:

– *Mainha, quandu mi dispidi du painho, arguma coisa mi falava qui não ia mais vê ele. Pur isso dei prá ele meu retratu. Parece, mainha, qui vô morrê sem vê Brasília..*

Um soluço, em coro de desespero, cortou a melancolia do agreste paraibano. Iracema se ajoelhou e rezava em voz alta. O momento era amargo e doloroso de rasgar o coração! Raimundinho estava paralisado do pescoço para baixo. Sobreviveria mais alguns dias? O grupo, em prece, continuava unido...

Zé Baiano e Iracema, com carinho, pegaram o corpinho do menino e o colocaram no centro da carroceria. Dominado o desespero, começaram a pensar no que fazer diante da situação. Deus os guiaria. O padre Cícero, representado por onze imagens de madeira colocadas ao redor do garoto acidentado, o protegeria, como todos acreditavam. Horas de dores profundas, momentos de angústia sem fim.

10. O AMOR CURA

Diante da cena tão dolorosa, Iracema sentiu que forças inexplicáveis a amparavam, dando-lhe calma para raciocinar e tentar resolver o problema. Consolou os outros quatro filhos, duas meninas e dois meninos que, apavorados, tentavam compreender o que acontecera ao irmão mais velho. Impressionados, eles não conseguiam olhar para Raimundinho, que não movia qualquer membro, apenas os olhos, a cabeça discretamente e alguns músculos no ombro direito. Os outros do grupo, principalmente as mulheres, tiraram os terços de contas gastas pelo uso entre os dedos rezadores e, na estrada, andando ao redor do veículo com o menino sobre a carroceria, começaram as ladainhas.

Iracema se acalmou. A poeira da estrada, ressequida pelo forno da seca, baixou quando o sopro do vento forte diminuiu. O caminho deserto, solitário, dava oportunidade à meditação. As rezas, os coros de fé não paravam. Raimundinho de costas, com dores intensas na cabeça e na parte superior do tórax, ainda conseguia conversar com muito esforço. Alguns improvisaram, com travesseiros e almofadas, um colchão para lhe dar um pouco de conforto. Fazia-se urgente ele fosse ao hospital mais próximo. Pensaram voltar a Cajazeiras, mas Iracema não aceitou

– *Quantu mais pru sul, mió hospital. Vamu rezá qui Deus ajuda nóis.*

Na vastidão do sertão paraibano, em uma estrada de chão batido, seca, deserta, nua, sobre as tábuas rachadas da carroceria de um caminhão velho, estava deitado o garoto. Era a máquina humana lesada gravemente na sua parte de condução elétrica. A medula estava seccionada à altura da sexta vértebra cervical, como mais tarde comprovado. Se a lesão fosse alguns centímetros acima, a morte, por alteração dos centros respiratórios, seria rápida e inevitável. Alguns centímetros abaixo, ele poderia mexer os braços, alimentar-se sozinho, escrever, pintar, carregar um livro, virar as páginas, coçar a ponta do nariz. Mas a secção era exatamente na parte da medula que o deixava vivo sem movimentos de qualquer membro. Mistérios da vida! Deus sabe o que fazer com seus filhos.

Iracema chorosa, sentada num tronco velho no barranco, começou a meditar na fragilidade e nas surpresas da vida. Pensou em Severino que estava em Brasília ansioso, esperando por toda a família, trabalhando duro. Ao se lembrar do marido, o campanheiro precioso das lutas difíceis, ela começou a chorar.

As laterais da carroceria estavam abaixadas. Zé Baiano lentamente dirigiu o caminhão para sob a sombra de um juazeiro frondoso, de tronco enorme, à beira da estrada. Seus galhos fortes, como braços de gigantes, quase atravessavam a estrada rude. À sua sombra, graças às folhagens abundantes, os peregrinos encontraram abrigo do sol.

Iracema, distante alguns metros, olhou a carroceria e imaginou ser a mesa mortuária do filho querido. Alguém lhe trazia uma cabaça com água e uma cuia feita do interessante fruto rígido. Levantaram, com cautela, a cabeça de Raimundinho; ela deu-lhe um pouco da água fresca para beber. Meio tonto pelo trauma, ele ainda conseguia entender o que lhe falavam. Felizmente, a parte do cérebro responsável pelos músculos do mecanismo de engolir não estava atingida, apesar de os reflexos estarem parcialmente abolidos. A vítima, ao engolir a água, começou a tossir violentamente, a ponto de arroxear os lábios e parte da face, na falta do oxigênio fruto da asfixia quase mortal. Iracema procurava solução para seu angustiante problema. Fraquejar ali seria perder a luta. "Mãe sertaneja tinha que enfrentar todos os combates da vida, ser valente, pois o amor fortalece e vence", pensou. Zé Baiano se aproximou e disse em voz profunda e comovida:

– *Mi perdoa, mainha* – ela retrucou:

– Amigo Zé, Deus sabi u qui faiz. Ocê dirigiu i u buracu grandi tava lá. Não foi ocê qui cavô ele. Foi u ventu quenti i forti qui levantô u puerão. Não é percisu ti perdoá, pois ocê num pecô. Acunteceu. Vamu mantê a carma i resorvê cum a ajuda di Deus u qui dá prá fazê. Eli sabi u qui nóis percisa.

Outros do grupo, mais experientes, fizeram um círculo ao redor dos dois e um sertanejo aparentando cinquenta anos, dentes amarelados, falhos e cheios de cáries, um cigarro de palha no canto da boca, falou firme:

– Já acunteceu na fazenda du meu patrão coisa paricida. Um peão caiu du cavalu qui si assustô i ficô cum u pé presu nu istribu. Bateu a cabeça nu chão, arrastadu pelu pé, quebrô u pescoçu. Ele ficô quasi inguá u mininu aqui. Um dotô qui tava passeando na vila falô prá mexê poco cum ele. Mandô amarrá a cabeça na parti di tráis da cadera. A cabeça i as costa percisa ficá reta i firmi sinão u cabra morre si u pescoçu intortá. Vamu amarrá u mocinhu nu banco da buleia. Sigurando a cabeça ele vai miorá.

Foi o que fizeram. Com cordas amarraram o menino, sentado. A cabeça firmemente atada à parte superior do encosto. Iracema retirou um lenço branco da cabeça, usado para proteger o rosto, e fixou as pontas nas molas por trás do banco. A testa protegida pelo pano não se movia.

Preocupado, Zé Baiano pediu a todos que subissem à carroceria e lentamente começou a movimentar a pesada máquina pela estrada sem fim. Com o canto do olho procurava ver a reação do garoto sentado, amarradinho qual boneco de pano entre ele e Iracema. A mãe enxugou-lhe o suor que molhava o rosto pálido. Os olhos, amplamente abertos, não se sabia se inconscientes ou se enxergavam, se moviam de um lado para o outro. "Estaria Raimundinho procurando algo para ver e contar ao pai? Seriam movimentos involuntários causados pela lesão do sistema nervoso? Era preocupante, a palidez profunda. Vai viver?..." pensou Zé Baiano, dirigindo devagar. Iracema pareceu captar-lhe os pensamentos e começou a soluçar baixinho:

– Ó Deus meu, nóis tá aqui, num mi tira meu fiu sem u Severino vê ele. Pai I fiu si ama cum um amô tão profundu qui só u amô di Deus prus seus fiu podi explicá. Ajuda, Sinhô, qui meu fiinho chegue em Brasília i pelu menus abrace u pai mais uma veiz. Ele quiria tanto sê dotô no sul, Sinhô meu! Ajudi ele a si curá.

O caminhão seguia aos solavancos pela estrada ingrata e rude. A cada mudança da marcha a embreagem rangia, áspera e desagradável. O breque assobiava monótono à proximidade de cada buraco. Zé Baiano, motorista consciente e capaz, tentava acelerar a marcha sem descuidar das bacadas. A viagem tornou-se monótona, dolorosa e triste para todos. Os filhos e filhas de Severino não mais sorriam. Mesmo um casal de carcarás de bicos enormes voando baixo, logo acima da cabine do velho cargueiro, não conseguiu alegrá-los ou interessá-los. Pelo vidro central podiam ver a nuca e a cabeça amarrada do irmão acidentado, numa cena de dor e desespero.

Horas dolorosas de sofrimento, brasileiros fortes, sertanejos respeitadores, patriotas de valor, lutadores de fé. Seguiam avante, mesmo engolindo o pranto empoeirado em nome do ideal por um futuro melhor. Quanto esses conterrâneos meus poderiam ensinar de patriotismo e amor, à terra e à gente, às gerações porvindouras. Que lições de retidão dariam a muitos políticos brasileiros! A luta era enorme, a coragem deles imensa, eram os donos do próprio destino. Caracteres inquebrantáveis, personalidades forjadas por almas de aço.

A marcha prosseguiu por quatro dias após o acidente. Numa colina, ao longe, uma cruz e a torre branco-envelhecida da igreja da cidade de Juazeiro do Norte, no Ceará, começaram a aparecer. Iracema fixou os olhos na pequena cruz amarelada que via crescer conforme se aproximava. Uma manada de cabras atravessou o caminho sem esperá-los passar. Iracema pensou:

– *Ó Deus meu, agora pelo menus leiti fresco di cabra eu possu dá pru meu fiu. Quem sabi aqui tem uma cacimba ondi eu posso tirá água i dá um banho prá fazê ele mais animadu?*

Pararam à frente da igrejinha e perguntaram do hospital. Era uma construção modesta, caiada de branco, de barro batido com um alpendre amplo que servia de portaria e local de entrada. Zé Baiano saltou rápido e todos ficaram lá fora esperando notícias. Daí a instantes surgiu na calçada dr. Renato Cerqueira, um médico negro, jovem, simpático, com dentes alvos e bonitos que se abriu num sorriso amigo para Iracema. Com sotaque baiano que lembrava o povo culto de Salvador:

– Fica triste não, mainha. Deus e nós aqui vamos dar um jeito no problema. Desce e vai descansar. Eu e a enfermeira de plantão vamos cuidar deste mocinho bonito.

11. O BRASILEIRO É CRIATIVO

Dr. Renato decidiu examinar Raimundinho na cabine do caminhão mesmo, pois ali ele estava em boa posição, amarrado, com a medula protegida. Bom em neurologia e pediatria, além de exímio cirurgião, examinou detalhadamente e comprovou a lesão, talvez irreversível, da coluna. Os reflexos abolidos, a insensibilidade de algumas áreas mostravam o caso muito delicado. Necessário extrema cautela com a vítima.

Chamou os viajantes para a sala ampla do hospital e explicou claramente, em palavras bem compreensíveis, o mecanismo da ruptura da medula. Ensinou que era como um cabo elétrico, um feixe de fios que se dividiam levando e trazendo impulsos elétricos a cada área específica do corpo. Tudo indicava, esclareceu, havia secção dos fios de eletricidade nervosa que levavam os estímulos. Apenas centros mais desenvolvidos tinham aparelhos capazes de fazer o correto diagnóstico da lesão e do futuro das partes danificadas. Era perigoso dobrar a coluna, pois poderia apertar a medula e levar o menino à morte. Sua cabeça deveria ficar fixa como uma peça só até o quadril. Era necessário soldar vértebra por vértebra para a coluna abrigar a medula no interior do canal sem comprometer a enervação, numa futura cirurgia chamada artrodese da coluna cervical. Essa poderia ser feita em São Paulo ou Rio. Prepararia o jovenzinho para chegar a tais locais sem risco de lesões maiores.

Cuidadosamente desamarrou-o do banco do caminhão, em maca especial, levou-o ao leito com colchão apropriado e passou a medicá-lo. A face tinha feridas amplas por atritar-se, na queda, contra os pedregulhos da estrada. Fez a limpeza das lesões, deu-lhe vacina antitetânica e melhorou-lhe as condições gerais com boa alimentação e higiene.

No quinto dia, após estudar bem o caso, resolveu falar com Iracema e Zé Baiano a respeito dos planos. Calculou que o jovem deveria ficar internado, interrompendo a viagem, pelo menos um mês.

Imediatamente Zé Baiano reuniu todos os passageiros e resolveu que votariam por deixar Iracema e o menino ou por esperar por um mês. Unânimes decidiram ficar, desde que conseguissem algum trabalho em troca de alojamento e alimentação.

Por sorte, o prefeito de Juazeiro do Norte nascera em Ilhéus, como Zé Baiano, onde ficou até os doze anos de idade. Ele mudara-se com a família para Fortaleza onde, mais tarde, estudou direito e entrou para a política. Zé pediu audiência. Havia quase trinta anos os colegas de escola não se viam. O prefeito o recebeu no gabinete com toda cortesia. Concedeu-lhe favores e gentilezas.

Conseguiu alojar a maioria dos retirantes nas dependências de uma escola ainda não inaugurada. Havia até chuveiro, apesar do racionamento de água. Algumas paredes cheiravam tinta nova, embora partes do prédio estivessem apenas rebocadas.

Iracema ficaria no hospital para auxiliar na higiene do doente que havia perdido o controle dos esfincteres. Homens e mulheres foram para as salas de aula, onde adaptariam ganchos para as redes. Zé Baiano se hospedaria na casa de um primo que não via há muito tempo desde que mudara para João Pessoa.

Houve um acordo de cavalheiros entre o prefeito e os viajantes. Os homens trabalhariam na limpeza das ruas ou no acabamento da escola, enquanto as mulheres se dedicariam à limpeza de prédios do município, incluindo a prefeitura e a câmara. A cidade ficou linda, nunca havia sido tão limpa! A população recebeu os visitantes com carinho. Ganharam presentes que seriam muito úteis na viagem, principalmente alguns potes de barro e cabaças grandes para água potável. A farinha amarela era armazenada aos poucos; carne de bode e frutas secas eram preparadas para a jornada. A fraternidade é marca do sertanejo cearense que procura sempre auxiliar. Esta característica de hospitalidade é típica dos brasileiros, principalmente os interioranos.

Enquanto isso, Raimundinho, bem nutrido e com higiene total, melhorava. O médico, no sexto dia após a chegada, resolveu gessá-lo da coluna cervical até o quadril, deixando livre a área para as necessidades fisiológicas. As pernas soltas e sem enervação ficariam dependuradas, enquanto as coxas se apoiariam no banco da cabine do caminhão. Mantas de algodão bem macias foram colocadas em contato com a pele para proteger o corpinho do menino. Um cabo de madeira, à altura dos ombros nas costas, foi incluído, como uma peça só, ao gesso do tórax. Outra madeira sob o gesso, à altura da coluna lombar, serviria de apoio para carregar o doente. De cada lado do tronco, trinta centímetros de madeira sobravam. Assim duas pessoas – uma suportando com a mão esquerda a travessa junto aos ombros, e a direita segurando a inferior, outra pessoa, do lado oposto, com as duas mãos – facilmente poderiam carregar Raimundinho ereto com as pernas dependuradas e os braços soltos ao lado do corpo. Assim poderia ser levado ao banheiro ou à mesa para comer. Solução brilhante do jovem médico. O ato de gessar o corpo levou quase quatro horas, tal o cuidado aplicado no chamado gesso minerva. O menino parecia um boneco de madeira branca, rígida, apenas com pernas e braços soltos, descontrolados, dependurados. Ele agora poderia chegar a Brasília com pouco mais de conforto e segurança.

No oitavo dia, a febre persistente começou a preocupar o médico, que explicou o risco à mãe Iracema. O trauma poderia ter aberto caminho para germes que contaminassem o líquor, o líquido que corre dentro da medula e no cérebro, e causariam meningite mortal. Apesar de raro, era possível acontecer. À época, as provisões de medicamentos, na maioria, chegavam do sul. As estradas eram precárias. Somente gente corajosa quanto Zé Baiano conseguia, lento e persistente, cruzar caminhos no Norte e Nordeste do Brasil. Apenas a Rio-Bahia, ainda nova, oferecia alguma possibilidade de se viajar razoavelmente. O resto eram trilhas no meio do campo, dos cerrados, das caatingas e das matas. Faltavam antibióticos na cidade, o estoque do hospital por terminar. O dedicado médico perdia noites de sono preocupado com sua reserva de três dias. Mesmo assim começou o tratamento em doses elevadas, tentando combater a infecção. O garoto, às vezes, delirava em febre.

As mulheres rezadeiras, novamente em oração, unidas pelo hábito dos ter ços entre os dedos, pediam a Deus providências para a chegada urgente do veículo com os remédios.

Raimundinho ficou um dia sem medicamentos – a febre piorou. Começou a delirar. Compressas frias foram aplicadas na face e nos membros para diminuir a temperatura. No dia seguinte, de manhãzinha, uma buzina rouca e bem forte à porta do hospital anunciava a chegada de um caminhão de carga. Todos se alegraram. Naquela noite o médico dormiu bem. A febre começou a baixar após a medicação. Iracema se animou. A esperança voltou aos corações rezadores. Oravam, enquanto trabalhavam, cantando coros da Igreja Católica. Nos bolsos, as contas dos terços eram manuseadas sem parar. Dias difíceis, noites amargas, homens resistentes, mãe bondosa. Iracema ainda achava tempo para auxiliar outros doentes internados. A viagem continuaria. O amor e a união entre sofredores corajosos vencem quaisquer obstáculos.

12. Brasil, o país dos milagres

Raimundinho, gessado, sentiu-se mais confortável e seguro na couraça branca e firme. Apesar da dificuldade surgida com feridas nos pontos de apoio, a proteção de uma almofada cheia de água solucionou o problema e as dores diminuíram. Seu estado geral melhorou muito, acompanhado pelo dr. Renato Cerqueira, que tinha o espírito criativo dos grandes improvisadores para vencer situações difíceis. Doutor Renato associava qualidades científicas às de bom cristão: caridoso, gentil, atencioso, humilde, dedicado. Talvez estes sentimentos o auxiliassem a receber inspiração para cuidar de situações bem complicadas. Ele planejou item por item da medicação e da dieta. De Juazeiro do Norte até Brasília levariam, se tudo corresse como planejado, pelo menos trinta e quatro dias. Isto dependeria do tempo, já que as estradas, à época, eram de chão batido e muito precárias. Só Deus, poderia garantir a chegada segura do menino.

O coração do sertanejo cearense, cativado pelo amor humilde dos paraibanos, casou sentimentos na fraternidade que envolveu a todos. A cidade presenteou-os abundantemente. Eles deixariam saudades.

É muito encorajador entender o amor nascido do coração brasileiro. Por uma pessoa, toda a coletividade se envolve emocionalmente, os corações se irmanam e todos doam de si com carinho. Assim não há, no Brasil, paralelos históricos com outros países que se desviam do amor e promovem verdadeiras carnificinas entre irmãos sob os mais variados pretextos, de raça ou religião.

O amor espontâneo fazia muitos paraibanos se emocionarem quando os moradores visitavam o mocinho no hospital. Era a fraternidade tentando diminuir a dor alheia, com a gentileza brotada da alma e do coração. Senhoras já envelhecidas, com aventais de cozinheira, à hora do almoço, saltavam de charretes à frente do hospital para oferecer a Iracema e Raimundinho alguns alimentos gostosos que haviam preparado para o “anjinho paraibano”, como o chamavam. O médico e as enfermeiras, é claro, policiavam para que a gentileza não redundasse em desastres digestivos.

Uma mulher de cabelos brancos como algodão, baiana que se mudara para o Ceará, atraída pela fama do padre Cícero, dizendo-se avó de trinta e cinco netos, apareceu com uma travessa enorme de cuscuz e ofereceu a Iracema. Explicou que aquele alimento, feito com todo amor, havia curado seu netinho da idade de Raimundinho de pneumonia bem grave. O médico foi consultado e autorizou o alimento. O menino ao comê-lo, além do sabor delicioso, relatou momentos depois que todas as dores e a náusea que sentia desapareceram de repente.

Teria o amor materno se transformado em medicamento possível de cura? O amor, sei, como médico, cura e auxilia os doentes. O toque afetivo de mãos carinhosas de mães e avós costuma auxiliar na recuperação de variadas doenças de crianças. Mas seria possível o amor emitir algo que impregnasse um alimento e o transformasse em remédio útil para tratamento? Antes do notável Pasteur, a ignorância das leis da vida ainda não havia encontrado nos micróbios a causa de muitas doenças e curas. Os microrganismos, antes, também curavam e matavam e nós desconhecíamos. Prosseguiam sua marcha interferindo na vida e na morte de homens e animais através dos séculos. Saber ou não da sua existência não interferia na sua ação benéfica ou maléfica. A verdade é que o amor materno, transmutando carinho em alimento, estava ali auxiliando a cura do rapazinho. O efeito estava claro, as consequências científico-farmacológicas misteriosas não interessavam

A verdade é que o médico, após pesquisar em sua biblioteca, não encontrou razão para a sobrevida do rapaz durante todo aquele tempo, principalmente em viagem longa e desconfortável no trajeto doloroso após o acidente. Ao mesmo tempo em Brasília, Severino continuava no labor exaustivo.

Como justificar houvesse o menino sobrevivido à meningite com doses precárias de antibióticos que estavam racionados antes da chegada do caminhão com os suprimentos? Seriam as rezas e as ladainhas daquelas mulheres corajosas e puras manuseando os terços? Haveria algo ou alguém que auxiliava os médicos em localidades sem assistência no interior do Brasil? Haveria forças desconhecidas comandando o tratamento e a cura? O médico nisso tudo pensava. Seu coração se dedicava silencioso ao trabalho dignificante. A preocupação com o garoto estava a lhe tirar o sono. A bondade daqueles olhos verde-claros, as palavras de conforto do doente à mãezinha sofredora e paciente, conquistaram os sentimentos do doutor e de todos no hospital.

Dona Matilda, a matrona que preparava o cuscuz 'medicamentoso', conversou com o doutor e pediu-lhe autorização para fazer porções individuais de farofa de carne de bode, para que Raimundinho comesse todo dia.

O médico sorriu e perguntou-lhe:

– Mas a minha cara avozinha colocará na receita o mesmo fermento do cuscuz? – Ela respondeu:

– U fermentu é u amô, dotô. Mais agora vai mudá prá dá ânimu pru mininu aguentá a viagi, alegre i sem dô.

O médico sorriu bem humorado:

– Então coloque algo que evite as escaras na pele, as feridas, onde se apoiará o peso do mocinho. – E sorriu meio zombeteiro...

Ela também sorriu, piscou seu olho esquerdo:

– Depois di pidi rezando deiz veiz inquantu vô cuzinhando, dotô, u farmacêuticu vai providenciá u remédiu na farmácia du céu. É só isperá!

As orações e uma missa numa igrejinha singela de Juazeiro do Norte antecederam o reinício da viagem.

13. Gente de fibra

A cidade se modificou com a presença dos retirantes. Toda a população, direta ou indiretamente, participava de algo referente a eles. O preparo do alimento para os prováveis trinta e cinco dias de jornada teve o auxílio de muitos. A matrona morena de cabelos brancos como algodão mocó encarregou-se do preparo da "farofa da cura" para a viagem. Segundo os fatos relatados, seu amor conseguia impregnar os alimentos e auxiliar a cicatrização. Era, além de cozinheira muito conhecida, benzedeira das melhores. Vários problemas de saúde lhe eram enviados e, sem saber como, ela os melhorava muito. Fiquei sabendo desses fenômenos por participantes diretos.

Seria a repetição dos fenômenos de cura do cristianismo primitivo? Estaria acontecendo o mesmo no sertão nordestino e nas comunidades perdidas nos confins do meu Brasil? Seria como aquele médico galileu, com amor, tratando das enfermidades?

A verdade é que as tradições orais confirmavam esse tipo de medicina incompreensível. Como sobrevivem as comunidades indígenas? E os caboclos perdidos no fundo das matas, sujeitos a doenças, as mais variadas, expostos a perigos mil, às vezes sem imunizações quaisquer e vítimas de acidentes? Curam-se por milagre? Seria uma outra ciência para se estudar em detalhes? Um novo mundo e uma nova fenomenologia que mostrarão novos rumos à humanidade? O que dizer das rezas, no interior, dos curadores ou benzedores que auxiliam o povo nas comunidades sem a bênção da medicina tradicional? Muitos se curam tomando chás de ervas. Não seriam os primórdios de uma ciência desconhecida? O amor cura, orienta, protege, retifica, reforma, ampara, abençoa.

A matrona e o médico se encontraram em simpática saleta confortável na ala clínica do hospital e conversaram. Calcularam a dosagem diária de alimento que deveria ser dada ao rapazinho e avaliaram a quantidade de água. Quando ela sugeriu chá de erva cidreira ao invés de água pura para beber, o médico explicou que deveria ser muito fraquinho, pois havia necessidade de muito líquido para o menino se manter bem. Ele conhecia as propriedades calmantes da gramínea de odor agradável, mas conhecia também farmacologia profundamente, daí sua preocupação.

Na cidade não se falava em outra coisa a não ser no milagre da resistência do menino. O próprio médico, respeitado na região, havia espalhado a notícia: não acreditava tal coisa pudesse ter acontecido – a sobrevivência de Raimundinho – sem interferência de alguma força que ele desconhecia ou de um poder que ele nunca havia estudado. A verdade é que o jovem estava melhorando, lúcido e até feliz, apesar de imobilizado e preso na gaiola do corpo como um pássaro cuja porta da gaiola se fechasse para sempre, sem impedi-lo de cantar.

O menino era tão bom que até consolava a mãe Iracema quando ela tinha crise de choro. Ele lhe dizia que poderia ser pior se ele tivesse morrido no local da queda, sem ver Brasília ou o pai. Ela porém se perguntava se ele chegaria vivo a Brasília e se de fato veria o pai!

O médico escreveu detalhadamente em pequenas folhas de papel, numeradas dia por dia, a quantia de alimento e água necessários mas o único do grupo que sabia ler era Raimundinho. Potes de barro, feitos com muito cuidado com tampas que se encaixavam, impedindo o líquido de se derramar nos solavancos do caminhão, foram presentes da população agradecida para os trabalhadores que limparam a cidade.

Tudo foi planejado. Os alimentos seriam cobertos com um enorme tapete, espesso, bem costurado, feito de couro de bois mortos pela seca. A água assim protegida não seria tão aquecida pelo sol violento. Os alimentos, apesar de secos para melhor conservação, teriam melhor proteção. Zé Baiano providenciou tábuas longas que atravessavam a parte posterior da carroceria. Elas impediriam as cabaças e os potes de cair ou rolar para a frente. Seriam prensados posteriormente pela grade transversal da carroceria, enquanto os seis bancos de madeira serviriam de assento, cada um para cinco pessoas.

No escurecer, o caminhão pararia à beira da estrada. Dependuradas nos troncos das árvores e nos ganchos da carroceria, as redes serviriam de cama para os sertanejos. Os quatro irmãos de Raimundinho dormiriam em duas redes, dois meninos e duas meninas em cada uma. Ficariam atravessados para deixar a coluna em posição anatômica para o repouso. Um com os pés em uma direção, o outro na direção oposta.

As redes feitas no tear rústico com algodão vindo direto da roça, graças à tecnologia cabocla, dos tempos antigos em que o Brasil ainda não tinha os plásticos, era suficiente às necessidades da população. Em muitos setores poderíamos ficar livres de dispendiosas importações, se usássemos os recursos com que a natureza generosa presenteou sempre este país deslumbrante.

O amor sertanejo do Ceará organizou tudo para a viagem até Brasília! Duas filas de populares cercaram de um lado e outro o caminho por onde Raimundinho e Iracema deveriam passar. Aqueles cordões humanos de gente bondosa, ombros tocando ombros, criavam uma alameda de amor.

Na frente, o médico e a enfermeira-chefe carregando Raimundinho seguro nos dois cabos de madeira transversais ao corpo. O médico com sua roupa branca elegante, sorriso de dentes bem feitos, deixava transparecer no rosto a felicidade pelo dever cumprido e pela inspiração no tratamento do menino. Como não pudesse abanar as mãos, com braços paralisados, Raimundinho sorria feliz tentando agradecer a todos. Os olhinhos verde-claros, contrastando com a pele saudável do rosto moreno, davam sinais de alegria. Mesmo sorrindo, alguns enxugavam os olhos com as costas das mãos à passagem dos que se despediam. Iracema, logo atrás do bloco dos três, com um vestido velho de algodão cru, amarelo esbranquiçado, sorria e chorava ao mesmo tempo.

Próxima ao caminhão estava a baiana benzedeira, rezadeira e cozinheira Matilda. Abraçando o corpinho gessado seguro pelo médico e pela enfermeira, ela controlou a emoção, encostou a face no rosto do menino:

– U mininu Jesuis vai cum ocê, meu fio queridu. Vai cum ele, ele ti segue inté chegá nus braçu du painho e toda a vida. Ocê foi como a chegada dum anju bão na nossa cidade. Vô ti visitá em Brasília. Falaro qui u governu vai construí uma estrada di Juazeiru du Norte inté Brasília pelo meio du mato. Aí vô matá a sodade marvada qui vai mi machucá quandu eu lembrá dus teus zoinho lindo. Deus ti proteja, meu fiu!

Uma voz começou uma ladainha sentida e profunda. Um coro de vozes a acompanhou. Sentiu-se um perfume sutil na atmosfera. Seriam os anjos dos céus abençoando os retirantes?

14. A MAIOR NAÇÃO PACÍFICA DO PLANETA

Era comovente ver dona Matilda abraçada ao menino, enquanto o médico e a enfermeira lhe suportavam o peso, quando algo chamou a atenção de todos. O perfume no ar se intensificou feito rosas exalando um cheiro delicioso. Ficaram impregnados o menino, o gesso e as roupas por vários dias. As tradições orais do meu país falam de tais fatos, tidos por milagrosos.

No seminário em Diamantina, onde estudei, vários padres professores relataram tais fenômenos. Nunca aceitei o sobrenatural. Tudo caminha conforme leis preestabelecidas, apesar de desconhecidas para nós. Sendo tudo verdadeiro, conforme testemunhas honradas, posso explicar a farmacologia do alimento curador e do perfume apenas desta maneira: a senhora teria capacidades ainda não estudadas. Matilda preparava o alimento e o chá com amor. O amor realiza prodígios? É claro que sim. É só ver na área médica os pacientes graves que, cercados pelo amor de mães e familiares, saram mais depressa. A medicina psicossomática explica que animais criados sem o amor materno, às vezes, definham e morrem, como mostram experiências científicas. A ciência do afeto mostra que o amor faz a tranquilidade do doente. Reações bioquímicas se sucedem melhor em uma pessoa calma, o contrário também é verdadeiro. O ansioso faz a úlcera e o infarto do miocárdio. A fé, a calma, não poderiam cicatrizar e curar?

Emociono-me ao pensar que Deus, cuida de todos nós: do índio na intimidade da selva, do caboclo nas aldeias e cidades minúsculas perdidas na vastidão continental do Brasil, do cidadão das metrópoles, espalhadas por todos os locais do meu país. Assim, a mim caberia a responsabilidade de agir no governo como o protetor dos concidadãos que meu Pai me dava para cuidar. Eu tentaria auxiliá-los como Deus sempre o fez a mim, na certeza de que, fazendo a minha parte, Ele continuaria me acompanhando na empreitada de ampliar o progresso da nação preciosa que Ele me encarregou de governar. Povo bom, impregnado de religiosidade natural, o brasileiro é pacífico. Por isso as deficiências financeiras e sociais têm sido ultrapassadas e o país caminhou quinhentos anos só construindo, sem nunca destruir, bem diferente de outros povos cujas histórias, com todo respeito o relato, são manchadas por guerras e sangue de irmãos. A Águia de Haia, Rui Barbosa, meu patrício, surpreendera seus pares ainda no início do século, falando de arbitramento justiceiro, substituindo a guerra pelo diálogo. A solidariedade que eu via diariamente em todos os pontos do meu país aumentava a minha responsabilidade, como condutor deste povo emocional e socialmente superior a todos os outros povos. Quando, com o peito cheio de orgulho, eu falava da minha gente nas assembleias da ONU, todos se admiravam e eu sentia nos olhos de dirigentes de nações riquíssimas uma ponta de inveja, porque eu havia sido presenteado para governar tal população preciosa.

E, lá ao longe, a viagem prosseguiu. Ao deixar o hospital, o caminhão velho repleto de romeiros determinados e de fé atravessava as ruas. As pessoas acenavam, algumas fazendo o sinal da cruz:

– *Qui u mininu Jesus viaji cum ocês, vãu im paz, irmão. Saúde, Raimundinho. Vorte um dia*

No agreste cearense, ao sul de Juazeiro, continuavam decididos; rezava-se agradecendo a oportunidade da viagem. Raimundinho, apesar de ferido, estava feliz. Chegaria vivo a Brasília para abraçar o papai Severino? O próprio médico relatou sua preocupação a Iracema e Zé Baiano.

Porém, sob o olhar de Deus, os brasileiros caminham...

15. MAIS SOFRIMENTO, MAIS OUSADIA

As despedidas foram comoventes e cheias de amor. Os visitantes estavam de partida. A cidade de Juazeiro do Norte jamais seria a mesma depois deles. Parecia que a mensagem de amor impregnara a todos. As lembranças poderiam ir se apagando ao longo da vida, mas ficariam nas tradições e conversas por muito tempo. A coragem do mocinho seria recordada. A humildade dos migrantes limpando as ruas e os prédios da cidade seria assunto. O amor deixa marcas profundas nos corações. Não importa o tempo de convivência. A intensidade do sentimento é o que conta.

Nas últimas casas, antes do início da estrada, um grupo de moradores fechou a rua. O caminhão rangeu nos freios desgastados e parou. A poeira andou um pouco à frente e cobriu os que cercavam o caminho. Atrás do cargueiro, alguns cavaleiros e charretes velhas acompanhavam os migrantes. A caravana estacionou. Uma menina que nascera com problemas físicos gravíssimos com paralisia espástica difusa, em um carrinho de madeira rústica feito cadeira de rodas, queria ver Raimundinho. As notícias lhe chegaram aos ouvidos. Pediu aos pais, moradores do casebre no fim da cidade, que, se o anjinho paraibano a abençoas-se, ela melhoraria.

O caixote de madeira com quatro rodas e dois varais longos se aproximou do caminhão. A mãe, cearense sofrida, à janela da cabine explicou a Iracema o desejo da filha. Iracema desceu e a abraçou: uns vizinhos, homens fortes, levantaram o caixote sujo com quatro rodas e colocaram a menina à altura dos olhos do mocinho. O diálogo foi comovente! Dois jovenzinhos quase da mesma idade se expressavam no linguajar típico do cearense e do paraibano do agreste. Dava para perceber, para bons conhecedores, as diferentes origens de ambos. Era o português brasileiro, o mesmo em todo o país-continente, apenas a musicalidade diferente, com sílabas mais pesadas em algumas palavras.

Maria, a menina:

– *Raimundinho, tô muito féliz im ti incontrá. Falaro muito di ocê i di sua bondadi. Achu qui si ocê mi dá um pedaçu da caixa branca pérfumada qui ocê tem, eu vô sará, o tarveiz pelu menus miorá um poquinhu.*

Raimundinho, com olhos virados para a direita ao máximo para colocar a menina no seu campo visual, retrucou:

– *Preocupa não, irmãzinha. Vovó Matilda i us anjus du céu feiz u prefumi i a farofa prá mi ajudá na viagi. Ocê vai ganhá um pacoti di farofa i um pedaçu da caixa branca tamém. Mainha, pedi pru pessoá qui toma conta da minha cumida prá dá prá ela um saquinho cum farofa temperada di amô qui dona Matilda feiz? Corta, mainha, um pedacinhu da caixa branca i dá prá ela.*

Ele leu o papel que o médico havia escrito:

– *Irmãzinha, comi di manhã i di noiti um pouquinhu da farofa i cheira u pérfume du pedaçu da caixa branca antis di drumi, ocê vai miorá. Sabi, u padim Ciço, si ocê rezá bastanti, vai ti ajudá!*

A menina relaxou. O seu espasmo muscular diminuiu de imediato.

Pensei no que significava tudo aquilo e como uma pessoa alfabetizada, mesmo doente, pode auxiliar ao seu redor. É nosso dever ampliar as campanhas de alfabetização de adultos neste vasto país. Mais de oitenta por cento dos candangos eram analfabetos, apesar de muito inteligentes. Como é valioso um cidadão que sabe ler! As palavras do médico estavam grafadas em cartões que Iracema de vez em quando mostrava a Raimundinho para ele poder orientá-la no tratamento. Bendita escola!

Há muitos mistérios ainda para a medicina tradicional. A menina Maria logo melhorou, sentiu-se aliviada:

– *Deus ti abençoi, Raimundinho, pena qui ocê parte. Só genti cumu nóis intendi u qui é ficá presu na gaiola sem podê andá. Nóis podia sê grandes amigu. Sabi, eu sei compô puesia du sértão mais num possu iscrevê. Mais falu i sei lê. Aprendi na escola da vilinha ondi nasci. Tinha uma mocinha qui veiu di Fortaleza i mi insinô. Si as mãos trabaiasse bem eu pudia iscrevê tamém. Um dia vô pidi prá arguém iscrevê u qui eu vô falá i ocê vai recebê uma cartinha minha. Painho falô qui u caminhãu cada trêis meis vai passá aqui. Aí eli leva a cartinha prucê. Quem sabi ocê iscreve uma puesia ou modinha sertaneja prá cantá prá mim. U povo falaru qui ocê fala cum us anjus quando qué i qui u pérfume qui enche tua caixa branquinha vem deles. Pédi prá eles mi ajudá, viu?*

Zé Baiano, apressado, tentou explicar que tinha planos e precisava chegar em pontos predeterminados para tornar a viagem menos rude e a noite poderia surpreendê-lo em lugares difíceis. Iracema subiu à cabine novamente. A menina Maria foi levada próximo à porta do casebre e se despediu em voz alta:

– *Deus acompanhi ocêis. Vai cum u mininu Jesus, Raimundinho.*

O motorista soltou o freio de mão com um ruído metálico. Todos se afastaram. A partida barulhenta começou a movimentar o motor, auxiliado por uma manivela colocada sob o radiador. A máquina velha se deslocou, rumo ao sul. Levantava poeira e fazia mais alvoroço do que corria.

16. Outro acidente, mais coragem

A marcha era lenta por estradas agrestes com jeito de infinitas. Os cavaleiros que seguiam os viajantes pararam, tirando o chapéu, abanando-os acima das cabeças, e o grupo aventureiro entrou na poeira vermelho-clara, cercada por árvores ressecadas que começavam a se recuperar graças às chuvas escassas que haviam caído.

Nos sertões agrestes do Brasil, gotas de água fazem os milagres da ressurreição. Parece que as árvores, ávidas pelo líquido, quando o recebem, mesmo em mínimas quantidades, explodem em brotos novos, como se a vida estivesse encarcerada dentro do lenho e se libertasse. É maravilhoso ver esse fenômeno.

Os peregrinos seguiam na monotonia áspera, empoeirada e rude da estrada longa. Às vezes, depois de oito horas de viagem seguida, paravam em algum ponto mais confortável sob alguma sombra de árvore e ali se alimentavam e bebiam água. Tudo era racionado, pois Zé Baiano havia orientado que a falta de segurança das pontes de madeira poderia obrigar a voltas e trechos mais longos. O trajeto seria imprevisível. Quando chegassem em Goiás, mais a oeste, a estação chuvosa poderia destruir caminhos e pontes, criando barreiras, obrigando-os a parar por horas longas ou até dias.

À época, as condições das estradas do sertão eram assustadoras. Em conversas com Bernardo Sayão, já havia comentado isso. A malha de estradas estava concentrada no sul e no leste, próxima ao litoral. A imensidão do norte e do oeste aguardava homens desbravadores para levantar-lhe as cortinas, pondo à mostra riquezas incalculáveis em terras férteis, plantas, minerais, fontes de energia como os radiativos, de riqueza e beleza como ouro, diamantes, semipreciosas às toneladas. Mais da metade do nosso território estava adormecido à espera do progresso. Sempre imaginei o desenvolvimento sem as marcas da industrialização selvagem que não respeita a natureza. A Amazônia, com milhões de quilômetros quadrados de riquezas, deveria ser desbravada com equilíbrio e inteligência. Os índios, mais de seis milhões à época do descobrimento, deveriam ser os mestres do homem branco na lição de como usar as riquezas abundantes sem destruir a fonte natural que as produziu.

O grupo prosseguia viagem. Rumaram mais para oeste. Na vila de Exu, Pernambuco, lavaram-se na cacimba próxima, dormiram em redes armadas nas árvores, reabasteceram e completaram os tambores de óleo combustível na carroceria. Daí, seguiram além. Parecia que Brasília se afastava conforme eles se aproximavam, tais as curvas e mudanças de rumo das estradas, serpenteando preguiçosamente através das solidões das caatingas. A viagem tinha sabor de interminável, pois aproximavam-se de Araripina, Pernambuco, seguindo na direção do norte para Jaicós, Piauí. Eles prosseguiam na direção oposta levados pela falta de estradas.

Raimundinho ia relativamente confortável. Continuou tomando o chá de cidreira, conforme a prescrição do médico e da vovó Matilda, comendo da farofa abençoada. E o caminhão seguia, seguia, seguia...

O lado direito das costas de Zé Baiano e o esquerdo dos ombros de Iracema estavam feridos, muito irritados e começando a formar calos pelo atrito constante do cabo que atravessava, sob o gesso, os ombros de Raimundinho. A cada solavanco do caminhão uma expressão de sofrimento se estampava no rosto de ambos. Quando a estrada era muito esburacada, pior. Afastassem um pouco do encosto traseiro do banco para aliviar o incômodo, o menino caía perigosamente para a frente como um boneco instável. Aí se lembravam das recomendações do médico e apertavam as costas contra o desconforto da madeira áspera a ferir-lhes o dorso. Era necessário fé e determinação – "o sertanejo é antes de tudo um forte" – e eles dois com a coragem inabalável haviam de provar isto. Tudo valeria a pena, se fosse possível levar Raimundinho, são e salvo, até Brasília. O menino Jesus junto com o padre Cícero os amparariam, pensavam.

Rodavam agora em direção ao sul. Perto da cidadezinha de Paulistana, Piauí, um pneu traseiro direito estourou com um barulho tremendo. O suporte metálico do aro voou e bateu forte no tronco de um juazeiro, à beira da estrada, fazendo marca profunda. Zé Baiano parou de imediato a pesada máquina e tratou de tirar de sob a carroceria o macaco de madeira e aço com longa manivela. A noite chegava de mansinho, dificultando-lhe o trabalho. Por falta de visão adequada, prensou a mão direita em uma das engrenagens do macaco e soltou um grito de dor que penetrou a paz agreste do cerrado. O sangue ensopou-lhe a roupa. Iracema saltou para ajudá-lo como outros migrantes já o faziam. Tirou o lenço amarelado da cabeça, rasgou umas tiras, lavou o ferimento com o chá de cidreira, usado com muito cuidado como se fosse tesouro precioso. Após a hemorragia diminuir, ela começou a enrolar os dedos com as tiras de pano, apertando-as aos poucos, envolvendo o ferimento. "Felizmente, parece, não houve fratura", pensou ela.

Zé Baiano estava pálido de dor e tremendamente angustiado. Aguentaria guiar e mudar as marchas tantas vezes com a mão direita? Era o único do grupo que sabia dirigir. Falou isso a Raimundinho quando voltou à cabine, ao que o menino gentil acrescentou:

– Priocupa não, tiu. U chá da vovó Matilda vai curá u machucadu i amanhã u sinhô vai pudê guiá nóis. Tem fé. As muié rezadera lá na carroceria vai cumeçá a ladainha dispois di nóis cumê um poco di farofa amarela cum carni di bodi. U padim Ciço tá cum nóis!

A noite chegava lenta e silenciosa. Alguns pássaros, carcarás, anus e uma siriema cantavam em voz áspera como cansados. A temperatura elevadíssima e a falta de sombra faziam homens e animais sofrerem duramente! O sol se pôs rapidamente, deixando um rastro de luz avermelhada atravessando o pó no crepúsculo. As árvores retorcidas de galhos quase secos mostravam minúsculas folhas nascendo esperançosas. Estas pareciam, de perfil contra a luminosidade do horizonte, desenhos surrealistas feitos de tinta negra no fundo vermelho sanguíneo. O perfume de rosas aumentou. Ficaria mais confortável dormir sentindo o odor suave após o jantar com sobremesa deliciosa: um pedaço de rapadura e uma cuia com volume de copo pequeno, para matar a sede malvada que eles dominavam com um pouco de água e muita disciplina! Apenas a determinação, a fé e a esperança no futuro seriam os combustíveis psicológicos para tão gigantesca empreitada.

Os viajantes escolheram as árvores de troncos melhores, à boa distância entre si, e ali amarraram os fios de couro trançado que suportariam as redes e o peso dos homens e mulheres exaustos que começaram a roncar ruidosamente. Zé Baiano, apesar de a dor ter passado como por milagre, não conseguia dormir. Era o responsável por conduzir os companheiros. Quem o faria, não pudesse ele dirigir? Na rede, lembrou-se de Raimundinho na cabine com Iracema e quase se desesperou. Estavam a quase duzentos quilômetros de Juazeiro, Bahia. Como lá chegaria? Dormiu e sonhou, sonhou que uma jovem vestida de roupa de couro, tipo nordestino, linda de cabelos longos e negros, com olhos brejeiros e castanhos, profundos e cheios de paz, falou-lhe, tocando-lhe com muito cuidado a mão direita:

– Zé Baiano, priocupa não. Amanhã, quandu u sor raiá a mãu du baianu trabaiadô vai tá boa. Não disisperi. Deus dá u sor du jeitu du abrigu das fôia. Ele vai ajudá muitu inté lá. Raimundinho vai chegá bem im Brasília. Tem muito pobrema prá vencê mais a força du córação sertaneju vai levá tudu mundo inté lá. Priocupi não, homi.

Zé Baiano acordou feliz, no meio da noite, surpreso e assustado, e juraria ter visto a ponta da saia fugindo rápida por trás do tronco próximo a sua rede. Viu-lhe a copa do chapéu que caía para trás cobrindo a nuca, seguro no pescoço por fio de couro. Meditou consigo mesmo:

– Meu Deus, tô conseguino vê nu iscuru? Ou istu é sonhu da minha cabeça aperriada pela dô da mão prensada?

Daí a minutos adormeceu profundamente até que um bem-te-vi começou sua melodia matutina ainda no claro-escuro da madrugada, chamando todos para saudar o dia multicolorido que vinha surgindo no horizonte. Logo se escutou o grito sonoro de Raimundinho:

– Cumu tá a mão, tiu quiridu?

De longe ele gritou.

– Um anju lindo, uma moça sertaneja da Paraíba veiu di noiti i curô minha mão. Possu inté mexê. A dor é muitu poca.

Deu uma gargalhada feliz.

17. Brava gente brasileira

O sol rasgou o manto da noite escura e, lentamente pintando de vermelho-alaranjado o horizonte, mostrava a cor do astro-rei, enfeitando a nova manhã que vinha prometendo um dia de grandes realizações. A luz penetrava o bosque seco, deixando as silhuetas das árvores em verde-escuro. Era cena de um belo quadro com o perfil da vegetação, enfeitando, no contraste, as cores lindas no nascente.

Raimundinho estava imóvel. Iracema chegou-lhe perto, subindo na cabine do velho caminhão FNM. Ela preferia dormir na rede atada à carroceria e a uma árvore, quando era possivel a máquina amiga estacionar junto a um tronco. Beijou o rosto do filho querido:

– *Qui u mininu Jesuis ti acumpanhi tudu u dia di hoji, meu fiu.* – *Nossu dia vai sê abençoadu pela Virgi Maria, mainha.*

Logo depois surgiu Zé Baiano. Os outros, estimulados pelo bate-portas, começaram a se levantar. Eram cinco horas e trinta minutos, madrugada linda no sertão do Piauí! Começaram o burburinho e o falatório dos viajantes, comentando a noite e o acidente com Zé Baiano. O pneu estepe precisava ser trocado, já que o motorista foi impossibilitado, pela noite escura, de terminar a tarefa. Um tronco foi colocado como calço sob cada uma das outras três rodas. Agora a luz abundante começava a chegar clareando a estrada, as árvores, o solo, a carroceria, os pneus e o macaco. Ainda havia na madeira respingos de sangue da mão do Zé.

Uma sertaneja logo pegou um pedaço de saco de estopa velho e limpou os sinais do acidente lamentável:

– *U sangui si dexadu nu lugá chama otru disastri. É perciso limpá.*

O Baiano procurava orientar três homens na substituição do pneu largo e pesado da roda traseira direita. Alguém se lembrou que fora aquele o pneu que havia batido no buraco no acidente em que o menino caiu e se feriu tão grave. Zé explicou que o aro de proteção se deslocou. O calor do dia e o atrito durante a viagem elevaram a temperatura e a pressão. O pneu estourou como uma bomba, arremessando o aro longe e marcando a árvore onde bateu.

Zé Baiano, para poupar a mão, não participava dos esforços, apenas ensinava. Depois de muita luta conseguiram tirar os cinco parafusos enferrujados, cujas cabeças estavam amassadas, por pedras ou pela batida no buraco. Com o macaco suportando o peso da carroceria, ficava mais fácil colocar o pneu de reserva no lugar. Zé Baiano rezava para ele estar cheio com a pressão adequada, do contrário estariam perdidos na vastidão da estrada sem chance de seguir em frente.

É admirável e trágico enxergar nesse episódio como os sertanejos brasileiros vivem quase sempre à beira do abismo da morte. Mínimos deslizes podem causar tragédias gigantescas. Estavam todos ali, naquele momento, perdidos no sertão do sul do Piauí à mercê da sorte, após ziguezaguear por trilhos precários na Paraíba, Ceará e Pernambuco. A vida de um mocinho ferido grave dependia do ar dentro da câmara de um pneu velho. Quem sabe a que horas ou que dia passaria por ali algum outro caminhão de gente valente, determinada para ajudá-los a vencer os obstáculos que a vida rude lhes colocava à frente?

Ao ver o pneu, chutá-lo com o pé direito para verificar a pressão e senti-lo duro, Zé disse:

– Meu Deus du céu, brigadu mais uma veiz. Mi ajuda levá u mininu inté Brasília; mi protegi Sinhô.

Depois de horas de tentativa, precisaram cavar um sulco na terra da estrada pedregosa para poder colocar o pneu, já que o macaco não elevava a carroceria o suficiente para encaixar os orifícios do aro nos parafusos da campana do caminhão. Os trabalhadores estavam exaustos, molhados de suor até que um deles disse:

– Deus du céu, tô tontu cumu peru nu dia antes da festa dispois de tomá pinga prá amolecê a carne. Tô tonto, genti.

Alguém lembrou:

– Oh Virgulino, cumu é que saco vazio pára di pé, homi di Deus! Ocês num cumeru nada i cumeçaru a trabaiá fazenu força. Tó aqui, bébi esse chá doce i comi essa farofa cum um pedaçu di rapadura i ocê miora já.

Virgulino obedeceu. Os outros, incluindo Zé Baiano, se alimentaram da maneira possível. Na ânsia de ver se o pneu daria certo, nem pensaram em comer. Após a troca, planejaram a continuação da viagem.

Um sertanejo velho, de dentes amarelos, escurecidos pelo cigarro de palha, a barba com vários fios brancos entre os pretos no rosto, a boca torta por segurar o cigarro no lado direito dos lábios, com cheiro forte e nauseante. Alertou:

– Um póbrema di cada veiz. U pneu tá bão i trocado. Si nóis chegá im arguma cidadi, nóis cunserta u otru, nóis tem um poco di dinheru qui u prefeitu di Juazero du Norte deu pru nossu trabaio. Assim agora, genti, é rezá prá vê si u Zé pódi guiá cum essa mão amassada.

Zé Baiano suspirou fundo só de pensar nas milhares de vezes que deveria segurar a bola, na ponta da haste metálica, da alavanca do câmbio e levá-la para frente para trás, para a direita para a esquerda. Um frio cortante passou-lhe na barriga. Olhou para Raimundinho pela vidraça traseira da cabine, sofrendo por antecedência a dor de cada movimento. Falou para si mesmo:

– *Meu padim Ciçu, dá força pru Zé. Percisu levá u minimu inté Brasília; ajuda meu Pai querido.*

Decidido, contornou a carroceria e atingiu o lado esquerdo da cabine. Com a mão boa abriu a porta pela maçaneta enferrujada e torta. Com a mesma mão pegou no volante e puxou o próprio corpo para subir o degrau que o elevou até o assento. Suando frio, pela testa larga, sentou-se ao volante e gritou para todos:

– *Vamu subi, genti, agora nóis vai prá frenti. A istrada é longa i nóis num podi pará. Vamu andá.*

Alguém gritou:

– *Exprimenta primero, Zé, dispois nóis sobe.*

– *Tem fé não, cabra da bixiga? Padim Cíço i u mininu Jesus tão aqui cumigu!*

Deu partida com a mão esquerda, tentou engatar a primeira com a mão direita, enquanto o pé esquerdo apertava o pedal gasto até o metal. A dor na mão foi lancinante. Tentou fechá-la e empurrou a alavanca com o punho. Doeu menos e a marcha entrou. Suspirou aliviado, mas ficou preocupado com o que aconteceria com sua mão até o final da viagem. Olhou para Raimundinho olhares ansiosos se cruzaram: de um lado Zé assustado e dolorido, no meio os olhos claros suplicantes do menino; à direita os castanho-claros de Iracema, arregalados, surpresos sob sobrancelhas negras longas e afiladas. O motorista entendeu a súplica na linguagem muda e, lentamente, soltou a embreagem com o pé trêmulo. O acelerador foi pressionado, a fumaça negra do escapamento começou a sair abundante. Alguém na carroceria gritou feliz:

– *Vamu im frenti, Zé. U mininu Jesus abri u nossu caminhu...*

A primeira marcha foi sendo usada até o motor tremer acelerado. Zé Baiano fez da mão um gancho e com a parte interna do pulso conseguiu puxar a alavanca para a segunda marcha. Ele falou:

– *A quarta é só puxá tamém, o difici vai sê impurrá prá primera i a terceira.*

A máquina pesada, desajeitadamente, começou a pegar velocidade. Ele fechou o punho e, com os dedos dobrados, empurrou para a terceira. Sua cara franziu-se numa expressão de dor. O câmbio entrou raspando teimoso, ruidosamente foi levando o caminhão. Aproveitando uma planície longa na estrada cheia de areião, ele puxou para a quarta. Todos na carroceria começaram a cantar a canção *Asa branca*:

– "Quando o verde dos teus olhos se espalhar na plantação... eu te asseguro, não chore não, viu, que eu voltarei, viu, meu coração"...

Iracema percebeu que lágrimas grossas, quentes, rolavam do rosto de Raimundinho. Ele olhou para ela enquanto a palma da mão dela acariciava-o, enxugando-lhe a face. Não haveria palavras humanas que exprimissem melhor os sentimentos no coração do menino do que o olhar de súplica e desespero daquela alma gentil. Ele piscou para a mãe, ela fez o sinal da cruz enquanto empurrava o corpo para trás com os pés apoiados no assoalho da cabine para, com as costas, segurar o cabo de madeira, transversal à coluna do menino.

Parecia que a cada mudança de marcha havia um suspiro profundo, coletivo, de todos os viajantes. As rezadeiras da caravana percebiam que a prece aliviava tensões! Começaram a ladainha... Atravessando areiões, pulando buracos aos milhares, o 'Fenemê' rolava em direção a Brasília depois de vários dias de solavancos e curvas. Aproximavam-se de Juazeiro, na Bahia.

Zé precisava parar a cada duas horas e segurar algum galho mais alto que a sua cabeça para fazer o sangue descer para o cotovelo. A verdade é que, com o movimento, a mão com o edema tomava a forma globosa. A palma estava lisa, esticada sem mostrar as marcas características. O dorso já escondia as partes ósseas. Parecia luva cirúrgica cheia de água, sob pressão, apenas com as pontas dos dedos se sobressaindo à bola central. Elevando o braço, o inchaço diminuía e a dor melhorava um pouco.

Os olhos dentro da cabine eram ansiosos, cheios de medo. Uma mulher com uma cuia de água fresca, retirada do pote na traseira do caminhão, aproximou-se do motorista que descansava junto ao tronco de uma árvore. Seu braço estava erguido apoiado em um galho fino:

– *Baxa a cara um poco, Zé. Vô pô água na tua boca prá matá a sede.*

– *Caréci não, Barbina, eu pégu a cuia cum a mãu isquerda i bebu.*

– *Mais eu quéru ti dá água benta com as minhas mãu. Ocê é prá nóis agora a ajuda di Deus im forma de homi. Ó xenti, a turma feiz oração prá bençoá esta água e ocê vai pudê acabá a viagi i nóis num morri di sedi, Zé. Dona Matilda bençoô a farofa tamém, come um poco depois da água i tudo vai ficá bão.*

Novamente a vida de muitos sertanejos dependia de algo muito frágil: da mão doente, inchada, dolorida de um motorista com muita febre.

Meu caboclo brasileiro é muito corajoso. Não há no mundo povo melhor, mais paciente, perseverante e cheio de fé. Como me orgulhava de ser o presidente de tal nação abençoada pela presença desta gente magnífica! Confesso que, ao saber destes detalhes através do Sayão, me comovi profundamente.

– A vida cobra muito destes sertanejos! – dizia Bernardo. – Eles lutam contra a seca malvada como titãs e trabalham com fervor de se admirar! O patriotismo e a honestidade neles são atributos que nascem nas profundezas da alma. Por isso, presidente, darei minha vida, se preciso for, para auxiliar meu país e meu povo a caminhar em direção ao progresso! Tenho um respeito profundo por eles.

Sayão, o notável coordenador das obras viárias, o admirável inspirador da rodovia Anápolis – Brasília, o fundador das colônias agrícolas que fizeram nascer Ceres e Rialma, o engenheiro agrônomo da escola de Minas Gerais, o carioca que se transformou em caboclo para servir a seu país, mal sabia ele, o gigante Bernardo Sayão, que, menos de dois anos depois destas palavras, uma árvore pesada esmagaria seu corpo robusto. Dessa maneira, talvez, sua alma de brasileiro valoroso pôde voltar aos céus.

18. Sob o olhar de Deus

Zé Baiano continuava sua via dolorosa. Era um tormento mudar as marchas e sentir dores terríveis na mão direita e no braço. Mas com o canto dos olhos via Raimundinho, sua coragem e determinação para suportar o sofrimento aumentavam. "Era necessário marchar", pensou ele. Lembrou-se de Jesus, dos cravos e da coroa de espinhos. Pensou na dor que o Mestre deveria sentir, cada vez que inspirava, elevando o tórax e movimentando o corpo suspenso pelos pregos nos pés e nas mãos. A figura cravou-se-lhe nas telas da mente e o consolou.

Pensar-se trabalhando sacrificado dava-lhe conforto emocional. Coisas sublimes e interessantes são os fenômenos da mente. A dor diminuiu logo. Ele agora suportava os movimentos do câmbio.

A jornada prosseguia atravessando areiões, buracos, curvas das estradas, longas, longas... O pó atrás do caminhão era nuvem marrom-escura, volumosa, que logo caía nos barrancos, nas margens, cobrindo o verde ralo das folhas esparsas, de uma cor desagradável, feito sujeira, ocultando-lhes o brilho natural. A poeira dava a impressão de dificultar a respiração das pobres folhas, nas encostas nuas, desertas à beira dos caminhos rústicos abertos pelas patas dos animais de montaria durante longos anos. As plantas eram seres quase afogados, lutando pela sobrevivência em ambiente agressivo e rude.

O ronco preguiçoso do velho 'Fenemê' era um pecado sonoro, perturbando a paz dos trilhos precários do sertão. Um urubu planava no céu à frente e acima da cabine, na direção da estrada. Raimundinho o viu revoluteando lento, levado pelas correntes aéreas:

– *Veja lá, mainha, ele tá procurandu mistura pru seu fiu qui déve tá na terra aqui imbaxo famintu. Amô di mãe é sempri amô, né? Déve cum certeza sê uma muiézinha esprevitada, o passarão pretu...*

Zé Baiano sorriu meio zombeteiro e falou:

– *É verdade, Raimundo, issu vale pensá. Hoji lembrei da minha mãe qui morreu há muitu tempo. Dá uma sodade da peste...*

O menino completou:

– *Graças a Deus, Zé, a minha tá aqui comigu.*

Iracema olhou-o e os olhares se cruzaram novamente. Era a linguagem do amor falando no olhar, quase muda. Ela moveu-se no banco com cuidado para não afastar as costas que seguravam a travessa de madeira que suportava o menino. O cheiro de rosas aumentou dentro da cabine. Calma e monótona na tranquilidade do sertão pernambucano próximo à cidadezinha de Cristália, a romaria continuava

Súbitamente, numa curva abrupta da estrada, um galho grosso de árvore retorcida atravessava completamente o caminho. A surpresa desagradável fez Zé Baiano pensar rápido e frear o caminhão, que andava em quarta marcha. Percebeu que o breque não seria suficiente para segurar a pesada máquina. Para evitar a colisão de consequências imprevisíveis, com a mão ferida, puxou o câmbio para trás e soltou a embreagem, pressionando o pedal do freio. O motor velho rangeu, desesperado com o peso a segurar, as rodas traseiras rasparam na areia abundante e o desastre pôde ser evitado a tempo. "A madeira do galho poderia perfurar ou destruir peças na parte inferior do motor", pensou Iracema.

Zé Baiano pôs a cabeça para fora da cabine e pediu aos homens fortes que limpassem a estrada do obstáculo inconveniente. Fizeram muita força para mover o galho. O motorista engatou com cuidado e começou lentamente a mover o veículo. Cinquenta metros além – um buraco enorme – coberto por capim ressequido, pegava mais da metade do caminho. Não fosse o galho atravessado na estrada, o desastre seria devastador! No buraco caberia o caminhão! Muitos morreriam na queda.

Estaria esta coincidência ligada ao mesmo fato do cheiro de rosas impregnando o menino e os locais onde ele estava? Seria a mesma situação que colocava um tipo especial de anestésico no chá de erva cidreira para auxiliar o doente? Sabendo de tais fatos comecei a pensar que, talvez, algo ou alguém pode nos inspirar em acontecimentos da vida. As visões de dom Bosco não seriam da mesma natureza? Isso começou a me intrigar! Como poderia o notável educador e sacerdote italiano prever, em 1883, uma cidade na selva de um país tão longínquo? Ela foi construída muito mais tarde, em 1960. O capítulo geral da sua congregação relata que "o santo viu em sonho as selvas amazônicas com seus rios intrincados e enormes e, na sua visão profética, visitou malocas dos índios e assistiu ao sacrifício de dois missionários salesianos abatidos a tacape", isto em 1883! Em 1934, esta profecia também se confirmou com a morte na Amazônia, vítimas dos xavantes, dos padres Pedro Sacillotti e João Fuchs. E continua: "entre os paralelos 15° e 20°, havia um leito muito largo que partia de um ponto onde se formava um lago. Aqui aparecerá uma grande civilização! Quando escavarem as minas escondidas nestes montes haverá uma riqueza inconcebível". O lago na grande civilização – Brasília – a represa de Paranoá, a cidade deslumbrante...

Há acontecimentos admiráveis nos fenômenos da vida. O fato era que o galho ali caído evitou uma tragédia. Não caminhamos sob o olhar de Deus?

Zé Baiano freou o veículo novamente. Precisou dar a ré para levar a máquina mais para a esquerda. Cauteloso pediu para todos descerem da carroceria para diminuir o peso, pois o barranco à direita do caminhão poderia estar frágil por baixo e as rodas deslizariam para o fundo. Lento, manobrou e solicitou a dois homens ficarem próximos ao parachoque dianteiro, orientando-o. Todos estavam tensos. Raimundinho arregalava os olhos amedrontado. Zé Baiano, percebendo, tranquilizou-o dizendo:

– *Preocupa não, mininu, u mótorista Baiano sabi fazê o carro mufiná pra passá lugá estreito.*

E soltou estrepitosa gargalhada, surpreso com a comicidade das próprias palavras que falou como bobagem. Todos se despreocuparam. Ele lentamente ia soltando a embreagem e os dois auxiliares continuaram a orientá-lo:

– *Mais prá isquerda, vai rétu, divagá, vira a roda da frenti prá isquerda, carma, Zé, vai passanu...*

A metade do caminhão já havia atravessado. Um monte de terra e pedras deslizou para a direita, caindo, ecoando no fundo distante. O motorista parou e suspirou. Pensou em tirar Iracema e Raimundinho da cabine e seguir sozinho. Seria menos peso e, além disso, se o caminhão resvalasse para dentro da cratera e tombasse, ele estaria só. Parou e os outros lá de fora gritaram:

– *Zé, num sei u qui falá. A coisa tá preta! Vem vê.*

Ele acionou o breque de mão, quis desligar o motor e descer, mas pensou:

– *A partida pódi fazê balançá muito i quebrá o barranco. Vô tocá i rezá.*

Lenta, lenta, a máquina foi adiante. A cabine já havia atingido, com as rodas da frente, terra firme. Aí que os homens lá fora gritaram:

– *Pisa, Zé, a roda direita trasera tá iscurregando pru buraco. Pisa, Zé, pelu amô di Deus!*

As rodas esquerdas, como garras desesperadas, levaram o caminhão adiante, enquanto um bloco enorme de terra seca e dura junto com pedras soltas rolaram para o fundo. A parte traseira da carroceria desviou-se para o abismo, mas o motor, rangendo como gigante furioso, quase no extremo das suas forças, colocou as quatro rodas em terra firme.

É claro que a vinte metros do local os terços estavam nas mãos calosas das sertanejas cheias de fé. Todos suspiraram aliviados e Raimundinho começou a gargalhar, dizendo:

– *Pia só, Zé du Céu, quanta coisa vô tê prá falá pru painho! Ocê é um motorista arretadu. Si eu num vissi num ia creditá. Vamu im frenti!*

Zé Baiano estava molhado dos pés à cabeça! O rosto amplo, a testa larga eram fontes abundantes de suor a gotejar na emoção do perigo. Após retomarem aos seus lugares, alguém gritou:

– Depois dessa, Zé, tenhu certeza qui u padim Ciçu leva nóis prá Brasília. Ele tá mermu cum nóis, genti, tá cum nóis, tá sim ó xenti...!

A viagem prosseguiu. A mão de Zé Baiano começou a inchar mais. Depois do esforço excessivo, estava na hora de estacionar para elevar o braço, fazendo o inchaço diminuir. Ali ele ficou meia hora com a mão em garra enroscada pelo punho em galho alto. Sentiu porém um calafrio e pareceu-lhe estar surgindo uma febre incômoda.

Após cada um tomar sua pequena quota de água, continuou até as proximidades de Petrolina, Pernambuco, e Juazeiro, Bahia, cidades irmãs separadas apenas pelas águas do São Francisco. Uns quinze quilômetros antes da cidade, a febre aumentou. Ele começou a ter calafrios constantes, o pescoço ficou duro, os braços difíceis de se movimentar e a mandíbula, o queixo rígido quase o impedia de falar. Encostou o caminhão, a porta próxima a Iracema quase tocando o barranco na beira da estrada. Com dificuldade, gritou com o pescoço duro saindo pela janela:

– Pessoá, percisu di ajuda, eu num tô cum pantim não, um trem ruim tá assucedenu cumigu, percisu di médico. Num possu mais guiá. Mi ajudi, tô mar, tô aperriadu, genti.

Um sertanejo, de seus cinquenta e cinco anos, saltou da carroceria e liderou o grupo

– Gente, lá di cima vi uma torre branca, lá longe. Deve sê Juazeiro ô Petrolina. Vamu a pé prá lá. A noite num demora. Nóis vai carregá u Raimundinho i ajudá u Zé a caminhá inté ele podê. Si Deus quisé, lá vai tê um médicu i hospitá. Vamu logo, pessoá. Eu tô avexado.

Começaram a marcha silenciosa no pó da estrada. As pernas e os braços do menino, a cada passo dos carregadores, balançavam como cordas grossas, soltas. Dois homens fortes carregavam Zé Baiano, suportando-o nos ombros, enquanto suas pernas se esforçavam para ajudar os que o levavam adiante. Um braço passava por trás da nuca de Virgulino, enquanto o outro atravessava os ombros de Sigismundo, que procurava de vez em quando animá-lo, dizendo:

– Carma, Zé, nóis vai chegá e ocê vai miorá.

O cheiro de flor chegou sereno. Parecia que anjos, com hálito perfumado, falavam aos corações dos peregrinos para serem fortes.

A brisa começou a soprar suave fragrância. Zé, febril, meio abobalhado, sentiu o frescor do vento no próprio rosto e se animou. A tontura melhorou. Os pés deixaram de se arrastar tanto no pó da estrada e as pontas dos dedos começaram a pisar com mais firmeza, diminuindo o peso sobre os ombros amigos.

Aquela cena era algo de cortar o coração mais insensível. O grupo serpenteava nas curvas da estrada, os pés levantando o pó, os corações ansiosos. Após um declive suave, surge uma casinha à esquerda. Um caboclo, na janela, pitando o cigarro de palha, fumo feito por ele mesmo no quintal do casebre, saudou-os saindo pela porta rústica da tapera:

– *Oi, genti boa, entra prá discansá um poco. Di ondi ocês vem?*

Zé Baiano e Raimundinho foram levados para dentro enquanto os outros esperavam lá fora pela água que foi distribuída. O sertanejo falou que Petrolina e Juazeiro estavam a duas horas de caminhada normal. Talvez levassem três horas pela lentidão da marcha, carregando Zé Baiano meio desacordado.

Sua face foi lavada com água limpa da cisterna na frente da casa. O caboclo ofereceu um pano branco de saco de farinha, úmido, para tentarem baixar a febre do motorista, que piorava a olhos vistos. Esclareceu a seguir:

– *Pena, meu cavalu morreu na seca passada. Ocêis percisa é caminhá mermu! U homi tá muito mar. Tem um médico di Porto Seguro qui veio comprá fazenda pur aqui e tá aí faiz dois dia. Parece vai ficá mais uma sumana. U hospitarzinho da cidade tá sem dotô faiz um tempão, dispois qui u dotô Siqueira vortô prá Salvador prus mininu pudê istudá. O dotô visitanti, falaro, é muito bão i caridoso. Cum certeza vai ajudá ocêis. Océis vai é prá Juazeiro. É só travessá a ponti, viu?*

Zé Baiano e Raimundinho, mais confortáveis, seguiram a caminhada após a dona da casa, uma pernambucana gentil de face enrrugada pelo sol ardente. Sua boca sem os dentes incisivos, dava-lhe um aspecto de pobreza. Apesar disso, ela lhes deu para levar metade de um tijolo baiano, tipo de rapadura misturada com doce de mamão. O marido se ofereceu para caminhar com Zé Baiano. Todos na comitiva dispensaram a ajuda. Eles iriam se revesando até chegar na cidade.

Zé Baiano piorava. Não conseguia mais falar, a boca se fechou com os dentes cerrados contra o maxilar superior. Seus pés iam totalmente soltos marcando o chão com dois sulcos longos, irregulares, cambaleantes. "Deus, meu Deus! Ajuda meu povo valente", pensou Iracema. Raimundinho comovido, vendo seu amigo Zé desacordado, começou a chorar baixinho, as lágrimas molhando a face, escorrendo pelo narizinho bem feito. Ver o grande protetor, Zé Baiano, arrastado semimorto era-lhe por demais doloroso.

O sol foi baixando, lento... lento. O pó levantado pelos passos tristes dos peregrinos era colorido pelos últimos raios dando adeus ao dia difícil. Anoitecia, quando, na curva à direita, apareceram os primeiros sinais da cidade: postes de luz, alguns casebres, cães magricelos correndo e latindo para os estranhos, enquanto um gato, arrepiado e feio, atravessou a rua que começava a se desenhar aos olhos ansiosos dos nordestinos valentes.

19. A CORAGEM ROMPE BARREIRAS

Zé Baiano entrou na cidade de Petrolina quase inconsciente, atingiu a ponte, atravessou-a carregado pelo seus amigos e seguiu conforme orientação do caboclo até Juazeiro, já na Bahia da gente bondosa. Arrastando os pés, sulcando a estrada e as ruas longas de terra, às vezes gemendo com dor profunda. A febre era sentida, através da camisa, nas duas mãos musculosas que o carregavam. Os braços de Zé Baiano eram como galhos secos de árvore tostada pelo sol quente, no calor da febre penetrante, constante, dolorosa. Ele transpirava abundantemente. Numa esquina, já perto do largo da Igreja, pararam à frente do bar e alguém logo ofereceu água ao Zé e Raimundinho. Era uma caneca de lata de óleo com cabo amassado e torto. Auxiliado pelo companheiro, Zé sorveu a água com avidez. Nova caneca oferecida, nova aceitação do líquido abençoado. Isso o acalmou um pouco. Raimundinho também bebeu, já que seus lábios estavam secos, sob o sol inclemente na caminhada durante quase três horas, lentas e pesadas.

Perguntaram onde encontrariam o médico: faltavam quatro quarteirões em frente e três à esquerda em casa com árvores, pintada de verde-claro, de janelas de madeira velhas e altas.

Felizmente o doutor chegara de uma fazenda que fora visitar, para comprar, havia dez minutos. Ainda calçava as botas de cano alto de couro de pelica com saltos fortes e protetores metálicos, niquelados, brilhantes nos bicos. Um cinto largo, preto, com argola prateada, grande, uma bolsa pequena no lado direito do cinto mostravam a alta qualidade do artigo elegante.

Logo ao ver Zé Baiano, pegou-lhe na mão e braço direitos e foi ao assunto com um linguajar puro, culto, mas compreensível:

– Deus meu, o nosso amigo está com tétano gravíssimo. Deixa-me examiná-lo. Sentou-o na cadeira de vime almofadada com encosto alto, no alpendre, e começou ali mesmo a tratá-lo. Tirou o curativo feito com os panos do lenço de cabeça que Iracema fez, descobriu o ferimento profundo, o dedo esmagado e parte da mão ferida, cheia de pus, edemaciada quase como uma bola inchada. Pediu à empregada da casa a mala de médico que estava na penteadeira antiga do quarto de hóspedes. Abriu a maleta marrom de couro velho com a fechadura amarela, ainda brilhante, apesar de antiga. Tirou de lá umas luvas estéreis embrulhadas em envelopes próprios, colocou-as e começou seu trabalho de limpar o ferimento com cuidado. Chamou o dono da casa, engenheiro que estava morando na cidade para abrir estrada que ligaria Curaçá a Juazeiro. Há algum tempo, ao saber do médico visitante na cidade, o engenheiro Marcos Costa se alegrou e o levou à casa confortável. Recordaram, cheios de saudade, as vivências inesquecíveis de estudantes do interior chegados à capital. Haviam sido contemporâneos na Universidade Federal da Bahia, em cursos diferentes, mas muito amigos, inclusive colegas de quarto da pensão de estudantes na Cidade Baixa.

Dr. Franscisco Moreira enviou o amigo correndo ao hospital, para que preparassem duas ampolas de Tolserol diluídas em um litro de soro fisiológico. Ele ordenou aos funcionários que limpassem um quarto bem arejado do hospitalzinho semiabandonado. O mais depressa possível lá chegariam com o doente que estava nos degraus da porta de entrada do vale da morte.

Um frasco de Fisohex foi derramado com abundância na mão ferida do Zé, enquanto a dona da casa, Francisca, também de Salvador, colocava, a pedido do médico, várias toalhas de rosto numa panela de pressão e acendia o fogão de lenha. Logo se ouviu a válvula chiar alto, como um apito de pequena locomotiva, anunciando para o médico que a temperatura de esterilização fora atingida.

Raimundinho, em sua gaiola de gesso, foi colocado em outra cadeira no alpendre. Assustado começou a chorar. Pediu que alguém lhe limpasse o nariz. Todos os outros da caravana, inclusive Iracema, atrasados da penosa caminhada, estavam na frente do hospital. Raimundinho gritou, dominando a emoção:

– *Pessoá, si o dotô permiti, vamu rezá pru mininu Jesus i a Mãi dele, Maria, sarvá nosso Zé Baiano. Paréci qui a doença é braba.*

O médico concordou com a cabeça enquanto limpava com as toalhas esterilizadas os ferimentos contaminados. De imediato, as rezadeiras nordestinas começaram a reza suave numa só voz suplicante que elevava os corações até o alto dos céus. O médico limpava os tecidos necrosados, apodrecidos, com pinça estéril, antes embrulhada em papel próprio. Começou a retirar fragmentos de pele necrosada e reclamou do cheiro desagradável. De repente, enquanto as mulheres rezavam, o perfume de rosas profundo e suave tomou conta do ambiente.

Intrigado, quase gritou com a voz emocionada:

– Pelo padre Cícero, o que está acontecendo aqui?

Raimundinho com respeito na voz retrucou:

– É o prefume da dona Matilda, dotô. Ela benzeu nóis lá em Juazeiro do Norte i falô qui u Mininu Jesus ia acompanhá nóis. O prefume vem das mão da virgi Maria, a Mãi dele!

O dr. Moreira tentou não se emocionar com tanta pureza de sentimento e continuou trabalhando. Uma toalha pequena foi ensopada de Fisohex e feita a limpeza completa. Preocupavam-no os ossos estivessem íntegros, o que era fato, graças ao bom Deus.

Quatro homens fortes colocaram Zé Baiano no banco duro dianteiro direito, logo que chegou o engenheiro no seu jeep Willis de capota de lona, com tração nas quatro rodas, duro e áspero, enquanto o médico empoleirava-se no banco traseiro do jipe desconfortável. O motorista acelerou o veículo, quase derrubando um auxiliar que ajudava segurar pelas costas o doente inconsciente. Os lábios e narinas arroxeados mostravam que a musculatura contraída impedia a oxigenação eficiente do sangue. "Da mesma maneira estará o cérebro", pensou o médico ao pegá-lo pelo queixo, virando-lhe o rosto, enquanto o motorista rangia os pneus cheios de gomos altos nas pedras de calçamento, ao dobrar uma esquina buzinando desesperado. Dois funcionários do hospital já estavam esperando o doente.

Zé Baiano respirava com extrema dificuldade, a toxina, o veneno, do bacilo tetânico tomava-lhe, abundante, a corrente sanguínea, impregnando-lhe, invadindo, o cérebro. O espasmo – contração – dos músculos respiratórios e intercostais, a contração exagerada da musculatura da boca, do masseter – músculo da mastigação – e dos músculos do pescoço davam a Zé Baiano o aspecto de uma face de pedra dura e rígida. O médico com muita dificuldade abriu-lhe a boca e entre os dentes colocou um pano dobrado, como um charuto, para protegerlhe e permitir a entrada de ar com mais facilidade. Tinha consciência de que os não-vacinados, sem os anticorpos, quando adquirem o tétano, geralmente por fragmentos de fezes de equinos, representam casos gravíssimos! O relaxante muscular deveria ser aplicado de imediato.

A freada brusca anunciou a chegada ao hospitalzinho. Agulhas grossas, esterilizadas em vasilhas pequenas e compridas sobre espiriteiras cheias de álcool, já estavam preparadas. O médico rapidamente atingia uma veia calibrosa do braço, auxiliado por seringa de vidro, para injetar o Tolserol. Enquanto isso, o auxiliar, que havia adquirido experiência ao trabalhar por mais de vinte anos no Hospital Espanhol em Salvador, preparava os tubos finos de plástico para fazer correr o soro, de frascos pesados de vidro, para dentro da corrente sanguínea do baiano, levando, no fluxo, mais duas ampolas do miorrelaxante – relaxante muscular – Tolserol.

Após meia hora, dr. Moreira percebeu que o doente melhorava lentamente. Os lábios roxos, as conjuntivas pálidas recebiam novas cores, pois a respiração profunda parecia cada vez mais eficiente. Mas, ao pegar um frasco, uma ampola do medicamento jogada em uma latinha limpa no balcão da sala, arregalou os olhos ao ler que estavam vencidas há mais de um ano. Interrogado, o funcionário disse não ter a farmácia da cidade nenhum medicamento semelhante, o que o obrigara a usar as velhas ampolas deixadas por um fazendeiro de Feira de Santana. Eram sobras do tratamento de um dos seus empregados, que teve uma das pernas esmagadas pela pata de um boi bravio dentro do curral lamacento.

O médico pensou nas aulas de farmacologia, empalideceu e começou a pensar pessimista. De repente o perfume impregnou o ar. Admirado, pensou alto: "Meu Deus, o que será isto?"

Lá fora o povo da caravana chegava, recomeçando a ladainha em frente ao hospital.

No alpendre de casa, Iracema e o filho falavam que Jesus, Maria e o padre Cícero os guardariam. Emocionado, chorando baixinho, este falou com dificuldade:

– Mainha, qui homi bão é o Zé. Deus num vai levá ele di nóis, né?

Lágrimas abundantes molhavam-lhe o gesso protetor junto ao tórax. Iracema enxugou-lhe o rosto, ajoelhou-se apoiando os cotovelos no assento da cadeira e começou a rezar

A fé dos nordestinos, banhada de perfume delicioso e intrigante, compensaria as deficiências de um medicamento vencido, injetado nas veias flácidas de um sertanejo moribundo?

20. Brasil, a natureza em festa

Zé ainda estava apático e meio abobalhado, mas os sinais vitais melhoravam paulatinamente. A memória estava fraca, lembrava-se pouco do sofrimento dos dias passados. Perguntado se sabia como chegou ao hospital, respondeu negativamente, balançando a cabeça. Entendia alguma coisa do que lhe falavam, enquanto o Tolserol velho ia curando.

A cidade baiana de Juazeiro era pequena, mas cheia de terras férteis. O hospitalzinho era fruto de trabalho anterior do médico de Salvador, dr. Teixeira, também fazendeiro, que ali viveu uns anos e se mudou por necessidades culturais. Os filhos precisavam de boas escolas, na época só existentes na capital e cidades desenvolvidas.

Por uma dessas coincidências do destino, o outro médico que desejava comprar fazenda na região ali estava. Tivesse o doutor visitante mudado seus planos, achasse uma propriedade em outra região, decidisse ver outras fazendas naquele dia em outros lugares, não tivesse encontrado o amigo engenheiro, Zé Baiano estaria entregue a própria sorte e, talvez, morto. A vida dos meus operários, os valorosos candangos de Brasília, parecia seguida de perto pelos anjos protetores do Brasil. O galho atravessado na estrada, evitando que o caminhão caísse no buraco enorme era exemplo dessa proteção. Somos um povo que caminha sob o olhar de Deus. Os meus sertanejos vivem atados por fios frágeis sobre o abismo da tragédia. O povo sofredor, pacífico, é humilde e cheio de fé. Por isso luta e vence as dificuldades através da vida.

Já havia passado uma semana. Os viajantes foram alojados em duas casas abandonadas na periferia da cidade. Antigos retirantes de secas passadas as deixaram desocupadas e se despediram há dois anos rumando para o sul em busca de água, trabalho e esperança. Os paraibanos as limparam, armaram as redes nas salas, nos quartos, nas varandas, entre os troncos de coqueiros que suportavam o peso do telhado de folhas das palmeiras trançadas com muita paciência e arte.

A natureza do Brasil é abundante ao oferecer a todos, mesmo aos mais pobres, o alimento, o abrigo, a oportunidade. O coqueiro é o boi vegetal, do qual nada se perde. É o amigo silencioso do nordestino, o fruto com enorme poder alimentício, com minerais bem equilibrados e a água muito semelhante ao plasma sanguíneo. Em emergência, com técnica apropriada, pode ser injetada nas veias do ser humano, auxiliando a salvar vidas que, do contrário, estariam perdidas. Assim aconteceu em várias ilhas do Pacífico na última Guerra Mundial. A água do coco foi injetada nas veias dos soldados por médicos americanos que não tinham, naquelas horas desesperadoras, outros meios de salvá-los de hemorragias fatais. Elas eram causadas por ferimentos da guerra atroz e desumana que ceifou, sem piedade, vidas jovens e brilhantes cheias de esperança e de sonhos.

Nosso país abençoado tem oito mil quilômetros de praias onde, nativos, os coqueirais vivem lindos com a cabeleira de folhagem verde deslumbrante, aberta em palmas penteadas pelo vento vindo do mar azul do meu Brasil. No amanhecer, o sol, filtrado pelas folhas, desenha cenas lindas nas praias; o mesmo acontece no entardecer avermelhado, junto ao oceano. O poente saúda, com cores inesquecíveis, a chegada da noite no farfalhar das folhas elegantes. Nas noites mornas e cheias de perfume, "a lua nasce por trás da verde mata, mais parece um sol de prata, prateando a amplidão". A dança buliçosa das palmas dos coqueirais, em noites de lua cheia, eleva a alma brasileira: "O vento que assobia no telhado, chamando para a lua espiar"; "Ah, esse coqueiro que dá coco, aonde eu armo a minha rede, nas noites lindas de luar... Brasil, Brasil." Poetas, cantores e escritores brasileiros cantam a beleza desta árvore, através dos cinco séculos da nação. O fruto, carnoso e firme quando maduro, serve de alimento notável. Lipídeos, proteínas, açúcares, tudo está ali num sabor agradável para nutrir os pescadores do litoral e suas famílias. A água mata a sede, o fruto, quando verde, novo e suave, quase pastoso, alimenta as crianças recém-nascidas. O coco, quando vai amadurecendo, torna-se pouco mais sólido, transformando-se em doces e iguarias deliciosas. Esta é uma das dádivas de Deus ao homem do litoral.

A agricultura brasileira, versátil e criativa, levou as mudas da praia aos planaltos e lá a planta, abençoada e nobre, alta e elegante, cabocla esguia e bela do litoral, adaptou-se distante do mar. Ela cobriu fazendas produzindo o óleo comestível e derivados, alimentos muito saudáveis. Este é o meu Brasil! Das folhas o caboclo faz chapéus, redes, camas; o índio brasileiro faz suas ocas, casas confortáveis, arejadas, abrigos das chuvas, duráveis por dezenas de anos desde que as folhas trançadas sejam tratadas adequadamente. Os troncos, quando a árvore nobre tomba, oferecem-se como paredes muito resistentes, ou colunas retas, magníficas, quais vigas de cimento. Lado a lado, formam paredes em residências muito confortáveis combinando com nosso clima.

Este é o meu país coberto de benções. "Minha Terra tem palmeiras onde canta o sabiá", "vento que balança as palmas do coqueiro". Estas são as palmeiras altaneiras, cantadas por poetas inspirados no seu porte gentil e solene. Estas foram as primeiras árvores vistas pela tripulação das caravelas da esquadra de Cabral. País algum no mundo tem coqueirais tão vastos e abundantes quanto o meu Brasil. Vendo estas árvores espalhadas aos milhões, por todos os rincões, dá para duvidar da presença de Deus nestas paragens?

Os viajantes foram abrigados em duas casas amplas de palha de coqueiro trançadas. Até as molduras das portas e das janelas eram feitas da metade dos troncos, cortados em acabamento caprichoso. Havia desenhos de estrelas no teto como as dos chapéus dos cangaceiros. Mesmo secas as folhas guardam diferenças bem claras no tom da face superior e inferior. Os artistas construtores na arte aprendida passam os conhecimentos aos filhos. Os "carpinteiros-trançadores", como são chamados, fazem obras admiráveis em aspecto e conforto que duram anos sem fim. O sertanejo das regiões dos coqueirais tem uma vida saudável.

Passada mais uma semana, Virgulino, o líder natural do grupo, na ausência de Zé Baiano, reuniu todos para votar novamente o que fazer. Juntos, afirmaram que tudo o que fizessem deveria ser em benefício do grande amigo motorista. Decidiram esperar sua melhora, uma vez que ninguém sabia dirigir o 'Fenemê' cansado e velho e achar outro seria quase impossível. A ingratidão era inexistente naqueles corações amorosos. Jamais tomariam quaisquer decisões não fossem elas favoráveis ao benfeitor. Por sorte, o médico e o engenheiro conseguiram trabalho para muitos dos peregrinos, nas obras da estrada. Eles trabalhavam com carrinhos de mão, pás, picaretas, enxadas e enxadões que cavavam a terra rude, aplanando e preparando o leito onde correriam, num futuro próximo, milhares de veículos levando riquezas, sonhos, cultura e esperança, ligando corações e emoções das gentes distantes. Eles se dedicavam a juntar o máximo de dinheiro possível para continuar a jornada imprevisível. A rota pelo interior da Bahia se afastava do litoral em direção a oeste. Era rústica e precária. Zé Baiano decidira tomar esta via, diferente das viagens anteriores, para descobrir novos caminhos, já que outras estradas começavam a ser abertas encurtando as distâncias entre Brasília e o Nordeste. De qualquer maneira a empreitada era de sofrimento.

Na caravana havia oito crianças e uma senhora velhinha de setenta e cinco anos, mãe de dois retirantes, da cidade de Picos no interior do Piauí. Ela acompanhava os filhos jovens e fortes que iam tentar a sorte nas terras de Brasília.

O marido morrera, havia cinco anos, quando um boi bravo atravessou-lhe o tórax com os chifres longos no curral da fazenda do patrão. Os dois filhos lhe restaram de uma prole de oito, vitimados por doenças vindas da pobreza e da falta de água limpa e potável. Morriam desidratados pela diarreia, como um seu casal de gêmeos perdido por causa da sede: o leite lhe secara e a cacimba, que ainda fornecia água, durante a seca brava de 1949 secou pela falta de chuva. A velhinha de pele enrugada, mãos grossas e rudes, com apenas quatro dentes molares no fundo da boca, sobrevivia à viagem, de maneira surpreendente. Seu lenço branco de cabeça a protegia do sol violento quando os raios quentes enganavam a cobertura da lona do pau-de-arara. A cor da mulher era de um moreno curtido pela agressão solar, pele seca, prococemente envelhecida, olhos profundos nas órbitas, embaçados por duas cataratas bem evidentes, brancas, agredindo atrevidas quem as contemplasse. Apesar de quase cega ela era uma das rezadeiras mais fervorosas.

Era admirável ver a resistência ao sofrimento daquela gente. Observando os candangos, me pareceu que a dor abre os canais para as orações e súplicas do sofredor aqui na Terra em direção ao Protetor Sublime nas alturas.

As estradas a oeste eram desertas. Isso significava menos pó do trânsito mais intenso nas estradas paralelas e próximas ao litoral. Menos tráfego, melhor repouso para os peregrinos, incluindo Raimundinho, suas duas irmãzinhas e os dois irmãozinhos que iam na carroceria. Era a caravana da esperança, da gente feita forte como a rocha, mas ao mesmo tempo suave e doce como a brisa que vem do mar. Eu precisava de forças para auxiliá-los enquanto minha inteligência e a minha saúde o permitissem! Eu, como presidente do país, eles, como trabalhadores valorosos, caminharíamos juntos, continuamente, sob o olhar de Deus.

21. Porque me orgulho do meu país

Zé Baiano melhorou. Os romeiros trabalhavam em várias atividades. Os que foram para as fazendas da redondeza sentiam-se felizes, porque a região recebera os presentes de algumas chuvas.

Zeferino, um homem já para lá dos sessenta anos, foi trabalhar em uma pequena selaria, fazendo muitos laços e rédeas de couro trançado. Sua maestria com o couro, usando afiado canivete de aço alemão, do qual muito se orgulhava, criava verdadeiras obras de arte nas rédeas e laços com desenhos longitudinais. Trançava as rédeas para montaria mais grossas que os laços tradicionais, deixando no couro o pelo dos animais, que iam caindo apenas nos locais onde o boiadeiro manuseava. O couro branco se mesclava com cordões de couro negro, formando peças resistentes que duravam toda uma vida. Os laços eram feitos de couro curtido com extratos de várias plantas da caatinga ou do cerrado. Eles ficavam lisos, sem os pelos. Quando os laços envolviam o pescoço de um animal correndo, enfurecido, esticavam violentos a ponto de assobiar e derrubavam a fera, mas nunca se quebravam.

Deslumbrante ver como nossos caboclos nordestinos são criativos. Quando a seca brava queimava tudo – sonhos, aves, capim, plantações – e rios secavam, o sertanejo não tinha muito o que fazer a não ser procurar água e esperar pela chuva, às vezes por mais de um ano. O gado morria de sede. Antes, porém, os caboclos tentavam salvá-los com pedaços de mandacaru cortados a facão. O cerne da abençoada árvore de espinhos pequenos também continha água na sua substância pastosa. Ao se prolongar a estiagem, em determinadas áreas, os mandacarus eram comidos lentamente e desapareciam. Vinha a tragédia de bois, vacas, cabras morrendo às dezenas de modo que dava pena. As vacas, propriedade dos sertanejos, eram tratadas com muito carinho porque, durante os anos de seca menos agressiva, forneciam leite abundante a toda a família, principalmente às crianças recém-nascidas. Quando as dolorosas emoções da seca e do medo das suas consequências faziam a muitas mulheres secar o leite, as vacas eram de grande utilidade doando o alimento precioso.

No agreste, homens e animais se unem no instinto de conservação, protegendo-se mutuamente. Relataram-me alguns sertanejos, nos bate-papos, nas obras em Brasília, que as vacas, quando estavam morrendo, olhavam os donos com olhos embaçados e tristes como se lhes dissessem adeus. No tormento da sede e da fome, na agonia da morte, os espasmos musculares, as faziam estrebuchar, balançando as patas no ar, em convulsões de fazer dó. Branquinha, Rosinha, Amorosa, Delicada, eram amigas fiéis, alimentando as famílias mesmo nos tempos difíceis. Ao morrer deixavam a lembrança da sua passagem pela vida miserável nos tapetes, arreios, rédeas, cordas, bolsas e roupas de couro, enquanto os ossos numerosos, brancos fantasmas da morte espalhados nos pastos, compunham a cena triste de dor, desespero e desolação na saga do nordestino agredido pela seca.

Logo após a morte dos animais, os homens retiravam o couro que lhes cobria os ossos e preparavam as peles para várias finalidades. Rédeas, laços, bolsas que serviam até para carregar água. Eles também faziam com muita arte tendas contra o sol. Casacos de couro, de mangas longas, guardavam os braços, dando proteção aos vaqueiros para entrar na caatinga cheia de espinhos e galhos pontiagudos, evitando sérios ferimentos. Os chapéus, às vezes largos, bem grossos, guardavam a cabeça do peão como couraça forte.

Muitos cavaleiros faziam mantas para defender o peito dos cavalos que rápidos entravam nos espinheirais atrás de bois bravios perdidos. "Na caatinga, onde passa o boi passa o cavalo e o cavaleiro". É a ginástica do sertanejo se dobrando para ficar quase como uma tábua contra a sela e o dorso do animal, num exercício de acrobacia que só os valentes vaqueiros da minha terra sabem fazer. Algumas vezes na armadura de couro saltam do animal direto sobre o dorso dos bovinos, derrubando-os entre os galhos agressivos sem se ferir, impedindo o animal de se perder ou fugir. O trabalho nos casebres do Nordeste era constante, mesmo durante a seca árida e rude. "O sertanejo é antes de tudo um forte", e eu diria, também muito trabalhador.

Ele é persistente e patriota, ama sua terra com fervor. Se apega ao torrão natal e só o abandona quando a morte o ameaça. "Só deixo o meu Cariri no último pau-de-arara", cantam muitos essa profunda canção:

"A vida aqui só é ruim quando não chove no chão, mas se chover dá de tudo, fartura tem de porção. Tomara que chova logo, tomara, meu Deus tomara. Só deixo meu cariri no último pau-de-arara. Enquanto a minha vaquinha tiver o couro e o osso e puder com o chocalho pendurado no pescoço, vou ficando por aqui, que Deus do céu me ajude, quem sai da terra natal em outro canto não pára. Só deixo o meu cariri no último pau-de-arara."

Zé Baiano ia melhorando, debilitado ainda, com raciocínio lento sem poder conversar direito. Ele dava profunda pena no médico que o examinava:

– Como está, Zé, quando vai dar para dirigir o 'Fenemê'?

Com o dorso da mão, enxugou os olhos e respondeu, gaguejando, com a voz fraca:

– *Sei não, dotô, eu tô nas mãu du mininu Jesus e da Mãi dêli. Sei não, dotô, tarveis, eu, eu... vô pru céu antes di chegá di novou im Brasília. Mais tô tamém nas tuas mão, dotô. Eu ti agradeçu di coração o qui u sinhô já feiz pur mim... Iracema mi contô cumu cheguei aqui e a vontade qui o dotô tem di parti. Si o mininu Jesus não sigurasse u dotô aqui na cidade prá mi sarvá, eu já tava dibaxo dus sete parmu di terra, há muito tempu. Mas si u sinhô percisa i imbora, eu sei qui Deus, meu Pai, vai fazê arguma coisa prá mi ajudá pruquê eu sô fio dele!*

O diálogo comoveu o médico, tendo ao lado o enfermeiro que, a cada palavra do doente, franzia a testa preocupado. Escutou Zé Baiano dizer:

– *Puxa, dotô, eu comprei u 'Fenemê' e quasi já paguei. Prá pagá o sinhô num tenhu dinheiro. Si o sinhô deixá, eu dô o caminhão com toda a tralha de trabaio, as barraca de coru, cobertas grossas di coru curtido, tudo pru sinhô, pois o dinhero acabô. Si meu Pai mi dá saúde, eu levo o pessoá pra Brasília e logu vorto aqui prá deixá o caminhão pru sinhô.*

Parou ofegante, respirou profundo para tomar força para continuar. O médico viu seus olhos vermelhos tentando, na comporta das pálpebras, segurar lágrimas que, teimosas, queriam rolar face abaixo. A cena era dolorosa! O médico olhou para o Zé Baiano e olhou para o enfermeiro. Olhares se cruzaram e ele falou:

– *Se o senhor precisar partir, doutor, eu pudia tomá conta dele até melhorar. Sei qui é duro trabalhar di graça, ele não tem prá pagá. Si juntá todas a economias dos retirantes, talvez consiga uns duzentos cruzeiros, que é melhor que nada. Depois o caminhão poderá compensar arguma coisa. Se quisé ir, doutor, Jesus e Maria vão ajudar nós todos e ele vai sarar.*

O médico baixou a cabeça pensativo. Triste e sem se despedir, saiu do quartinho pobre a passos lentos, os saltos das botas de couro ecoando quando batendo contra os ladrilhos do corredor longo, foi andando em direção à saída pensando... pensando... pensando...

Daí a uma hora, como se uma força invisível o levasse de volta ao quartinho, foi ver Zé Baiano, que piorava a olhos vistos. Sentia falta de ar intensa, a febre a subir, violenta. Desenfaixou a mão com a ajuda do enfermeiro, fez o curativo com Fisohex, pediu uma injeção de penicilina e a aplicou profunda, no músculo do doente. Compreendeu que sua ausência por um dia seria condenar à morte o honrado e valente sertanejo. A maior preocupação do motorista era levar o menino ferido até junto do pai em Brasília!

Sentiu-se emocionado, censurando-se intimamente até por pensar em deixar o dever de curar para outro profissional menos qualificado. Apreensivo com o tratamento longo a ser ministrado, procurara Virgulino e Iracema para discutir o que fazer, pois necessitava voltar a Feira de Santana a negócios. Preocupado, disse ao enfermeiro:

– Vamos aplicar penicilina de oito em oito horas. Quantas ampolas temos?

– Apenas mais seis ampolas, doutor.

– Então são apenas dois dias de tratamento! Daí é só rezar, pois essa febre, depois de quinze dias do acidente, é muito grave. Temo ele perca a mão e a vida com a infecção!

– Se Deus ajudar não vai perder nada, doutor. Vou falar para as rezadeiras. Nosso Pai vai ajudar.

– O nosso dever tem que estar acima de outras obrigações na nossa vida profissional. Vamos curar esse valente?

Ambos sorriram em silêncio, enquanto Zé Baiano, respirando com dificuldade, abriu os olhos, parecendo ter ouvido a conversa. Tranquilizou-se um pouco.

Pensei, ao saber do fato: "seria a angústia de alguém desprotegido em pleno sertão, abatido por acidente lamentável, tendo uma reação psicossomática severa, destruindo-lhe as defesas? Seria essa a causa da piora do doente?" O amor cura, edifica, consola, anima, orienta! A falta dele causa desastres e ceifa vidas aos milhares. O médico permaneceria no posto do dever, sem ganhar nada. Ele fazia isso por amor ao irmão que dele necessitava. Este é o meu povo, este é o meu Brasil!

Enquanto isso, Raimundinho, que ficara com a mamãe e os outros irmãos em uma das casas avarandadas, coberta de palhas, foi levado ao hospital a pedido do médico. Queria ele cuidar melhor do menino:

– Já que tenho que ficar, apesar da necessidade urgente de partir, deixa-me fazer o melhor pelos meus conterrâneos.

Examinou cuidadosamente o doente e se surpreendeu ao ver que os pontos de apoio do gesso nas nádegas, apesar das escaras-feridas– minúsculas, quase cicatrizadas, mostravam que o tratamento era muito eficaz. Perguntou a Iracema o que ele estava usando desde que chegaram:

– Usamu a farofa da vó Matilda, a benzedeira di Juazeiro do Norte, dotô, a farofa di carni di bodi qui ela preparô. Lavu sempre u mininu cum meia xícara du chá milagrosu. U mininu Jesus, Maria e o padim Ciço, dotô, faiz u restu da cura.

No quarto simples o perfume chegou penetrante forte, e delicioso. Raimundinho deitado de costas no catre de ferro pintado de branco com falhas enormes na pintura das hastes metálicas enferrujadas e feias. O médico se espantou:

– Meu Deus, o que será isto? Parece que os anjos desceram aqui para me ensinar algo! Ficarei até o fim, aconteça o que for!

Quase um mês havia se passado. As chuvas caíam raras. A ânsia da vida explodia nos vegetais ávidos pelo líquido. Novos brotos formavam-se trazendo esperança. No sertão, depois do sofrimento de quase dois anos, começava o milagre da ressurreição!

A mão de Zé Baiano e seu estado geral melhoravam lentamente. Os ferimentos já estavam cicatrizados. Os tendões flexores contraídos, a mão em garra apontava prognóstico sombrio. Estando ele quase curado, chegou a hora dos exercícios para relaxar a musculatura da mão.

Uma bola de couro trançado servia para o doente amassar diariamente, soltando os ligamentos contraídos. A toxina, porém, parecia ter causado alguma lesão no cérebro do motorista. Sua memória continuava falha. Poderia ele voltar a andar com perfeição e ainda dirigir? Só Deus o sabia! A verdade é que o homem atlético, forte, musculoso que entrou no hospital há um mês, quase morto, se transformara num paciente desgrenhado, frágil, de olhos profundos e rosto doentio. Agora, pelo menos, ele conseguia deglutir perfeitamente.

Iracema logo se lembrou de que Zé Baiano nunca havia comido da farofa milagrosa de vovó Matilda e nunca recebera uma gota sequer do chá de cidreira que curara as escaras de Raimundinho. Autorizada pelo médico, ela começou a lhe dar da farofa. O interessante era que o alimento, conforme ia se acabando, apenas farinha lhe era acrescentada. O sabor e o odor se multiplicavam transformando a pequena quantidade da comida terapêutica em grande volume de 'medicamento'. Era acrescentada água ao chá e essa tomava as propriedades curativas, apesar da diluição. O fato é que Zé Baiano, após cinco dias, começou a andar!

O médico se admirava, meditava, mas não sabia explicar o que estava acontecendo.

Pensei então:

– O amor e a fé movem montanhas! Talvez mudem as reações orgânicas e recuperem o funcionamento normal do corpo.

Ao mesmo tempo, em Brasília, Severino, vivendo no mesmo casebre com Tonhão e os três companheiros, havia muito tempo não dormia direito, preocupadíssimo com a demora da família. Sabia que eles haviam saído de Patos na Paraíba há oitenta e três dias. Tinha conhecimento de que Zé Baiano tomaria nova rota, mais longa, pois eles conversaram a respeito antes do retorno do caminhão. Zé calculava, levariam de quarenta e cinco a cinquenta dias, mas agora o tempo era mais que o dobro do planejado e eles não chegavam...

Uma vez Severino teve pesadelos que, em abismo profundo, os retirantes todos haviam morrido. Sua família estava destruída. Gritando, acordou Tonhão, agora seu melhor amigo após a luta com Mané. O baixinho havia desviado, com a mão, a faca ponteaguda que ia direto ao coração do companhiro. Tonhão correu ao quarto e encontrou Severino ajoelhado junto à rede:

– *Qui foi, Séverinu?*

– *Minha famia morreu, Tonho! U caminhão da bixiga saiu da istrada i matô tudu mundo. Tô suzinhu, irmão!*

Tonhão principiou a conversar com carinho de gente valente e lhe explicou:

– *Isso é sonho ruim, Séverinu. Eles vai chegá logo, tem fé. A istrada é mais longi i pió daquela que nóis veiu. Fica apérriado não, irmão. Num perde a fé; u padim Ciço tá cum eles i nóis! Jesus toma cuidado dos mininu pruquê eli tamém foi mininu. Iracema i tudus ele tá bem, num si avéxi. Tem fé, irmão, eles chega. Vamu trabaiá firme prá apagá a sodade amarga da muléstia que machuca u coração di tudos nóis. Eles chega, Séverino, ocê vai vê, home di Deus!*

Voltou ao seu quartinho deixando o candango dormir profundo. O sol da manhã começou a clarear o mundo dos pioneiros, penetrando as frestas do telhado, os buracos das paredes, os vãos das portas. A passarada do cerrado iniciou a sinfonia maravilhosa da natureza em festa. Severino e os outros, após o café com farofa, rapadura e melaço de cana, pegaram um caminhão da Novacap que os distribuía nos vários locais de trabalho.

Tempos difíceis, destinos amargos, homens valentes, gente de fé! Este é o meu Brasil. Pátria do amor e da persistência.

22. Povo amigo

Lá no sertão, à beira do São Francisco, com a aragem leve acompanhando o canal do rio, Zé Baiano recuperava-se rapidamente.

Não seria a mesma reação do vegetal, quase morto pela seca, se restabelecendo rápido ao receber as primeiras gotas de chuva após a estiagem impiedosa e prolongada? Todos os seres em um ambiente interagem. Não seria o caboclo nordestino, produto do meio agreste onde vive? O vegetal é ser vivo. O dom da vida impregna igualmente todos com a característica própria de cada espécie. Não seria Zé Baiano o fruto resistente como as árvores da caatinga que brotam rápidas ao beijo das primeiras gotas de chuva? A medicação, por pequena que fosse a dose, como as gotas da chuva nas plantas do cerrado, lhe fazia um efeito maravilhoso. Zé brotava em força e a saúde ia chegando com rapidez.

Nos climas frígidos próximos aos pólos, tal fenômeno também acontece, mas inversamente. Os ursos, no inverno rigoroso, hibernam parecendo quase mortos durante quatro longos meses. As árvores, quando sobrevivem, páram de crescer. É o torpor da vida vegetal, a parada temporária do metabolismo animal. No frio é o entorpecimento, no calor delicioso do meu Brasil é o dinamismo da energia solar somando-se à bênção da água, produzindo o movimento, o crescer, a força, a vontade de viver, de trabalhar, de correr, de saltar, de agradecer à vida, no contentamento do clima que recebe, do astro-rei, a energia que faz o viver abundante se reproduzir!

O amor, através da farmacologia especial, começou a curar o valente Zé Baiano. O médico não entendia como o Tolserol vencido teria livrado da morte por asfixia o caboclo. O amor é algo esplêndido. Zé Baiano ia lentamente se recuperando. O médico aplicava-lhe, diariamente, uma ampola do remédio e a medicação funcionava.

– O que está acontecendo aqui, meu padre Cícero? Que ciência desconhecida é esta?

Ao sair da porta do quarto, dobrou o corredor à direita e sentiu profundo e forte o perfume de rosas. Começou a sorrir. Ao cruzar com a cozinheira do hospital no corredor deserto, ela arregalou os olhos e comentou para si mesma:

– *Deus meu, u dotô ficô malucu i fala suzinho!*

Continuou quase correndo, em direção ao fogão, para preparar a dieta especial para o Baiano que já conseguia deglutir caldo de galinha bem ralo com um pouco de sal.

Alguns dias depois, Zé Baiano já andava pelo hospital batendo o calcanhar não-barulhento, porque o chinelo de couro cru macio abafava o ruído nos corredores. Depois de quinze dias daquele encontro com o médico, a mão cicatrizara. Apesar dos tecidos ainda fracos e a perda de parte de alguns músculos flexores, ele já conseguia pegar objetos sem deixá-los cair. O médico insistia para não parar os exercícios de compressão da bola de couro que lhe fora entregue para esse fim.

Um dia, Zé pediu ao médico autorização para trabalhar no quintal do hospital, que tinha vários coqueiros, alguns mandacarus e uns pés de pitanga maltratados pela seca. As árvores estavam entre quantidades enormes de lixo, ervas daninhas, galhos retorcidos e folhas podres junto a latas, pedaços de papéis velhos ali jogados há tempos. O médico disse-lhe que poderia tentar desde que não exagerasse no esforço. Procuraram luvas de borracha grossa na cidade e infelizmente não encontraram. O atrito do cabo da enxada, enxadão, foice, machado, pá ou rastelo que ele viesse a usar para a limpeza poderia ser prejudicial. A solução foi embrulhar a mão em mantas de algodão e sobre elas colocar meia grossa que lhe serviria de proteção. Toda manhã, ao alvorecer, o padeiro madrugador via um homem alto, magro, de ombros ossudos e fortes, trabalhando na limpeza. Certa vez ele conversou com o médico:

– *Dotô, percisu pagá esta casa santa u tudu di bão qui ela mi feiz. Vô trabaiá firmi. U trabáio é u mió prus musculu da mão. Vô dexá esse quintal limpo, pronto prá prantá macaxera, logo qui as chuva bendita chegá. U sinhô vai vê qui beleza! Enquanto isso, vô tomano us remédiu qui u sinhô passô i cumenu a cumida boa; vai mi fazê ficá fórti cumo antes!*

Zé Baiano tinha, após três ou quatro horas de trabalho, um apetite verdadeiramente leonino. Dois pratos cheios de feijão preto, com farinha amarela e muita pimenta eram devorados lá pelas nove horas da manhã. Era a natureza de um organismo robusto necessitando repor as forças perdidas. A carne de bode refogada na panela, regada pelo azeite de dendê, completava a dieta proteica necessária para compensar a perda causada pelas toxinas severas do bacilo tetânico. A natureza física obedecia à determinação mental de um caráter forte. A mente é a mestra que faz cicatrizar e curar as alterações físicas, sejam elas infecciosas ou traumáticas. Há aqueles que se recuperam de acidentes graves pela ânsia de viver. O corpo, obedecendo à força constante da vontade, começa a reproduzir mais células. É a medicina psicossomática curando.

Após o almoço, às dez horas da manhã, Zé descansava no quarto até as duas da tarde, esperando o sol amansar no calor agressivo que poderia prejudicá-lo. Aí voltava ao trabalho de cortar galhos secos, arrancar pelas raízes arbustos retorcidos e amontoar. Logo após o entardecer, sopa de jerimum e, às vezes, de aipim com pedaços de carne de bode picada era sua refeição. Devorava tudo. Se o clarão das noites de lua cheia, lindas, no sertão da Bahia, permitisse, ele ainda trabalhava mais uma ou duas horas durante a noite. Despertava antes do nascer do sol e recomeçava seu trabalho todo dia. O esforço, além de auxiliá-lo física e psicologicamente, fazia-o sentir-se feliz e útil, pagando um pouco da dívida com o hospital.

A mão em garra no início do serviço, graças ao exercício constante, foi se soltando. Os músculos do punho, fortalecidos, apesar de estarem alguns lesados pela infecção, lentamente cumpriam sua função de segurar objetos, mesmo os lisos e pesados. O médico examinava-o, pontualmente, duas vezes por dia, preocupado com a pele e tecidos novos que poderiam ser feridos pelo atrito dos cabos dos instrumentos rudes. Felizmente a manta de algodão, mesmo amassada pela pressão constante, sob a meia grossa protegia-o com eficiência.

Uma manhã, antes das cinco horas, o sol ainda estava escondido sob a linha do horizonte. Alguém viu um homem alto, magro e forte, andando a pé através das ruas poeirentas de Juazeiro. Notavam-se-lhe os passos largos apressados, a cabeça grande de testa larga jogada para trás, o peito amplo bem estufado, a respiração firme e profunda, enquanto caminhava determinado, balançando os braços longos na cadência de quem tem muita força. Virando a esquina, à luz oscilante do motor a diesel, cruzou com alguém sentado em carrinho de rodas de madeira com aro de ferro, puxado por um jegue manso, arrepiado e forte, com falta de pelos onde o couro do arreio, pelo atrito, deixava áreas nuas. Era o padeiro da cidade entregando o pão, antes do amanhecer, para o hospital e casas vizinhas. O alimento era uma mistura de farinha de mandioca e de milho com algumas pitadas de trigo para dar consistência.

Ao ver o vulto inesperado dobrar a esquina, o padeiro Felício espantou-se e perguntou:

– *Quem vai lá, pelu padim Ciço!*

– Sô Zé Baiano, motorista de Ilhéus.

– *Ah, Zé, no escuro num ti cunheci. U dotô sabi qui ocê saiu du hospitá? Tá bão prá andá assim?*

– É claro. Tô bão i vô buscá meu caminhão qui faiz mais di quarenta dia tá paradu na istrada prá Afrânio, Pernambuco, depois qui fiquei duente. Espero encontrá ele bem

– *Pia só, Zé, péra eu intregá u pão i ti dô uma bera até u locá du caminhão. Fui lá na sumana passada, a istrada é diserta. Eu achu qui tudu vai tá im ordi.*

U povu da região di Juazeiro i Petrolina é honrado i ninguém mexi nas coisa dus otru. Péra aqui, Zé, vortu im meia hora. Ocê inda tá duente, cabra!

– Tô não, Félicio, eu trabaiei duro quasi deiz dia prá limpá u terrenu du hospitá i agora eu cabei. Quero vê si amanhã cedo continuo a viagi prá Brasília. U povu tá nas minha mão. Tenho u tratu di levá eles prá Brasília. U mininu Raimundinho tá me tiranu u sonu. Tô aperriadu. Inté quandu a natureza vai conservá ele vivo? A vida num é pra sê abusada. É perciso respeitá ela, homi. Sabi, eu ti agradeçu a bondadi, mais vô andanu. Só si ocê quisé mi incontrá nu caminhu mais adianti. Achu qui andá duas légua i meia cum as minha perna cumprida eu gastu duas horas. Sô cabra isprivitado. Si u teu jegue corrê mais, ele chega antes, si não, eu ti ispero lá, inquanto preparo u motô prá andá dispois di tantu tempo. Vamu vê u qui dá, Filício!

Agradeceu e recomeçou a caminhada a passos largos, com os chinelos de couro já velhos, enrugados e desgastados. Chegava a levantar com seus pés o pó fino e seco. Não se lembrava, pensou, de lugar algum por onde passara quando foi carregado do caminhão para o hospital nos ombros de Virgulino e Euzébio, quando a toxina tetânica o derrubou, obrigando-o, quase inconsciente, a parar o caminhão. Passou pela casinha da curva da estrada. Era o mesmo local onde eles pararam para tomar água. De nada se recordou. Encontrou o dono na roça de aipim que começava a ser plantada, o roçado sendo limpo na força da lâmina da enxada. Ao ver Zé Baiano, o caboclo se lembrou do homem semimorto, arrastado, inconsciente e se surpreendeu:

– Ó xente, cabra arretadu, ocê vortô cum a benção di padim Ciço! Tá muntu magru, mais pareci forti. Vô largá a inxada aqui e vô lá ti ajudá cum u caminhão. Afiná é só uma légua daqui!

E os dois, como grandes amigos, sem nunca terem se falado antes, caminharam juntos em direção à máquina velha. Zé Baiano, ansioso, esperava encontrar o caminhão sujo, com folhas secas das árvores enchendo a cabine e a carroceria; o pó da estrada vermelho-claro tudo cobrindo, enfeando a lataria velha. Ele apressava mais o passo, ansioso como "um pai atravessando serras e areias do deserto", para encontrar o filho que há muito não via. Pensou no veículo. Tentou se lembrar de quantas vezes havia se deslocado do Nordeste, saindo da Paraíba, Ceará ou Pernambuco até Brasília. Lembrou-se de algumas viagens, as mais interessantes, e caminhava, até que o acompanhante Zeferino o advertiu:

– Num córri tantu, hómi di Deus. Ocê tá muntu avexadu. Ocê vai tê uma supresa grande!

Sorriu misteriosamente, o que obrigou Zé Baiano a ampliar mais as passadas... Na curva da estrada, próximo ao barranco alto, o 'Fenemê' desgastado, lá estava, reluzente! A carroceria toda limpa, sem folhas, a cabine com os vidros fechados. Zé Baiano os deixara abertos. Tudo limpo, perfeito. As trinta e duas tendas de couro, desdobradas, algumas redes sobressalentes limpas e bem acondicionadas, lá esperavam ser usadas. Ao ver tudo aquilo, Zé Baiano soltou uma sonora gargalhada:

– *Qui é isso, homi di Deus? Ocê cuidô da máquina cumu si cuida di um fiu caçula. Qui u mininu Jesus ti pague. Ocê é um cabra arretadu!*

É a lição da fraternidade muito comum entre meu povo: o brasileiro é a população mais amorosa do planeta!

Enquanto outros povos do mundo se degladiam, matando-se, por questões de raça ou credo, um sertanejo baiano, que nunca vira o motorista, penalizado pela sua situação, em nome do amor fraterno, chamava-o irmão e se deslocava duas vezes por semana, andando dez quilômetros para limpar um caminhão abandonado. Com isso ele queria dizer: "Estamos juntos, meu irmão forasteiro. Vivemos sob o teto gentil enfeitado pelo Cruzeiro do Sul. Sou brasileiro, você é meu companheiro, a sua dor me fere o coração! Se você sofre, eu fico triste. Quando você está feliz, eu me contento".

Este é o meu povo, este é o Brasil que Deus me deu para governar. Esta é a gente que, ainda hoje, quarenta anos depois da fundação de Brasília, deixa a família por seis, oito, dez meses por ano. No sul, eles buscam trabalho no corte de cana nas fazendas de São Paulo e Minas para sustentar os familiares que ficam na terra natal. Apegado à terra que o viu nascer, o sertanejo só se muda quando a morte o ameaça. Hoje, em modernos ônibus, leva só três ou quatro dias para chegar ao sul. Em vez do pau-de-arara árido e rústico, o transporte macio e rápido. O problema social porém ainda é o mesmo. Poucos políticos se sensibilizaram com o amor admirável dessa raça de gigantes – o nordestino. São corações vibrando de amor e respeito pela terra e pela gente. Se os sentimentos de afeto à pátria permeassem os corações dos líderes políticos, meus patrícios, quanto sofrimento inútil poderia ser evitado, quanta felicidade distribuída aos corações; quantas famílias unidas trabalhando felizes na própria terra natal! Seria tão bom, se houvesse nos sentimentos dos dirigentes a pureza, a coragem, a honestidade e o patriotismo que existem na alma do meu povo ingênuo e humilde!

Eu sempre tive fé que Deus haveria de me ajudar a auxiliá-los. Quem sabe poderia eu, um dia, ligar a bacia Amazônica aos leitos secos dos rios do Nordeste e transformá-los em Nilos de abundância, cobrindo as terras de verde, de esperança com colheitas douradas?

23. O PAÍS-CONTINENTE

Imensamente feliz, Zé Baiano entrou na cabine e, sem funcionar o motor, mexeu em tudo: direção, freio de mão, de pé, embreagem. Olhou dentro do porta-luvas sem porta, perdida há muito tempo, deixando apenas pedaços das dobradiças enferrujadas como lembrança. No encosto do banco viu as marcas do suporte de madeira que seguravam Raimundinho. Moveu o volante de um lado para outro. Começou a cantar "Mulé Rendera", rindo feliz. A cabine estava impecável. O moço da casinha da curva da estrada, Zeferino, tratou tudo com capricho. A carroceria e os apetrechos também, totalmente arrumados.

O motorista notou um dos pneus dianteiros meio murcho. Ele concluiu que, dirigindo lentamente na estrada de terra, conseguiria chegar na cidade bem devagar para enchê-lo. Ao olhar pelo parabrisa à direita, viu estranho vulto feito uma figura mitológica grega. Uma cabeça de cavalo e se movendo atrás dela uma cabeça de homem com chapéu. O sol da manhã atrapalhava-lhe a visão. Zé Baiano firmou os olhos, colocou a mão em concha sobre a testa larga e começou novamente uma das suas características gargalhadas nordestinas. Eram o padeiro e o jeguinho correndo, trazendo a carrocinha de entregar pão, já vazia. O jeguinho galopava o mais rápido possível com suas patas pequeninas e magras. Felício chegou:

– Nossa Zé, ocê, correu cumu um curiscu, homi di Deus. Vá sê rápido lá longi. O jumentinho tá suado dus pé na cabeça só prá ti encontrá antes di chegá nu caminhão. Mais ocê ganhô. Pareci mermo qui ocê pódi viajá. Tá bão di saúde isso tá, né, Zé? I ocê, Zeferino, ondi incontrô u Zé?

O caboclo do casebre da volta da estrada explicou:

– Cunheci u Zé há mais di quarenta dias atrais, quandu, quasi morto, passô pela casinha da curva. Hoje ele vortô e num me conheceu, mais eu conheci ele, mais ele mudô muntu, num acha ocê?

O padeiro olhou o caminhão limpo e bem tratado e se admirou. Zé Baiano esclareceu:

– Pia só: meu irmão Zeferino, qui eu nunca tinha vistu na vida cuidô da máquina como se cuida da vaca de leite de estimação da famia!

Todos riram da comparação. O fato era que o 'Fenemê' estava limpo, bem tratado como nunca. Na carroceria havia vassouras feitas com palha de milho amarradas nas pontas, ótimas para tirar o pó. Zé Baiano estava ansioso para dar partida no motor. Colocou óleo diesel no tanque, usando os baldes sobressalentes que ficaram na parte traseira da carroceria junto a uns sacos de estopa com redes dobradas dentro. Verificou os caninhos plásticos transparentes, adaptados, que conduziam o combustível ao motor.

Graças a Deus o caminhão foi deixado, por acaso, em uma descida da estrada. Zé pensou: "com certeza a bateria já está descarregada, mesmo com a ajuda da manivela, já que tenho dois ajudantes, o motor precisa de impulso para começar a funcionar". Desceu e lembrou-se que havia esquecido de verificar o óleo lubrificante do cárter. Tirou a vareta longa e viu que o óleo estava entre as duas marcas, a superior e a inferior, significando que, apesar do pequeno vazamento nas juntas do motor, o nível estava normal.

A viagem, apesar de muito demorada, não havia sido tão longa. Às vezes, para atravessar as estradas precárias com quarenta quilômetros, levava-se mais de dez horas, quase um dia de viagem. Assim, o gasto de óleo seria pequeno não fossem os vazamentos que se viam pelas marcas de terra grudadas aos blocos do motor na parte inferior. O motorista acionou o botão, o motor de arranque roncou um pouco e emudeceu. O Baiano pediu a Zeferino, depois de ensiná-lo, para acionar a manivela que disparava a partida.

Àquela época, pela precariedade da mecânica, muitos carros tinham o motor de arranque auxiliado pela força muscular do homem. Tentaram a manivela, mas não funcionou. Zé, preocupado, pediu que pegassem dois paus como alavancas e colocassem sob cada roda traseira. Ao levantá-los ao mesmo tempo, o caminhão em ponto morto, se moveu. Zé engatou a segunda marcha, esperou a máquina começar a se mover, lenta e, como uma pedra pesada rolando pela ladeira, começou a descer, levantando pó. O motorista soltou rapidamente a embreagem e acelerou fundo. O pó e a fumaça com cheiro de óleo queimado se misturaram, escondendo os dois caboclos que corriam atrás, gritando e pulando contentes. Zé parou, continuou acelerando, soltando baforadas de fumaça abundante e negra que saíam como nuvens espessas pelo escapamento grosso, entortado para a direita e amassado na ponta.

O jeguinho que puxava a carrocinha do padeiro assustou-se com o barulho. Ele tentou quebrar a rédea de couro de bode trançado que o amarrava à árvore na beira da estrada. Soltou um berro típico, entrecortado, tentou fugir, mas parou ao sentir-se preso pelo cabresto resistente. Aí se acalmou.

O caminhão continuava a funcionar, já na parte plana da estrada, cheia de areião no fim do declive. Zé preocupava-se que o motor não parasse. Sem bateria não seria possível funcioná-lo. Acelerou menos e, colocando o rosto para fora, gritou aos homens:

– O xente, paréci qui agora a coisa vai. Felício, ocê qué pô u jegue e a carrocinha im riba da carroceria nu tempu, qui eu cuido pru motô num morrê?

O padeiro respondeu:

– Carece não, Zé, o Pica-pau dá conta di mi puxá i di vortá prá cidade cum carroça i tudu. Num si avexi! Nóis percisa inchê u pneu da frenti. Ocê tem bomba?

Aí Zé Baiano lembrou-se da bomba velha atrás do encosto do banco da cabine. Felício puxou-o, as molas tortas e enferrujadas apareceram e, sob elas, junto às ferramentas, num saco de estopa sujo de óleo, apareceu uma bomba de tipo cilíndrico, manual. Tinha uma alavanca de madeira transversal e um apoio de pé para segurá-la. Os dois auxiliares montaram o aparelho; a força dos braços dos homens introduzia o ar através da válvula para dentro do pneu. Com muito esforço, trocando de posição a cada quinze minutos, com os braços e ombros doendo, bateram um pau para testar a pressão e concluíram que estava adequada. Zé Baiano, cuidando para o motor não morrer, alegrou-se, chamou o padeiro, que subiu no estribo do lado esquerdo, abraçou-o e disse:

– Felício, océ é cabra arretadu, Jesus abençoi ocê, sua famia i seu jegue prá sempri. U mininu Jesus tamém andô di jegue muitas veis. Ele vai segui sempri ocê! Brigadu pela ajuda. Acho qui num vô mais vê ocê, pois queru vê si saiu logu. A manhã já passa das déis hora i queru aproveitá o claru du dia prá caminhá cum u pessoá. Vai na cidade discansá, sei qui ocê acorda às duas da madrugada prá fazê u pão prá genti. Vai discansá, hómi. Brigadu pela ajuda i atenção.

Zeferino, o caboclo da casinha, empoleirou-se no banco, no mesmo lugar onde viajava Iracema. O caminhão acelerou. As árvores começaram a correr-lhe ao lado dos olhos. Ele principiou a gritar admirado, alegre e, ao mesmo tempo, com medo:

– Zé di Deus, qui coisa isquisita. É a primera veiz na vida qui ando di coisa cum motô. É baruiento da peste, sô, i córri mermu!

O motorista gargalhou alto, pisou feliz no acelerador e, em pensamento, agradeceu a Deus a milagrosa cura da mão e da doença malvada – o tétano. Só daí a meia hora chegaram à casa em, razão da péssima estrada. Felício, com o jegue cansado, vinha a passos lentos, trazendo arrastada a carrocinha de entregar pão.

"Danou-se...", pensou Zé.

O caminhão parou e Zeferino ofereceu-se para encher todos os potes e cabaças com a água da cacimba. Ele justificou que a água da cidade não era tão boa quanto a sua. Zé agradeceu, manobrou o veículo colocando a traseira o mais possível próximo à casa. A família toda – a mulher, o homem e mais cinco crianças – com latas amassadas, carregavam a água do poço para dentro dos potes. O motorista, na carroceria, ia pegando as cheias e devolvendo-as vazias. As crianças se divertiam apostando corrida quando voltavam com as latas vazias:

– *Quem chegá pur úrtimu é a muié du calangu!*

E todos gargalhavam. Quando as vasilhas vinham cheias, se alguém derramasse água, levava repreensão:

– *Sabi andá não, cabrinha da bixiga? Cuida da água, sô!*

O caminhão estava abastecido, até o radiador foi completado. Zé abraçou a todos e ia se despedindo, quando Ritinha, uma menina magrinha e alta de cabelos lisos e longos, de olhos negros, brilhantes e um narizinho longo pontudinho, falou fino:

– *Painho, u sinhô num vai dá um litru di melado prá ele levá prá aquele mininu qui passô aqui naqueli dia? Dá sim, painho, a colheita du nossu canavialzinho foi boa, faiz trêis anos i nóis guardô o meladu inté hoji. Si u sinhô dá, u mininu Jesus i são Pedro, tio dele, vai mandá chuva prá nóis e a cana vai dá mais melado!*

Zé insistiu para não aceitar, mas Zeferino concordou:

– *É mermo, minina, vai buscá a cabaça grandi cheia du melado grosso i dá pru home.*

Feliz, as perninhas finas a levaram para dentro, enquanto o vestido branco amarelado de algodão cru esticava para trás, balançando a barra ao vento, na velocidade da criança. Voltou com a cabaça que quase não conseguia carregar e entregou ao Zé. Sorria, mostrando as falhas dos dentes da frente à espera dos definitivos, que não deveriam tardar a aparecer. O motorista agradeceu, beijou a testa magra da menina bondosa. Contaria a Raimundinho que uma sertaneja, menina linda, lhe mandou um pote de doçura, pois ela era também muito doce. A boquinha feliz abriu-se num sorriso banguela, inocente:

– *Deus ti acompanhi, tiu, vai cum Maria, mãe di Jesus.*

Zé Baiano bateu a porta e acelerou. Nos oito quilômetros que faltavam para chegar à cidade, foi meditando que há muito tempo não guiava o caminhão sozinho. Achou estranho, estava acostumado ao burburinho do povo na carroceria e os bate-papos na cabine. Mais uma vez agradeceu a Deus a proteção de voltar ao mesmo lugar com o veículo, onde havia passado, segundo os companheiros, arrastado, semimorto.

De repente um casebre, outro, outro vizinho, os cachorros vira-latas, magros e sarnentos, anunciavam latindo que ele entrava na cidade, invadindo os seus domínios! Não havia muitos veículos motorizados, apenas três ou quatro pés-de-bode antigos, fordinhos caindo aos pedaços. O posto era um quarto junto ao armazém do Branco, que vendia, além de galões de gasolina, pneus velhos e óleo diesel. Antes da construção de Brasília, poucos caminhões passavam por lá. Esperava-se que o movimento aumentasse quando estivesse pronta a estrada Curaçá – Juazeiro. O dono do posto, comerciante esperto, já se preparava para as futuras transações com mercadorias que trazia com muito sacrifício desde Feira de Santana.

Ao ronco do caminhão, soltando baforadas de fumaça negra, as crianças gritavam e corriam atrás na algazarra da novidade. Mulheres deixavam cair as vassouras de palha que tiravam o pó do cimento das calçadas. Outras corriam à janela mostrando o rosto surpreso, a maioria com a cabeça coberta por lenço triangular de algodão cru, barato, protegendo-lhes os cabelos. Era a admiração com o desusado! Depois, ficavam tagarelando a respeito com os vizinhos, enquanto a máquina ia rodando. Daí ele dobrava alguma outra esquina para despertar a curiosidade, a algazarra e o falatório mais além. O caminhão foi assunto por dias seguidos.

Zé Baiano parou o veículo, acelerou para puxar mais óleo para a bomba injetora e procurou uma posição mais fácil para soltar a máquina declive abaixo, caso a bateria não tivesse carregado o suficiente. Todos do hospitalzinho saíram à porta, contentes e surpresos ao ver o doente dirigindo confiante! O enfermeiro subiu rápido ao estribo da cabine:

– Pia só, Zé, quandu vi tua cama vazia quasi morri di sustu. Corri pru quintal mais sabia qui ocê não tava lá, pruquê u serviçu di limpeza tinha acabado i ficô muito lindo, sabi? Desce, hómi di Deus, tava tudu mundu apérriado cum ocê. U dono du bar veiu avisá qui o padêro Felicio foi ti ajudá cum u jegui i a carrocinha.

Iracema correu à calçada. Raimundinho se manteve na cama; deitado aliviava a pressão nas nádegas. Escutando a algazarra e o barulho do caminhão, começou a gritar:

– Vorta, mainha, pega eu. Queru vê u Zé Baiano i u caminhão. Vorta, mainha...

A cozinheira que passava pelo corredor, ouvindo-o, quis levá-lo, mas ele orientou-a:

– Caréci di mais um, amiga. Num pódi carregá só. É percisu eu ficá sentadu nu ar pruquê us braçu e as perna percisa ficá dipindurada, sábi.

Ela voltou com a lavadeira, negra forte de mãos calejadas e ambas, orientadas pelo mocinho, pegaram-no corretamente. Zé, ao vê-lo, soltou grito de alegria:

– Jesuis seja louvadu, mininu. Agora nóis vai prá Brasília, cum Deus na frenti da máquina.

24. Família: alicerce da pátria

Enquanto Zé Baiano e Felício estavam preparando o caminhão para ir à cidade, em Brasília Severino estava deprimido. Ele estava muito triste e perdera a alegria de viver pela falta de notícias da família. Os pesadelos, toda noite, quebravam o ânimo do homem de vontade firme.

Os sentimentos, quando pessimistas, vão corroendo pouco a pouco a resistência moral da vítima, que, lentamente, vai se entregando à depressão dominadora e começa a diluir a coragem. Pequenos problemas se tornam enormes pedras no caminho. Severino já não falava com a alegria natural, já não sorria, não era o homem otimista dos primeiros dias de trabalho nas obras do palácio da Alvorada. Certa vez o encontrei no aeroporto de Brasília. Ele pedira ao chefe da obra para ir nos receber e carregar a bagagem. Tinha muita simpatia pelo grupo, mas naquela viagem estávamos apenas Oscar e eu. Descemos do avião e, ao longe, na casa de madeira que servia de estação de passageiros, vi-o correndo ao nosso encontro. Abracei-o e notei-lhe os olhos tristes. Perguntei-lhe de imediato:

– Como vai o meu querido amigo Severino Paraíba?

– A bondadi du sinhô presidenti já faiz apagá muita dô du destinu amargu. U póbrema é eu. A famia saíu nu pau-di-arara do amigu Zé Baiano i inté agora num chegô! Tá atrasadu quasi quarenta dia. Num sei u qui si assucedeu, presidenti.

Ele carregou a bagagem para dentro da kombi e sentâmo-nos. Eu no banco da frente, ele atrás, cabisbaixo. Observava-o pelo espelho retrovisor. Logo o vi pegar no bolso esquerdo da camisa uma foto do menino Raimundinho. Contemplava-a triste, até que o vi enxugar o canto dos olhos com as costas da mão, enquanto guardava de volta o retrato no bolso. Ergueu os olhos e viu os meus que os observavam refletidos no espelho e se acalmou. Virei-me e falei-lhe bem alegre e alto:

– Não se preocupe, Severino, eles demoram mas chegam. Deus está com eles. Sei que a saudade é amarga e corta o coração quando a gente ama um filho, mas Deus também é Pai e vai cuidar dele com muito amor. Alegre-se, meu amigo!

Ele abriu-se num sorriso como a flor do maracujá que traduz tristeza e, de repente, se alarga em pétalas perfumadas transformando-se em rosa rubra de alegria. Os dentes finos, os olhos vermelhos gravaram-se em minha memória como retrato que atingisse a profundidade da alma para sempre. Como um político poderia tomar qualquer decisão que ferisse tal tipo de gente? Meu país, eu sabia, estava repleto dessa estirpe notável. Pai amoroso, cidadão patriota, trabalhador incansável passava por duras provas para testar-lhe a resistência moral. Era necessário encorajá-lo!

Ao chegar ao Catetinho, quando ele descarregou as bagagens e se apressava para voltar à obra, eu o chamei, abri uma das malas. Tirei de lá um paletó cinza-claro que me estava estreito e disse-lhe:

– Severino, quando me mostrou a foto do mocinho, me falou que ele era maior que você. Este paletó está meio apertado. Eu o comprei em Paris, lá na Europa, muito longe daqui, numa das minhas viagens. Quero que o dê para Raimundinho logo que chegar. É minha lembrança. Espero que ele a guarde sempre com muito carinho!

O paraibano estendeu os dois braços trêmulos e, sem dizer nada, pegou o presente com tanta delicadeza que me comoveu. Deu meia volta e foi pedir para um zelador da moradia que o guardasse até o fim da jornada de trabalho. Ainda o escutei dizer emocionado:

– Cuida bem, Totonho, é presenti du presidenti pru meu fio qui vai chegá. Tenhu medu di sujá o istragá na obra. Pur favô, hómi, guarda prá mim qui u caminhão na vorta prá casa passa aqui i eu pego.

Ao mesmo tempo, em Juazeiro, a quase dois mil quilômetros de distância, no sertão da Bahia, o motorista Zé Baiano tentava reiniciar a viagem em direção ao sul. Naquele dia, porém, seria impossível. Os trabalhadores da estrada precisavam ser chamados de volta, os artistas fabricantes de laços e rédeas e as mulheres nas casas das fazendas da redondeza precisavam ser avisados. Sem outra opção, Zé Baiano se acalmou e tratou de preparar e reabastecer o caminhão com farinha amarela, melado e rapadura o mais que pudesse. Na madrugada seguinte recomeçaria a jornada de aventura através do sertão do meu Brasil.

O médico chegou logo após o caminhão estacionar em frente do hospital. Examinou Zé e lhe disse:

– Minha missão com você termina aqui, Zé. Porém eu te peço para que use a almofada de algodão e a meia para guiar, pelo menos mais vinte dias. Muito cuidado com a mão. A dor melhorou, mas os tecidos, as carnes, são novas e delicadas. Os tendões, esses cordões aqui, ainda não estão esticando bem. Então cuidado, homem! Vai em paz que Deus vai te acompanhar. Amanhã volto para Feira de Santana onde tenho compromissos a cumprir.

Dirigiu-se quase feliz para examinar pela última vez e se despedir do mocinho gentil que lhe cativara a amizade. Raimundinho estava deitado de costas na cama do hospital, enquanto lia para si e para Iracema. Ela segurava-lhe um livrinho de literatura de cordel, toda em versos, contando as batalhas do corajoso Virgulino Ferreira – Lampião no agreste nordestino. Quando o médico entrou de surpresa ainda o ouviu dizer à mãe:

– Sabi, mainha, eu gostaria di sê cumu u Lampião, cabra arretado, valenti i forti.

Ao que que Iracema retrucou:

– Deus mi livri, Raimundinho, u homi era mau i matadô. Ocê percisa sê inguá u dotô que tá ti curanu, meu fiu.

Ao vê-lo quase ao seu lado, ficou tímida, sorriu encabulada e falou:

– Adiscurpi, dotô.

– Olha, Iracema, isso é elogio dos grandes. Paga todos os problemas que me tiraram o sono durante mais de quarenta dias. Não sei explicar como, mas o menino está bem!

Examinou-o cuidadosamente e confirmou a cicatrização completa das escaras nas nádegas. De repente a porta do quarto se abriu com violência e um homem entrou afobado. Era Zé Baiano:

– Sabi, dotô, adiscurpi mais eu percisu du seu indereçu im Feira. Quandu eu vortá di Brasília vô deixá u caminhão i a traia prá pagá u qui u sinhô feiz pur mim.

O médico retirou um cartão da carteira de couro de bode, artisticamente trabalhada, em cores diversas, criando um desenho geométrico muito bonito. Entregou-o a Zé Baiano:

– Isso é para você me visitar, Zé, quando quiser. Quanto ao pagamento, acho que a vida de um homem bom, valente e trabalhador como você vale mais que um caminhão velho... e soltou uma gargalhada.

– Mais dotô é tudu u qui tenhu prá ti pagá...

O médico, enquanto terminava de examinar o menino, piscou malicioso para Iracema. Encostou Raimundinho de encontro ao peito, com muito amor, beijou-lhe a testa corada, abraçou Iracema que começou a soluçar ao tentar agradecê-lo. Apertou a mão do Zé Baiano e disse:

– Que o menino Jesus os acompanhe, meus amigos. Preocupa-me muito o Raimundinho! Cuidado com ele, Zé. Não sei como vai ser a viagem. Adeus!...

Virou-se para sair e o perfume costumeiro encheu o quarto pequeno, humilde e limpo, como se um frasco bem grande de essência de rosas concentradas se espatifasse, de repente, no chão. O médico coçou a cabeça com a mão direita, segurando na esquerda o bonito chapéu de feltro que o protegia do sol nas visitas às fazendas. Disse lento e forte quando cheirou o perfume:

– Meu Deus, isso só pode ser obra de algum anjo avisando que vai proteger os meus dois pacientes e seus companheiros. Se eu contar isso para meus colegas em Feira, ninguém vai acreditar! Bem, amigos, adeus.

Virou as costas. Lentamente fechou a porta e os seus passos iam refletindo, na cadência do andar, alguém que caminhava demonstrando indecisão. O fato era que suas roupas estavam impregnadas pelo perfume e assim ficaram durante toda a semana. Como um homem educado na filosofia da ciência pura poderia aceitar ou entender tais fatos? Pensativo, ainda dentro do hospital, cheirou as próprias mãos e disse:

– Meu Deus, tenho ainda muito para aprender na vida!

E começou a sorrir satisfeito, intimamente, por ser útil a dois caboclos valorosos.

À luz do dia claro, pensou no juramento que fizera na sua formatura, na Faculdade de Medicina da Universidade Federal da Bahia, a mais antiga escola médica do Brasil. Continuou caminhando pensativo. A buzina da caminhonete do engenheiro acordou-o das reflexões.

Lá em Brasília, no fim da jornada de trabalho, Severino saltou de um caminhão da Novacap. Ele o levaria até sua morada. Gritou:

– Pára aí, Jazão, vô pegá u presenti pru meu fiu i vortu já.

As pernas curtas do nosso homem de ferro pareciam asas, transportando-lhe o corpo dolorido! Ao pegar o paletó com o zelador, voltou feliz como criança deslumbrada que achasse um brinquedo magnífico ao pé da chaminé, ali deixado pelo Papai Noel.

25. Morrendo de sede sobre a água

Severino contava para todos a respeito do presente que seu amigo, o presidente, lhe havia dado para o filho. Ganhou novo ânimo! Relatavam seus colegas que ele havia mudado de repente. Era muito gratificante ver isso. Seu ânimo interferia no moral do grupo todo, já que era o líder natural dos candangos que o cercavam. Quando o baixinho falava, até os grandalhões ouviam com atenção aquela personalidade notável.

Longe de Brasília, lá na distância do sertão baiano, a madrugada chegou cor de sangue pintando o azul do céu de cores lindas. Zé Baiano recomeçou a jornada. Passaram-se quarenta e três dias desde que ele foi carregado semimorto ao hospital. Quantas coisas novas haviam acontecido nesse período. Os trabalhadores da estrada, as mulheres das fazendas, os trançadores de couro haviam voltado e preparado tudo para a viagem. Estavam animados e gratos a Deus por salvar o motorista da doença terrível.

O caminhão começou a rodar com segurança. As estradas, verdadeiros trilhos largos no meio das árvores secas, eram um desafio para os que, determinados, teimavam em trafegá-las. Depois de muito tempo chegaram a Jacobina, interior da Bahia em cuja entrada o panorama era sombrio e fúnebre, de cruzes espalhadas dos dois lados do caminho. Eram sinais da desgraça da seca, matando animais, homens e mulheres às centenas. Crianças morriam como ratos, sem a água benfazeja. Enterravam as vítimas do clima cruel ao longo das estradas, porque se usassem os cercados dos cemitérios, os espaços se encheriam rapidamente.

A dor dos pais notando a agonia dos filhos era insuportável. Mulheres e homens com a sede cruel, rachando os lábios, fazendo-os cheios de feridas horríveis, iam para os campos com seus facões rústicos e fortes à cata de pedaços de mandacaru para saciar a sede e a fome. O alimento do gado e dos cabritos, depois de mortos, transferia-se agora para os seres humanos que estavam à beira da morte. Os adultos podiam mastigar a polpa da árvore. Alimentavam-se precariamente e a água da planta os protegia da morte dolorosa pela sede horrível. Porém, as crianças que não tinham bons dentes ou não conseguiam engolir os pedaços da planta fatalmente morriam, como enxames de moscas no agreste nordestino.

Ó Deus, porque tanto sofre o meu povo maravilhoso? Em comoção profunda, confusos e revoltados clamavam pela ajuda dos céus. Era muito triste vê-los morrer de sede. O fenômeno fisiológico parecia o das vacas e bodes se estrebuchando na agonia da morte. Suas vidas se apagavam lentamente ressecadas. Lentamente, paravam de respirar, mostrando as narinas rachadas e sangrantes. Os mecanismos de coagulação, por falta dos reagentes, se desagregavam. A hemorragia era constante, mas com um volume muito pequeno. Lentamente matava o sertanejo. Ferimentos apareciam, contaminados, por todo o corpo pela falta de proteínas e aminoácidos, que auxiliam o sistema imunológico a defender o organismo de invasores agressivos. No horror do desespero, ossos pontiagudos, às vezes com movimento brusco ou traumas leves, perfuravam a pele causando o aparecimento de osteomielites severas, levando à morte na febre altíssima.

A temperatura aumentava a desidratação através da febre alta. O organismo desidratado era vítima de um círculo vicioso mortal. Muitos, pela falta de líquido, como defesa do organismo tentando vencer o desafio, paravam de urinar por muitos dias. Então, toxinas se acumulavam no sangue, piorando o quadro. Era a insuficiência renal se instalando pela falta do fluxo necessário para a limpeza.

As bocas se secavam totalmente, as mucosas, como placas quebradiças, sangravam a cada vez que eles tentavam falar. Por isso, antes da morte, os sertanejos condenados ficavam mudos, deitados, quietos e deprimidos. Os que podiam ainda conversar procuravam, com poucas palavras, consolar os que logo partiriam da vida. Algumas velhas rezadeiras, para economizar energia e líquidos, apenas mexiam os lábios, manuseando as contas do terço, sem emitir qualquer som.

O instinto de conservação do ser humano, às vésperas da agonia da morte, lança mão de mecanismos sutis para conservar energia. A respiração, mostrando as costelas agressivas, pontudas era superficial, até que o mecanismo se desorganizasse. A inspiração se aprofundava e acelerava, matando o pobre povo de sede pela acidose metabólica. A pele ficava dura, seca e quebradiça, sem uma gota de suor. Muitos, quando choravam, não tinham sequer uma gota de lágrima. Era o inferno em vida! Nem Dante Alighieri, com todos as suas minúcias literárias, conseguiria descrever aquelas cenas horripilantes.

Algumas crianças já haviam aprendido que, quando os pais se deitavam e começavam a respirar profundo, logo parariam, mergulhando para sempre na lagoa da morte. Ouvia-se de imediato a expressão de cortar as fibras dos corações dita por bocas secas de crianças:

– *U painho já tá indu pru céu incontrá cum u mininu Jesus. Ele vai dá muita água prá ele. Acabô a sedi marvada. Ele agora tá nu céu...*

Poucos dias depois, era a vez dos filhos ou da esposa se despedir. A dor moral era tão intensa que, para suportá-la, o torpor mental tomava conta de todos os pensamentos. Se as vítimas conseguissem julgar com equilíbrio a situação, o desespero e a loucura dominariam todos e o número de suicídios seria devastador!

Meu povo bom e forte! Seria o sofrimento dos meus sertanejos, morrendo como moscas vitimados pelo dragão horrendo da seca, mais suave do que o dos primeiros cristãos devorados pelas feras nos circos romanos? Os tormentos dos cristãos nos circos seriam tão dolorosos quanto os dos meus sertanejos mordidos, impiedosamente, pelas mandíbulas das feras do clima agressivo? Lá estavam as cruzes na estrada, aos milhares, lembrando o Cristo, como setas balizando o caminhão em direção a um inferno de dores horrendas. Ao vê-las semeadas pela estrada, os retirantes se sentiram privilegiados e riquíssimos por estar dentro do pau-de-arara. Eles compararam o destino daquele povo vitimado pela falta de amor com a sorte deles próprios. Por séculos, poucas pessoas no Nordeste tem mantido o poder econômico injusto, com mãos de ferro e garras penetrantes e frias como o aço!

Iracema pensou, "apesar das lutas e das lesões profundas, irreversíveis no sistema nervoso de Raimundinho, apesar da mão ferida pela infecção e pelo tétano, Zé Baiano ainda conseguia levá-los com segurança para se encontrar com os próprios sonhos em Brasília."

Comecei a meditar no que prendia o sertanejo à terra natal seca e às vezes cruel, correndo risco de vida até os últimos instantes. Mesmo sabendo da vida melhor no sul, ele morria, às vezes, porque as forças de repente desapareciam, traindo suas expectativas de fugir para longe. Concluí que, antes de tudo, superestimava as próprias forças e era surpreendido pela morte! Outro fator – o mais forte – era o amor à terra, o patriotismo enraizado no coração e na mente, o apego profundo ao agreste, aos animais, ao solo. Estes sentimentos o mantinham, como árvore sofrida, ressequida, presa, fixa emocionalmente ao solo que o viu nascer.

É a outra face do patriotismo. Não é o soldado matando o invasor da pátria em nome de um amor desajustado, mas o cidadão valente, bravo e forte, tentando até a morte ocupar o solo, no sonho constante por dias melhores. As canções dos poetas nordestinos mostram essa psicologia profunda do amor. Amassem menos a terra do nascimento, talvez se salvassem de destinos cruéis.

Como definir os homens que dominam a política e a economia mantendo este estado de coisas? O fascinante é que, a alguns metros abaixo dos pés ressecados do sertanejo, há água. Logo sob as solas dos seus chinelos de couro de bode, os lençóis de água subterrânea estão ali, abundantes, ricos, límpidos, esperando a tecnologia simples da perfuração de poços, trazer à superfície o líquido maravilhoso que poderia modificar a vida dos milhões de soldados da paz. Eles teimam em defender o solo pátrio com sua presença até próximo à morte. "Em teu seio, ó liberdade, desafia o nosso peito a própria morte." Estas são palavras do hino nacional mais belo do planeta. A persistência os levava, desafiadores, por estradas longas à procura do futuro.

Meu Deus, quanto eu me dediquei a esse povo que eu amo, através da criação de órgãos para protegê-los.

Porém, um homem só, por mais idealista que seja, não conseguiria mudar uma situação social erradamente enraizada nos corações, há séculos. Na época, a mortalidade infantil no Nordeste era a mais elevada do mundo. Temos muito a fazer por esse povo humilde e patriota! Nós, os políticos, precisaríamos trabalhar muito para libertá-los das garras dos poderosos que, com os cofres abarrotados, insaciáveis, teimam em acumular, mais e mais, infinitamente mais... As mãos dos gananciosos, pela eternidade, estão manchadas pelo sangue roxo e sofrido. Ele veio das crianças, dos homens e das mulheres mortas de sede destruídas impiedosamente pela hiena feroz da seca cruel!

Em algumas cidadezinhas, um pequeno poço precário salvaria milhares de vidas. Algumas cacimbas coletando as águas nas raríssímas estações chuvosas eram bênçãos às coletividades.

Muitas vezes o dinheiro e alimento vindos do sul, em nome da justiça, são desviados para cofres particulares de dirigentes ávidos quais abutres sem alma. Estes não são brasileiros, "podem ter nascido aqui, mas não lhes correu nas veias o sangue do Brasil".

Pedi várias vezes a Deus me auxiliasse, após Brasília concluída, a desenvolver no Nordeste projeto de irrigação para dar abundância merecida àquela terra sofredora. Soube que muitos dos meus irmãos de lá ferviam água suja que tiravam das poças e cacimbas. Depois, colocavam na panela couro cru ou pedaços de chinelos para fazer uma sopa que eu chamaria de "caldo do inferno no desespero". Cozinhavam couro usado para tirar dali algum mineral, alimento ou energia para seus corpos que teimavam em sobreviver a tanta miséria! Confesso – sem preconceito algum – que, quando soube disso, chorei diante dos operários que me relataram isso em Brasília. Abracei-os com lágrimas rolando na face. O interessante, porém, que alguns muito gentis, humildes e conformados, me consolaram com palavras de encorajamento.

– *Num fica apérriadu não, presidenti, um dia u Brasir vai podê irrigá nossus campu i nóis vai vortá prás nossa terra pra coiê as coleita rica cumu oro! Nóis vai vivê i u Brasir vai vê a flô brotá perfumada nu agreste, pra virá grão gostoso qui alimenta as boca faminta dus sertaneju.*

Deus meu, que pensamento idealista! Eu deveria ser para essa gente como um pai amoroso, protegendo-os sempre, em todas as ocasiões. Os filhos valorosos, precisam do meu amor e do meu trabalho para viver melhor. Um dia pensava eu, meditando acerca do futuro: "Quando Brasília estiver pronta, verei os ônibus confortáveis voltando para o Nordeste. Levariam todos os candangos que decidissem voltar. Lá na terra natal, os esperariam os campos semeados de promessas de colheitas fartas, desabrochando nos milharais verde-escuros, abotoando em espigas de ouro!" Pensava eu, no meu próximo governo verei o Nordeste rico.

E o caminhão deslizava em direção ao sul, no rítmo da canção de Luiz Gonzaga: "Quando o verde dos teus olhos se espalhar na plantação, eu te asseguro, não chore não, viu, eu voltarei, viu, meu coração."

Deus daria aos meus olhos a alegria de contemplar fazendas produzindo três colheitas anuais de tomates, arroz, feijão às margens abençoadas do velho amigo, o São Francisco? Teria eu, o presidente, o privilégio de ver parreiras imensas com bagas saborosas, nos cachos promissores, enfeitando a paisagem do agreste? Veria eu, um dia, melões, melancias, frutas tropicais aos milhões, enfeitando os cenários do Nordeste? Coisas semelhantes eu vi nas águas do Nilo "se espalhando pela várzea, derramando fertilidade e abundância". Isso eu vi nas terras irrigadas em Israel. Aliás, a terra da gente bondosa, dos corações amigos do Nordeste brasileiro, muito se parece com as paisagens áridas onde peregrinou o maior e mais notável dos políticos, que a história já conheceu, Jesus. Ele me ajudaria constantemente durante o governo. Ele também me daria a oportunidade de trabalho em novas eleições.

Pensar em Brasília enfeitando o planalto Central me comovia. Mas eu via, em sonho, o Nordeste pintado de leste a oeste, de sul a norte, com as cores da nossa bandeira: o verde das folhas saudáveis, o amarelo das colheitas impregnando as plantações, o azul claro da água abundante nos reservatórios e poços; o branco refletiria a paz social, filha da fartura bem distribuída. Pensar naquela região livre da miséria me comovia. Sonhava ver aquelas terras cheias de universidades, prédios magníficos, laboratórios modernos cercados por lavouras produtivas habitadas por milhões de Severinos, Zé Baianos, Raimundinhos, Iracemas, cheios de amor. Seus cérebros estariam cheios de conhecimentos científicos. Só de pensar nisso enchia a minha alma de alegria!

26. POLÍTICA: OPORTUNIDADE DE SERVIR

Fiquei sabendo que a farmacologia especial funcionou muito bem no caso de Raimundinho e Zé Baiano. Surpreendiam-me esses fenômenos fora do comum! Eu era muito religioso em casa e no seminário. Os ensinos mostrando a vida além da morte, pelas crenças da Igreja Católica, que sempre me entusiasmaram e me fizeram pensar. Ao saber daqueles fatos, minha mente se pôs a analisá-los, de acordo com minha formação intelectual e religiosa.

Um dia, meditando a respeito de Pasteur e da descoberta do universo microscópico, comecei a raciocinar. Era uma nova realidade que interferia conosco e curava ou matava. Antes do notável cientista francês, não existia para nós tal dimensão! Haveria da mesma maneira um intercâmbio entre os dois mundos, o dos chamados vivos e os ditos mortos? Como cirurgião, nunca aceitei fosse o corpo ou o cérebro a sede dos afetos, do amor, do intelecto e da moralidade. A alma seria a fonte dessas qualidades. E o que acontece depois da morte? Seria possível que o amor e a inteligência fossem adormecidos em algum lugar para sempre? O que pensar da mãe que ao morrer deixa na Terra o filho-problema necessitando de amor e compreensão? Se existe Deus, o Pai de amor, deixaria Ele de proteger a parte imortal do ser humano, impedindo a mãe de auxiliar um filho necessitado? Ficaria ela alheia ao destino e à dor do ser que fisicamente dela se originou?

Pensei muito nisso no "Hospital de Sangue", no Túnel, durante a Revolução de São Paulo, vendo jovens morrer em 1932. Meditava muito nestas questões durante o meu governo. A responsabilidade como condutor do meu país, durante um certo período, precupou-me muito mais!

Pedro II, eu o sentia próximo a mim nos momentos importantes. Seria imaginação minha? Seria sugestão? Seria desequilíbrio psicológico? Comecei a pensar: "o amor tão real que o grande imperador nutria pela pátria, o afeto refletido em cada uma das suas ações através da vida seria originado do seu corpo e desapareceria com a morte?" Impossível pensava eu! Se assim fosse, a vida seria uma estupidez incomparável! Deixaria um patriota de amar sua terra após morrer? Mais racional é concluir que o amor prossegue! É mais racional concluir que o objeto amado, o país no caso, continuaria sendo venerado! O cidadão interessado no progresso da pátria se dedicaria mais a auxiliar sua terra natal. As emoções do povo se ligariam ao seu coração. Quando a multidão sofresse, seu coração se angustiaria; quando as massas populares se alegrassem, seu coração se animaria. Não seriam da mesma origem os fatos relatados pela Igreja Católica na vida de Joana d'Arc? Seu país estava com sérios problemas, algo ou alguém que amava a França talvez tenha inspirado a jovem a liderar as batalhas. E as aparições da Virgem de Fátima em Portugal?

Daí concluí que a suposta presença de Pedro ll não era a minha imaginação, era de fato o imperador, que tanto respeitei como brasileiro e amei como participante da história. Por certo tentava me auxiliar com sugestões que, às vezes, surgiam como pensamentos vindos do íntimo do meu próprio cérebro. Os arquitetos que fizeram Brasília foram inspirados por outros engenheiros – artistas – criadores, que fizeram obras similares no Egito e mais tarde na Europa. Brasília parece ter o manto protetor de um mundo maior, sugere a profecia de dom Bosco, em 1883. A atmosfera, a beleza dos edifícios, a igualdade da história dos tempos mostram que sábios egípcios influenciaram muito a construção da nossa cidade.

Pelos detalhes da viagem dos retirantes aqui narrados, concluí que os participantes da epopeia estavam guiados por seres angelicais, desde o início do percurso rumo a Brasília!

Eu fui especialmente muito inspirado também. No meio do segundo ano do meu governo, decidi abrir meu coração e meu cérebro a estas influências. Daí em diante minha administração fluiu admiravelmente. A paz se espalhou nos corações enquanto o país caminhava. Meu povo simples com seu pensamento religioso e pacífico me manteve no poder e me encorajou a continuar.

A história americana relata que meu colega, presidente Lincoln, também tinha inspiração: políticos do passado, técnicos, líderes populares a quem pedia conselhos. Daí, talvez, a sabedoria na condução do país durante a cruenta guerra do Norte contra o Sul. As inspirações auxiliaram-no a liderar sua pátria, mantendo o gigante unido sem se fragmentar. Suas atitudes durante o governo, acho, influenciaram a humanidade pelos séculos do porvir. Lincoln parece também tinha prévio conhecimento de sua morte violenta se aproximando rápida. Homens, na maioria das vezes, não são capazes de vislumbrar o futuro. Por isso Deus proporciona aos dirigentes olhos e ouvidos que captem sugestões de outras dimensões. Eles mergulham na sabedoria do universo para guiar as nações com segurança.

Como católico, os fenômenos ocorridos com os meus peregrinos paraibanos e outros, relatados em dezenas de lugares do país, serviram para solidificar minhas convicções. No meu gabinete, mais tarde em Brasília, sentia o perfume da presença de muitos patriotas que me antecederam na derradeira viagem da vida.

Se o político bem intencionado meditasse a respeito de todas os seus planos, deixando os canais da vida abertos para captar as sugestões, se ele se ligasse à fonte do amor universal, a inspiração viria abundante. Se os meus companheiros políticos soubessem o quanto é bom amar a pátria, todos dariam a vida ao país e seriam recompensados com prêmios eternos que montanhas de ouro não seriam capazes de comprar.

Meditei muito no meu governo a esse respeito. Ao visitar o papa no Vaticano, senti, na sua presença, a companhia dos velhos amigos Deodoro, Caxias, d. Pedro ll, Osvaldo Cruz. Entendi, então, as inspirações preciosas que tive no meu gabinete durante todo o meu governo. Percebi isso nos motins de Aragarças e Jacareacanga, que tanto magoaram a alma do político dedicado antes de tudo ao bem da sua pátria. Quando assinei a anistia dos revoltosos, senti a mão perfumada da princesa Isabel, a inspiradora do amor aos escravos. Pareceu-me que ela segurava com muito carinho minha mão, enquanto a caneta deslizava nas linhas dos documentos que finalmente assinei. Parecia-me ouvi-la, mas suas palavras saíam da intimidade do meu cérebro:

– Não te entristeças, alegra-te. São patriotas ainda jovens no desejo de servir. Chegarão um dia a entender o que significa obediência à lei soberana que rege o destino das pátrias e dos povos. Perdoa, auxilia e segue à frente. Mais tarde todos nos encontraremos na vanguarda, mãos dadas, corações pulsando no mesmo tom. Estaremos felizes por ter realizado a missão sublime de proteger os pequeninos que Deus colocou dentro das nossas fronteiras do nosso país, em forma de coração. O político é chamado a conjugar o verbo servir no divino significado da sublime palavra.

Assinei o documento e mais tarde a promoção dos revoltosos. Porém, infelizmente, no coração daqueles soldados, parece, existia o germe do ódio que se infiltrou no golpe de 1964. Ele explodiu violento, dilacerando corações bem intencionados, desviando profundamente as tradições de amor do povo brasileiro. Dói-me lembrar das atrocidades de irmãos contra irmãos! Mas onde estão os participantes da vingança? Desapareceram como todos os "Neros rudes" através da história.

A alma do povo sabe distinguir os patriotas dos que trabalham avidamente em proveito próprio. Eles se esquecem de que somos todos os guardiães dos sagrados tesouros do país. As riquezas da pátria brasileira devem ser distribuídas aos conterrâneos orientando-os no progresso e na direção do bem. Ficaram na memória do povo a grandeza de Pedro ll, Deodoro, de Caxias, dos Andradas. Mas onde está a lembrança dos que se aproveitaram dos postos de comando para encher os bolsos insaciáveis com o sagrado fruto do suor das multidões? As lições de Ana Neri ficaram para sempre escritas na história das batalhas fratricidas da Guerra do Paraguai. Sua alma forte num corpo frágil quase menina auxiliou os soldados feridos de ambos os lados. Os que honraram suas missões estão gravados nas lembranças, nos nomes de praças, nas cidades, nas vilas, nas avenidas e, principalmente, no coração do povo da terra bendita que os viu nascer. Continuarão a ser lembrados através das gerações. Os que se desviaram da missão divina sofrerão o reflexo das suas ações no penar constante, íntimo e doloroso do remorso através dos anos.

O tormento parecerá eterno para os maus políticos! A vida lhes perguntará: o que fizeram vocês da oportunidade de servir e guiar? O que responderão os maus condutores do povo? Por certo chorarão, sentindo a dor que causaram a mães e crianças torturadas. Sofrerão intimamente com o olhar espantado das mulheres em desespero vendo o filho morrer por falta de assistência e de alimento que seriam ofertados por fundos governamentais.

Os maus políticos brasileiros serão torturados pela agonia moral, penetrante e implacável, refletindo o desespero daqueles milhões que morreram no Nordeste. Muitos foram vitimados pelas verbas desviadas para cofres particulares ávidos e insaciáveis. Os que cumpriram o dever, mesmo tropeçando nos próprios erros, mas determinados a acertar, estes gozarão da alegria de sorrir felizes. Eles verão o sorriso das nossas crianças felizes e robustas. Eles se encherão de esperança vendo o futuro brotar promissor. Vibrarão ao ver o universitário alcançando postos cada vez mais altos nas instituições de ensino, crescendo em responsabilidade e cultura! Crescerá ao infinito a alegria dos políticos vendo o benefício que, através de suas mãos, deu bem-estar aos seus conterrâneos. O suor bendito dos trabalhadores molda o cimento das paredes grandiosas do Brasil do futuro. Daí a obrigação que os políticos temos de lhes respeitar o esforço.

Meditei durante a vida pública a respeito de tudo isso e, apesar de alguns erros que cometi, minha consciência encontrou a paz que penetra nos sentimentos. Olho para trás com alegria – talvez seja ela o motivo principal destas páginas. Posso ver o quanto fui amado pelas multidões. O povo via em minhas atitudes o amor imenso que eu lhes dediquei. Ao recordar o passado, fico muito feliz. Jamais me esquecerei da conduta de patriota, moralmente inflexível do companheiro Israel Pinheiro. À frente da Novacap foi comandante valoroso. Sugeriu-me nomeasse diretor-tesoureiro da companhia alguém da oposição. Escolhemos o deputado paulista de Barretos, Iris Meinberg.

– A oposição fiscaliza o cofre. Nenhum tostão vai ser gasto em vão.

Fiquei sabendo que, certa vez, Israel pediu a uma empresa de construção que fizesse algumas obras de terraplanagem na sua chácara particular perto de Brasília. Impaciente, esperou a conta por mais de três meses. Daí, chamou o empresário, político em Minas, à sede da Novacap explicando-lhe queria pagar a conta:

– Ora, sr. diretor, com uma mão se lava outra... – Israel retrucou irado:

– Isto é coisa particular minha, você ainda não me conhece? Se eu não fosse educado eu o expulsaria daqui a pontapés. Ponha-se para fora. Vou processá-lo por tentar subornar um funcionário público.

Quando Israel se candidatou a governador de Minas Gerais, o empresário foi o primeiro a apoiá-lo:

– Farei o que puder para elegê-lo. Merece meu respeito. Aprendi com ele uma lição de patriotismo.

Mais tarde, fiquei sabendo por amigos comuns que outro companheiro, José Maria Alckmin, telefonou para o advogado João Batista Queiroz, mineiro de Patrocínio, diretor de uma rede de revenda Ford. Alckmin queria um emprego para seu filho, jovem advogado:

– Ora, Alckmin, você como vice-presidente da República. Telefone para o diretor do Banco do Brasil e mande-o dar um emprego para o seu filho.

A resposta veio direta e penetrante:

– É pena, João Batista, que, amigos durante tantos anos, você ainda não me conheça. Como poderia pedir um emprego público para meu filho sem um concurso público honesto? Eu te agradeço, mas se não pode me ajudar, paciência...

Lições como esta contam-se às dezenas na vida de membros da minha equipe. José Maria Alckmin foi ministro da fazenda durante meu governo e vice-presidente da República na era Castelo Branco. Israel Pinheiro foi, além de outros cargos e responsabilidades, o diretor da Novacap, baluarte moral da construção de Brasília. Aliás, Minas, com alegria o relato, era um ninho de amor à Pátria. Quando estourou o golpe militar de 1964, havia pelo menos uma dezena de homens ilustres e que poderiam ser o presidente da República. Belo Horizonte era um ninho de águias patriotas da estatura moral e intelectual de Bilac Pinto, Afonso Arinos, Israel Pinheiro, Tancredo Neves, Benedito Valadares, José Maria Alckmin, Pedro Aleixo, Milton Campos. Este último, ministro da justiça do governo militar se demitiu do cargo para não assinar a cassação dos meus direitos políticos. Apesar de ser da oposição, justificou sua atitude:

– Se este homem, exemplo para todos nós, errou, foi por liderar um movimento de brasilidade, dignidade e amor à pátria em todos os cargos que ocupou. Seria isso passível de punição?

Como me alegra pensar nisso!

Pessoas honradas temos em todas as camadas sociais no Brasil. Personagens honestas como Zé Baiano, Raimundinho, Severino, Iracema, Matilda, fazem possíveis os fatos narrados neste livro. Se o perfume, que amenizava o horror do sofrimento atroz dos retirantes das secas, vinha das mãos da mãe do menino Jesus ou provinha da alma da brasileira princesa Isabel, pouco importa. O que conta é que, neste país bendito, aos que se esforçam no bem jamais falta a proteção de Deus.

O respeito dos políticos pelo trabalho das multidões edifica, protege, consola, encoraja um país. Foi o que aconteceu na época da construção de Brasília.

27. PAÍS CIVILIZADO É O MEU

As cruzes à entrada de Jacobina mostravam a desigualdade de um país riquíssimo com regiões de pobreza tão agresssiva quanto as nações mais carentes do globo.

Eu teria a alegria de ver um dia a força de São Paulo se espalhar por todas as terras do Brasil? Seria como o "verde dos olhos" de Raimundinho "se espalhando pela plantação", após o beijo da chuva, presenteando a natureza ressequida com a bênção da água.

Creio com profunda fé, um dia seremos um país mais homogêneo, rico em todas as latitudes. O povo bondoso e de coragem é a matéria-prima para o desenvolvimento. Se "um país se faz com homens e com livros", temos tudo para ser, em todos as áreas do conhecimento, uma das maiores civilizações do planeta. O Brasil civilizado será totalmente feliz, quando a pobreza e a desigualdade agressivas baterem em retirada das nossas fronteiras. Civilização é uma condição muito difícil para outros povos alcançarem, não para nós, abençoados por Deus, tendo recebido um país e um povo de características especiais. Perguntaríamos:

– Seriam civilizados os países, donos da tecnologia, quando utilizam o conhecimento para esmagar populações, em nome do preconceito de raça? Seria civilizada a nação, quando gera no seio da própria pátria a guerra sangrenta, em nome da religião, apenas porque há homens e mulheres que pensam diferente? Seria civilizada a nação que, usando a diplomacia do chicote, detém o poderio econômico e tecnológico – frutos do trabalho intelectual da humanidade toda – quando interfere nos outros países para explorar a mão-de-obra barata?

Há nações cuja história é manchada pelo suplício de milhões por causa da diferença racial ou religiosa. A tecnologia plena num país é mais fácil de ser atingida, porque a ciência alimenta o cérebro mais rápido do que o amor penetra os corações! Por isso sempre confiei no Brasil como farol das civilizações do futuro.

Minha dedicação ao progresso intelectual e material da nação foi para iniciar a construção de uma asa que elevará o homem brasileiro às alturas. A outra asa, o amor, já está pronta nos laboratórios dos nossos corações. O amor e a ciência elevarão o homem brasileiro e nossa pátria como um todo à glória. País civilizado será aquele que, ao lado do desenvolvimento cultural, tiver o amor, síntese dos direitos humanos, orientando sua marcha.

Eu me alegro ao caminhar pela nossa história de séculos de paz. É por isso mesmo que minha voz, em outras terras, se elevava forte e inspirada para dizer com orgulho profundo que eu era cidadão brasileiro e o presidente do país mais pacífico do mundo. Haverá outra pátria com tal grandeza?

Pelas estradas, vilas e povoados a caravana guiada por Zé Baiano atravessava o país cheia de esperanças. Em cada curva do caminho a paz impregnava a vida. A história se refletia em cada palmo da terra, nas construções, nos costumes, nas tradições. Tudo lhes falava que a libertação dos escravos veio sem guerra, a independência sem sangue, a República nasceu sem sofrimento. A união deste país não foi quebrada na sua geografia admirável graças ao afeto que, inconscientemente, une os brasileiros de sul a norte.

Muitas nações se fragmentaram, mesmo com idêntica língua, com mesma raça e religião. O Brasil continuou grande e unido. Isto não é atestado eloquente da missão grandiosa que tem o país perante a humanidade? Somos uma nação de estados na união cimentada pelo amor! A grandeza do nosso território não foi construída pelo sangue de homens ensopando o solo conquistado pelas armas assassinas. A imensidão do nosso Brasil, unificado pela paz, é fruto de planos que orientam o destino dos povos e governam a história, visando a civilização verdadeira no mundo todo.

O arbitramento, ideia de Rui Barbosa, ainda na Conferência Internacional de Paz, em Haya, é o farol a guiar as relações internacionais do Brasil no rumo da paz. Na política interna, indiretamente, às vezes por linhas tortas, defendemos a mesma tese, daí a paz – fruto da inteligência – que caracteriza a nossa história.

Preocupava-me muito desenvolver o maior deserto fértil do planeta de modo equilibrado: nem o progresso selvagem, ganancioso pelo poder, que destrói a natureza e o equilíbrio da vida, nem a indolência parada que ata o homem ao atraso intelectual. Ao construir Brasília, eu queria unir o país como um ninho harmônico de progresso e desenvolvimento, com auxílio da natureza exuberante. Depois da civilização brasiliana estar assentada no planalto, dedicaríamos nossos esforços à agricultura, principalmente à irrigação de alta tecnologia, no Nordeste. O nordestino seria o operário idealista que veio ao sul para construir a capital, conhecer outro tipo de civilização e voltar à sua terra de origem após a missão cumprida em Brasília. Os grupos de retirantes tomariam o sentido inverso.

Eu pensava sempre que a deslumbrante São Paulo seria mais acolhedora, sem tantos problemas sociais, se não aumentasse tanto a industrialização e poluição selvagens. Sua missão civilizadora iniciada por dois apóstolos do porte moral de Anchieta e Nóbrega foi distorcida. O desenvolvimento equilibrado do Nordeste, sem as injustiças de que são vítimas, fixaria o sertanejo na terra natal, evitando-lhe a necessidade de migrar em busca de oportunidades em outras paragens.

A capacidade criativa do meu povo é infinita, porém muita energia concentrada em um só local causa desequilíbrio. Daí, o desenvolvimento harmônico do Nordeste e do Norte, desafogando a pressão da industrialização vertiginosa de São Paulo e também do Rio, se espalharia por outras terras e construiria sociedades mais humanas. Assim nosso país realizaria a missão para a qual foi idealizado e construído! As cidades industriais do sul seriam mais habitáveis. As cidades agrícolas do norte e nordeste, com algumas fábricas, transferidas dos aglomerados sulinos, seriam economicamente mais estáveis se, além da agricultura, a indústria marcasse sua presença como fator econômico. Enquanto isso, a agropecuária bem orientada poderia ser fator de equilíbrio ambiental.

O Brasil do futuro começou em Brasília. O gigante ali despertou. Prepare-se mundo moderno, o atleta da paz e da fraternidade começou sua corrida na direção do porvir!

A viagem dos nossos retirantes, no caminhão velho, apesar de gota d'água comparada ao movimento de todo o povo brasileiro em direção ao planalto, era uma pequena amostra da coragem e determinação de um povo que sabia se sacrificar para a grandeza da nação. A caminho de Brasília, os peregrinos, entrando na cidade de Jacobina, de imediato foram acampar. O dia começava a "guardar seu leque de plumas por detrás das montanhas", prenunciando a noite. Escolheram a praça central, onde armaram as redes nos troncos das árvores, principalmente coqueiros. Eles estavam plantados pelos vizinhos ao redor e cuidados com baldes de água diários, mesmo na seca: "esse coqueiro que dá coco onde amarro minha rede nas noites lindas de luar"...

A chegada da comitiva era sempre motivo de curiosidade. Os casais, na paisagem graciosa e simples das cidadezinhas do interior da Bahia, de mãos dadas, sorridentes e curiosos, foram receber os 'intrusos'. Os viajantes violavam o espaço onde eles, após o entardecer, iam festejar o amor, esperançosos no futuro. Um policial, com a farda amarelo-berrante da polícia militar, aproximou-se de Zé Baiano, que estacionava a máquina junto à calçada em frente ao coreto antigo. As hastes de metal hexagonal, o teto e o chão, com flores de ferro trabalhado, transmitiam uma atmosfera de saudade e paz cativantes. O soldado, ao ver os documentos e intenções dos viajantes, auxiliou-os cordialmente. Mariano, dono do armazém na esquina da praça, disse alto a todos ao redor:

– Pia só, pessoá, minha vendinha vai ficá aberta inté mais tardi prá servi ocêis. Tudo qui eu tivé prás criança vai sê prá metadi du preçu. Si num tivé

dinhero bastanti, nóis barateia mais. Podi entrá sem ficá avéxadu. A casa é di ocêis. Num fiqui apérriadu, genti.

Todos sorriram com os sinais de boas-vindas. Os vizinhos, que estavam espreitando às janelas, apareceram nas calçadas, meio indecisos e, aos poucos, a pracinha romântica estava cheia de gente oferecendo ajuda aos romeiros. Doces em compotas, principalmente de coco, abóbora, abacaxi, eram presenteados. Via-se gente levando alguns visitantes para suas casas sem nunca tê-los conhecido. Foram alojados pelo menos uma noite com conforto. Pela primeira vez na vida muitos tomaram banho em chuveiros suspensos. Raimundinho e as crianças da caravana foram com Iracema para a casa de Antônia e Ritinha. Elas eram irmãs gêmeas, moreninhas de cabelinho encaracolado e lindo. Com outras meninas, começaram a brincar de roda, cantando canções infantis dos sertões da Bahia, logo que viram as crianças descendo do caminhão.

28. Gente feliz

As crianças que acompanharam Iracema à casa que as hospedaria não queriam dormir cedo. Antonia e Ritinha pediram à mãe para voltar à pracinha onde poderiam brincar até tarde. Era uma oportunidade de as anfitriãs mostrarem o quanto sabiam das modinhas do interior da Bahia. Mãos dadas, cantavam, dançavam em roda, rodopiavam, sorrindo, soltando as mãos, batendo os pés ritmados, na graciosidade do sertanejo puro e bom. Sorrisos para todos os lados.

Raimundinho, que pedira à Iracema para acompanhá-las, ficou sentado no banco de cimento do jardim, protegido pela sua couraça de gesso, e apreciava as palavras rimadas e o ritmo gracioso das crianças. Súbito, começou a soluçar baixinho. Iracema, percebendo-lhe o estado de espírito antes alegre, enxugou-lhe o rosto com lenço de saco de açúcar de algodão branco e começou a lhe falar com todo amor:

– *Chora não, filhu queridu. Mermu cum a prisão qui u acidenti ti feiz, pensa qui pudia sê pió. Ocê viu as cruz na istrada. É das criancinha comu ocê qui morreu di sedi i fomi. Ocê tá vivu aqui cum nóis. Só num podi andá i pegá as coisa, mais podi vê cum teus zoinho verdi lindu, podi cantá cum tua voz di passarinho, podi sorri, podi chorá, tá pertu di nóis i nóis ti ama. Ocê sabi lê, mermu sendu criança novinha. Gradeci Deus, fiu du meu coração. Logu o painho vai ti abraçá. U mininu Jesuis tá viajanu cum nóis. Chora não!*

À lembrança de Severino, ele parou de chorar, pediu à mãe para lhe enxugar o nariz. Os braços pendentes ao lado do corpo, as pernas soltas como cordas flácidas estavam paralisados. Seu pensamento voou nas asas do amor em direção ao pai, a quase dois mil quilômetros de distância para as bandas do sul, em Brasília. Enquanto as meninas cantavam, os meninos alegres formavam roda mais ampla atrás delas, sem se dar as mãos. A lua cheia, qual mocinha loira e linda, com seus raios de prata atravessava as palhas dos coqueiros da praça e projetava no chão figuras como pinturas móveis, conforme o vento assoprava as folhas. Eram cenas criadas por Alguém que queria enfeitar a noite no sertão baiano.

Olhando de longe, sentia-se uma atmosfera de tranquilidade e segurança que invadia a alma. Em qual país do planeta haveria tais sentimentos? As vozes das crianças, quais graciosos passarinhos, a noite estrelada com a lua em toda sua plenitude, a aragem suave, morna e acolhedora, levavam todos à emoções profundas. Não se sabia de onde elas se originavam.

De repente, o som de uma sanfona de oito baixos penetrou a noite. Era tocada por Benedito, um negro simpático com os dedos ágeis. As crianças, ao verem-no chegar, acompanhando a cantiga na sanfona, pararam contentes. Ao redor da fogueirinha na praça, o sanfoneiro começou a cantar com sua voz grossa e afinada. As vozes das crianças porém eram mais comoventes. Elas admiradas e alegres, e ele com a mão direita lhes dava sinais para continuar cantando. Benedito pressionava os botões negros dos baixos, como sementes escuras, contra o branco da sanfona. Ali se podia ler a palavra italiana "Todeschini". Ele gesticulou, pedindo para todos elevarem a voz. Parecia um coro de anjos descidos do céu numa cidade do sertão da Bahia, divinos momentos, no Brasil cheio de amor!

Distante, no casebre entre as árvores, em Brasília, Severino como se sentisse o pensamento do filho e da esposa penetrando-lhe o cérebro, começou a sorrir contente. A lua de prata, majestosa, também enfeitava os céus do planalto e ele, deslumbrado, a espiava através da janela dos fundos da casinha. Sorriu novamente e pensamentos de amor, como se vozes amigas lhe falassem ao coração, traziam mensagem da família distante, a quase dois mil quilômetros ao norte.

O amor une, não importando a distância! É o mensageiro do sentimento ligando almas queridas. Severino se acalmou, ficou emocionado e, a partir daí, nunca mais duvidou de que eles estivessem vivos:

– É, Deus mandô u recadu deles pru meu coração – pensou alto. – Nóis num tem jeito di falá cum eles, então u meu Pai qui é bão tráis us recadu.

A telepatia é uma realidade? Os colegas de serviço, daí em diante, notaram que Severino era outro homem: mais calmo e mais feliz. Ele não mostrava mais a alegria barulhenta das risadas e anedotas buliçosas dos primeiros dias de Brasília. Trazia intimamente um sentimento de paz, alegre e solene.

Enquanto isso, na praça em Jacobina, no sertão baiano, ao ouvir a sanfoninha tocando, todos saíam das casas para o centro. Vizinhos que estavam sentados, proseando nas calçadas, ouvindo a música penetrar a noite calma, enfeitada pela lua cheia, batiam nas portas das casas e chamavam outros para a praça. Formavam uma caravana de felicidade. Passados uns vinte minutos, Benedito atraía dezenas de sertanejos ávidos por música. Logo depois, um instrumento começou a acompanhar a sanfoninha. A sombra de Lino do Violão ia se arrastando pelo chão da praça, enquanto no alto, acima da sua cabeça, a lua derramava-se em raios de luz. Sentia-se uma atmosfera de paz que só o bucolismo dos sertões do meu país sabe oferecer.

A festa se prolongava. Daí a minutos, como por encanto, surgem amendoins torrados, embrulhados em palhas de milho. Eram dados às crianças que, enquanto comiam, eram substituídas no coro por homens e mulheres de vozes afinadas. Parecia, na alegria espontânea, que a festa que encheu a pracinha havia sido ensaiada há meses. Era perfeita a coordenação entre os participantes. Uns paravam de cantar, outros soltavam as vozes, transmitindo a alegria.

De repente, surge no meio da praça um homem agigantado, com barbas negras, longas, braços fortes e grossos tostados de sol. Seu olhar era cheio de ódio. Era um louco típico das cidadezinhas do interior, figura digna de pena. Morava no galinheiro de uma fazenda abandonada na periferia da cidade. Ele, durante alguns dias e noites, amedrontrava os habitantes com urros e mugidos que pareciam de um animal bravio. Ouviu-se na sua chegada um sussurro desordenado, um murmúrio misto de pavor e surpresa. Zé Baiano subiu ao coreto e gritou forte:

– Tem medo não, genti, u homi qué u amô di tudus nóis. Vamu cantá cum ele.

O louco começou a sorrir e a gargalhar estrondosamente. A sanfona, o violão, o coro das crianças acompanhado pelos adultos começaram a penetrar sonoros e límpidos na noite morna enluarada. De repente – meu Deus – o perfume de rosas, o mesmo perfume de Matilda lá em Juazeiro do Norte há mais de quarenta dias atrás. O odor sublime que acompanhava os migrantes nos acampamentos, no cerrado, nas caatingas, durante as noites dolorosas. O perfume contaminou a atmosfera, impregnando o ar. O homem começou a sorrir, parando de gargalhar, os olhos se abrandaram em efusão de amor. Olhou ao seu redor, abriu os braços amplos...

Ritinha, uma das gêmeas, como se levada por um mensageiro de Deus, abraçou as pernas do gigante. Ele se abaixou, elevou-a ao peito, enquanto ela colocava-lhe na boca um pedaço de paçoquinha feita por uma senhora da casa branca em frente ao coreto. Ele começou a chorar convulsivamente, enquanto acariciava os cabelos encaracolados da baianinha gentil. E o perfume dominando o ar... O louco comprimia a criança ao peito e a beijava com ternura, quase escondendo seu rostinho na barba mal cuidada. Quando duas meninas da roda ofereceram-lhe as mãos, deixou Ritinha no chão, segurou as mãos delas com suas manoplas e se pôs a dançar com elas, emocionado. Começou a girar, acompanhando as crianças, o povo gritou:

– Aleluia, aleluia, u mininu Jesus curô u Deodato, aleluia! O amô di Deus cura!

A cena era apreciada por Raimundinho que estava sentado ao lado de Iracema. Não perdia um gesto dos participantes. A música parou, fez-se silêncio.

Aí a voz do mocinho encheu os ouvidos atentos, com uma modinha suave que falava do amor de Deus pelos baianos e sua terra. O menino paraibano sensível começou a cantar a canção que ele compôs naquele momento inspirado pela cena romântica

– Bahia da minha vida, é benção do Salvadô, terra da genti nascida dum sonho libertadô. Bahia berço das frô, onde nasceu o Brasil, é jardim da minha dô, sob u céu lindo de anil. Bahia da genti nobre, du povo trabaiadô, aqui ninguém é tão pobre, pruquê tá cheio di amô... No cofre du coração todu baiano é bão, cantando naquele tom du amô unindo as genti, luta e ama, sofrendo mais nunca é indiferente, vai sempre amando e vivendo Bahia du Sarvadô, terra do bem querê, eu peço a Nosso Sinhô, pra sempre ti protegê!...

Benedito inspirado, num notável improviso, acompanhou com a sanfona a cantiga do menino de dez anos.

Contaram-me os candangos, que daí em diante, o anjinho paraibano transformou-se num repentista cujos versos foram cantados e recitados em todo o Nordeste. Era Deus, maravilhosamente brasileiro, compensando o sofrimento do garoto gentil, com a inspiração poética.

O louco estava feliz! Sofrera mais de quatro anos, fugindo da seca sozinho, quando se abrigou num galinheiro. Agora tudo estava calmo. Se por acaso viessem outras crises, o povo amoroso lá estaria para auxiliá-lo.

Haverá no planeta gente pobre tão rica em afeto quanto os meus sertanejos? A madrugada já começava a fazer um caminho para o dia que se avizinhava, atapetando o horizonte de cores avermelhadas, anunciando o amanhecer. A sanfona se calou, o violão silenciou. As crianças queriam cantar mais; as mães as chamavam para dormir. Aquela noite foi inesquecível.

29. BRASIL LINDO E TRIGUEIRO

A passarada que morava nas árvores da praça jamais vira espetáculo como aquele. Apesar do ruído, não lhes era desconfortável. A música suave, o cântico das crianças acompanhado pelo violão do Lino e pela sanfoninha de oito baixos de Benedito completavam a atmosfera bucólica. Os passarinhos não se assustaram com as vozes das crianças, pois os sons do canto de ambos era quase do mesmo t om. A alegria tomava habitantes e peregrinos. Cada qual voltava às suas casas, levando pelo menos dois convidados.

A manhã convidou os peregrinos para a viagem, após a madrugada colorida presenteá-los com um dia azul límpido. Era um sábado. O povo decidiu dormir até mais tarde. Comerciantes, lojistas, todos estavam na festa que brotou espontânea, do coração dos baianos da cidade para os visitantes. Amorosa e improvisada, a celebração tocou fundo os sentimentos.

Raimundinho, Iracema e as outras crianças acordaram, sorrindo. O café da manhã, na casa de Mariana e Ritinha, ofertou-lhes cuscuz, banana cozida, melado de cana bem grosso, água de coco em abundância servidos em grandes jarras de barro. O suco de pitanga delicioso que cheirava muito bem servia para matar a sede dos convidados. As crianças, quando levantaram da mesa, tinham os bolsos cheios de bananas. Tentaram comer mais do que a própria capacidade... Que festa!

Ao terminar o café, os hóspedes e familiares sentaram-se em cadeiras nas calçadas, donde se podiam ver a pracinha simpática e o coreto – observador mudo de tantas juras de amor entre casais há mais de cinquenta anos. Foi esse monumento singelo da cidadezinha a testemunha calada do início de muitas famílias de caboclos da cidade e das fazendas ao redor.

Estavam tagarelando, Ritinha com as crianças, Iracema com os adultos, falavam, atropelando as próprias palavras, guiadas por um imenso sentimento de alegria. Os retirantes e as famílias conheciam-se há pouco mais de doze horas e já se consideravam velhos amigos. A fraternidade entre meu povo é espontânea. A ajuda mútua entre os sofredores é prêmio dos céus para diminuir-lhes as angústias da vida rude. Vivendo com a fraternidade, auxiliam-se e seguem o seu caminho.

Falavam bem alto quando, do outro lado da rua, viram caminhando apressado, em passos largos e firmes, de ombros amplos, a figura alta e forte do Zé Baiano. As crianças entenderam o que aquilo significava. Era o chefe da caravana vindo buscar os passageiros para a partida. Ao notá-lo, emudeceram entristecidos. Raimundinho, apoiado em cadeira de palha de coqueiro trançada, de encosto alto, disse:

– *Ó meu padim Ciço, a festa cabô. U homi vem vino, qui pena, Ritinha. Tarveis nóis nunca mais vai si vê*

– *Num fica apérriadu não, Raimundinho, a genti num sabi u dia di amanhã. Seja u qui fô, eu queru qui ocê faiz uma musiquinha cumu ocê cantô ontem à noite i manda prá nóis. Vai sê a modinha da nossa praça. Ocê manda?*

Ele balançou a cabeça afirmativamente. Enquanto Iracema, com o lenço branco feito de saco de açúcar, lhe enxugava o nariz carinhosamente. Zé Baiano chegou. Raimundinho tinha pelo motorista admiração sincera, respeito e amizade profundos. Olhou-o de baixo e pensou consigo:

– *Nossa, cumu ele é grande esse Zé. U homi pareci um giganti. Qui motorista bão!*

Rapidamente seu pensamento voou para as cenas do caminhão na estrada estreita. Lembrou-se da boca escancarada do abismo cavado na estrada, querendo engolir a máquina e os viajantes. Raimundinho recordou-se da habilidade do motorista. Sorriu com os olhos e esperou a voz do amigo:

– *Genti, aqui é muitu bão, mais nóis percisa caminhá! A istrada é longa. Vamu aproveitá a manhã linda. Vô prepará u caminhão, tudo mundo agora mermo vai pro coreto. Vô pô ólio i loguo tô di vorta. Favô num atrasá a viagi, genti boa.*

Sabia que uma empresa de Salvador tinha uma garagem com alguns tratores que construíam estradas na região. Ali comprou óleo diesel para a viagem. Logo estava de volta, com o caminhão acelerado, expelindo nuvens volumosas de fumaça negra.

Todos se acotovelavam na praça. Os retirantes foram presenteados com cachos de banana, bananas secas, doce de leite duro em palhas de milho, doce de coco queimado e branco. Algumas travessas feitas de lata de conserva, amassadas e velhas, estavam cheias de cocada. Os vasos de cerâmica, na traseira do caminhão, foram completados com água cristalina. Muitas donas de casa acordaram mais cedo para preparar o vatapá, o cuscuz, o caruru e outras iguarias da cozinha baiana para os viajantes levarem.

Subiram ao caminhão. Zé Baiano começou a cantar desafinado, acompanhado por alguns moradores mais velhos:

– *"Adeus, Adeus, Adeus, cinco letras qui chora num soluço di dô. Adeus, Adeus, Adeus,é comu o fim di uma istrada, cortandu a incruzilhada, ponto finá di um romance, amô. Quem parti tem os zoio rasu d'água, ao sentir a grande mágua a de si dispidir di alguém, quem fica, tamém fica chorandu, com o coração penandu, querendo partir tamém..."*

Era cantiga típica do sentimento brasileiro, aprendida pelo motorista em suas viagens. Eles trocaram abraços e lágrimas de adeus, adeus, adeus...

Outros povos talvez jamais vissem tais cenas. Por serem comuns no Brasil, não surpreendem e nem são valorizadas. Mas analiso com todo respeito: há países onde vizinhos, morando lado a lado por gerações, foram acusados, presos e mortos por leis absurdas, durante a última Guerra Mundial, apenas por serem de raças diferentes. País civilizado é o meu Brasil. Povo fraterno, nação bondosa, corações amigos. "Nosso Brasil brasileiro, Brasil lindo e trigueiro, terra de samba e pandeiro... Terra da felicidade, a Bahia, o Brasil"... de Ary Barroso e de todos nós.

Zé Baiano deu uma volta na pracinha, retornou ao coreto, onde muitos subiram para saudá-los nas despedidas. Os paraibanos acenavam as mãos, chapéus de couro e lenços brancos. O motorista acelerou e partiu, ganhando a estrada poeirenta e rude que, como sulco profundo na terra seca, parecia tentar engoli-los. O caminho era desafio e seria enfrentado pela determinação sem par daqueles migrantes corajosos.

A velhinha quase cega que acompanhava os dois filhos alegrou-se com a recepção dizendo a todos ao seu redor que aquele havia sido o dia mais feliz da sua vida.

Imaginei alguém com quase oitenta anos se comovendo tanto com uma festinha singela. Conhecendo a vida espinhosa dos meus irmãos do agreste, concordaria com ela. O viver deles é um constante lutar contra a adversidade! Sua vida é uma batalha para sobreviver, comer, plantar, beber quando há água disponível, colher quando há safra, presente das chuvas. Tudo é uma batalha sem descanso. Os atos mais simples, fáceis em outras regiões do país com abundância de água, tornam-se barreiras intransponíveis. Se compararmos a outros países, de temperatura de até vinte graus abaixo de zero, a rudeza da vida dos nossos caboclos é imensamente maior. Nos climas frios há a neve que se transforma em água para matar a sede; não no sertão do Nordeste. Ali é a pedra aquecida, queimando como ferro em brasa. A terra é rude, quente, seca, espinhosa. No chão, há o pó seco desconfortável. Os pássaros cantam com voz agressiva no desespero, suplicando por água! As árvores retorcem os galhos para proteger a própria seiva. Usa a sombra das folhas raras para evitar a evaporação mortal. A casca grossa, fragmentada em milhares de peças, segura a água escassa, que circula lenta no interior da madeira maltratada pelo calor.

Tudo é mais penoso. A respiração às vezes queima as narinas na secura, na falta de umidade. O andar é difícil, pois a cabeça, os pés, os braços são atacados pela fornalha agressiva de temperaturas acima de quarenta graus à sombra.

Raça de titãs! São como o gavião valente ou o carcará lutador que sobrevivem porque têm a determinação de vencer.

O caminhão ganhava velocidade. Todos estavam sorrindo. Começaram a cantar alegres a modinha de Luiz Gonzaga:

– *"Tudo im vorta é só beleza, sor di abril i a mata im frô, mas assum preto, cego dus zoiu, num vendo a luz, ai, canta di dô. Talvez pur inguinorança, ô mardade das pió, furaram us zoio du assum preto prá ele assim, ai, cantá mió. Furaram us zoio do assum preto prá ele assim, ai, cantá mió. Assum preto vévi soltu, mas num pódi avuá. Mió a sina di uma gaiola, desde qui u céu, ai, pudesse oiá. Assum preto, u meu cantá é tão tristei cumo u teu, tamém robaram u meu amô que era a luz, ai, dus zoio meus. Tamém roubaram u meu amô qui era a luz, ai, dus zoio meu."*

Velhos, crianças, rezadeiras, homens rústicos estavam felizes! Sob o céu de anil, seguiam a jornada árdua buscando melhores dias. À frente deles, pelo canto direito da cabine, num galho alto, bem na forquilha, Raimundinho viu um joão-de-barro que, com o bico, transportava um galhinho para fazer seu abrigo. Raimundinho começou a rir, dizendo à Iracema:

– *Pareci u painho fazenu a casa prá recebê nóis.*

Os sorrisos se espalharam enquanto o motor persistente e teimoso roncava sertão afora.

30. O SONHO DOS INCONFIDENTES

Na Brasília que nascia, Severino estava firme, na rotina diária, nas obras do palácio da Alvorada. Cada dia mais eu amava Brasília. Tinha agora minha casa em área privilegiada! Era construção rústica de madeira, presente de um grupo de amigos, encabeçados por Oscar Niemeyer. Causou-me profunda gratidão saber que numa reunião Israel, Oscar, Bernardo, Lúcio, Dilermando Reis e outros, resolveram me presentear com o 'palacete' que me serviria de dormitório e local de despacho enquanto fiscalizássemos as obras. Oscar pediu emprestado em um banco mineiro a quantia suficiente para custear as despesas. Desenhou a planta da construção, ali mesmo no ato, com a caneta que trazia sempre dependurada entre os botões da camisa.

O parque que circundava a construção era um céu na terra; era um ambiente místico, calmo e divino. O barulho dos 'olhos d'água' brotando do solo, o farfalhar das árvores naturais do cerrado faziam dali um lugar inspirador para minhas meditações. Quantas decisões difíceis tomei naquele silêncio confortador. A minha inspiração fluía como as fontes, lançando a água cristalina, aos borbotões.

Que saudade dos primeiros tempos da luta para construir a capital! O sonho dos Inconfidentes estaria realizado. Daí escolhermos, em reunião no Catetinho, por decisão unânime, o dia do sacrifício do patriota filho de Vila Rica para a inauguração. As aspirações daqueles brasileiros inesquecíveis foram materializadas, no planalto Central, pelo entusiasmo notável que incendiava o país e os corações dos brasileiros. Parecia que o exemplo de amor daqueles homens de Minas Gerais contagiava. O ambiente psicológico da nação era de otimismo e alegria, principalmente em Brasília.

Severino não era exceção; ele percebia, por sentidos ainda não bem estudados, que algo de bom estava acontecendo com seus familiares. Eles chegariam para abraçá-lo e poderia transmitir-lhes o amor represado nas comportas da alma, por mais de dez meses. Contava os minutos que faltavam para o reencontro. O amor dos pais voa no espaço e no tempo para atingir os seres amados da família, onde quer que se encontrem. Enquanto esperava, trabalhava duro para, segundo ele próprio, matar a saudade que tentava sufocá-lo. Junto com o grupo dos quinze candangos, Severino labutava no palácio da Alvorada. Visitei-os várias vezes no local. Perguntando como ia a mão, respondeu-me certa manhã:

– Brigadu pelo interessi presidenti. Olha a mão aqui. Consigo pegá tudu u qui quero, mais us dois dedu da mão isquerda ficaro meiu duro, mais eles pega bem as coisa i quando num tô trabaiando eles si curva prá dentro comu a arvori da caatinga qui retorci us gaius na seca. Mais tô trabaiando, presidenti.

Examinei-lhe a mão e notei os ligamentos flexores dos dedos indicador e médio lesados e discretamente mais curtos que os outros. Avaliei, surpreso, a gravidade do trauma e a força da lâmina que quase penetrou o peito do colega de moradia.

As obras da minha cidade iam de vento em popa, apesar dos momentos políticos que vivíamos. A persistência dos candangos ajudava-me a não esmorecer. Quanto eu era incompreendido, quantos interesses egoísticos eu estava atingindo! O encorajamento de amigos, companheiros, irmãos de ideal da grandeza moral, patriótica e intelectual de José Maria Alckimin, Lúcio Costa, Bernardo Sayão, Israel Pinheiro, Adolpho Bloch, o judeu mais bondoso que eu encontrara na vida; Josué Montello, verdadeiro irmão que a vida me presenteou, compensavam tudo. A inspiração, as ideias que me davam foram, junto com as lições e exemplos de d. Júlia, minha mãe, a causa do sucesso na construção da capital da esperança.

Eu sentia, não sei bem como, que muitos dos meus amigos eram instrumentos de inspirações de outros patriotas que lhes transmitiam suas ideias. Nós todos, somando-as às dos outros, temperando-as com sugestões de outras fontes sublimes, pudemos materializá-las em construções e decisões que trouxeram progresso e desenvolvimento para o país.

Severino, Tonhão e os outros agora comiam nos galpões de madeira feitos com tábuas dos pinheiros do Paraná, principalmente das florestas, vindas da região de Cascavel. As cozinhas os alimentavam duas vezes por dia, com refeições fartas e pesadas para compensar o desgaste do serviço árduo da construção. Era bonito ver a capacidade de improvisação dos responsáveis pela alimentação. Mesas rústicas, em cada pavilhão, tinham às vezes mais de trinta metros de comprimento como ruas longas, em cujas calçadas, sentados nos bancos, centenas de homens cheios de apetite, comiam com voracidade. Eram os retirantes da seca nordestina, os mateiros do Amazonas e goianos do interior fartando-se na Canaã do planalto. Interessante notar que se agrupavam sempre nas mesmas áreas, pelas regiões de origem. Participei muitas vezes desses almoços barulhentos. Quando eu e o Sayão, com quem eu gostava de visitar tais lugares, entrávamos na fila para pegar nosso alimento, todos, alegres e orgulhosos, nos davam a preferência, sorrindo felizes. Alguns censuravam os que serviam as bandejas com as conchas grandes de alumínio, com arroz, feijão, mandioca e ovos em abundância:

– *Ó cabra arretado, capricha mais na cumida qui hoje ocê serve u patrão queridu di tudus nóis.*

Risos de simpatia, expressões de respeito e, antes de tudo, um afeto profundo para conosco. Bernardo, o gigante amigo e bom, sorria satisfeito, quando estava cercado pelos candangos. Adorava prosear com eles e, segundo me disse muitas vezes, colhia desses homens sofridos e sem cultura, mas tremendamente inteligentes e de bom senso, ideias que lhe foram preciosas. Apesar de analfabetos, consertavam muitas máquinas, apenas observando as que estavam funcionando. Isso nos economizou muito tempo e dinheiro na abertura da Belém-Brasília. Tinha pressa, como eu. Cada minuto lhe era precioso. Talvez, intimamente, tivesse consciência de que uma árvore da floresta amazônica, "irada contra os intrusos progressistas que lhe desvendavam a intimidade", se vingaria, matando-o. Essa foi uma história que ouvi dos candangos após sua morte. Era emocionante ver Sayão enorme, extremamente educado e bondoso, carregando a bandeja, caminhando para o seu lugar à mesa ao lado dos candangos, franzinos, fruto das secas, há séculos. Era Golias gentil, caminhando entre os Davis minúsculos e alegres pela presença do amigo querido. Os bate-papos nos galpões das várias empresas coordenadas pela Novacap foram, para mim, inesquecíveis bálsamos diante do momento político, ao redor de 1959, na época em que eu vivia no Rio de Janeiro.

Eu, às vezes, era um prisioneiro! As greves, as reinvidicações absurdas de alguns políticos, o Lacerda sempre agressivo, faziam-me pensar quanto seria bom governar de Brasília. Pudesse, eu ficaria almoçando com os candangos, morando no Catetinho de madeira, mesmo com o pouco conforto da luz dos geradores a diesel. Porém os compromissos com a nação estavam acima da minha vontade. A cada dois dias, ao final do expediente no Rio, eu voava quase oito horas ida e volta. Inspecionava as obras até as três da madrugada e voltava. Após a construção do Catetinho, já tinha onde dormir. Ficou mais confortável.

Durante aqueles dias inesquecíveis, rodeado pela alegria dos meus trabalhadores, a vida era uma promessa de felicidade que ia fundo na minha alma. Como eu tinha orgulho deles todos! Que povo bom e amigo! Às vezes nossa presença atrapalhava o fluxo dos que iam buscar a comida na extremidade do balcão. Para entregar as bandejas, numa vazão constante, alguns davam volta, indo contra a corrente, apenas para nos cumprimentar.

Certa vez, um jovem de seus vinte anos, do interior de Pernambuco, na ânsia de nos ver, olhando-nos constante, esqueceu-se de verificar onde seus pés o levavam e tropeçou na perna do banco longo, rolando no chão sobre a bandeja, garfos e facas num estrondo muito cômico. O pessoal desatou em estrepitosa gargalhada e ele, quase sob a mesa, mocinho tímido, não queria se levantar de vergonha. Sayão, gentil, correu para auxiliá-lo a erguer-se, oferecendo-lhe a manopla direita enquanto eu dava sinais com as mãos para todos, na algazarra, que parassem. Eu sorria silencioso. Eles me atenderam com simpatia pelo acidentado. Corri, peguei-lhe a bandeja e me dirigi ao extremo do balcão, enquanto Bernardo colocava-lhe o braço enorme sobre os ombros, sorrindo simpático. José era seu nome, vermelho de vergonha, forçado por Bernardo, sentou-se à nossa frente, enquanto eu trazia nova bandeja, abarrotada de alimento para que ele almoçasse em nossa companhia. Após o choque hilariante, começamos a conversar. Relatou que era o décimo-quarto filho de uma prole de dezoito. Estava entre os mais novos da família. Vinha de Garanhuns, Pernambuco, experimentar a vida em Brasília para que mais tarde a mãe viúva e outros familiares o acompanhassem na jornada.

Olhei as tábuas longas de pinho paranaense, vi no refeitório os panelões de alumínio feitos em São Paulo, analisei as faces dos nordestinos, o céu límpido através das janelas e pensei o quanto Deus era bom ao nos presentear com um país como este! A madeira chegando do Sul, os trabalhadores do Norte e Nordeste, nós, da Minas querida, Sayão, carioca transformado, pelo amor à terra, em goiano ilustre. Estávamos como um país em guerra, unindo esforços nas batalhas de amor para construir a nova civilização, conquistando o vasto deserto fértil do planalto Central. Enquanto eu meditava, o cargueiro do Zé Baiano, repleto de homens e mulheres cheios de esperança, distanciava-se de Jacobina, rumando para Brasília.

A atmosfera da nova capital estava impregnando o país com pensamentos de otimismo e esperança. Daí, talvez, a satisfação que sentimos ao recordar aqueles tempos de alegrias inesquecíveis. Houve porém momentos dolorosos que marcaram minha alma para sempre, profundamente. A morte de Sayão foi uma dessas ocasiões. Quando recebi a notícia, perguntei-me como poderia substituir o amigo querido? Lembro-me que foi ele o primeiro homem a ser sepultado no cemitério de Brasília. Voltou-me à mente a imagem do homem dinâmico, forte como um jequitibá da floresta, e a figura comparativa: Bernardo Sayão ao lado da árvore gigantesca, de pé, desafiando ventos fortes e tempestades, raios estrondosos e chuvas pesadas. A árvore de pé por décadas ali dando o testemunho da sua presença na selva e ele saudável, soldado valente, que nunca se dobrava ante as adversidades. Para mim ele é o protótipo do brasileiro! A figura notável obrigou-me a falar alto, pausado e bem pronunciado no sepultamento:

– Cavem a cova mais profunda. Bernardo Sayão não pode ficar deitado pela eternidade! Viveu de pé, invencível e inquebrantável, de pé será sepultado!

Apesar da tristeza amarga, logo que entrei no carro que me levaria de volta ao Catetinho, uma onda de fé e otimismo tomou-me o coração. Brasília seria inaugurada no prazo que nós havíamos estabelecido para a meta-síntese de todas as metas do meu governo. Caminhamos na direção do futuro cunhando novas leis, dando exemplo de fraternidade a todos os povos do planeta. Esta é a missão da nossa pátria.

Ao longe – no sertão – o caminhão dos romeiros, com o ronco cansado do motor teimoso e persistente, encurtava as distâncias engolindo, com os pneus quase lisos, rachados e velhos, léguas e mais léguas de estradas poeirentas e agrestes...

Ao mesmo tempo, mais a oeste, uma coluna de soldados da paz, rasgava as picadas na mata amazônica, em direção ao sul. Estavam na mesma latitude quase paralelamente às rústicas estradas que eles, os paraibanos, trilhavam – na futura Belém-Brasília. Outro batalhão se dirigia ao norte, enfrentando dificuldades sobre-humanas. Palavras para descrevê-las não existem em nenhuma língua do planeta.

Muitos mateiros do Amazonas e Pará, operários em Brasília, voltavam para o Norte abrindo picadas na mata. Os perigos não eram apenas as víboras aos milhares, não eram os escorpiões, as aranhas venenosas, os animais selvagens, a malária, o calor abrasador, a fome, mas terrível tortura eram os carrapatos da escuridão da selva, como verrumas penetrantes cortando rápido e profundo, fazendo as carnes dos bravos sangrar como em batalha encarniçada. Isso tudo além dos formigões carnívoros com suas presas pontiagudas, afiadas, que cavavam ferimentos gravíssimos no corpo dos trabalhadores. Era admirável ver gente determinada como os meus mateiros abridores de picadas. Obrigados a rastejar nas trevas da mata fechada como abóbada de cimento negro, a barriga no solo, impulsionados pelas pernas, os braços protegendo o rosto, os olhos tentando ver algo. A selva compacta fazia a paisagem de meia-noite sem lua, mesmo durante o claro do sol. Facas, facões ou foices iam carregados nas bocas, trancados entre os dentes. Levavam as ferramentas para cortar galhos finos, espinheiros, arbustos, facilitando os teodolitos, com seu olhar comprido a balizar a estrada que surgiria. Necessitava se riscassem fósforos ou isqueiros para ver o mostrador da bússola apontando rumos. Havia determinação quase obsessiva. Eles se encontrariam, em ponto predeterminado, daí a ânsia de chegar. Nossos caboclos travaram uma batalha sem fronteiras e sem tréguas até a rodovia ficar pronta. Era o sonho de todos os participantes.

Após os mateiros, viriam os tratores pequenos, abrindo um pouco mais o caminho para os maiores passarem com segurança. A trilha na mata feita pelos meus bravos não poderia ser balizada por aviões: as distâncias eram imensas e não havia aeroportos. Que saga incomparável de um povo exemplar! No comando deste exército de bandeirantes modernos, desbravadores indomáveis, estava Bernardo Sayão. Tinha pressa de rasgar os bosques, esculpindo a artéria-mãe do Brasil futuro – a Belém-Brasília pioneira.

Quantas mortes inesquecíveis naquelas matas e estradas onde os nordestinos eram insubstituíveis. A rigidez do seu caráter, a vida rude que o clima agressivo da terra natal lhes proporcionou, o físico preparado, como as árvores da caatinga, para as adversidades, eram vantagens e características que, como prêmios de Deus ao Brasil, auxiliavam os diretores a planejar as metas de trabalho com perfeição e rapidez. Era batalha histórica travada por soldados invencíveis.

Lembro-me que, convidado para dirigir a construção da estrada, Bernardo Sayão ficou pensativo em pleno cerrado. Estava nas colônias agrícolas que dariam origem a Ceres e Rialma. Conversei com ele longamente, dizendo-lhe que eu tinha o sonho de ver todos os brasileiros se comunicarem. O sul deixaria de ser ilha de civilização separada do norte por um oceano de florestas impenetráveis. O Brasil das riquezas estagnadas começaria a circular na velocidade do progresso moderno:

– Quando o Senhor quer que eu comece, presidente?

– Ontem – respondi com firmeza!

Ele se despediu meditativo, abanou a mão sem dizer palavra. Colocou o chapéu de pioneiro, pegou o teco-teco, seu 'cavalo voador' como o chamava e dirigiu-se para Anápolis onde morava.

Na manhã seguinte, num caminhão carregado, com toda a família na cabine, acampou sob uma árvore próxima ao Catetinho. A epopeia ia começar...

2ª Parte

31. Sofrimento rumo à grandeza

Ele se despediu, abanou a mão sem dizer palavra, colocou o chapéu de pioneiro, pegou o teco-teco, e dirigiu-se para Anápolis onde morava. Na manhã seguinte, dormindo no palácio de Madeira, o Catetinho, fui acordado pelo ronco do motor de um caminhão que parou, às seis horas da manhã, sob a minha janela, arrastando pneus na freada. Suspeitei quem poderia ser. Abri a janela. Da sacada vi aquele vulto enorme bater com força a porta da cabine. Confirmei a suspeita, era Sayão. Trazia a esposa e as filhas. Viveria em Brasília.

– Onde você vai morar, companheiro?

– Hoje acampo no caminhão na sombra daquela árvore, amanhã armaremos uma barraca. Daqui a uns dias, quando os caminhões trouxerem madeira do sul, talvez construamos uma casa um pouco mais confortável.

Fez-me continência sorrindo, a família acenou com a mão, o freio foi solto, ele acelerou a máquina e a colocou, sob a árvore. Ali ficaram. Em quinze dias mudaram para a barraca. A casa veio muito tempo depois. O homem, doze horas após o convite feito, voou para casa, carregou a mudança e chegou de Anápolis decidido! Sabendo da precariedade da estrada que teve de enfrentar, concluí que ele não havia dormido naquela noite.

Durante o dia observei-o várias vezes. Estava lá o dínamo trabalhador construindo, auxiliando. A pátria crescia, graças à gente idealista como ele.

Enquanto trabalhávamos em Brasília, os migrantes nordestinos levados por Zé Baiano, nas estradas poeirentas, se aproximavam do foco de atenções de todo o Brasil, a capital profetizada por dom Bosco.

A seca, porém, trazia-nos notícias devastadoras. Milhares de pessoas, meus irmãos, pereciam de sede no nordeste! Os açudes próximos a Quixeramobim pareciam um formigueiro humano. Milhares de enxadas, carrinhos de mão, pás, picaretas eram manuseados por mãos calosas de retirantes que se alistavam, continuamente, para ganhar quarenta cruzeiros por mês. Quantia irrisória, mas era o que lhes podia pagar. Com isso tinham alimentação e sobreviviam até que dias melhores viessem.

A situação era de desespero na região. Fiquei hospedado, uma noite, em casa de fazenda de um amigo deputado cearense.

Era noite alta; eu tentava, em vão, dormir. Tudo era calor, calor tórrido, fornalha brutal. Queimava-me o lençol, o travesseiro. O chão de cimento, incomodava os pés se o pisasse descalço. Era um tormento tentar descansar! As emoções de ver tanta miséria para a qual eu, o presidente, deveria dar uma solução, o cansaço de voar quase oito horas no DC3, máquina lenta e desconfortável, exauriu-me as forças, até que cochilei um pouco. De repente, acordei meio tonto com um barulho que parecia das ondas do mar. Ao dar por mim, concluí que estava a quase trezentos quilômetros do litoral, mas a movimentação e o ruído continuavam. Levantei-me. A muito custo abri a janela e, Deus do céu, jamais me esquecerei daquela visão infernal: uma avalanche de homens, jovens, mulheres, velhos, crianças, fugindo da seca. Chegaram àquele local em busca de água, desesperados. Deus meu, pensei, o que fazer por estes meus irmãos?

O casal que me hospedava chamou-me para a sala enquanto a multidão se comprimia contra as paredes da casa.

– Estamos com muito medo. Eles podem nos trucidar em minutos. Não saia, presidente, o senhor correrá sério risco de vida!

Pensei. Pareceu-me ouvir no íntimo uma voz suave, quase angelical, falando-me:

– Vá lá, eles precisam, além da água, da sua palavra amorosa. Vá lá, o amor de Deus o protegerá, não tema!

Emocionado e confuso parecia que algo me dizia ser a voz da princesa Izabel. Seria isso possível?

Pedi aos donos da fazenda um caminhão. Eu sairia pela porta da frente e subiria na carroceria com as guardas abaixadas, como num palanque. O motorista iria entrando, lento, lento, até o centro daquele mar de faces e cabeças.

Pedi para Deus me inspirar palavras exatas para encorajá-los. A imagem do seminário de Diamantina surgiu-me à mente. Senti Deus comigo! Falei-lhes alto mas em tom coloquial, como se um amigo falasse a outro. À minha frente milhares de rostos apáticos, passivos. Alguns tentavam falar, não conseguiam. A saliva, por causa da sede, era uma baba espessa como cola. Falei que eu era o primeiro presidente da história a visitar uma área das secas. Pedia a eles um pouco de paciência. Era só se encaminhar para Quixeramobim, lá teriam comida e água. Não haveria qualquer seleção. Consolei-os dizendo que as minhas lágrimas, rolando-me dentro do coração, se multiplicariam para molhar a terra, junto ao suor deles e trazer abundância. Roguei tivessem esperança... Ninguém falou nada, ninguém vaiou, ninguém aplaudiu. Apenas a horrenda passividade do sofrimento atroz, da sede, do desespero, da dor.

Logo à minha direita, uma senhora, cujos olhos mostravam trinta anos e o corpo aparentava oitenta, oferecia para o filho as últimas migalhas de mandioca cozida, embrulhada em pano sujo que tirou de dentro do peito magro, sob o vestido em farrapos. No colo uma criança de dois anos, quase morta, tentava comer. Perguntei-lhe:

– E quando acabar a mandioca?

Ela respondeu com voz pastosa:

– *Vai morrê, seu moço...*

Falou passivamente sem reação emocional alguma. Os corpos, a alma, a personalidade, tudo daquele povo nobre e bom estava esmagado sob o tacão da desgraça. Meu Deus, cadáveres de pé. Parecia que haviam esquecido de morrer!

O caminhão da fazenda pegou alguns retirantes para levar às proximidades de Quixeramobim. A mulher com a criança faminta foram as primeiras a subir. Estendi-lhe a mão. Ela, com um braço segurando a criança e outro na travessa da carroceria, puxou o corpo para cima, fazendo de escada as tábuas das grades. Subiu com dificuldade mas não quis entregar a criança a ninguém.

– *Sô a mainha, ninguém sabe cuidá du meu fio mió qui eu...*

Outros foram empurrados ou puxados para cima pelos empregados da fazenda. Não havia tempo para colocar cobertura no caminhão. Foi distribuída farofa de carne bovina a muitos deles e água para todos. A fazenda tinha quatro poços artesianos. Eles fartavam-se de água, molhavam-se totalmente, sob os canos que jorravam das caixas altas, num desespero, como se logo depois o líquido fosse acabar. E o deputado, encorajado pela passividade dos sofredores, veio para fora e começou a distribuir canecas, copos, vasos, o que desse para alguém tomar água. Ele, apavorado, perguntou-me como alimentar aquela multidão.

– Se houvesse aqui alguém que multiplicasse os pães que temos em casa... Havia nas suas palavras um misto de súplica, desespero e oração. Era, de fato, angustiante.

Formavam-se filas enormes. Eram cinco horas da manhã e o sol já agredia nossa face. A atmosfera seca piorava o calor. A umidade do ar era, praticamente, zero. Se soprasse o vento, parecia um secador imenso jogando ar quente a queimar a pele.

Meu Deus, como é rica uma região que tem chuvas, rios, lagos, fontes, abençoando o solo. Isso é o necessário para se viver, pensei. Com a água da chuva, o solo, a enxada e a vontade de trabalhar, a colheita é farta, a vida abundante, em qualquer parte do Brasil. Porém ali, com a água escondida sob a terra, a camada rochosa protegendo o tesouro, era difícil a agricultura de sobrevivência.

Olhei à distância, da porta da casa, aquele povo bondoso e comecei a ver as figuras deles, deformadas e embaçadas conforme meus olhos os fixavam. Comecei a chorar...

Tentei conter a emoção, mas algo dentro de mim era superior à minha vontade. Senti-me fraco diante de situação tão grave! Olhei mais longe e vi uma mulher carregando uma menina de tranças longas, cabelos negros, faces esquálidas, olhos fundos nas órbitas magras. Era verdadeiro cadáver que andava, pelo apego à vida e à valorosa resistência da raça. Era a luta da vida contra a morte, da esperança contra a capitulação! A mulher, muito parecida à criança, veio, lenta, ao varandão da casa procurando sombra. Acompanhava-a um homem que mancava, caminhando com dificuldade. Era o marido e pai da criança, mais morto do que vivo. Ao chegar com os olhos súplices perguntaram-me:

– *Nóis podi sentá na sombra, seu moçu?*

– Claro, minha patrícia, a casa é sua – respondi.

Empoleiraram-se no banco de madeira, uma tora bem trabalhada, com quatro pernas envernizadas.

A dona da casa, distante, vendo a visita inesperada, deixou de auxiliar os da fila da água e veio quase correndo, olhando-me com surpresa, pena e desespero. Chegou-se à mulher:

– Minha querida, como posso ajudar a criança?

Estendeu-lhe os braços e a mãe deu-lhe aquele pequenino fardo, farrapo ofegante de ser humano, sibilando a cada inspiração, as costelinhas à mostra, o nariz seco, os cabelos raros, o abdome globoso. Era a marca da miséria, do desespero, da dor nos seus graus superlativos. A mulher fazendeira ao pegar a criança, encostando-a ao peito, começou a chorar sem controle.

De família tradicional, do Recife, pareceu sentir-se envergonhada da riqueza, da roupa bonita que vestia. Fui-lhe em socorro. Aproximei-me dela, enquanto o marido vinha juntar-se a nós. Percebi que era hora de consolar todos, ricos e miseráveis

– Eu sonhei que, um dia, todos os brasileiros terão sua casa, todas as crianças terão alimento, saúde, dignidade. Ainda verei as mesas das famílias brasileiras, fartas e abundantes. Um dia, os chefes de família voltarão das fábricas, das lavouras, chegando ao lar, felizes, solidamente empregados. Eu tenho certeza, meus amigos, quando nós, os privilegiados, não tivermos vergonha de olhar nos olhos dos pobres para ver dentro deles dignidade e cidadania, seremos felizes.

A dona da casa parou de chorar, as feições se relaxaram, ela respirou fundo. Correu à cozinha com a criança no colo. Trouxe, com a mão livre, uma jarra de leite de cabra e ofereceu à mãe, dizendo-lhe:

– Faça o que achar certo, querida, dê-lhe como for correto. Alimente a criança, você e o marido.

O pai estava cabisbaixo, sentado, com a cabeça entre as mãos, os cotovelos apoiados nas coxas, numa atitude de entrega total. Foi-lhe oferecida uma caneca de leite enquanto a criança recebia, lentamente, pequenas colheradas, sorvendo o alimento que lhe penetrava a boquinha ressequida. De repente começou a tossir, convulsivamente, até ficar roxa. A mãe virou-a de costas e começou a dar-lhe palmadas carinhosas com a mão aberta:

– *U leiti entrô di travessadu, genti.*

Daí a pouco a criança adormeceu.

Lembrei-me das lições de pediatria na faculdade, em Belo Horizonte. A criança estava perdendo os reflexos da deglutição por causa da fome e sede. Agora, porém, dormia. Era preciso cuidado na administração de líquidos e alimentos sólidos. Necessário começar aos poucos. A própria alimentação poderia desequilibrar o metabolismo precário, matando.

Subi em uma elevação do terreno, talvez antigo cupinzeiro, e falei o mais alto possível:

– Cuidado, procurem tomar pouca água de cada vez, senão é perigoso!

Mal havia acabado de falar, vi dois homens, junto a uma das bicas, cairem fulminados. Tinham se afogado, sem os reflexos funcionando, ou tiveram o estômago rompido pelo grande volume recebido em alta velocidade, na ânsia de aplacar a sede. Cenas horripilantes, meu Deus. O deputado também se comoveu profundamente.

– Presidente, eu não sabia que a miséria era tanta...

Olhei-o surpreso e concluí que, acostumado a viajar do seu oásis de fartura para a Câmara Federal, no Rio de Janeiro, alheio aos problemas sociais, interessado em outras áreas, o homem ficara apartado da realidade da própria terra natal!

As eleições eram quase automáticas. Manipulavam-se os votos em currais eleitorais, às vezes sem o candidato visitar, uma vez sequer, as comunidades. Não quis julgar ninguém, não era minha função naquela hora. O presidente de uma nação tem obrigação de reforçar a esperança em quaisquer situações. Ali éramos, todos, vítimas da injustiça da própria tradição da vida econômica regional. Milhões sem o mínimo e as minorias abastadas e insaciáveis dirigindo e acumulando, mais e mais, num círculo vicioso impiedoso e secular. Meu Deus, que lições para meus anfitriões, que aulas de cidadania para mim! Olhei quase feliz a criança que agora ressonava nas almofadas do sofá amplo, de tecido estampado de girassóis amarelos e grandes. Lá fora, muitos entravam no estábulo dos caprinos para se proteger do sol que queimava sem piedade. Crianças como aquela havia, pelo menos, cem.

Meu Deus, nunca imaginei que o supremo mandatário de um país gigantesco pudesse ser tão ineficaz diante de uma situação! Era necessário, porém, alimentá-los, já que a sede, pelo menos por algumas horas, estava controlada. Continuamos a orientar todos, com palavras de carinho. Os empregados, o fazendeiro, a esposa, todos pedíamos que a água fosse ingerida com cuidado para evitar novas mortes. Socorri os dois caídos, mas os reflexos abolidos mostravam que o desespero já tinha feito algumas vítimas. Apesar de emocionado, eu era médico cirurgião da polícia militar de Minas Gerais! Cabia-me manter o controle da situação.

Quando montamos o Hospital de Sangue, na área do Túnel, no Rio de Janeiro, durante a Revolução Paulista de 32, apesar do fragor das batalhas e das bombardas fratricidas, o medo jamais tomou conta de mim, mesmo quando socorria soldados federais ou paulistas em pleno combate. Ali no interior do Ceará, porém, um sentimento de fragilidade dominou-me a alma. Queria defender meus patrícios, auxiliá-los de imediato, mas como – perguntei ao fazendeiro:

– Deputado, seria possível salvar alguns da morte pela fome?

– Presidente, o rebanho não está grande, pois perdemos muitas cabeças durante esta seca terrível. Veremos o que se pode fazer.

De imediato ouvi, na cozinha, gavetas se abrindo e o ruído característico de facas sendo preparadas, com machados e machadinhas, para o sacrifício dos animais. Os retirantes que haviam subido no caminhão, ao ver os cabritos sendo pegos, desceram rápidos e ficaram esperando os empregados terminarem a tarefa. Alguns homens, meio zonzos, se ofereceram para ajudar. A água começava a dar-lhes força. Já caminhavam e falavam alguma coisa inteligível. Muitos, após a ração do líquido, deitavam-se ao sol sob os galhos dos juazeiros ao redor da casa, outros se protegiam da fornalha sob a carroceria do caminhão. Outros foram chegando à varanda. Ali se deitavam de costas, sobre o cimento, como tropa de soldados, entregues à própria sorte, à disposição do inimigo.

As carnes começaram a ser cortadas em pedaços. Quando foram colocadas em pequenos montes, sobre mesas de madeira, a massa humana começou a se mover. Conforme orientamos, cada um pegaria um pequeno pedaço para comê-lo lentamente. Eles, porém, engoliam avidamente, mesmo crus, ninguém queria esperar cozinhar. Sugavam a carne numa ânsia incontida, fazendo ruído desagradável com a boca. Não conseguiam controlar-se e engoliam sem mastigar. Um moço morreu afogado apesar das advertências, meu Deus! Voltamos a gritar para que comessem pouco, aumentando lentamente.

O fazendeiro, a família e eu resolvemos que eles ficariam ali até se recuperar enquanto conseguíamos caminhões para levar os mais graves, se os outros pudessem caminhar até a região de Orós. O problema mais sério era que, cinco estados do Nordeste, a maioria, estavam na mesma situação: multidões famintas perambulavam, sem rumo, por todos os recantos.

Que missão espinhosa tinha eu sobre os ombros! Era necessário mobilizar toda a nação e fiscalizar a distribuição dos víveres e dinheiro arrecadados no sul.

Meu Deus, havia ainda os abutres humanos, espalhados por todo o país, concentrados no Nordeste. Eles se aproveitavam da desgraça e das mortes sem a mínima piedade. Tiravam vantagem do sofrimento de multidões em proveito dos próprios cofres abarrotados e insaciáveis. Não teriam eles coração? Não teriam sentimento de justiça? Na estrutura social arcaica era, para o Governo Federal, muito difícil controlá-los.

– Meu Pai, quantos problemas a resolver!

Comecei ali a pensar nos políticos e militares no Rio de Janeiro, de vida abundante e confortável. Fiquei a imaginar do que estariam eles se queixando. Eram abençoados por um clima deslumbrante, belos panoramas, dinheiro farto e vida cheia de privilégios. Não lhes era o suficiente? Que faziam do patriotismo que deveriam mostrar como defensores dos fracos e oprimidos? Enquanto dificultavam o meu governo, tentando impedir o progresso, milhões de nordestinos, nossos irmãos, passavam por sofrimentos indescritíveis.

Abrigados como possível, os retirantes ficaram mais três dias na fazenda. Alguns vizinhos foram solicitados e trataram de distribuir o que pudessem para servir os retirantes

Vários caminhões foram preparados para levar a multidão às proximidades de Orós. Varas longas foram amarradas, com laços de couro, nas bordas da carroceria, servindo de apoio para os viajantes que iriam de pé. Assim comprimidos, seguros nas travessas de madeira, formava-se algo parecido a gaiolas ambulantes onde, apertadas, iam até quarenta pessoas. A viagem deveria ser rápida, durante cem quilômetros até as obras do açude gigantesco, o maior do País.

Resolvi ficar mais dois dias além do previsto. Quis observar in loco as providências, além de captar as minúcias do problema das secas. Pretendia melhorar o Nordeste, após o fim de Brasília. Talvez em meus próximos governos, se Deus quisesse, a oportunidade me seria dada novamente. Planejava criar condições para o retorno dos candangos após o término da cidade da esperança.

O torrão natal para os nordestinos é algo sagrado. Costumam tratá-lo com carinho e respeito, daí minhas ideias de levar os nordestinos de volta, após Brasília. Deus aceitaria meus planos, em próximo governo?

Cabia-me, como dívida de consciência, fazer o melhor de mim em favor do meu País. O menino pobre e sem futuro, nascido em Diamantina, o filho da professora Júlia, mestra amorosa e mãe inesquecível, orientou-me a vida. Era eu o garoto cujo pai havia morrido de tuberculose ainda jovem. Deveria servir ao meu povo para retribuir, à vida, o que Deus havia nos dado. Minha irmã e eu tivemos o privilégio de nascer numa cidade cuja estrutura social era de uma verdadeira família. Além disso, ter dona Júlia por mãe já era um presente dos céus. Sua determinação e persistência foram o modelo para seu filho, mais tarde o presidente da República, ser persistente e quase obsessivo para ver o progresso do País. Concluí isto ao analisar minhas viagens, duzentos e sessenta em dois anos, num ir e vir constante, nas asas dos aviões, entre Brasília e o Rio, três vezes por semana após os expedientes do palácio do Catete.

Lembro-me da visita do presidente Frondizi, da Argentina. Deixei-o no embarque para Buenos Aires e, imediatamente, entrei no Viscount, que me levaria, durante a noite, para Brasília.

Tinha a bordo meu quartinho, que eu chamava de "República do Estudante" como lembrança, cheia de afeto, da pensão onde fui morar, quando deixei Diamantina para trabalhar e estudar, na capital de Minas Gerais.

Aqueles vôos eram momentos de reflexões para as decisões políticas, planos da construção da capital e de meditações para determinar os rumos das nossas relações internacionais.

Creio que o ir e vir de Dona Júlia, ao andar nove quilômetros, diariamente, para dar aulas durante longos anos me fez seguir-lhe o exemplo. A diferença era que o filho, ao invés dos pés, usava as asas de uma máquina para se deslocar. Quando lhe falei a respeito, jamais me esquecerei do carinho e da emoção no seu olhar cheio de amor. Retrucou com sua voz meiga, que penetrava os corações de todos a quem dirigisse a palavra:

– Pode ser, Nonô... As mães que amam verdadeiramente os filhos pedem a Deus forças para lhes dar exemplo. Foi o que fiz e talvez você, ajudado pela mãe de Jesus, tenha seguido com firmeza sua vida.

Hoje também me lembrei, enquanto alinhavo estas frases, de outras palavras de amor e orgulho maternos, ditas com sutileza e bondade. Minha mãe, no dia da inauguração de Brasília, em plena festa, ao ver aquelas construções maravilhosas, os perfis contra o poente vermelho do planalto, aquelas silhuetas criadas por arquitetos geniais, disse:

– Só o meu Nonô seria capaz de fazer esta cidade tão linda...

Tendo como mãe alguém da estatura moral de dona Júlia, fui obrigado a tentar devolver à vida o que o Pai me entregou em oportunidades! Ali na fazenda, junto àqueles sofredores, lembrei-me dela e dos seus conselhos me ensinando o amor que devemos aos que nos cercam.

O governo do Ceará, por minha ordem, conseguiu vários caminhões para transportar aquela multidão. Todos os esforços foram conjugados para salvar aquelas criaturas de Deus. A demora nas decisões, em algumas horas, poderia nos custar a vida deles. Começaram a ser deslocados para regiões de trabalho de emergência, com alimento e água para mantê-los vivos até a situação melhorar.

Quando me despedi do deputado, meu coração e meu cérebro, já entendiam bem a complexidade dos problemas nordestinos. A cultura da miséria, a tradição da exploração desalmada, a horripilante expressão "indústria da seca" chegava a me dar náuseas após me deixar tremendamente revoltado.

No vôo, no DC3, de volta a Brasília, tinha já, na mente, os planos para amenizar as dores da estiagem. Ao invés da "indústria da seca" cruel, atroz, desumana, precisávamos 'paulistanizar' aquelas terras, respeitando-lhe a cultura. A riqueza do sul começaria a fluir lá e para lá, de maneira natural e equilibrada. Muitos dos meus sonhos ainda não foram realizados, mas Deus, um dia, direta ou indiretamente, vai me ajudar a materializá-los.

Próximo a Capim Grosso, no centro da Bahia, Raimundinho, Iracema, Zé Baiano e a caravana seguiam com coragem. Os alimentos, a água recebida, a festinha na praça ainda estavam nas lembranças e nos corações dos romeiros. Um dia, enquanto viajavam, já nas proximidades de Baixa Grande, a tempestade tomou conta da paisagem. A ventania soberba, como se gigantes loucos balançassem com violência as copas das árvores retorcendo-as, vergando os galhos, assoprando brutais, arrancando folhas com barulhos ensurdecedores, enchiam de medo os retirantes.

O caminhão parou. As lufadas do vento, na correria em direção ao infinito, balançavam a máquina que ficava escondida nas imensas nuvens de pó avermelhado. Zé Baiano, previdente, estacionou o veículo à beira da estrada, verdadeira picada no meio do mato ralo, e baixou as cortinas de couro que protegiam as laterais da tenda que guardava os viajantes na carroceria. Recomendou a todos se segurassem bem nos bancos. Era o comandante de um avião pego de surpresa em pleno vôo, numa tempestade amedrontadora... Puxou o freio de mão, ao encostar à direita, na beira da estrada.

Mal fechara a cabine, o estrondo de uma luz imensa, violenta, avermelhada, estraçalhou o tronco de um juazeiro, plantado à borda do barranco. Parecia explosão de granada, lançando longe estilhaços de madeira dura como fragmentos metálicos. Um dos toletes, com violência, fragmentou em mil pedaços o farol direito. Um tronco enorme, cheio de galhos, caiu atravessando a estrada a menos de dez metros da cabine. Tivesse o motorista prosseguido e teríamos a tragédia de uma árvore centenária, com algumas toneladas, esmagando o veículo e seus ocupantes. Novamente os anjos da Paraíba inspiraram o condutor a parar no exato momento de evitar o desastre! Novos raios, fagulhas monstruosas, acendiam-se no céu iluminando, loucos, a paisagem à frente do caminhão.

Raimundinho começou a chorar, amedrontado. Nunca vira algo parecido; nos seus doze anos de vida presenciara algumas chuvas leves, aquilo lhe era demais para a sensibilidade.

Grossas gotas de água, com fragmentos de gelo, alguns maiores que bagas de uvas graúdas, batiam de encontro ao parabrisa, num ruído ensurdecedor, infernal. Zé, após inspecionar a frente, colocou as palmas das mãos na face interna do vidro, pressionando para fora, evitando quebrar. O capô ficou branco, cheio de pedras, o que maravilhou Raimundinho e Iracema.

Tais chuvas, raríssimas no interior da Bahia, trazem mais estragos do que benefícios. Logo depois a artilharia das pedras de granizo deu lugar a gotas grossas, num barulho formidável. Não se via, além do vidro, o bico da cabine. Estava tudo embaçado pela água. Parecia que o líquido, na seca de mais de dezoito meses, se acumulara nas nuvens que, como bolsas imensas, se rompiam de súbito. As águas apagavam o pó e mitigavam a sede das árvores, ervas, capins, animais, pássaros e homens. Ali, a gota de água tinha mais valor que um diamante do mesmo porte.

Admirado, Zé Baiano pensou alto:

– Deus vortô a si lembrá du sertão, mandandu água di presente, tudu di uma veiz.

Raimundinho estava muito tenso com o barulho. Zé Baiano, para acalmá-lo, começou a contar das inundações e quedas de pontes, durante outras viagens a Brasília. O menino se acalmou.

A chuva continuava volumosa. A enxurrada começou a rolar junto ao barranco. Era a primeira vez na vida que o menino via um riozinho avermelhado, espumante, correr veloz quase ao alcance da sua mão. O pensamento trouxe-lhe saudades do pai. Desejou tivesse os pés livres para molhá-los na água barrenta, se o amigo querido estivesse ali para olhá-lo brincando na chuva...

32. Brasil, mundo aberto de esperança

A água lavava a atmosfera suja de pó há quase dois anos. Os retirantes, dentro da cabine, ficaram extasiados. Iracema começou a rezar, Raimundinho a sorrir, Zé Baiano fez o sinal da cruz, dobrou a cabeça encostou-a ao volante murmurando:

– *Brigadu, Pai di amô qui zela pur nóis*.

Lá atrás, na carroceria, o grupo se protegia como possível. A chuva caía pesada. As cortinas de couro de bode, emendadas com tiras finas, impediam a torrente de invadir o abrigo, mas mesmo assim o vento teimoso penetrava nas frestas assoprando umidade para dentro, esfriando o ambiente. Uma das velhas começou a orar, pedindo às outras que a acompanhassem. O barulho da água contra a lataria e a capota de lona era muito forte. Parecia que os viajantes estavam dentro de um imenso tambor de orquestra. O ruído grave da água, chicoteando as paredes, vibrava violento. Poucos dali viram na vida tal espetáculo. Chuva como aquela poderia ser fato comum para os mateiros do Amazonas, paraenses ou goianos. Para os nordestinos do agreste, aqueles sons e cenas eram sonhos. Daí a admiração deles.

A velha rezadora agradeceu. Um coro de vozes a acompanhou. No ambiente fechado da carroceria, todos sentados nos bancos transversais, tinha-se impressão de uma catedral cercada de luzes faiscantes, na intimidade do sertão da Bahia. A atmosfera ali dentro se fez solene quando um perfume suave tomou conta do ar.

As vozes se desdobraram em gratidão, até que a reza se transformou em coro: Ave, ave, ave Maria, ave, ave, ave Maria, continuavam cantando, enquanto, lá fora, forças da natureza, como gigantes violentos, esmurravam o caminhão com braços poderosos, lançando lufadas de água feito imensas bolsas que se rompiam contra as cortinas protetoras.

Na tempestade enfurecida, a natureza urrava descontrolada nos trovões de bocas enormes, escancaradas. Raios agrediam as árvores, o solo, o céu, clareando subitamente as cenas para, em seguida, se apagar. Logo depois das faíscas, o ribombo rouco dos trovões estremecia a terra. Parecia que a natureza, impedida das suas manifestações de fartura e bondade, revoltava-se contra a injustiça da seca e rompia os grilhões que acorrentavam os gênios produtores da chuva e da abundância. Irados, eles lançavam correntes colossais de forças indomáveis para chicotear as árvores, a estrada, os homens, os animais, o ar, os pássaros.

A enxurrada começou a cavar sulcos na terra e a água vermelha, com espumas brancas e barulhentas, gritava contra o chão que tentava aprisioná-la nos buracos e pedras onde, antes, havia só o pó. A tempestade era um espetáculo solene e ao mesmo tempo amedrontador.

Pairava sempre a ameaça de que algum galho ou raio atingisse o veículo, transformado em abrigo para mais de trinta pessoas. O barulho foi contínuo por quase duas horas. Porém os gigantes, por mais fortes que sejam, também se cansam. A natureza, lentamente, começou a acalmar-se. Os trovões emudeceram. Alguns raios, dispersos ao longe, asserenavam até o silêncio tomar conta dos céus. Agora se ouvia apenas os pingos da chuva tamborilando na lataria, enquanto a enxurrada que acumulara galhos, folhas e barro à frente dos pneus, se dissipava. Um chuvisqueiro suave penetrava, beijando com ternura, a terra encharcada e feliz.

Raimundinho, pelo parabrisa via, lá fora, a natureza se transformar. Em poucas horas, do calor tórrido formou-se o mundo das águas. Suaves, viam-se as nuvens calmas jogando beijos de chuva para o chão sedento dos seus carinhos. Um bando de andorinhas, vindas não se sabe de onde, singrou os céus em vôos rasantes, se entrecruzando graciosos. Pareciam crianças festejando. Um bem-te-vi, em trinado alegre, emitia sons de alegria. Um tucano cortou o ar em roteiro reto, próximo à cabine. Estranhou, talvez, o objeto intruso invadindo os seus domínios. Porém, com a imobilidade da máquina, não se preocupou em fugir. Rolinhas, vestidas de marrom claro, voejavam festivas. No galho, logo acima da cabine à esquerda de Raimundinho, uma casa de joão-de-barro foi destruída pela chuva. Ressequida pelo sol, sem a proteção da sombra das folhas, se esfacelou ao contato da água. Ficou a lembrança da casinha, nos fragmentos da base e na mancha vermelha do barro, escorrida tronco abaixo.

Raimundinho falou para Iracema:

– *Oia, mainha, a casinha si quebrô. Coitadu dus passarinho...*

Iracema retrucou

– Preocupa não, fio meu. Deus tira argumas bicada di barru i dá montanha di terra moiada prus seus fio, os passarinhus. Magine o que Ele faiz cum us homi, mais importanti qui us passarinhus du céu...

Multidão de insetos surgiu lá fora. As aves, em mergulhos rápidos, começaram a caçá-los. Raimundinho apontou-os à Iracema. Ela sorriu. Zé Baiano alegre:

– *Será di onde vem tantas criatura? Ondi Deus iscondi tanta vida duranti a seca?*

No horizonte umedecido, o sol começava a mostrar a face surpresa saindo por detrás das nuvens. O dia voltava ao normal. Eram três horas da tarde no sertão baiano.

Zé saiu da cabine e verificou os estragos dos raios que arrebentaram árvores contra o veículo. O farol esquerdo estava totalmente destruído. O metal, ao redor da luz, estava amassado, com pedaços da tinta velha, caindo ao mais leve toque da mão.

O tronco pesado estava no chão, junto ao parachoque dianteiro. Zé Baiano, ao vê-lo, fez o sinal da cruz:

– *Deus, bondosu, brigadu mais uma veiz. Essa bala di canhão jogada pelu raio, si vai dois parmos prá cima, pudia quebrá u vidru du parabrisa i matá nóis três.*

Raimundinho observou o amigo lá fora, percebeu-o preocupado e gritou:

– *Vê lá, Zé, agora nosso gigante comedô de estrada vai parecê um monstro caolho qui leva nóis pra Brasília. Agora as desgraça vai ficá cum medo di si aproximá. Nóis chega em Brasília cum certeza!*

Era a mesma ideia dos barqueiros do São Francisco, com as carrancas na proa dos barcos para afastar a má sorte. Zé gritou:

– *É mermo, mininu, com o bichu caolho a disgraça fica cum medo i fógi.*

Caminhou uns dez passos, virou-se de frente para caminhão, viu Raimundinho na cabine e começou a sorrir. De fato, pensou, a máquina parecia um monstro sem um olho. Avaliou os estragos e viu que daria para continuar a viagem, mas apenas durante a luz do sol. Afinal, as avarias não foram tão grandes.

Conseguiriam afastar o pesado tronco que atravessava a estrada? Convocados pelo motorista, um punhado de homens se juntou para remover o obstáculo.

Juntos, aos gritos ritmados do Zé, berravam:

– Um, dois, já... mas a tora nem se mexia. Um, dois, já... o peso da árvore novamente vencia a força dos braços.

Foram mais de quinze tentativas até que Zé Baiano resolveu mudar de tática. Tinha forte laço de couro de bode, com oito tiras trançadas. Amarrou o laço, dobrado três vezes, no suporte do parachoque dianteiro, enquanto tentava mover o tronco, dando ré no veículo. O tronco mal se movia, apesar de as rodas patinarem no barro mole. Um cheiro de borracha queimada encheu o ar.

– *Vô pará; a frição vai gastá i nóis fica na estrada.*

De sob as longarinas da carroceria, retirou dois machados ali amarrados com tiras de couro, pegou dois serrotes e um trançador e, selecionando alguns homens, deu ordens para cortar os galhos, que impediam a árvore se mover. Os machados mordiam a madeira dura, resvalavam e pouco penetravam. Era como cortar aço. Os serrotes e trançadores, nas mãos dos nordestinos valentes, começaram a fragmentar os galhos, em sulcos, até que um deles se rompeu. Gritos de alegria se ouviram. Raimundinho, na cabine, batia palmas contente:

– *Vamos lá, pessoá, campião é forti, Brasília tá logo ali. Nóis vai chegá logo, pessoá; vamu, genti forti, mais força. Nóis é caboclo paraibanu vencedô.*

A voz infantil e firme fez muitos desatarem em gargalhada. Os braços se enrijeciam mais nos golpes contra a madeira, o obstáculo, para a continuação de viagem, mais um que logo seria vencido pela determinação sertaneja.

A árvore com os galhos decepados, aqui, pelos machados, ali pelos serrotes e trançadores, conservou apenas os troncos centrais mais grossos, depois de quase um dia de trabalho.

A chuva fina continuou a cair. O aspecto do chão mudou totalmente. Não mais a enxurrada violenta, mas a água se infiltrando. As promessas de recuperação das plantas enchiam o ar de alegria no odor agradável da relva molhada. Parecia que homens, pássaros, animais e árvores festejavam o presente.

Para não molhar a roupa, trabalhavam sem camisa. A pele costura sozinha, quando ferida, e também sozinha se seca ao vento. O tronco, agora com vários cotos, ali ficou. Nos círculos concêntricos da madeira estava escrita a história da escassez da água, durante os anos nos quais a árvore crescia. Havia muitos anéis estreitos, mostrando que a seca havia castigado a árvore, os animais, relvas do caminho, arbustos, pássaros e homens. Nenhum dos aros era largo, como se veriam nos cortes das árvores nas terras do sul, abençoadas pelas chuvas.

Ali estava a velha planta com suas entranhas abertas pelas forças do raio. Parecia cadáver de soldado, morto na luta contra inimigo mil vezes mais forte. Quantas secas, ventanias e tempestades aquele ser vivo venceu, ao abrigar, sob seus galhos, os passarinhos cantores, serpentes do sertão, insetos, o bem-te-vi seresteiro, o joão-de-barro construtor, a cigarra, o louva Deus, o tico-tico ligeiro e a rolinha pacífica? Uma velha árvore é um universo de vida que se multiplica.

País maravilhoso é este, coberto de sul a norte por florestas sem fim. As riquezas do Brasil, na vegetação, são admiradas no planeta. Nas selvas onde a terra esconde o ouro, há também pedras preciosas, minérios de valores inestimáveis. Nosso solo é rico. Sob ele está o petróleo, gerador de progresso. Os lençóis de água, protegidos por rochas, esperam o brasileiro, com sua tecnologia, buscar-lhe a riqueza. Como véu protetor do solo, as florestas sem fim guardam riquezas a serem aproveitadas, com inteligência, séculos afora. País magnífico, incomparável presente de Deus à humanidade.

No interior do Brasil estão as florestas, o solo, a riqueza do sub-solo, os minerais abundantes. No litoral, as praias lindas, os coqueirais românticos, acenando as folhas aos visitantes cujos pés pisam areias brancas, alvas como algodão suave, mornas e acolhedoras em oito mil quilômetros de beleza rara.

O mar azul-esverdeado, cálido, calmo, sem tempestades, guarda sob seu manto de águas límpidas, nas bacias petrolíferas, milhões de toneladas de petróleo, aguardando a tecnologia brasileira ir buscá-los nas profundezas para acionar máquinas e a indústria petroquímica. Esse petróleo um dia foi floresta imensa que se liquefez. Hoje é o ouro negro para custear nosso porvir.

Se olhássemos a árvore tombada, pensaríamos na responsabilidade do brasileiro na guarda de tanta riqueza. A preservação das matas e sua exploração inteligente são joias guardadas para o futuro.

Quantos tesouros espalhados. As praias, às vezes, oferecem a areia monazítica. Colocam a tecnologia do país na indústria da energia nuclear pacífica.

O que me alegrava, porém, além da riqueza material incalculável, era saber que nosso país, em cinco séculos de civilização, jamais utilizou quaisquer dos seus recursos naturais para a destruição ou para sangrentas conquistas. O que recebemos usamos para o bem do ser humano. Nossas riquezas auxiliaram o progresso em todas as latitudes do planeta.

Na Europa ou Ásia, onde quer que se encontre o homem, o ouro, o alimento, os minerais do Brasil, às vezes ilegalmente daqui desviados, estão presentes, auxiliando o progresso dos povos. Nossa casa é tão rica que seus tesouros ajudaram o desenvolvimento das famílias, em todas as nações. Enchia-me de orgulho ser o dirigente desta nação.

A árvore pesada jazia ali, aguardando alguém para se transformar em móveis, esteios ou portas.

A árvore é um ser vivo e por isso deve ser respeitada. Quando derrubada deve ser bem aproveitada. É missionária, quanto mais velha, mais valorosa, dando exemplo de humildade para o homem, ao servir à vida. Viva, é a companheira protetora: dá-lhe a sombra, as flores perfumadas, o fruto saboroso. Morta, acompanha-o desde o berço da esperança ao túmulo da saudade.

Cortados os galhos do juazeiro, o tronco pôde ser movido mais facilmente. Amarrado ao parachoque, com laço dobrado, foi possível puxá-lo. Deixou seu sulco profundo, como um canal, arrastando barro vermelho no topo, até ser colocado à margem da estrada. Ao movê-lo, o caminhão patinava deixando, no ar, cheiro desagradável de borracha queimada. Todos ficaram na carroceria para aumentar o peso, firmando as rodas. Zé Baiano olhou a madeira:

– *Que pena, uma tora comu esta dava prá fazê ótima mesa ou portal. Pena qui a máquina é veia e não podi levá ela. A carroceria tá cheia, vamu prá frente, genti boa.*

Agora era outro o tipo de aventura. A chuva mudara a paisagem. Ao invés do pó desconfortável cobrindo tudo, o barro e a água faziam um ruído constante dos pneus contra o solo molhado.

"Era preciso muito cuidado nas pontes", pensou Zé. Assim, em cada pinguela a atravessar, um dos passageiros descia para verificar a estabilidade. A alegria dominava os corações. Cantavam. Raimundinho parecia um tico-tico, arisco e feliz, com o estômago farto.

A caravana seguiu mais de vinte quilômetros. Os areões estavam lisos, com poças d'água espalhadas. O menino divertia-se ao ver a água barrenta espirrar de lado, conforme os pneus dianteiros jogavam jatos, com barulho típico. Era-lhe atraente ver o barro liquefeito molhando a lataria e escorrendo para baixo, fazendo desenhos estranhos, em tinta marrom-clara.

No parabrisa ficavam marcas dos respingos esmagados pelo limpador. No centro de dois semicírculos, riscos de sujeira e, ao redor, o marrom escorrido. Zé Baiano ligava e parava a maquininha, nos intervalos, para poupá-la.

Esperava-se mais chuva. O caminhão estava a quarenta quilômetros por hora, deslizando sobre a areia molhada. Ao longe, Zé e Raimundinho viram duas garças brancas com as pernas magras, longas, desajeitadas como dois palhaços dependurados em pernas de pau, caminhando no balançar desengonçado.

Zé, distraído por elas, não percebeu o sulco bem grande, à direita, parcialmente encoberto pela água. Jogou a roda dianteira no buraco. Todos gritaram quando o veículo pulou desgovernado. Molhou-se o capô e o parabrisa, como se um gigante lhes jogasse água, com um tambor de duzentos litros cheio do líquido barrento. Conforme o caminhão se deslocou, na carroceria, o jato pesado encharcou todos nos bancos dianteiros. A água estava fria:

– Virge santa, qui banho di lama fria. Cuidado, Zé. Ocê mata nóis afogado... – começaram a gargalhar, apesar do desconforto.

As garças, ao verem o alvoroço, voaram ligeiras, dando impulso nas asas, enquanto colocavam as pernas eretas com os pés para trás, bem coladas ao corpo. Pareciam dois projéteis de bicos pontiagudos perfurando o ar.

Raimundinho, ouvindo as reclamações e gargalhadas lá atrás, começou a rir. Ao mesmo tempo contemplava os dois pássaros voando sem saber para onde ir. Para ele e para muitos nordestinos, era a primeira vez que viam uma garça. Tais animais gostam de viver junto à água, explicou-lhes Zé Baiano; aquilo era sinal de muita água, não longe dali.

Elas vieram atraídas pelos milhões de insetos saídos dos capinzais ressequidos que, ao beijo das gotas de chuva, como crianças alegres, deixavam os esconderijos e ninhos para festejar, nos vôos no ar, a chegada do tesouro em forma de gotas líquidas. Assim os pássaros, também festejando, sentindo-lhes a presença, em vôos acrobáticos com o bico aberto enchiam seus bicos com os insetos, numa filtrada em vôo que lhes trazia milhares de seres se debatendo, quase agonizantes, empurrados para as goelas ávidas pelas línguas finas e ágeis. O banquete era farto.

Livres do perigo dos jatos de água, os romeiros da parte traseira da carroceria puderam ver, mesmo depois do veículo caminhar muito, os magros pássaros se fartando. Logo pararam de voar, empanturrados, pesados.

E a jornada continuava. Previdente, Zé, ao descer para verificar os pneus, pediu desculpa aos molhados, que começaram a gargalhar, zombando dele. Alegrou-se ao dizer que, talvez antes do anoitecer, ou, no máximo, na manhã seguinte, estariam às margens do Velho Chico. Poderiam se fartar de água. Parariam na vilazinha de Tiririca para dormir.

Examinados os pneus, viu que nada de anormal acontecera. Apenas tufos de capim molhado se encaixaram nos buracos dos aros. Com um pedaço de pau, limpou-os. Preocupou-se com o manchão na parte exterior de um dos pneus. Com a pancada, poderia se deslocar e deixar a câmara de ar à mostra. Poderia estourar, atrapalhando a viagem. Porém tudo estava em ordem. A saliência no pneu era como um tumor bem protegido. A cada rotação do aro, ouvia-se um barulho ritmado, com a elevação da carroceria, quando a saliência tocava o solo. Parecia um baião cujo ritmo aumentava com a velocidade do caminhão.

A viagem seguia. Viu-se uma curva à direita. Ali estavam dezenas de carcaças de bois mortos jogados. Um barreiro largo cercava toda a estrada. Tinha-se a impressão de que os corpos podres dos animais conservavam mais a umidade, facilitando o acúmulo de barro. Eram eles testemunhas da seca que, por dois anos, dizimou rebanhos, homens e crianças.

Zé colocou a primeira marcha e tentou passar. Numa depressão do terreno, onde a água se acumulava, as rodas traseiras atolaram rápido após várias patinhadas. O fundo da carroceria, na parte traseira, tocou a água barrenta e o veículo parou. Zé tentava balançar para frente e para trás, alternando ré e primeira aceleradas. Mais e mais as rodas cavavam profundo sulco no solo coberto pelo líquido sujo, conforme o motorista tentava mover o caminhão. Gritos de encorajamento, misturados com alegria, cortavam o silêncio do sertão:

– *Vamu, Zé, Brasília vai chegá. Pau na máquina, homi di Deus; nóis tem dia prá chegá* – e gargalhavam divertidos.

Foram obrigados a passar a noite ali, pois o pôr do sol chegou rápido na selva rala. A escuridão tomou conta da paisagem. A chuva cessou, o vento tomou a si a tarefa de limpar os céus de nuvens esparsas, como aves de arribação. O céu se tornou azul-claro e a lua tímida, depois solene, enorme, perdendo o acanhamento, juntou-se a milhares de luzes, como se um lavrador abrisse espigas maduras nos milharais do céu, semeando estrelas, enfeitando o firmamento.

A lua e milhões de pontos luminosos refletiam-se na água, espelho gigante, lançado sobre o barro que mostrava o céu salpicado de estrelas.

Raimundinho extasiado, começou a ouvir os grilos e cigarras cantadoras. Vendo aquelas cenas de luz e escuridão, reparou na lua, no alto à sua esquerda, parecendo enterrada nas profundezas da água, a igual distância nos céus. Era algo divino! Pela primeira vez tais imagens lhe chegavam à retina, ávida por novidades para relatar ao painho que o aguardava.

Encalhado na grande poça, o grupo teve que dormir sem poder sair dali. A água fazia do caminhão uma ilha, no centro de um lago, na estrada plana. A lua minguante, no céu, era a rainha da noite, alva e brilhante, reinando sobre a caravana de estrelas.

Antes de dormir, todos admiravam, refletidas, aquelas fontes de luz. A lua saliente, qual ave gigante de asas abertas, comandando as estrelas que pareciam borboletas ligeiras, compunha poesia grandiosa.

Os paraibanos estavam felizes. A velhinha rezadeira, quase cega, na sua humildade, falou em voz alta que todos ouviram:

– *Deus meu, brigadu pela chuva linda di hoji. Quanta beleza, Sinhô; parece que teu amô é grandi como a tempestade e o teu cuidado pur nóis é maió qui as água qui enche o mundu. Cumu é bão sabe, Sinhô, qui o teu amô faiz nóis saí du pó qui quase afoga, prá água, qui lava a pueira e faiz as plantas revivê. A tua grandeza é muito amorosa. Nóis nasceu na secura da Paraíba e o Sinhô faiz nóis durmi nu meiu di uma lagoa que onti num existia. Essa é a lição da esperança prá nóis tudu: onti não tinha, hoji nóis tem. Nóis intendeu a mensagi, Sinhô.*

Os outros ficaram silenciosos, enquanto a quietude da noite no sertão começava a ser interrompida pela orquestra dos grilos cantores, dos insetos vários e... meu Deus, vindo de onde? – um sapo – pelo som emitido era pequeno, começava a coaxar

Ninguém mais falou nada. Uns contemplavam os reflexos na água parada, outros, atentos aos ruídos, ouviam os sons da natureza abençoando a todos.

Raimundinho, na cabine, foi colocado transversalmente ao banco, deitado de costas, mas não dormia. Olhava o céu, através do parabrisa. Começou a soluçar baixinho... Pensamentos vários lhe vinham à cabecinha sofrida. Se Deus faz a seca malvada se transformar em lagoa no meio da estrada, também, como milagre, poderia me curar, pensou:

"Eu queria pular da cabina, de pé, na água e correr para a margem da poça, brincar no barro, ir atrás das garças voadoras". Aí falou alto:

– *Oh Meu Deus, mi ajuda ficá bão. A prisão du corpu é muito dolorida prá alma de passarinho vuadô cumo eu.*

Iracema, percebendo a emoção do menino, enxugou-lhe as lágrimas da face e abraçou-o com carinho. Puxou uma rede trançada que estava atrás do encosto do banco e cobriu-o. Continuou a meditar e orar em voz alta, agradecendo a sorte de estar dormindo no caminhão, cercado por água. Eles, que fugiam do forno escaldante da seca, que mais poderiam fazer a não ser agradecer?

Um uivo longo de tom agudo cortou a noite que se fechava, enfeitada de estrelas como viúva coberta de joias, vestida de veludo negro. Raimundinho, assustado, perguntou-lhe com voz fraca:

– *Quem tá latindo, mainha?*

– *É um cachorro du matu, lá longi, festejando a chuva qui chegô, fiu meu. Dormi sem medu.*

Os animais procuravam as proximidades do Velho Chico para viver. Era o oásis longo que se iniciava na serra da Canastra, em Minas. O cachorro do mato era parte da fauna atraída pelas águas.

A noite deu lugar à madrugada fria. Cessada a chuva, a temperatura caiu muito. O sertanejo, da fornalha nordestina, sentia muito qualquer diminuição do calor. O vento, empurrado do nascente pelo astro-rei aquecendo o ar, fazia nascer correntes que sopravam para oeste. Lentamente, a água da poça tomava cor. A luz do dia invadiu a cabine e a carroceria. Raimundinho gritou:

– *Oia, mainha, pareci qui o sór nasce dentru da água. Qui beleza.*

Ele foi acompanhando o movimento da grande estrela levantando-se, lenta, até sair da área de reflexo na água e invadir o levante,

"Qual fogueira de São João", incendiando o céu, a luz do sol chamava homens, mulheres, pássaros, insetos e bichos da floresta a se levantarem para saudar a natureza que despertava. Ao longe, um pintassilgo começou a trinar ritmado. Um bem-te-vi, invejoso, logo soltou a voz na amplidão do agreste. A chuva trazia, até para os pássaros, uma alegria que contagiava.

Raimundinho pediu a Iracema o pusesse sentado para poder apreciar lá fora. Zé Baiano a auxiliou a levantá-lo e, ao ver a cena, deu um grito:

– *Oia, mainha, as garça branca vortô. Elas tá cum um filhotinho mais branquinho, cum as peninhas das pontas da asa ainda amarela. Pareci u painho, mainha i eu. A diferença é qui Deus quebrô as minha asa.*

Iracema, percebendo-lhe a tristeza, consolou:

– *Pudia sê pio, mininu di Deus. Lembra du assum preto, cego na gaiola qui pudi avoá mais num vê u céu. Nosso Sinhô vai ti dá outro tipo di asa prá voá, ocê vai vê.*

Zé Baiano acrescentou:

– *Fica triste não, amiguinho, a vida vai mostrá pru cê qui Deus é o teu Pai e pai nenhum vai sê marvadu pru fio bão. Ispera cum fé.*

As garças, as três, revoluteando, pousaram na margem direita da poça, deslumbrando os viajantes. Alguns esticavam o pescoço, atrás dos galhos que seguravam o teto de lona do pau-de-arara, admirando cada movimento dos pássaros. Estavam acostumados com o carcará rude e valente, com o gavião lutador e corajoso, com a coruja noturna, mas não com as garças. Elas são animais dos banhados, dos charcos, dos rios, das lagoas.

Zé Baiano, mastigou um punhado de farofa de carne de bode, com farinha amarela, que trazia em bolsa de couro na cabine. Tomou uns goles de água, comeu umas lascas de rapadura, arregaçou as calças e saltou na água para planejar a continuidade da viagem. Voltou, deu partida e, felizmente, o motor funcionou. O escapamento estava submerso. Ouviu-se um barulho muito estranho, como se um músico tocasse uma tuba dentro da água. Fumaça e bolhas brotaram da extremidade do cano e o povo começou a gritar, divertido. Ele tentou ir para frente, era impossível, as rodas giravam em falso. Para trás, engatando a ré, a máquina continuou imóvel. Zé saltou rápido e gritou:

– Pessoá, levanta as barra das carça e vamu trabaiá. É percisu pô madera, debaixo das roda prá empurrá o caminhão. Vamu lá.

Uma porção de homens saiu procurando paus que suportassem os pneus para levar o veículo para frente. Alguns que foram em direção às garças faziam sinal para os outros ficarem quietos. Queriam se aproximar para ver-lhes os detalhes. Elas, espertas, notando os intrusos invadindo os seus domínios, alçaram vôo descrevendo no ar uma trajetória quase horizontal com as asas abertas, ganhando altura, deslizando graciosas, diminuindo de tamanho, até sumirem na vastidão do céu. Os retirantes as viam desaparecer ao longe.

As pernas molhadas e enlameadas os levaram à terra firme. Ali viram velha árvore caída, meio podre. Forçaram um galho que se quebrou. Colocaram-no de lado. Outro, mais outro, até que um monte de lenha aguardava os outros carregadores para levá-los para apoiar as rodas. Trabalhavam apenas com as forças dos braços, porque os serrotes e trançadores que cortaram a aroeira, no dia anterior, estavam amarrados sob a carroceria, mergulhados na água suja.

Fizeram um monte de galhos sob a roda esquerda, outro sob a direita. Zé Baiano deu partida. Todos se afastaram das rodas para evitar fossem molhados pela água borrifada, com fumaça negra, pelo escapamento.

Zé soltou o freio e acelerou. O caminhão saltou, como touro bravio que atravessa a caatinga. O parachoque dianteiro empurrou uma onda, as rodas fizeram espuma branca, o veículo atingiu terra firme, do outro lado, escorrendo água pelas laterais. A gritaria foi acompanhada pelas palmas de todos, exceto Raimundinho tolhido pela imobilidade das mãos.

Iracema pulava de contente. Zé Baiano gargalhava com a boca escancarada. Os que ficaram sentados na carroceria, para aumentar o peso, firmando os pneus no solo, todos estavam felizes. Até a velhinha gritava:

– Aleluia, Sinhô Jesuis, lá vai nóis prá frente. Brasília tá cada veiz mais perto. Nóis chega lá cum certeza. Nóis é protegido di Deus. Viva nóis tudo.

Um coro desafinado retrucou:

– *Viva padim Ciçu, nosso protetô*.

O pau-de-arara seguiu firme, atravessando terras molhadas, areias, poças d'água, buracos da enxurrada, pinguelas, pontes, leitos de rios, vales, campinas, subidas, descidas, serras, ladeiras cheias de pedras, caminhos cercados de paus. Raimundinho festejava cada fato, por mais insignificante fosse.

A brisa soprava do oeste, trazendo cheiro de umidade que anunciava a presença, não distante, de água, muita água. Um declive e o vale longo mostravam que o rio São Francisco se aproximava. Uma atmosfera de gratidão tomou conta dos viajantes.

O Velho Chico lendário, canal das águas límpidas do Nordeste, o tapete da fartura e da grandeza da integração nacional, se aproximava. Todos se sentiam como um religioso, cheio de respeito, que se aproximasse de uma catedral. O Velho Chico é um templo erguido por Deus, em honra ao homem brasileiro.

33. O PAÍS DO SÃO FRANCISCO

Bem depois da cidadezinha de Xique-Xique, antes de chegar à Vila de Barra, do outro lado do rio, em curva larga à esquerda, viu-se cena diferente das paisagens já acariciadas. Era algo esverdeado, feito serpente imensa, ao longe, cortando os campos, fazendo contorno lento, brilhando conforme deslizava. Era caudal magnífica: o grande São Francisco surgia embevecendo a todos!

O pessoal da cabina ficou quieto. Ninguém conseguia tirar os olhos daquela figura grandiosa, serpenteando através da terra baiana. O Nilo brasileiro, corrente de fraternidade, lançada de Minas Gerais, unindo cinco estados nos elos colossais da unidade nacional, fluía solene.

As águas preciosas nascem, em filetes cristalinos, na serra da Canastra, nas fontes onde os passarinhos do sertão mineiro mergulham os bicos, mitigando a sede. Eles são levados pelas asas ligeiras, cruzando os ares, maravilhados pelo brilho do espelho fluido, deslizante, enfeitando a formosura das campinas, emolduradas pelas alterosas montanhas, solenes, sublimes, apontando eretas o rumo do céu.

Nas suas rochas superficiais, os regatos, como cristais liquefeitos, se juntam a outros, mais outros, outros mais, enfim centenas, formando, nas cachoeiras pequenas, um fluxo prateado de esperança, invadindo a intimidade das frinchas das rochas.

O murmúrio se intensifica, em crescendo, até a apoteose. O som parece o do violino, no ensaio da orquestra, juntando-se a outros. Logo ao lado, tem-se a impressão do violoncelo, da flauta, do tambor solene, da viola gentil, unindo-se todos, misturando-se, até a orquestração mostrar a sinfonia grandiosa de uma cachoeira despencando dos penhascos, arrebentando-se nas pedras ao se jogar nos precipícios. Ela cava, na terra ou nas rochas, sulcos que se aprofundam mais e mais, conforme as águas vão ligeiras e alegres, beijando as pedras, rolando os seixos coloridos.

As espumas, na queda, lançam para o ar água vaporizada, distribuindo umidade no meio da mata. Os arco-íris, nascidos da umidade e do sol, cobrem, como ponte arqueada, os leitos dos riachos que crescem no volume. São os arcos-da-aliança, além da copa das árvores, enfeitando a paisagem, como colares ou pulseiras gigantes feitas por artesãs ensinadas pela mãe natureza.

Como é lindo, do pico de um monte, contemplar a natureza com seus enfeites multicoloridos. Eles embelezam o céu com coroas de flores, feitas de luz, de mil tonalidades, flutuando sobre a mata. É divina a cena! Ao fundo, o verde escuro da floresta na região úmida, mais acima, o céu azul claro. Encaixados nos céus, os arcos-celestes, arcos-da-aliança ou arco-íris, são deslumbrantes.

É como se ver, ao longe, um jardim que muda conforme o sol se move ou a brisa sopra em outra direção. As coroas de flores de luzes, de milhões de cores, com hastes entrelaçadas, parecem flutuar na atmosfera.

Os viajantes nordestinos viam aquelas águas limpas, mas nenhum deles imaginaria que as milhões de gotas vinham rolando e cantando desde as alturas das serras distantes, a mais de três mil quilômetros, rio acima, em direção ao sul, nas terras mineiras

Raimundinho, que via através do parabrisa, não falava, não piscava. Era o sertanejo da seca tórrida mirando, extasiado, o tesouro incalculável, a água, fonte da vida, fluindo, levando o amor para dentro dos sertões nordestinos.

Iracema, ao contemplar o rio majestoso, cântico de riqueza e esperança, imaginou-o como caudal imenso de ouro líquido em fusão.

Zé Baiano considerou a água, as gotas, como torrentes de grãos de milho passando rápidas. "Ao lado", pensou, "as margens orientam o fluxo da riqueza na direção da pobreza do sertão".

Tinha razão o motorista. Aquelas gotas eram, de fato, grãos de milho ou pepitas de ouro correndo apressadas. As águas se transformavam, com a irrigação, em espigas maduras para alimentar o homem, os animais, os pássaros dos céus e os insetos que polinizam as flores, multiplicando a abundância. O São Francisco é a presença de Deus protegendo o Nordeste e o sertanejo.

No leito do Velho Chico, no reflexo arroxeado das águas, no crepúsculo, feito bagas de uvas maduras, a promessa de colheitas fartas nos parreirais do futuro. No brilho avermelhado do poente, quais frutos do café em cereja, feitos gotas de sangue dos agricultores do nordeste, reflete-se a esperança. Que panorama, quantas promessas naquelas águas preciosas!

Zé estacionou o caminhão paralelo à margem direita para que todos contemplassem o rio lá do alto. Era uma cena inesquecível. Do morro, via-se lá em baixo, no fundo do vale, o tapete líquido, esverdeado, límpido, acariciando as margens, distribuindo riqueza e felicidade.

Se fosse possível seguir uma gota de água descendo das serras mineiras, nós a veríamos beijar as flores das campinas e mergulhar nos regatos que se juntam no leito do rio para atravessar o estado das montanhas alterosas e penetrar feliz na Bahia, separando-a de Pernambuco, dividindo Alagoas e Sergipe, numa viagem grandiosa. Ao chegar ao norte da Bahia, antes de Juazeiro e Petrolina, descendo ligeira, a gota d'água, com trilhões de outras, na corrente colossal, precipita-se num despenhadeiro imenso, em milhões de toneladas. Pesadas e barulhentas, com ruído ensurdecedor, atiram-se contra as pedras dezenas de metros abaixo, vibrando a terra. É a demonstração da força e da grandeza do Nordeste, é a Cachoeira de Paulo Afonso!

Após a queda, as gotas de água, cansadas da luta contra as pedras rudes, se aquietam no fundo do abismo. Uma corrente mais calma, dá lugar ao tapete volumoso, fluindo tranquilo.

Após o espetáculo formidável de Paulo Afonso, o Velho Chico, vê-se coalhado de barcaças trazendo mercadorias de todo o Nordeste.

A Cachoeira divide o rio em duas partes: no ramo do sul navegam as barcaças com as carrancas folclóricas esculpidas na proa para afastar a má sorte. No ramo do norte, os barqueiros chegam até o litoral, viajando tranquilos entre Pernambuco, Alagoas e Sergipe, atingindo o Atlântico. O oceano acolhe o rio com um abraço, guardando-o no seu bojo infinito. É o ciclo da água, da evaporação à condensação, das chuvas aos rios e mares, daí às nuvens, precipitando-se depois em gotas que se transformam em vapor a subir aos céus num círculo que mantém a vida na Terra.

Os braços líquidos dos afluentes do Velho Chico, esticados no sertão, carregam toneladas de terras dos campos, fertilizantes naturais, galhos, flores, frutos e folhas levadas pelo vento até o leito que desliza.

No ciclo da vida perene, centenas de espécies de peixes vivem ali. "O caminho que anda" carrega, na superfície, os barcos multicoloridos. Suas águas refletem o céu do Nordeste. O espelho imenso deslizando rumo ao mar mostra o vôo das garças peregrinas, apresenta a imagem do gavião guerreiro, a valentia do carcará que defende a prole.

"O mais brasileiro dos rios" também leva, da nascente à foz, a esperança ao povo, espalhando-a para valorizar o sentimento de brasilidade que cala fundo na alma do caboclo nordestino.

Nas curvas, o fluxo norte-sul, às vezes, se desvia para leste-oeste. O sol, então, no levante, pinta de cores avermelhadas, amarelas, alaranjadas, as águas da estrada que rola.

No entardecer, os pássaros rasgam o poente sanguíneo escrevendo, nos céus, poemas de gratidão à natureza que deu as mais lindas cores para enfeitar, como em laços de fitas, o Velho Chico. Ele é caboclo valoroso do Nordeste. Foi Deus quem traçou, com Seu dedo forte, o sulco onde flui aquela riqueza incalculável.

Os romeiros, deixando o alto do espigão, moveram-se na direção das águas, no declive longo. Pararam em um barzinho, misto de restaurante, ponto de repouso e hotel, à beira da água. Ali se preparavam para atravessar. Era a maior aventura da vida de muitos deles. Eram momentos inesquecíveis.

O dono do bar recebeu-os com o carinho típico do interior da Bahia. Dirigiu-se ao motorista. Zé Baiano explicou que era o dono da companhia de transporte que se iniciava com aquele caminhão velho. Apresentado ao menino, o comerciante comoveu-se ao estender-lhe a mão e não receber de volta o cumprimento. Meio desapontado, dirigiu-se à Iracema, cujas feições mostravam a certeza do parentesco. Ela explicou-lhe que acidente grave o aprisionou naquela gaiola de gesso. Viajavam de Patos, na Paraíba, para Brasília, onde Severino, o marido, pai do menino, os esperava.

O homem desdobrou-se em gentilezas ao menino, cujos olhos verdes-claros demonstravam-lhe a inteligência.

O grupo ficou acomodado na construção avarandada. Esperariam a balsa que chegava à margem oposta. Demoraria muito para voltar, esclareceu Tibúrcio, o vendeiro, pois a ventania, canalizada pelas margens altas, encrespava as águas, fazendo ondas que molhavam as tábuas velhas do assoalho da embarcação.

– Cum certeza, mano, ocêis vai isperá mais di quatro hora. Nessa épuca du ano, a ventania demora muito prá passá. É pirigoso atravessá. O cabo podi rompê cum os solavancos da barca. Mais oceis desci e senta. Nóis prepara cumida, oceis discansa da viagi.

Todos desceram, inclusive a velhinha, quase cega, auxiliada pelos dois filhos que a acompanhavam. Eles se sentaram em bancos rústicos, feitos de galhos de jatobá, com três pernas, encaixadas nas tábuas redondas. As mesas também eram redondas, fragmentos de troncos bem grossos, cortados transversalmente como fatias circulares, com pés fortes encaixados na madeira.

Foram se sentando, voltados para a água, os olhos cheios de beleza, os corações de esperanças. O barulho do rio, beijando a areia, cavando buracos nas margens e as águas se encrespando nas ondas violentas aumentaram o respeito pelo Velho Chico. O pessoal observava a cena com um misto de deslumbramento e medo estampados na face.

A menos de dez metros da outra margem a balsa, sacudida pela ventania, adernou. Havia sobre ela um carro de boi e oito bois de tração, além de um caminhão fordinho, quarenta e dois, velho e enferrujado.

O carro quase caiu na água. Um dos bois deslizou, as patas traseiras ficaram dependuradas, quase tocando o rio. O carreiro rápido, na destreza de comandante da tropa, com o sotaque do baiano típico, gritou:

– Sigura, Malhadu; encosta, Pavão; calma, Dragão. Oh,oh,oh, boiada, eu tô aqui, oh,oh,oh... Prá frenti i prá cima.

Os bois, amedrontados e inseguros, sentiam o apoio dos pés balançar violentamente com as ondas. Gavião, o boi da vanguarda, à direita, esperneava quase dependurado pela canga e pelo canzil, enquanto as patas traseiras, movendo-se rápidas no ar, tentavam levantar-lhe a traseira, apoiando a ponta dos cascos na borda do barco. A voz do carreiro acalmou-o, enquanto seu parceiro na parelha, Pavão, puxava-o para cima pelo pescoço, até tirá-lo da posição que podia matá -lo enforcado. Acalmaram-se ouvindo a voz do carreiro que, há mais de dez anos, os amansara. Eram as lides do transporte rústico, lento, mas seguro e barato.

No bucolismo do interior da Bahia, ao redor dos anos cinquenta, as mercadorias, saídas das balsas típicas do São Francisco, eram distribuídas às populações, ribeirinhas ou distantes, pelos carros de boi. O carreiro persistente, no comando, e os bois fortes e mansos desempenhavam a tarefa lenta que, mais tarde, seria executada, com rapidez, pelos caminhões que invadiram as estradas do Brasil. O velho carro de boi, motivo de inspiração de poetas sertanejos, após a revolução dos transportes em mil novecentos e cinquenta e seis, assim foi imortalizado:

"Meu velho carro de boi,
"pouco a pouco apodrecendo,
"na chuva, sol e sereno
"sozinho assim desprezado.
"Hoje ninguém mais se lembra
"Que você abria as picadas,
"abrindo novas estradas,
"Formando vilas e povoados."

A grandeza do serviço que os carreiros, o carro e a boiada emparelhada fizeram nas estradas poeirentas do interior ficará na história e na gratidão do Brasil moderno. No andar monótono, a cantiga dos cocões e do eixo, no atrito de madeira contra madeira, girando ao ser tracionados, ouvia-se uma sinfonia singela e comovente. O carro ao longe, no cocão rangedor, emitia o som da saudade, de quebrada em quebrada, nas serras, nos vales, nos espigões, nas matas. Abriam-se estradas com a força muscular dos animais enormes e bonachões.

A cantiga dolente penetrou muitos corações de sertanejos, enchendo de romantismo os tempos passados. A epopeia ficou escrita nas trilhas, nas matas, nas caatingas, nos caminhos, às margens do São Francisco. São horas de saudade.

Os carros de bois, também trabalhavam na minha Diamantina e em toda Minas Gerais. Estavam espalhados pelo Brasil, lentos e constantes, auxiliando o progresso. Apesar de romântico e sonhador como sempre fui, a indústria automobilística que introduzi no país, deixou aqueles veículos por troféus do passado.

Por mais de quatro horas os romeiros esperaram a água se acalmar. A balsa, quase chegando à outra margem, foi pega de surpresa pela ventania. Nos poucos metros que faltavam, quase acontece um desastre grave. Os bois, o carro, o fordinho, os ocupantes, o carreiro, poderiam ter sido lançados à água pelo balanço violento da embarcação.

Com dificuldade os balseiros conseguiram, com varejões e toda a destreza de mais de vinte anos de prática, atracar sem acidente. Apenas uma das rodas do carro, feita de madeira pesada, caiu da borda e lá ficou presa.

Aquela era época das ventanias fortes, mas o movimento das mercadorias não podia parar. Muitas comunidades, distantes das margens do rio, dependiam do transporte das barcas e dos carros de boi para a sobrevivência.

Medicamentos vindos do litoral, da foz do Chico, desembarcados das fábricas do Rio e São Paulo, chegados por navios, atravessavam todo o sertão nas barcaças. Eram distribuídos pelos carreiros aos pontos comercias no interior do Nordeste. Os carros de boi, na lentidão persistente, entregavam de tudo aos caboclos perdidos na imensidão dos sertões da Bahia. Serviam também de espécie de correio, para recados verbais transmitidos pelos barqueiros, aos carreiros, em regiões onde poucos sabiam escrever.

O carro que atravessava o rio, naquele dia, levava carga de sal para populações da margem esquerda. Elas necessitavam do mineral, vindo das águas do Atlântico, principalmente das salinas do Rio Grande do Norte.

Tambores de gasolina e querosene eram levados, dos portos do mar, pelos barcos e carros de boi, numa rede viária rústica, mas que mantinha o país independente. No remo e no varejão das barcaças, na força do homem e do vento, as velas enfunadas, injetava-se o progresso na vida sertaneja.

A força dos bois, proveniente dos vegetais ingeridos, vinha do sol, produzida pela fotossíntese. A energia solar, limpa e sem detritos, cobre o Brasil inteiro, com bilhões de calorias, em todas as estações do ano. Somos ainda o décimo produtor de energia elétrica do planeta, graças aos rios gigantescos.

Os barcos, no Velho Chico, e o carro de boi, na terra firme, foram pioneiros do progresso, independente de potências estrangeiras, que controlam os transportes, colocando países sob o tacão econômico, tirânico e extremamente injusto.

No restaurante, coberto de palhas de coqueiro, o pessoal aguardava a travessia. Prestavam muita atenção aos acontecimentos no rio. Viram barcas balançando perigosamente, surpreendidas pela ventania, notaram as velas estufadas empurrando as embarcações, admiraram a perícia dos barqueiros, manejando o remo e o leme, cortando as ondas, procurando, rápidos, a segurança das margens. Registraram o movimento das garças brancas, desferindo vôos mansos e poéticos sobre as águas límpidas. Apreciaram o martim-pescador de bico perfurante, atingindo os peixes. Eram comidas as carnes. Os ossos e escamas eram devorados em terra firme, por insetos, vermes e germes que, na cadeia alimentar, mantêm a vida equilibrada.

Observados com atenção, estes fatos comuns do vôo das garças e da pesca pelos pássaros que vivem dos peixes mostram a sabedoria da mãe natureza. Ressaltam a imprudência suicida do homem, quando interfere, destruidor, no universo pródigo do país celeiro do mundo.

Com nosso clima privilegiado, podemos ser os maiores produtores de peixes de água doce do planeta. Temos condições de criar milhões de toneladas de proteínas, através a piscicultura bem orientada. Temos um dos maiores depósitos de água do mundo, rios gigantescos, luz e calor constantes que, na fotossíntese, produzem alimentos também para os peixes.

Como se aceitar a caça e a pesca predatórias e as queimadas destruidoras que acontecem no nosso País? A cadeia de dependência entre os animais e vegetais, uns alimentando os outros, não é violada impunemente. A queima de uma região de matas destrói, irreversivelmente, todo um ecossistema. Em minutos, a obra de milhões de anos desaparece. Os pássaros que vivem nas matas ribeirinhas, com ninhos destruídos no fogo, ou nas derrubadas das matas, não se reproduzem. Os insetos que são contidos por eles, com a reprodução gigantesca sem controle, se multiplicam. Surgem daí as doenças nos vegetais. São os vegetais que alimentam os pássaros e os insetos que polinizam as flores, que fertilizam a terra, que produz bactérias, que fazem o húmus, que nutre as árvores, que purificam o ar, que alimenta os fungos, que produzem fertilizantes, que adubam as árvores, que auxiliam as gramíneas, que crescem nutrindo grandes animais sobre cujo dorso vivem insetos, que alimentam os pássaros, que multiplicam outros pássaros, que comem os insetos, que polinizam as flores. É a cadeia interminável, sábia e frágil, do equilíbrio da vida.

Todavia, quando entra em cena o rei da criação, o homem, com sua inteligência desviada do equilíbrio, destrói-se toda a beleza desse ciclo que dura milhões de anos e conserva o Planeta habitável.

O ecossistema do São Francisco mantém flora e fauna riquíssimas. Os pescadores, àquela época, tinham conhecimento intuitivo de todos esses fenômenos e mantinham o equilíbrio, nas áreas onde podiam atuar. Os caboclos e índios são tão exigentes que evitavam até urinar nos rios. O que pensar dos grandes conglomerados humanos, onde toneladas de produtos tóxicos, extremamente venenosos, são lançados às águas diariamente?

Nossos índios e caboclos, sem escolas, nos dão lições de bom senso, na obediência às leis sábias da natureza.

Os paraibanos observavam tudo. O dono do bar os alimentou sem perguntar se tinham dinheiro para pagar. Zé Baiano fez a coleta e o suficiente para alegrar o proprietário foi pago.

Raimundinho aguardava as águas se acalmarem, o vento se aquietar para a travessia. No íntimo, não saberia dizer o que seria melhor, se passar a noite à beira do rio ou seguir adiante. Agora já torcia para que a ventania continuasse violenta, criando-lhes uma barreira temporária. "A noite aqui deve ser magnífica", pensou.

Já eram cinco horas da tarde. Ao longe, do outro lado do rio, Barra, vila linda como as flores do campo do interior da Bahia, mostrava-se acolhedora.

A ventania cantava, assobiando forte, tentando penetrar nas folhas de coqueiro que cobriam a casinha que os abrigava. O ar tornou-se um pouco mais frio. Entardecia. A passarada, obedecendo ao relógio da natureza, previa que logo o sol se esconderia escurecendo o vale. Eles começaram a voejar, acompanhados pelos sons variados se misturando na tarde, produzindo melodias esplêndidas. Os passarinhos, com instrumentos preciosos que Deus lhes encaixou na garganta, começaram a trinar numa avalanche de sons. Traziam, ao homem, a mensagem que a natureza se preparava para repousar.

O sol, satisfeito de iluminar tanta beleza no sertão, lentamente, diminuiu sua energia para ir apagando sua luz, no adeus ao dia. As águas verde-claras principiaram a mudar de cor. O amarelo, misturando-se a outros tons, mostrava coloridos na água corrente que extasiavam os olhos.

Feito caudal de ouro e rubis derretidos, as águas pareciam agora fluxo de fogo de várias cores, deslizando lento. As ondas, empurradas pelo vento, mostravam cristas brancas que, misturando-se ao vermelho da luz, criavam cenas inesquecíveis. Os viajantes, desacostumados a tais visões, não falavam, não piscavam. Parecia-lhes que a natureza, na oração de gratidão a Deus, cantava, na voz dos pássaros, hino de amor.

O São Francisco é presente de Deus à terra da gente bondosa do Nordeste. O rio, àquelas horas do crepúsculo, transforma-se em santuário de esperança.

O sol começou a mergulhar nas águas. Raimundinho não se conteve:

– *Minino Jesus, qui coisa linda, eu tô sonhando, genti?*

Ninguém respondeu. Iracema, com a mão direita, enxugou uma lágrima. Parecia que gigantes bondosos derramavam no rio enormes tambores de tintas vermelhas, alaranjadas, amarelas, azuis que, misturadas, deslumbrariam até um Leonardo da Vinci.

A natureza foi se aquietando lenta, lenta... A passarada cantora, procurando árvores ribeirinhas para o repouso, silenciava. Algumas garças dançavam, voando suaves, cortando os céus. O sol, aos poucos, desceu à intimidade do rio até mergulhar nas profundezas. Anoiteceu no sertão do São Francisco.

A natureza, integrada fenômeno por fenômeno, fez o sol se apagar nas águas. De imediato, os vaga-lumes começaram a voar, traçando no escuro seus caminhos luminosos, como fios de prata com reflexos esverdeados se cruzando, tecendo rede de luzes que variavam, movendo-se num ritmo frenético. Eram eles centenas, carregando suas lanterninhas elegantes. Enfeitavam a noite no vale como esmeraldas iluminadas. A cena prendia a atenção dos romeiros que estavam pensativos.

Quantas coisas novas nestas novas terras. No agreste paraibano não havia garças, não havia pirilampos. A secura e a fornalha destruíam muitos tipos de vida. Esterilizavam o solo que produz alimentos, fungos e bactérias que nutrem os pássaros e insetos. Morrem as plantas, seca a água, destrói-se a vida.

Ao redor do Velho Chico, era muito diferente. A abundância das águas favorecia o aparecimento da vida, em todas as suas formas. As lanterninhas voadoras eram exemplo disso. Que bela é a natureza! Quantas lições o homem recebe dela; é só abrir os olhos e prestar atenção.

A lua tímida, por ser minguante, brilhante qual sol de prata cortado ao meio, começou a refletir-se no rio. Via-se uma nesga de água fracamente iluminada, clareando as ondas como pincelada magistral numa tela de veludo negro. Lentamente surgiram, brilhando nas vagas, milhares de gotas luminosas que se diferenciavam dos pirilampos. Elas eram as estrelas, imóveis, eles, os pirilampos, peraltas ligeiros. Eles eram estrelas na terra, elas, pingos de ouro nos céus.

Talvez inspirado pela noite linda, o dono do bar, dedilhando o violão, começou a cantar canções típicas do Nordeste:

"Inté mesmo a asa branca,
"bateu asas do sertão.
"Eu perguntei a Deus do céu ái,
"pra que tamanha judiação"...

"Juazeiro, não te lembras
"quando o nosso amor nasceu?
"Toda tarde à tua sombra
"conversava ela e eu.
"Ái, Juazeiro, como dói a minha dor,
"ih, Juazeiro, onde anda o meu amor?"...

"Assum preto o teu cantar
"é tão triste como o meu,
"também roubaram o meu amor
"que era a luz, ái, dos olhos meus."

As cantigas românticas, temperadas com sentimento de brasilidade, ecoavam nas águas. O marulho do líquido buliçoso parecia acompanhar as modinhas. Raimundinho, com sua voz forte, valorizava o coro. Pararam de cantar. Ele continuou chamando:

– *Vagalume tém tém, teu pai tá aqui, tua mãe tamém...*

– *Tá aqui tua mãe tamém, vagalume tém tém...*

O vendeiro acendeu lampiões a querosene, dependurados nas travessas de galhos roliços da varanda. Com a bombinha manual, ele fez o combustível do depósito borrifar a redinha de amianto. Colocou-lhe fogo, levantando o vidro protetor da câmara de combustão. O querosene impregnava os fios e emitia, ao ser queimado, luz branca muito forte. Nos ganchos de arame, os lampiões iluminavam o salão aberto onde o pessoal comeria, cantaria e mais tarde dormiria nas redes amarradas nos esteios da varanda.

O jantar começava a ser servido. Pela abertura, na parede de taipa, podia-se ver na cozinha, sobre o fogão de lenha, panelões em ebulição. Dentro deles pedaços de macaxeira, jerimum, farofa de carne e feijão preto sendo preparados. Como sobremesa teriam doce de coco.

Comeram com apetite voraz. Nova coleta e, novamente, o vendeiro se satisfez. A ganância, que destrói o sentimento, ali ainda não corrompia a fraternidade entre os homens. Parecia uma festa onde os visitantes eram convidados de honra do proprietário. Daí o ambiente descontraído que pairava no ar, numa atmosfera agradável de afeto.

O pequeno bar estava preparado para estas emergências. Muitas vezes, caravanas ficavam estacionadas, esperando a barreira das ondas baixar para a balsa atravessar com segurança.

Após o jantar sugeriram que todos os lampiões fossem apagados, exceto um que clareava o violonista. Ouviu-se novo desfile de modinhas românticas daquelas terras. Ele sabia dezenas delas. A apresentação se estendeu até tarde.

Lá fora se ouvia o cabo de aço da balsa, curvando-se acima do rio, assobiando no vento que encrespava as águas. As ondas batiam contra as margens, deixando as rendas brancas de espumas se despedaçarem no contato com as pedras. Era outro tipo de música, a orquestra das águas buliçosas, fazendo sinfonias com os sons que enchiam o ar.

Os pirilampos apagavam as lanternas verde-azuladas, como se o vento forte os obrigasse. Eles se escondiam nos ninhos, na relva, e adormeciam, talvez felizes, após se apresentarem no balé noturno da natureza. Os artistas pequeninos, protegidos pelas gramas das margens, dormiam cansados de dançar. Os grilos davam os últimos acordes da orquestra, acompanhados pelo barulho das águas correntes. Os cantores, homens, também se calaram. Ouvia-se:

– Boa-noite, Zeferino; boa-noite, Iracema; boa-noite, Raimundinho!...

A luz se extinguiu no lampião exausto.

As redes estendidas, presas aos ganchos, recebiam o peso dos viajantes cansados. Alguns, pensando em tudo o que tinham visto, se consideravam enriquecidos pelas experiências. No isolamento do sertão, muitas coisas não existiam. Porém, apesar do analfabetismo, compreendiam a vida com a sabedoria que só a dor, bem aproveitada, pode proporcionar. Consideravam agora nosso país grandioso e, na simplicidade de caboclos sofridos, agradeciam a Deus a riqueza do São Francisco. Porém, nem de longe suspeitavam das grandezas, muitas delas feitas pelo homem, que os esperavam no sul.

Nas varandas do restaurante ouviam-se os roncos dos viajantes. O dia não foi pesado, mas tantas emoções os fizeram exaustos. O ruído das gargantas cansadas se misturava ao rumor das águas do rio.

Altas horas da noite, quase madrugada, um casal de corujas começou a piar. Elas alertavam que, no território, havia um rei governando. Ninguém se atrevesse invadi-lo! Um quero-quero respondeu desafiante. Estes pássaros, os quero-queros, durante o dia, quais aviões de combate, mergulham em vôos rasantes, tentando agredir os intrusos com espinhos ósseos que carregam na parte anterior das asas. Eles atacam até homens, tentando afastá-los dos seus domínios. A vida é abundante no oásis, ao redor do Velho Chico.

Os minutos tranquilos, grãos de areia na ampulheta da noite, passaram lentos atravessando a escuridão cheia de sons. Logo depois, o dia surgiu espetacular.

Aquela parte do rio corria quase na direção leste-oeste, depois da curva à direita, quilômetros acima do abrigo. O sol surgiu do lado oposto ao crepúsculo mostrado antes do escurecer. Era outra apoteose! O astro rei, circular e imenso, bola de fogo saindo das ondas, parecia fazer ferver, nas cores avermelhadas, as águas límpidas.

O vento sul, no canal principal, misturou-se à brisa nascida do calor, movimentada pela elevação da temperatura. A aragem fazia o espelho liso produzir ondas suaves, balançando-as, avermelhadas e azuis, refletindo o céu límpido, azul turquesa, em cenário luxuoso, multicolorido. Lentamente, pintando de rosa e alaranjado o céu no levante, nuvens, como flocos suaves de algodão, se interpunham à luz e aos olhos dos homens cá em baixo. Novos tons de cores diáfanas apareceram na tela sublime que mudava, de minuto a minuto, enquanto a esfera enorme, o astro-rei saía do rio até se elevar além da linha do horizonte. A passarada desatou em sinfonia magistral. Ela estava alegre por sentir a luz e o calor tomar conta do ar, das águas, do céu.

Os paraibanos se preparavam para a partida. Recolhiam-se as redes, presas aos ganchos dos pilares de madeira. Arrumaram-se quase apressados. Iracema auxiliava Raimundinho, higienizou-o e colocou-o sentado numa cadeira de encosto alto. De repente, os olhos do menino se arregalaram:

– Mainha di Deus, vê logo ali um passarinhu di cabeça di fogu, amarelinhu comu raio di sol. Mainha, ele pareci um pedaçu du sol qui voa.

O pássaro, acostumado a caçar migalhas de alimentos após o café da manhã, chegara mais cedo para o banquete. Voou à mesinha distante, no canto oposto, e começou a trinar. Ficou ali se exibindo, alerta para fugir, em caso de aproximação de alguém. Raimundinho começou cantar, tentando imitar a voz da avezinha. O pássaro assemelhava-se, de fato, a um raio de sol voador, além de cantar divinamente. Voejou ao redor da sala ampla várias vezes e chegou lá fora, como flecha ligeira e graciosa.

Raimundinho gritava:

– *Vorta aqui, raio di sol, vamu prá Brasília juntu. Vorta aqui, raio di sol, eu vô ti dá muitu pedacinhu di pão, a vida toda. Vorta aqui, amiguinhu meu.*

O menino foi colocado na cabine do caminhão, junto ao motorista que manobrava, esperando a balsa atravessar o rio para levá-los ao outro lado com segurança. Ela se aproximava, cortando as águas, fazendo, na proa, ondas brancas.

À distância via-se a corda de aço grosso, quase como o pulso de um homem, suportando o peso da embarcação. Ela puxava o cabo parafusado e enrolado em quatro troncos de aroeira enterrados na terra firme das margens. Correntes com carretilhas e talhas com roldanas tracionavam a proa do barco na direção oposta à que se queria o deslocamento. Assim, a energia do rio, empurrando a lateral da balsa, deixava um componente do vetor força levar a embarcação na direção paralela ao cabo. A força, na direção descendo o rio, era anulada pela tração do cabo que impedia a balsa de ser levada pela corrente. Assim, a própria água se deslocando pesada dava energia para mover o barco. O processo era lento, mas muito eficiente e simples, sem depender de motores que poderiam quebrar ou faltar combustível nas horas mais importantes.

A barcaça atracou perto do caminhão. O balseiro determinou que ninguém poderia ficar dentro do veículo, durante a travessia; era muito perigoso. Todos se aglomeraram junto aos arames lisos que protegiam os passageiros da queda nas águas.

O caminhão colocou as rodas dianteiras sobre as tábuas e a balsa desceu sua linha de flutuação, produzindo ondas. O motorista acelerou, as tábuas gemeram, esmagadas sob o peso dos pneus. As rodas traseiras, ainda em terra, impulsionaram a máquina. A embarcação tentou mover-se, mas as cordas grossas de sisal, que a seguravam atada aos troncos das margens, esticaram rangendo. As águas tornaram-se barrentas, junto à margem, pela força das ondas provocadas pelo peso da carga. Finalmente os quatro pneus se apoiaram nas tábuas do barco. Zé Baiano deixou o caminhão bem no centro do tablado. Os fios de aço que amarravam a proa e a popa ao cabo mestre se retesaram violentamente, atritando-se com barulho metálico.

Em placa de aço, na extremidade de um dos cabos, lia-se: “Made in England”. Àquela época, antes do progresso desencadeado pela indústria automobilística, éramos dependentes da tecnologia estrangeira até para coisas simples como fios de aço trançados.

Todos estavam a bordo. Raimundinho foi colocado sobre uma mesinha, na parte lateral direita da embarcação, apoiado nos braços de Iracema. Eles contemplavam as ondas, cortadas pelas tábuas da embarcação.

Uma carretilha gigante, observou o menino, rolava no cabo, lubrificada por graxa preta abundante, conforme o barco se deslocava. O barqueiro chamou Zé Baiano e explicou-lhe que a travessia, depois de começada, não podia parar. As ondas estavam nos limites da segurança. A ventania podia aumentar, de repente, pondo todos em perigo. Zé, preocupado, franziu a testa. Na margem viu o dono do bar acenando-lhe:

– *Vai cum Deus, Zé. Leve seu pessoá. Nossa Senhora dos Navegantes vai protegê a travessia. O vento vai acarmá. U minino Jesus ti acompanhe, amigo.*

Depois de meia hora atracaram na outra margem.

Raimundinho, carregado por Zeferino e Iracema, foi o primeiro a chegar à terra firme. Apoiado sobre uma pedra, seguro pelos braços de Iracema, contemplava a saída do último dos retirantes. As rodas traseiras do caminhão se moveram. Empurraram o barco para trás, com violência. As ondas responderam ao solavanco, jogando-se contra o barranco, sujando o rio. Roncando pesado, o veículo apoiou-se no solo. Todos gritaram felizes.

Raimundinho, antes de voltar à cabina, pediu para contemplar, pela última, vez o deslumbrante Velho Chico. Já começava a sentir saudades daquelas cenas inesquecíveis. Quando voltaria a ver aquelas águas?

Acomodaram-se e a marcha continuou em direção ao planalto Central. Zé pretendia entrar pelo norte de Goiás para chegar a Brasília. A jornada continuava... Pararam para abastecer no único posto da vila da Barra. Vários tambores de óleo combustível haviam chegado, havia uma semana, trazidos por uma barcaça.

Com água, farofa e rapadura suficientes, estavam animados para a viagem longa que terminaria, não sabiam como nem quando, na capital do Brasil do futuro. Novas surpresas, preocupações e sobressaltos esperavam os caminheiros valentes.

Em Brasília, Severino, já mais calmo, dedicava-se totalmente às tarefas exaustivas. "O corpo, cansado na labuta, não deixa o coração sentir saudades dos que ama", pensava.

Enquanto isso, a máquina velha, lançando nuvens de fumaça negra, ia engolindo estradas, a cada instante se aproximando mais e mais da terra prometida.

34. O PORVIR BROTA NO PLANALTO

Longe da caravana, a cidade surgia linda. Saiam do solo edifícios dos mais arrojados do planeta. Pareciam sonhos feitos de cimento, ferro e vidros. O mundo se maravilhava com o ritmo, tão acelerado, das construções.

Quando visitava os canteiros de obras, solicitava a todos antecipassem as datas previstas da entrega:

– Virei aqui lhe dar um abraço, um mês antes, comemorando o fim da tarefa, estamos de acordo?

Muitos diziam que sim e se dedicavam, de corpo e alma, ao trabalho de fazer a capital mais moderna do mundo.

O significado de Brasília para a civilização ocidental será avaliado apenas daqui a duzentos anos. O início teve a aura mística de dom Bosco, seu término interferiu na maneira de governar das próximas gerações. Brasília será o centro irradiador de civilização para todo o interior do país, por vários séculos, no futuro.

O palácio do Planalto saiu dos alicerces, deslumbrante, como um lírio do campo, jorrando suas pétalas do solo de Goiás. Suas formas arquitetônicas maravilhavam.

O notável arquiteto, Oscar Niemeyer, morando por muito tempo em barraca de lona, acompanhava as obras com dedicação invulgar. Estava possuído pelo "espírito de Brasília", a vontade de trabalhar com todas as forças da alma, pelo crescimento do país, naquela meta abençoada. Mal acabava de planejar uma etapa de uma obra, a execução era imediata. Muitas vezes, para ganhar tempo, ele, pessoalmente, orientava a construção de partes, sem mesmo ter desenhado aquela fase. Ficava dentro da obra, entre caibros, tábuas, carrinhos de cimento, pedras e vidros, sempre orientando, ensinando, exigindo, cumprimentando, estimulando, corrigindo, construindo com sua nobreza característica. Apesar de muito detalhista e extremamente exigente, os operários o adoravam. Viam nele o gênio bondoso que almejava a perfeição para deixá-la gravada, no concreto, para a posteridade. Perguntei-lhe no início:

– Quanto você quer ganhar?

Ele, artista já consagrado no mundo todo, projetista de edifícios e núcleos de moradia na França, Alemanha e outros países, respondeu:

– Igual a qualquer outro técnico do meu nível.

Seu trabalho custou ao Brasil, na construção da capital, a bagatela de quarenta mil cruzeiros por mês. Era, além de tudo, o brasileiro compreensivo que sabia do valor do trabalho inspirado no patriotismo. As consequências futuras das suas atitudes e do seu esforço se multiplicam, aos milhões, em benefício das gerações do futuro.

O trabalhador digno tem o seu salário, apenas, como uma referência simbólica para a sua manutenção. O que doa, em dedicação, transcende o pagamento monetário. Seu serviço multiplica-se em bênçãos perenes para si, para a família, para a nação. Amplia-se nas inspirações para seu desenvolvimento científico, técnico, artístico ou cultural. O pagamento da vida, aos patriotas sinceros, em quaisquer atividades, transforma-se em saúde, paz interior e inspiração divina. Niemeyer é desse tipo de brasileiro.

Àquela época, certa vez, falei-lhe:

– Oscar, prevejo para você uma vida longa e proveitosa. Vejo-o, na função de criador de belezas, por um tempo muito, muito longo. Você cobrirá todos os continentes com suas obras. Nenhum país do mundo ficará sem suas criações diretas ou indiretas. Suas ideias se espalharão pelo planeta, influenciando estudantes e arquitetos, através dos séculos do porvir. Ele, na sua maneira humilde, quase ofendido, retrucou:

– Trabalhar é preciso, presidente... Colocou seu capacete de plástico, que lhe protegia a cabeça, abriu um projeto e começou a explicar-me, no canteiro de obras, o que pretendia fazer no palácio da Alvorada.

Não era uma construção, era o devaneio de um poeta, transformando cimento, vidro e ferro em realidade para deslumbrar as gerações no futuro. As colunas curvas, como curvo era o universo de Alberto Einstein; curvas como eram as ondas do mar do Rio de Janeiro, da sua terra natal; curvas, como os perfis graciosos da mulher brasileira que enfeita o país.

Enquanto se fundiam as estruturas dos palácios de Brasília, da catedral, com sua leveza admirável, como asas de anjos, apenas tocando o solo do planalto, a 'raça brasileira' se aprimorava. Com as migrações, causadas pela interiorização da capital, quebrava-se o isolamento das populações separadas pela falta de comunicação das estradas precárias. Com Brasília rompemos as barreiras. Todas as nacionalidades que originaram nossa gente se fundiram no amor. Nasceu um povo de olhos morenos e pacíficos que deslumbrará os povos de todo o mundo.

Brasília não significou para o país apenas a nova capital, mas um marco de nova civilização aperfeiçoando-nos, também, culturalmente. Por causa da sua fundação, os loiros germânicos, italianos ou poloneses do Rio Grande do Sul, Paraná e Santa Catarina se encontraram com a gente morena, elegante, do Nordeste e do Norte. O sangue índio, do pessoal de cabelo liso e negro, combinava agora com os cabelos ondulados dos loiros do sul. Formou-se o meu povo, elegante, alegre, vivo, forte, trabalhador, inteligente, sempre presente nas festas dos sorrisos, dos carnavais, dos rodeios, do ponteio da viola e do maracatu do Nordeste, do bumba-meu-boi e das congadas de Minas, das fábricas de São Paulo e dos seringais do Amazonas. Surgiu, mais patriótico e consciente do seu valor, o Brasil da indústria pesada, da aeronáutica, das fábricas de veículos, dos estaleiros, do petróleo de técnica brasileira. Nasceu o Brasil da dignidade, do respeito internacional à sua capacidade como nação soberana. Aflorou também, mais forte do que nunca, o Brasil da paz, da alegria, da fraternidade, das danças ligeiras e elegantes, do frevo, do baião, do samba que desce do morro na praça a cantar, do catira de São Paulo, do caribó do Pará, da alegria em todas as latitudes.

Somos um dos únicos países do mundo onde povos diferentes se unem fraternalmente. Neste caldeirão de raças se misturando e se multiplicando, formase, pela miscigenação, um povo geneticamente mais resistente às moléstias, mais pacífico, mais criativo, porque traz, na sua herança, as ideias e a inteligência de diferentes culturas. Graças a isso se aperfeiçoa como ser humano, pois é capaz de conviver com todos, sem a chaga odienta dos preconceitos raciais, base sanguinária das guerras, através da história.

'Raça brasileira' de loiros, orientais, negros, mulatos, índios, o mundo necessita do seu exemplo para ensinar a convivência pacífica entre as nações da Terra.

A Brasília de Niemeyer, de Sayão, de Lúcio Costa e de tantos outros patriotas abnegados influenciou o mundo não só nas obras materiais e edifícios deslumbrantes, interferiu em todos os setores da vida da pátria, até no físico da nossa gente. Interferirá na compreensão entre os povos do mundo, além de outras dádivas, é o que a humanidade, ávida de paz, receberá de nós.

Severino, transferido para as obras do palácio da Alvorada, participava do 'espírito de Brasília', o estado psicológico do entusiasmo e do patriotismo marcados no coração. Trabalhava imbuído da ideia de ser um importante 'construtor de catedral', segundo a história do rei oriental que entrevistou operários que moldavam pedras: conversou com muitos até chegar a um que, ciente da importância do que fazia, lhe respondeu:

– Estou construindo uma catedral – enquanto, sob um sol abrasador, quebrava pesadas pedras, na pedreira vizinha à obra.

Os candangos exibiam o orgulho por serem peças importantes, entre milhares de obreiros, construtores da cidade-catedral.

As tábuas e moldes das colunas do palácio da Alvorada, residência do presidente, iam caindo, pelas mãos ásperas dos operários. Surgia um sonho. As colunas pareciam galhos do cerrado, crescendo, apontando para o céu. A beleza da estrutura dava impressão do edifício pousar, suavemente, no solo. O espelho d'água, ao seu redor, multiplicava as formas das estruturas monumentais, criando novas formas, simétricas e luxuosas.

Lendas corriam em todas as latitudes do país. Num encontro com diplomatas, no Rio, uma embaixatriz perguntou-me:

– Presidente, é verdade que, uma das paredes do palácio foi feita de ouro maciço?

Sorri para responder. Ela falava a respeito de uma enorme placa dourada que cobria uma parede logo à entrada. Fora ali colocada, cobrindo enorme área, por ordem do arquiteto Oscar Niemeyer que conseguiu, com isso, um aspecto extremamente luxuoso.

A verdade é que Brasília, desde o começo, deslumbrava. A inauguração do Alvorada foi emocionante. Lembrou-me, em significado, a primeira missa, rezada no dia três de maio, quando o cardeal d. Carlos Vasconcelos Mota dizia, em pregação inspirada, que Brasília nasceu sob o olhar de Deus. Assim também nós o sentíamos

Numa das festas, o bispo de Goiânia, diretor da diocese que englobava Brasília, relatou que Deus iniciava nova fase na história do país. A cidade festejara, um dia antes, a conquista do campeonato mundial de futebol, no dia vinte e nove de junho de 1958, na Suécia. Telegrafei aos campeões cumprimentando-os e dizendo-lhes que a seleção também estava impregnada do 'espírito de Brasília', aquele estado de orgulho de ser brasileiro, de participar de um país eternamente voltado para o bem do ser humano. E Brasília crescia esplêndida...

No interior da Bahia, a caravana seguia por caminhos rústicos, levando corações, cheios de esperança na direção da capital. A epopeia deles era repetição, em escala menor, da luta que enfrentávamos, todos, para levar avante os planos da construção.

Certa vez, um transformador de cento e quinze toneladas, para auxiliar na distribuição de energia elétrica de Cachoeira Dourada para a cidade nascente, saído do Rio de Janeiro, transportado pelo exército, depois de dois meses de trabalho, conseguiu chegar às margens do rio Paranaíba, divisa de Minas e Goiás. A ponte precária não conseguiria suportar o peso do caminhão. Um tablado de madeira foi puxado, das margens, por cabos de aço. Ao chegar no meio do rio, a correnteza, que não fora bem avaliada, pela precariedade dos instrumentos disponíveis, fez a balsa virar jogando ao fundo o pesado instrumento elétrico. Um batalhão da marinha, três meses depois, no período das secas, levou quase um mês para retirar das águas a preciosa carga. Foi enviada de volta ao Rio de Janeiro. Depois de dois meses, retornou, chegando a Brasília. Ali ajudou a acelerar as obras, com a iluminação melhor. Dava mais segurança ao trabalho noturno, encurtando o prazo de entrega das construções. Tudo era luta e determinação do povo para crescer rumo ao futuro.

O motorista Antonio, que levou o transformador do Rio a Brasília, dirigindo o monstruoso caminhão, ficou quase sem dormir, trabalhando ininterruptamente, por sessenta dias.

As viagens eram sacrifícios longos, quase infindáveis. Muitos estudantes goianos, ao redor de 1956, não vinham passar as férias com os familiares pelas dificuldades da viagem. Quem pretendesse passar as férias, com a família em Goiás, precisaria viajar, ida e volta, por até seis meses para regressar à escola no Rio ou São Paulo. A jornada era feita em comboios, vadeando rios, abrindo picadas, enfrentando animais. De Goiás Velho, ou Vila Boa, até o Rio, levavam três meses.

As caravanas chegavam a Uberaba ou Uberlândia, em Minas, atravessavam a fronteira para atingir Ribeirão Preto, em São Paulo. Daí em diante, era trecho um pouco mais confortável. Era urgente a abertura de novas estradas. A civilização necessitava invadir o Brasil central para o progresso chegar, pelas rodovias, beneficiando a todos.

O idealismo dos trabalhadores que levavam, em comboios, materiais para as obras era o mesmo de Fernão Dias, quando saiu de Taubaté, em São Paulo, no século XVIII, para empurrar para o oeste, junto a outros bandeirantes, as nossas fronteiras, até atingirmos os limites com o Paraguai, Bolívia e Peru.

A fundação de Brasília foi outra obra de gigantes. O Brasil todo participou. A cidade surgiu num ritmo vertiginoso. Israel Pinheiro, diretor da Novacap, rude e exigente, como pedia a rapidez da obra, foi o comandante. O que interessa, dizia, não são, nas batalhas, os soldados perdidos, mas as terras conquistadas.

O país inteiro estava em verdadeira operação de guerra. O exército brasileiro teve, na construção das estradas nas selvas, um destaque honroso. Era a luta contra o atraso e a estagnação, vencida pelos nossos soldados.

Quando compramos, nos Estados Unidos, frotas de tratores, carregadeiras e escavadeiras para a Belém-Brasília, a metade, para o setor norte, foi deixada pelos navios cargueiros, no porto de Belém. Logo seguiram ao sul, rompendo as matas. A outra metade ficou no porto de Santos. Enfrentávamos as mesmas dificuldades dos estudantes goianos, com a precariedade das estradas. Precisávamos vencer serras, vadear rios, atravessar pontes precárias quando pudessem suportar o peso das máquinas monstruosas. Era uma luta gigantesca que, todos, enfrentamos com galhardia. Porém, apesar das dificuldades, a região ia se desenvolvendo.

Preocupou-me a chegada dos candangos, com milhares de crianças. Israel Pinheiro, o ministro da educação, e eu precisávamos impedir que os filhos dos operários continuassem analfabetos como seus pais.

Foi projetado por Niemeyer um grupo escolar, o GE 1. Quando inaugurado, Israel Pinheiro, ao visitar as instalações, admirou-se:

– Isto está bom demais.

As carteiras e o mobiliário, de fórmica das mais caras, foram doação de várias firmas do país. Eram luxuosíssimas. Um casal de professores foi contratado. Trabalhavam dezesseis horas por dia. Educaram levas de crianças. Logo vieram outros mestres e tudo foi se aperfeiçoando admiravelmente. Até as crianças pareciam ter o entusiasmo dirigindo-lhes o aprender. O otimismo contagiava.

O Hospital Juscelino Kubitschek, imenso barracão de madeira vinda do Paraná, logo no início foi equipado com modernos aparelhos. Médicos, principalmente do Rio de Janeiro, começaram a chegar, idealistas. Em todas especialidades, cuidavam dos operários e de suas famílias com dedicação comovente.

O Brasil dizia presente à convocação da pátria. Centros de treinamento foram criados para orientar os operários, melhorando-lhes a eficiência. Era admirável vê-los, nos cursos de eletricidade, carpintaria, serralheria, técnicas de construção, geralmente cursos noturnos. Trabalhavam o dia todo e ainda tinham força, quase com presença total, para as aulas. Conseguimos tranformar levas de gente sem profissão em operários qualificados, quase especialistas.

Brasília se ampliava, modificando o cenário. Onde havia, há menos de dois anos, o cerrado inóspito e ninhos de cascavéis, se transformava em cidade, na "capital da esperança", conforme o ministro da educação da França disse ao escritor André Malraux, quando visitou a construção. Nenhum país do mundo será vencido, por menor que seja, se o ideal de união dos seus cidadãos for constante. Sonhar é preciso!

Quando eu visitava as obras, envaidecia-me ao ver a dedicação dos candangos. Os problemas políticos que enfrentei não se comparavam, nem de longe, às alegrias que tive naqueles anos inesquecíveis. Cada dia que passava em Brasília era benção de carinho a encher-me o coração.

O brasileiro é um povo maravilhoso. Quando políticos, que amem realmente nosso país, se convencerem de que temos, nesta gente admirável, a base para construirmos a mais bela civilização do planeta, veremos o Brasil dando exemplo, às nações, como se faz o progresso com justiça e amor.

35. O IDEAL DO PIONEIRO

Antonio, o motorista do caminhão que transportou o transformador, era exemplo típico do brasileiro deslumbrado pelo país. O porvir seguro faz-se com idealismo e trabalho. O idealismo é a chama da confiança em nós mesmos. O trabalho incansável realiza o sonho. O Brasil, auxiliado até pela vitória da seleção na Suécia, sentia-se esplêndido ao encarar o futuro.

Governar, pensava eu, é dar esperança ao povo. Com esperança surge a fé. A fé remove o pessimismo destruidor e estimula o trabalho realizador. Constrói-se um país com trabalho e fé na capacidade do seu povo. Nos meus discursos ou nos encontros com os candangos, eu lhes mostrava a importância do que faziam. Eram, de fato, os construtores da catedral do futuro do país.

O rastejador, mateiro paraense e amazonense, com as carnes feridas pelos formigões e pulgas na mata, abrindo os trilhos que direcionaram as máquinas, esculpiram as artérias do progresso e reavivaram a pátria.

O aspecto daqueles homens era tétrico. Sujos de barro, de musgo, vestes em frangalho, a face macilenta pelas picadas, pelos traumas dos espinhos, urtigas, folhas ásperas, agressivas ao toque, piores do que formigas ferozes que lhes atacavam a pele. Faziam vergões e edemas enormes, difusos, no rosto, no peito e nos braços, dando-lhes aparência deformante e tornando-os, muitas vezes, irreconhecíveis.

Sayão, que os acompanhava de perto, contava-me episódios inacreditáveis sobre aqueles brasileiros, cuja lembrança, por justiça, jamais deveria ser apagada da nossa história. Porém, o alicerce valoroso, enterrado no barro do solo, sustentando o luxo do palácio, jaz esquecido, enquanto as paredes que ele suporta recebem as luzes, os sons, as cores e belezas das festas. Os heróis, raspando o solo com o peito, na escuridão da mata, são os alicerces das rodovias através da selva amazônica, principalmente da Belém-Brasília, canal de penetração a irrigar com o progresso, o deserto selvagem. Os atos de coragem deles, se descritos, encheriam bibliotecas.

Simultaneamente, milhões de brasileiros se mobilizavam, cada qual na sua função, contra a estagnação. O país se conscientizou da necessidade do amor à pátria para a segurança do futuro.

A função do governante, em qualquer nível, deve ser a do exemplo, mostrando, nas suas ações, o respeito ao berço pátrio. Estimulando este povo bom e idealista, conseguimos milagres: uma capital como Brasília, única na história do mundo, foi construída, apenas, em três anos e dez meses.

No cerrado agreste, nós, brasileiros, fizemos a transformação do país, graças ao trabalho persistente. Os nordestinos, no esforço diário, se transformaram nos gigantes construtores.

A certeza de sermos país privilegiado faz a esperança se multiplicar. Isentos de preconceitos comparemos esta terra generosa, a outras nações. Veremos que somos um foco civilizador que iluminará o futuro da humanidade, graças ao exemplo de paz e trabalho através da nossa história.

Os caravaneiros da Paraíba continuavam a jornada que parecia sem fim. Apesar das lutas e sacrifícios, o sonho de viver numa terra de clima mais ameno os enchia de esperanças. O caminhão engolidor de estradas deslizava, teimoso, através das caatingas, matas, bosques, campinas, cerrados e serras do interior da Bahia. A meta de Zé Baiano era penetrar no estado de Goiás o mais breve possível. Para isso teriam que atravessar o gigantesco Tocantins. Pontes não existiam, à época.

Zé Baiano preocupava-se com a segurança de todos. Tivesse adivinhado o acidente com Raimundinho, teria tomado outro caminho, o costumeiro, que o levaria mais rápido até Brasília. Agora a escolha era seguir ou seguir. Ele, determinado e corajoso, trabalhava com total dedicação.

Pararam em Mansidão e armaram as redes para o repouso. A praça era pobre, mas tinha árvores para dependurar as redes. Dormiram. A jornada continuou logo na manhã seguinte. Zé animou-se com o clima que a natureza, mais amiga, lhes oferecia. As chuvas eram mais frequentes, as estradas, com menos pó; faziam a viagem confortável. Assim, preocupado com o tratamento a que Raimundinho deveria se submeter, o Baiano decidiu apressar a viagem.

Em trinta e cinco horas, sem problemas graves, passaram por Ibitetuba, no oeste da Bahia, e alcançaram Formosa do Rio Preto e, dirigindo-se ao norte, atravessaram a fronteira com o Piauí.

A falta de estradas obrigava-os a ziguezaguear pelos sertões. Atingiram Barreiras do Piauí, no sudoeste do estado e de lá rumaram para Santa Filomena. No caminho, quando os três da cabina viram o espetáculo de milhares de toneladas de água despencando das alturas de um penhasco, decidiram pernoitar junto à Cachoeira Chupa, no rio Parnaíba, onde chegaram ao entardecer de um dia muito quente.

Ao descer, a emoção tomou conta dos corações. Alguns se ajoelharam, chorando, diante da cena, maravilhados. Para o nordestino do agreste seco e agressivo, a visão da água caindo aos borbotões, num ruído formidável, atingia o coração profundamente. O barulho da cachoeira, conforme o sol se escondia, parecia acostumar os ouvidos, mas os sentimentos de respeito à natureza e gratidão a Deus faziam os corações acelerarem, no descompasso da emoção, de algo desconhecido surgindo para encher de esperança o futuro.

As redes foram dependuradas em troncos de árvores bem próximos à queda d'água. A natureza, em festa, desdobrava-se em carinhos, parecendo saudar os valentes nordestinos. A noite calma invadiu o sertão do Piauí. A lua mostrou seu sorriso, saudando-os com afeto. Ela, rainha bondosa da noite, espalhou um manto suave sobre as árvores da mata e pintou as águas da cachoeira, "mais parecendo um sol de prata, prateando a solidão". As estrelas, quais meninas nordestinas curiosas, bailavam nos céus, entre os galhos, espiando os vultos que dormiam cansados.

Zé Baiano, inteligente, distribuiu as tendas de couro, talvez adivinhando que, durante a madrugada, o vento poderia mudar trazendo a umidade da cascata, como nuvens vaporizadas, em direção aos que dormiam. O cansaço que os dominou, pelas viagens contínuas e longas, deixou-os repousando até o sol aquecer as folhas das árvores.

Raimundinho, na cabina, notou, ao acordar, que o parabrisa estava molhado. Chamou o amigo motorista:

– *Oh, Zé, o barulhu da cachoeira num deixo nóis iscutá a chuva qui caiu durante a noite.*

O Baiano sorriu zombeteiro:

– *Num foi chuva não, mininu, é o vapô da cachuera, coisa qui num tem na Paraíba onde ocê nasceu.*

– *Quanta coisa nova tem aqui, né, Zé?* – e sorriu feliz.

Após comer, rumaram na direção de Santa Filomena, onde não pararam. No entardecer estacionaram para dormir às margens do rio Parnaíba. Na manhã seguinte enfrentariam nova travessia com uma balsa, porém em rio menos volumoso que o São Francisco.

Sem acidentes entraram no estado do Maranhão, chegando a Alto Parnaíba onde se abasteceram de água e combustível. No posto de gasolina, Zé informou-se do rumo a seguir. Vendo a situação da caravana e do caminhão, o dono deu ao motorista um mapa amassado que tirou de uma gaveta suja. Zé pediu ao homem que fosse explicar a rota para Raimundinho, o único do grupo que sabia ler. O Baiano coçou a cabeça ao entender que, pela falta de estradas, deveria ir até Balsas, no Maranhão, quando Goiás estava tão perto de Alto Paranaíba. "Afinal", pensou, "este é o preço que os pioneiros têm que pagar".

A viagem continuou rumo ao norte até, quatro dias depois, meu Deus, atingir a cidade de Balsas, no sul do Maranhão.

A vegetação, espelho do clima, começava a mostrar o esplendor da floresta Amazônica. As chuvas ali eram mais frequentes.

Manadas de animais selvagens eram vistas atravessando os caminhos, principalmente no anoitecer. No crespúsculo, eles procuravam as estradas rústicas, descobertas de vegetação, que captavam mais o calor do sol. Assim se podia ver centenas de animais, mostrando a abundância da fauna, refletindo a flora.

Perto de Riachão, no final da tarde, emas enormes, mais de cem, atravessaram uma estradinha com seu caminhar desengonçado, com as pernas fortes peladas de penas, com os pés que pareciam patas de animais pré-históricos, com o pescoço longo, qual sucuri musculosa, tendo, na extremidade, uma cabeça minúscula se comparada ao corpo gigante. O bico longo, chato, e os olhos sobressaltados, quase saindo das órbitas, mostravam, mesmo quando fechados, uma bola saliente que lhes dava aspecto cômico. Nem Zé Baiano conhecia tais aves que passavam, atrevidas, encostadas ao radiador do veículo, calmamente, balançando o corpo numa cadência engraçada.

Raimundinho, na cabina, vibrava. Nunca imaginou que este animal existisse.

– *Pelo padim Ciçu, Zé, qui bichu é esse? Parece animal, parece galinha grandi cum pescoçu di cobra i bico di gavião, cum olho de porco.*

Começou a gargalhar.

Zé explicou-lhe, eram aves, emas, que punham ovos enormes, maiores que duas mãos fechadas, casca dura, difícil de ser quebrada, e eram muito bons para comer. Um só daria uma omelete para cinco ou seis pessoas. Mas, explicou, sabia isso de conversas com outros motoristas; esta era a primeira vez que as via.

O caminhão parou, quase vinte minutos, para deixá-los passar, pois algumas, como em algazarra, lutando entre si, empurravam os adversários com o bico, o pescoço e o peito fortes, de volta ao outro lado da estrada, retardando a marcha. Alguns filhotinhos, amarelos e enormes, do tamanho de galos adultos, corriam para frente e para trás, brincando entre as pernas dos adultos.

Para todos os nordestinos, o espetáculo foi lindo. Alguns da carroceria, apressados, levantaram a lona para ver as cenas.

Mais adiante, quase cinco quilômetros à frente, percurso que demorou quase duas horas, aproximaram-se de um lago lodoso, coberto de folhas da vitória régia. Algumas flores, branco-arroxeadas, lindas quais esculturas de mármore, abriam-se sobre as folhas redondas, enfeitando água.

O motorista foi lento, quase parando para todos apreciarem a curiosa paisagem. O lago verde parecia caudal imensa de esmeraldas em fusão, preenchendo pequeno vale. A cena era pacífica, convidava à meditação. A superfície da água refletia, invertidas, as árvores das margens. Parecia que as nuvens, quais flocos de espuma branca nos céus, estivessem mergulhadas na lagoa.

Eles se calaram, contemplativos, ante a calma das águas. Tudo era silêncio, o motor foi desligado. Tudo se aquietou por uns dez minutos...

De repente, numa árvore à margem, Raimundinho viu um bando de macacos a pular nos galhos, apavorados, gritando com suas bocas quase humanas para alertar a todos os animais. Umas araras, nos galhos juntos da cabina, começaram grasnar, barulhentas. Iracema arregalou os olhos ao vê-las:

– *Deus meu, pareci umas flô barulhenta qui voa. Pareci qui Deus pintô num quadru i feiz elas vuá. Qui coisa mais linda, genti.*

Ninguém entendia porque macacos, araras, papagaios e periquitos gritavam amedrontados. De repente, surgiu, do lado direito do caminhão, uma sucuri gigante, negra, mais grossa que a perna do mais robusto dos viajantes, longa como tronco enorme, corcoveando violenta no barro da margem, qual músculo enlouquecido. Ela escancarou a bocarra diabólica e abocanhou uma capivara. O animal, pego pelo pescoço, urrava em desespero, tentando se livrar da morte.

O mecanismo de engolir é fatal e implacável. A vítima desliza garganta abaixo, pois as presas e lâminas têm direção inclinada, apontando o interior do corpo do monstro. A capivara, apesar de ter mais de cinquenta quilos, era jogada, de um lado para outro, como se fora brinquedo minúsculo na boca da fera. O roedor se debateu e... silenciou.

Raimundinho, com os olhos estatelados, via cena que poucos seres humanos tiveram oportunidade de assistir. A brutalidade da besta escorregadia mostrava a face dantesca da cadeia alimentar na selva milenar.

O episódio estarrecedor dava-lhes a ideia do que era violar a intimidade da floresta. Ali é o império da natureza, misteriosa e virgem. Ela oculta animais desconhecidos e homens primitivos, alguns nunca vistos por olhos de brancos. Tem árvores aos milhões, vegetais com propriedades terapêuticas ainda desconhecidas. É um infinito de coisas secretas.

O segredo das pirâmides, quebrado quando da abertura das câmaras mortuárias de alguns faraós, matou alguns pesquisadores. Aquela cena impressionante mostrava, claramente, que a selva não seria invadida impunemente, mesmo que a causa fosse justa, como ligar a civilização do sul com a do norte. A floresta cobraria alto preço para permitir a passagem dos pioneiros, agora e também mais tarde.

Os paraibanos, trêmulos diante da luta desigual, ficaram em silêncio, enquanto, lá fora, a multidão de animais – macacos, araras, saguis, pintassilgos, gaviões – se aquietava. Ao mesmo tempo, a sucuri monstruosa se imobilizava, após engolir a vítima.

Voltava a calmaria. Era algo semelhante à tempestade com trovões, raios, ribombos e ecos soturnos se acalmando, em silêncio, após o tumulto. Naquela cena alarmante, a natureza violenta matava outro ser vivo e se aquietava. A sucuri deslizou, silenciosa, lenta, esticou-se, à beira do lago, com uma saliência enorme no ventre. Dormiu tomando sol na pele espessa, manchada de negro para camuflagem. Ali ficaria imóvel por muitas semanas para digerir o alimento.

Zé Baiano, muito impressionado, deu partida, procurando o rumo nas trilhas margeando o lago. Seguiu para o oeste, entre árvores cada vez mais grossas. Depois de dez dias por picadas rústicas, chegaram a Carolina, onde abasteceram; logo depois atingiam as margens do Tocantins. A balsa, nas proximidades de Filadélfia, levou-os para o outro lado. Vivas foram dados, enquanto chapéus voavam para o ar, quando as rodas do veículo, deixando o tablado de madeira rústica, tocaram o abençoado solo da pátria formosa do índio goyá.

Os nordestinos estavam agora nos domínios de outro gigante, este era paulista, o Anhanguera, indomável desbravador, cuja história heroica deu inspiração aos moços da faculdade de direito da Universidade de São Paulo.

Na época da transferência da capital de Vila Boa de Goiás para a moderna Goiânia, uma linda estátua de bronze, feita em São Paulo, chegava trazida em carro de bois, desde o largo São Francisco, no centro da capital de São Paulo, até a praça do Bandeirante, em Goiânia. Acompanhavam-na dois carreiros que vieram se revezando desde Ribeirão Preto.

Cavalos cansados e dezenas de moços de roupas rotas e barbas longas emoldurando olhos cheios de amor e patriotismo, firmes e idealistas, compunham a cena. Alguns, emocionados, discursaram quando o governador Pedro Ludovico Teixeira descerrou a placa: "Aos goianos, nobre estirpe dos Bandeirantes, oferece a Faculdade de Direito da Universidade de São Paulo."

Os romeiros paraibanos agora estavam no império do Anhanguera. A atmosfera psicológica era diferente. A passarada carinhosa vestida com todo o luxo que a natureza podia oferecer enfeitava os céus. Um só pensamento de otimismo e esperança, de confiança e de fé, determinação e coragem, inebriava os corações: aproximava-se a capital da esperança. A jornada, porém, ainda tomaria muito tempo. Agora havia, nas estradas, não o pó penetrante, seco e incômodo, mas o barro, as poças d'água e a chuva teimosa que caía quase todos os dias.

Os nordestinos estavam deslumbrados. Em dez dias de viagem, após a travessia do Tocantins, viram mais chuva do que muitos dos seus conterrâneos durante toda a vida.

O limpador de parabrisa, funcionando apenas do lado esquerdo, dava à cabina uma impressão de câmara fechada a atravessar a selva.

O rio Tocantins era de beleza indescritível: praias imensas, na ocasião das secas, se estendiam, brancas como pó de trigo, por quilômetros. As águas contornam o lado leste de Goiás. Do outro lado, no oeste, o rio Araguaia completa a paisagem.

Este é país maravilhoso, pois, além de petróleo, ouro, ferro, urânio, manganês, alumínio, pedras preciosas, madeiras, areia monazítica, rochas, enfim, riquezas fabulosas que ainda não conseguimos avaliar, temos a maior das fortunas da Terra – a água em abundância. Este mineral valiosíssimo, mais importante que o ouro ou o petróleo, é a base da vida. Temos rios, às centenas, enriquecendo esta terra tão rica

Nas águas do Araguaia fluem as cantigas formosas do velho índio benzendo a rede que vai pescar. A poesia e o vibrar das cordas do violão se espraiam, nas margens, com as ondas do rio. A cor da água lembra a das esmeraldas de Fernão Dias, verde-musgo, emolduradas pelas areias brancas, contrastando com o verde escuro das matas.

Os romeiros logo perceberam, nos céus de Goiás, o firmamento das noites tão claras, tão meigas, tão puras, tão belas que, por certo, iguais não há. Viam as noites goianas de beijos, de juras, da pátria formosa do índio goyá.

O Araguaia e o Tocantins são poemas de ternura. As águas rolam junto à areia das margens, em viveiros de peixes e de mamíferos. É a riqueza, a abundância, a natureza em festa. As aves, sobre as margens dos lagos, com milhões de peixes nascendo para alimentá-las, enchem os ares de beleza, de alegria barulhenta nos seus trinados e gorjeios. São verdadeiras nuvens, a desenharem sombras que se movem no chão, conforme voam, cortando os raios do sol. É o nosso Brasil caboclo.

A epopeia continuava, a caravana seguia na direção oeste. Depois de seis dias de viagem, chegavam a Araguaína, no norte do estado.

Tomavam, logo depois, a direção sul, seguindo paralelos com a futura Belém-Brasília que, quando lá chegasse, traria rápido o progresso àqueles sertões perdidos no silêncio milenar da selva.

Ali perto, um ano após, na Belém-Brasília, homens notáveis, escreveriam história de amor à pátria, no traçado da estrada que levaria a cultura do sul ao norte promissor.

O futuro registrará orgulhoso que os construtores, na velocidade de dois quilômetros por dia, rasgavam a mata, no barulho ensurdecedor de galhos e troncos se quebrando, estalando, gemendo, torcidos pela força hercúlea das máquinas. Estava marcado que, no dia 31 de janeiro de 1959, a coluna do sul, comandada por Sayão, se encontraria com a coluna do norte, capitaneada por Waldir Bouhid, médico sanitarista.

Havíamos combinado isso com o bandeirante Sayão, seis meses antes, em viagem de inspeção perto de Imperatriz, no Maranhão. Ele me prometeu que o prazo seria cumprido. Estava, porém, desesperado. Parece previa, nos ares do porvir, que sua permanência na Terra seria breve.

36. O GIGANTE DE PÉ

O bravo Sayão, Fernão Dias do século vinte, certa vez, enviou dramático bilhete, pedindo provisões. "Se não chegar comida até amanhã, na segunda feira, estaremos todos mortos", escreveu aflito.

Os campos de pouso eram abertos próximos à estrada a cada cem quilômetros. Aí os teco-tecos desciam como passarinhos teimosos. Mais tarde, quando o solo estava mais compacto e as áreas totalmente destocadas, vinham os cessnas, um pouco maiores e mais rápidos, para dar lugar às carroças voadoras, os DC3 indestrutíveis, sobras sagradas da Segunda Guerra Mundial. Aí, então, eles estabeleciam um campo de pouso.

As frentes de trabalho, apressadas, não tinham tempo a perder. As picadas na selva, que abriam o leito para o tráfego dos tratores enormes, teriam que ir à frente. Os víveres eram jogados de paraquedas, em clareiras, nas áreas onde ainda não havia lugar de pouso. Os mateiros corriam, entre as árvores para apanhá-los, rápidos, enquanto os aviões, em vôos rasantes, faziam chover os sacos de estopa, cheios de alimentos.

Por ideia de Sayão, em cada paraquedas ia um gato que, ao cair, era libertado. Miando e caminhando pelo mato, os animais balizavam os que procuravam os sacos de víveres. Mais tarde, técnicos da FAB, desenvolveram um sistema que explodia na queda, sinalizando o local. Muitos pacotes ficavam presos nas árvores altas e os trabalhadores, amarrando cordas nos pés, usando-as como degraus, como os nordestinos sobem nos coqueiros para apanhar os frutos, arriscavam a vida, nas alturas, para alcançá-los.

No dia 15 de janeiro de 1959, faltando apenas trinta quilômetros para as duas frentes se encontrarem, a galharia fazia um barulho ensurdecedor, se retorcendo, caindo, se quebrando. Numa barraca de lona, três homens, com mapas estendidos sobre troncos, formando mesas redondas, concentrados nos planos, se distraíram à aproximação das máquinas que, às vezes, por causa da selva densa, se desviavam das picadas e derrubavam árvores além da faixa prevista. A barraca dos técnicos estava onde seria a margem da rodovia. Os engenheiros Gilberto Salgueiro e Jorge Dias saíram para conferir uma informação e logo escutaram:

– *Corre da barraca, cuidadu, a árvore vai caí, corri, genti.*

Um barulho infernal, se fez ouvir, como se tonéis gigantescos rolassem pelas escadas do infinito. Troncos e galhos, pesando toneladas, esmagaram o frágil abrigo de lona. Gilberto teve tempo de correr, Jorge Dias foi ferido no braço.

Depois, de longos minutos, sangrando abundantemente na perna esquerda, roupas rasgadas, mostrando ossos em fratura exposta, o ombro quase arrancado, o braço esquerdo decepado, com hemorragia abundante, a cabeça com o couro cabeludo dependurado junto ao ombro direito, apareceu Bernardo Sayão. Ele, gigantesco, forte e calmo, com autocontrole admirável, saiu dos escombros. O comandante Sayão caminhou mancando, sangrando, com olhar de absoluta calma. O mateiro que gritou alertando-os tentou ampará-lo, mas não sabia o que fazer. Sayão, eterno líder, resoluto, deu-lhe ordens:

– Pegue uma tira de lona e amarre o coto do braço esquerdo. Agora, com outra, a perna esquerda. Deite-me ali, sobre a lona. As máquinas têm que continuar trabalhando. Fale ao tratorista desviar para esquerda. Mande avisar o que aconteceu. Cuide do engenheiro Jorge Dias também. Levante agora o couro cabeludo e passe, ao redor da minha cabeça, tiras das mangas da minha camisa e aperte-as. Mantenha a calma. Estou com muita sede. Dê-me água para beber.

Daí a instantes, ouviu-se o ronco dos motores de dois aviões, em vôos rasantes jogando víveres. Eram respostas aos antigos apelos do desbravador pedindo alimentos. Alguém gritou:

– Vá à clareira mais próxima, pegue roupas e suje de óleo para ficarem pretas, faça uma cruz para dizer que algo grave aconteceu.

A cruz, símbolo de sofrimento e da redenção humana, funcionou. Daí quatro horas surge nos céus um helicóptero que levaria Sayão, ainda vivo, até Açailândia, no Maranhão. Não havia qualquer médico em raio de quatrocentos quilômetros de onde estavam. Era o dia 15 de janeiro de 1959, de lembrança dolorosa.

Colocado na aeronave com o cuidado que a ignorância em lidar com ferimentos graves permitia, Sayão, com voz fraca, carregado em maca improvisada, ajudado por um dos seus auxiliares, falou:

– Deus guarde vocês. Continuem trabalhando firme pelo Brasil. Parece que não verei o encontro da coluna do norte com a do sul...

Tenório, um mateiro paraense, gritou emocionado:

– *Deus é bão, dotô Sayão. Ele num vai fazê isso cum nóis. Nóis qué u sinhô aqui juntu. U sinhô vai sará.*

As tiras de pano ensanguentadas, apertadas na cabeça, na perna direita e no braço semidecepado, davam ao meu companheiro um aspecto de Sansão, ferido pelas pedras do templo ao desabar. Os olhos, apesar do imenso sofrimento e das dores atrozes, eram firmes e calmos.

O piloto do helicóptero, por acaso, era o major Tomás da a , grande amigo de Sayão. Rapidamente, o banco traseiro foi jogado para fora e o gigantesco Sayão foi colocado de costas sobre panos e cobertores velhos que lhe ofertaram os mateiros. Apoiava a cabeça no colo do fiel servidor, seu auxiliar Kelé.

Quando a mariposa mecânica alçou vôo, mais de vinte homens estavam ajoelhados na selva. Ouvia-se:

– *Sinhô Deus du Brasil, Sinhora Aparecida, protetora da nação, abençoa esse homi bão i forti. Ajuda prá ele sará. Nóis precisa dele, prá terminá a istrada. Abençoa, prá eli num sinti dô, Sinhô.*

Ágil, voando de lado, o pássaro de aço flutuou procurando rumo, acima da copa das árvores. Logo acertou a rota para Açailândia. Dentro do helicóptero o major dominava a emoção de ver o amigo valoroso deitado aos seus pés. Mesmo com o barulho das hélices, ele se concentrava no ritmo da respiração do ferido. De quando em quando gritava:

– Aguenta firme, Bernardo, logo chegaremos.

Sayão não respondeu, já estava em coma. O vôo parecia interminável para o major e o auxiliar do desbravador.

Às dezenove horas do dia 15 de janeiro de 1959, o piloto chamou-o e não obteve resposta. Engoliu em seco, emocionado. Apesar de ser homem duro, acostumado a viver no perigo constante, como sobre fio de navalha, aquele silêncio o desequilibrou. Com as costas da mão esquerda enxugou os olhos, enquanto a mão direita procurava o braço esquerdo do seu grande amigo Sayão para palpar-lhe o pulso.

O braço forte, que tanto havia trabalhado pela pátria, estava solto, em abandono, o coração parado. Lá fora, o piloto, via o Cruzeiro do Sul deformado pela lágrima que, teimosa, rompia-lhe a comporta das pálpebras. Lamentava o amigo que partia e, ao mesmo tempo, chorava a falta que ele faria ao país que tanto amavam.

A noite era dessas noites tão claras, tão meigas, tão puras, verdadeira noite goiana. Noite na terra que Sayão tanto amou!

O soldado da FAB balbuciou uma oração, pedindo ao Amigo, que morreu numa cruz igual àquela de estrelas, recebesse o herói em suas mãos amorosas.

O barulho do rotor, antes som de esperança para o piloto, agora era cantiga dolorosa do adeus ao companheiro querido.

– Açailândia não chega – falou o major.

Mais tarde viu, no horizonte ao longe, através do parabrisa curvo, luzinhas que foram aumentando em tamanho e número. O aeroporto estava cheio de gente curiosa e triste querendo ajudar.

Dos aviões que jogavam os víveres, um piloto viu a cruz de roupas negras, sujas de óleo e parte da tenda de lona esmagada por uma árvore. Supeitou-se que algum engenheiro se acidentara gravemente. A dor da multidão era pungente, porque, afinada psicologicamente com os construtores da rodovia, consideravam-nos heróis lendários, gigantes desbravadores. Conheciam a firmeza de espírito necessária para vencer aqueles obstáculos que a selva indomável oferecia aos que violassem os seus segredos.

Todos, em Açailândia, sabiam do outro acidente, quando Sayão, menos de um mês antes, em vôo de inspeção, bateu a asa do seu teco-teco em uma castanheira. A máquina ficou dependurada nos galhos que se entrecruzavam, impedindo-a se espatifar no chão. Contava-se que Sayão desceu, com dificuldade, escorregando o abdome no tronco, até tocar os pés na terra. Os operários admiraram-se quando ele, deixando a árvore para trás, caminhou gritando forte:

– Vamos, pessoal, nada de curiosidade. Não podemos perder tempo. Dia trinta de janeiro temos um compromisso com o presidente, quando as duas alas se encontrarem. Providenciem cordas longas para amarrar o avião para não se arrebentar no solo. Não podemos parar de trabalhar.

Muitos comentavam isso quando o helicóptero tocou o solo de Açailândia, enquanto holofotes de emergência focalizavam a cabine. O piloto, desligando o motor, abriu a porta esquerda e foi cercado pela multidão curiosa. Com a voz embargada, gritou:

– Gente, nosso amigo Sayão perdeu a luta contra uma árvore que tombou sobre ele; está morto.

Um murmúrio de tristeza, uma voz de desconsolo elevou-se na triste noite goiana de 15 de janeiro de 1959. O corpo dele foi retirado e preparado para a viagem.

No dia seguinte, logo às cinco horas da manhã, quando o sol começava a clarear a Terra, um avião decolou levando-o, com mais cinco representantes da cidade, para os serviços fúnebres em Brasília.

Eu acompanhei todo o cerimonial. Quando o caixão do meu grande amigo chegou, escoltado por uma caravana de carros, à entrada do cemitério de Brasília, o motorista Zezinho, que trabalhava com Sayão havia mais de cinco anos, gritou desesperado:

– Deus num pudia fazê isso com o dotô Sayão. É muito cedu.

E, num baque surdo, o motorista Zezinho, caiu morto no chão.

Não se sabe como, a notícia da morte de Sayão se espalhou por Brasília. Via-se, nas janelas das casas, cruzes de tecidos, geralmente negros, mostrando luto. As máquinas das construções pararam! Os candangos, todos, quiseram ir dar o último adeus ao grande amigo. Foi a primeira, vez desde o início da obra, havia mais de dois anos, que o trabalho teve uma pausa.

O candango piauiesense Geraldo, representando todos os operários, apanhou duas flores silvestres, uma amarela e outra roxa:

– *Dotô Sayão, eu trouxe essas duas frôr prá dá pru sinhô. A amarela mostra o desespero nosso ao vê o sinhô partir. A roxa, dotô, mostra a sodade dolorida qui a genti vai senti. Amigo querido de todos nóis, trabaiador qui dava exemplo de firmeza e bondade, quem vai tomá o teu lugá no nosso coração?*

Lançou as duas flores sobre o tórax largo de Sayão, no caixão escuro, vindo às pressas de Goiânia, abaixou a cabeça e, com a manga direita da camisa, enxugou os olhos.

Eu tomei a palavra e, mentalmente, pedi a Deus me desse controle emocional para falar:

– De pé – eu disse – de pé como viveu ele, que nunca se dobrou diante de obstáculos, será sepultado para de pé, firme e decidido, penetrar na eternidade, levando a gratidão de todos os brasileiros. Parta para os céus, águia valorosa; lá, agora, é o teu lugar. Voa. Nós te juramos cumprir a promessa que fizemos ao Brasil: construiremos Brasília, vamos inaugurá-la no dia marcado. Em duas semanas estaremos no ponto do encontro norte-sul, em plena selva, para comemorar juntos a tua vitória, a vitória da tua grandeza de alma, do teu patriotismo, do teu amor a esta terra magnífica que Deus nos deu. Voa, águia valente. Nós todos, com a minha voz, representando o sentimento e as vozes dos teus trabalhadores, te prometemos não falhar. Acima de tudo o Brasil, Brasil, Brasil...

Um "amém" coletivo se fez ouvir.

O cemitério de Brasília havia sido demarcado pelo teodolito trabalhador de Sayão, poucos meses antes. A população de Brasília, na quase totalidade de jovens, não teve nenhum corpo para ser sepultado. O quadrilátero bucólico, no topo da colina, deserto de túmulos, mostrava aos visitantes apenas flores silvestres.

Como é cheia de mistérios a vida! Quando Sayão terminou a demarcação, contaram-me, teria dito:

– Meu Deus, quem será o primeiro infeliz a fertilizar, com o próprio corpo, estas flores?

Mal sabia que seria ele mesmo. Mas foi sepultado de pé, como corajosamente viveu. Zezinho, seu motorista, foi enterrado ao seu lado. Dias depois, o comandante da coluna do norte, o engenheiro Rui de Almeida, perdia a vida num choque de veículos, moço ainda, engenheiro brilhante. As lendas se espalharam: os espíritos da selva não perdoavam os comandantes da operação que lhes penetraram os segredos e os matavam. Seria o mesmo fenômeno da morte de pesquisadores que chegaram às câmaras mortuárias das pirâmides do Egito?

O país, de luto, acompanhava as notícias. Menos de duas semanas depois, as colunas se encontraram! Foi celebrada missa ao lado do leito da estrada. Mateiros e ministros, todos participantes da mesma epopeia, ali estavam igualados pela alegria de termos o Brasil como terra natal. Sayão foi enaltecido por todos os oradores. Ali mesmo, no meio da selva, assinei o decreto dando à Belém-Brasília o nome de rodovia Bernardo Sayão.

Com muita tenacidade, as obras prosseguiram, vinte e quatro horas por dia, com a cidade iluminada por energia de Serra Dourada. Brasília, para mim e muitos outros, não seria mais a mesma sem a presença amiga de Sayão. O companheiro de trabalho, dinâmico, determinado e amigo bondoso de todos, fazia falta mesmo! Seu entusiasmo contagiava dos candangos ao presidente. Mas precisávamos marchar. A rodovia estava, com o desmatamento do leito, quase completa. Brasília seguia construindo-se, deslumbrando.

37. O FUTURO ABRE AS CORTINAS

Como explicar tais coincidências? Para mim Brasília foi feita desde o início com misticismo próprio. Dom Bosco, penetrando na história, profetizou a cidade. Isso já nos mostrava que ares divinos encobriam os horizontes da capital da esperança. A luta pelo desenvolvimento era visível, como um sentimento de ânimo coletivo, contagiando o país todo.

Era um estado de espírito que nos mostrava um estado de guerra, às avessas. Era a luta pelo futuro do país. O entusiasmo era euforia coletiva, levando o povo a transformar o pessimismo em idealismo construtor.

As obras continuavam. Olhar ao longe aquele formigueiro humano, sempre em atividade, era comovente! Durante a noite as abelhinhas de capacete plástico, coloridas, se movimentavam sem descanso. Os candangos pareciam abelhas construindo a colmeia do porvir. O pólen do trabalho de todo o país ali estava formando o mel que alimentaria as energias da pátria para o progresso.

Israel Pinheiro, exigente, extremamente honesto, rígido, era o maestro de mãos fortes que apontava os rumos da grandeza. Ele também se abateu muito com a morte do companheiro Sayão. Certa vez dirigiu-se a mim:

– É difícil, presidente, substituir, numa máquina que trabalha bem, uma engrenagem que se ajusta, perfeita, no conjunto. A engrenagem forte que Sayão representava na máquina do progresso deve ser substituída por um pouco mais de esforço e dedicação de cada um.

E suspirou, profundo:

– O difícil é que estou cansado, meu chefe. Deus precisa nos redobrar as forças.

– Ele o fará – retruquei. – Esta cidade foi planejada nos céus, Israel. A profecia de dom Bosco apenas esboçou os planos, feitos já àquela época.

Ele sorriu enigmático: – Vamos trabalhar.

E começamos discutir decisões para completar as construções que surgiam materializando sonhos.

Lá ao longe, a caravana agora enfrentava novos desafios. Não havia mais as estradas tórridas, poeirentas e esburacadas do Nordeste, mas agora a umidade penetrante, no calor que empastava a pele, as chuvas contínuas a chicotear a lona da cobertura, o barro pegajoso, a fazer os pneus deslizarem.

Muitas vezes, andar dez quilômetros exigia de oito a dez horas de viagem. Os passageiros auxiliavam colocando paus, galhos, capim sob as rodas que patinavam sobre as poças d'água. A terra coletava água como esponja insaciável, fazendo do solo geleia mole a engolir os pneus.

Correntes foram colocadas nas rodas traseiras. Eram quatro círculos de elos contínuos a envolverem a borracha. De dez em dez centímetros havia pedaços de corrente mais grossa. Eles ligavam transversalmente os círculos que encobriam os pneus. Quando as rodas giravam, os elos se transformavam em garras, arranhando o solo e dando firmeza para a máquina.

Nas margens dos caminhos viviam árvores enormes. Os homens, admirados, olhavam os troncos e galhos, as folhas verde-escuras e cipós envolvendo a galharia, subindo como serpentes, enrolando-se, invadindo a copa. Muitos dos cipós eram trepadeiras e produziam flores. Estas, feito buquês perfumados, balançando ao vento, vermelhas, azuis, amarelo-ouro, enfeitavam as árvores, contrastando com o marrom acinzentado dos troncos e galhos, pareciam joias coloridas.

Nosso folclore fala do Saci Pererê, do Neguinho do Pastoreio, do Curupira que, para enganar os perseguidores, caminha para frente com os pés virados para trás. São eles, dizem, os protetores das árvores, dos campos, dos animais silvestres, das florestas. Os nordestinos imaginavam que esses seres imaginários os recebiam com carinho.

Os cipós longos, vestidos de flores, eram braços da natureza, abanando as mãos para os nordestinos que passavam. Eram momentos de alegria.

As cidades daquela região, na época, eram muito esparsas. Depois de andar quase trezentos quilômetro para o sul, aproximava-se de Pedro Afonso. O trilho estreito na mata cabia, quase só, o caminhão. O cansaço tomou conta dos valentes, quando o sol principiava sua descida no horizonte. "Fechava-se a pálpebra do dia." A escuridão chegou mais cedo por causa da altura das copas das árvores, tapando os raios de luz. Elas trançavam suas sombras sobre o solo da mata, englobando a estrada num manto de veludo negro.

Zé Baiano foi obrigado a ligar os faróis. Apenas um se acendeu, o direito estava quebrado pelo acidente com o raio. Raimundinho, observava:

– Tá na hora di pará, Zé. U gigante caolho num gosta di viajá na iscuridão. Podi batê a cara numa arvori i se feri.

O motorista andou mais um pouco e estacionou numa clareira onde a estrada se alargava. Olhou o céu ao apagar a luz do farol e concluiu que, talvez, pudessem passar uma noite sem chuvas. Apesar dos abrigos de couro curtido de bode, completamente impermeáveis e bons protetores contra a umidade e o frio, ainda assim seria melhor o tempo continuasse firme.

As vozes humanas foram substituídas pelo farfalhar das folhas. Parecia barulho de cachoeira, suavemente deslizando suas águas entre as pedras de um rio. Sem poder ver o mapa no escuro da cabina, Raimundinho suspeitou que estivessem próximos a um rio e adormeceu pensando nisso.

Olhando-se para cima, através do parabrisa, se viam estrelas piscando, tímidas, entre as árvores. De longe a lua enviava sua mensagem de paz. No estreito canal do caminho não se poderia vê-la totalmente, mas na claridade suave vinda do lado direito ela pintava de tons de prata o manto das folhas que cobria a floresta. Os reflexos suaves clareavam, em parte, o chão vermelho. Do lado esquerdo, multidões de pisca-piscas começavam a voar, ligeiros e curiosos, carregando, entre os troncos, suas lanterninhas azuis-esverdeadas enfeitando a escuridão. A voz suave do vento entoava uma canção de paz. Pontos luminosos, em pares, começaram a refletir a claridade da lua. Moviam-se lentos. O brilho se apagava quando ficavam atrás dos troncos. Eram animais da floresta saindo para caçar.

O anoitecer foi lindo. Ficaram admirados com a vida abundante da selva. Era incrível observar que a atividade continuava tão intensa quanto durante o dia. Os vaga-lumes, os animais, os olhos refletindo a luz da lua nas trevas noturnas...

Os peregrinos continuaram sentados nos bancos dentro da cabine e na carroceria. Era mais seguro, pois aqueles olhos que andavam entres as árvores poderiam ser de animais bravios.

No caminhão os viajantes estariam protegidos. O difícil era dormir sentado, um se apoiando no ombro do outro. As cortinas laterais foram abaixadas e amarradas por dentro. O vento começou a balançar as árvores, em movimentos fortes e irregulares. De repente tudo se acalmou. O silêncio dominou a atmosfera. O frio, por causa da umidade, penetrava as vestes. Na cabina, os vidros foram elevados para protegê-los, no caso de uma chuva. Todos queriam o tempo firme... e a lua, com o seu séquito de estrelas, brilhando na noite. Os vaga lumes continuavam a voejar ligeiros, às centenas. Silêncio, calma e escuridão para quem olhasse para dentro da mata fechada. À frente a esteira de terra, descoberta de plantas. Acima dela o céu estrelado, mostrando apenas uma fita da Via Láctea, bordada de estrelas. O luar prateando a amplidão, à esquerda. A natureza silente. Os homens meditativos, cansados...

De súbito ouve-se o barulho de galhos finos se quebrando sob a pressão de patas, bem próximo à borda da carroceria. A lua refletiu-se nos olhos de um animal que se deslocava pela beira da estrada, andando rápido. Quem o observasse veria que seus olhos focalizavam o caminhão. O cheiro característico da onça chamou atenção. Zé falou baixo:

– Num si mexi, fiqui caladu. É uma onça.

O sussurro da voz foi respondido por um urro amedrontador que vibrou as tábuas do assoalho. O animal faminto estava à caça. Graças a Deus, ninguém se atreveu a descer do veículo para estender a rede. Um murmúrio de medo se espalhou. Arrepios de terror fizeram os pelos dos braços se elevarem, como os espinhos do ouriço. A onça, animal traiçoeiro, sempre ataca o último de uma fila que caminhe na mata. O instinto indicava-lhe que a traseira do caminhão era menos protegida que a cabina. Postou-se a quatro metros da carroceria, atrás e à esquerda, deitou-se camuflada, mas o brilho dos olhos, refletindo a lua, traía-lhe a intenção de se esconder. Os pescoços estavam virados para trás e para a esquerda. Os olhos medrosos espiavam através das frestas das cortinas de lona, acompanhando os movimentos do animal. Zé Baiano tranquilizou-os:

– Num fiqui cum medo. Ele não vai pulá pur cima du caminhão não. Vamu dormi sussegadu.

Alguns, amedrontados, não conseguiam fechar os olhos. Outros começaram a roncar ruidosamente. Lá fora a vida continuava movimentando-se, sem descanso, nas asas dos vagalumes. Corujas curiosas pousaram nos galhos próximos e emitiam sons estranhos que, às vezes, acordavam os romeiros. O arrulhar de pombos, de voz rouca, enfeitou o silêncio da noite. O vento brando no atritar das folhas deixava a atmosfera impregnada de romantismo. Estavam na catedral da natureza. Algumas nuvens cobriram a lua que se escondeu, deixando de clarear a Terra. Fez-se escuridão total. Os vaga lumes, estrelas voadoras, clareavam seus caminhos em emaranhado de focos verde-azulados. Na escuridão, os troncos frondosos espalhavam sementes derrubadas pelo vento. Delas nasceriam, mais tarde, outras árvores que protegeriam o andar camuflado de pequenos animais, defendendo-os dos grandes, de corrida rápida. Assim sobrevivem alegres os pequenos roedores, os pássaros nas alturas, enrolados sobre si mesmos, sob as pernas confortáveis, os grilos seresteiros piando, saudando a natureza que, à noite, em parte, repousa, aguardando o sol que virá despertá-la mais tarde. Assim se mantém o ciclo admirável da vida nas selvas do meu país.

As horas passaram lentas, até que o parabrisa permitiu que luzes avermelhadas inundassem a cabina. Por entre as árvores do lado esquerdo da estrada, no leste, a bola de fogo imensa começou a clarear o céu. Raimundinho foi o primeiro a perceber a presença do astro-rei, o pai da vida na Terra, chegando com seu calor indispensável. De repente deu um grito de admiração e alegria:

– Zé du céu, oia nu meiu du matu, lá longi as água dum rio. Bem qui di noite eu pensei no barulhu da água.

Por entre os troncos das árvores e das folhas aparecia um caudal esverdeado e lindo: o rio Tocantins surgia majestoso e límpido, pois, antes de dividir Goiás do Maranhão, ele caminha no interior do estado do Anhanguera, solene, distribuindo riquezas.

Zé Baiano, que dormiu apoiando a cabeça no volante, curvado para frente, sobre rede dobrada como travesseiro, levantou o tórax, esticou os braços por cima da cabeça de Raimundinho, bocejou se espreguiçando e, ao olhar para baixo, à sua direita, cruzou o olhar sonolento com os olhinhos curiosos, já despertos, do garoto. Sorriu surpreso:

– *Oh, xenti, mininu arretadu, tu já tá acordadu?*

– *Bom dia, amigu Zé. U dia vai sê lindu, vai não? Oia um riu lá nu meiu da mata, Zé.*

Com a voz dos dois, Iracema, apoiada na janela da direita, despertou sorrindo. Beijou a face direita do menino:

– *Qui noite istranha, genti di Deus, iscutei muito tempo as vóis da floresta qui num parô a noite toda. Nunca maginei qui um dia ia durmi num lugá comu esti. Nunca pensei nu mundu tinha tanta árvori grossa, tantas folha verdi. É di adimirá u qui a água da chuva faiz na natureza. Imagini, ocêis, si tivesse tanta chuva na Paraíba cumu tem aqui...*

Os dois homens abriram o mapa apoiando-o no colo de Iracema:

– *É o mesmu riu qui nóis atravessô perto di Carolina, Zé.*

De fato, era o Tocantins, com suas águas rápidas, correndo ansioso para encontrar-se com seu irmão, o Araguaia, no extremo norte de Goiás, lançando-se ambos, depois de caminharem juntos, centenas de quilômetros, no oceano Atlântico, no canal leste que contorna a maior ilha fluvial do mundo: a ilha de Marajó.

Ouviam-se os primeiros bocejos e cumprimentos na carroceria também. Pés se arrastavam no assoalho, tentando esticar as pernas cansadas de ficar na mesma posição, dobradas, para não incomodar os vizinhos que também precisavam repousar

A alegria tomou conta do ambiente. Agora, com o sol iluminando, viam-se cenas belíssimas em cores vivas. Os troncos, marrom-acinzentados, as folhas verde-escuras, os cipós em flor, tudo começava a retomar as cores da vida.

O panorama tornou-se deslumbrante. Os vaga lumes, que antes do sol raiar tinham apagado suas lanterninhas, procuravam repouso entre as folhas e gravetos no chão ou nos galhos. Estavam cansados de voar, através da noite longa. As corujas noturnas fecharam as pálpebras dos olhos inteligentes, dobraram o pescoço macio sob as asas mornas, recolheram-se às tocas e dormiram. Aguardariam a Terra girar para escondê-las novamente do sol, num ciclo admirável.

Fora da cabina, estava a cena maravilhosa, a vida exuberante e colorida, bandos, aos milhares, de borboletas, quais flores voadoras de matizes variados, tomavam água, o alimento matinal, para começar a balançar as asas ligeiras, num ritmo de dança, no dia que se iniciava, prenunciando belezas. Raimundinho sorriu:

– *Mainha, pareci qui Deus feiz us vagalumi da noiti virá borboleta du dia.*

Começou a gargalhar satisfeito.

Zé, sem dizer nada, desceu da cabine e, com a rede, capturou uma borboleta, vermelha-amarelada, com riscos azuis. Nas asas amplas tinha, de cada lado, desenhos que pareciam olhos abertos, esverdeados. Satisfeito com a presa, ofereceu-a para Raimundinho. Pegou com delicadeza o animalzinho, verdadeira pintura, se movendo:

– *Meu Deus du céu, quem pintô essa flô linda qui voa?*

O inseto delicado, na palma da mão do menino, abriu as asas, as patinhas longas entre os dedos da criança e começou a balançar, lentamente. Parecia gostar de ficar ali, na mão inerte, sobre o joelho paralisado, enfeitando a fatalidade de um acidente:

– *As asinha dela é us braçu qui faiz ela voá. Os meu tá parado, quasi sem vida. Ela veiu aqui prá enfeitá minha mão e falá qui minha mão tamém é flô da natureza, num é mainha? Será qui ela vai viajá cum a genti?*

O inseto continuou ali por longos minutos.

Iracema deu ao garoto o alimento da manhã, colocando-lhe na boca pedaços de rapadura, um pouco de melado e depois farinha, adoçada com mel, que tinham recebido na cidade onde pararam tempos atrás.

Na carroceria, alguns desceram fazendo os pneus de escada. Andavam, se espreguiçando, ao redor do veículo. O bando de borboletas, qual jardim de flores voadoras, se espantou e pousou mais além sobre um monte de terra. Enfeitavam-no, transformando o marrom-avermelhado, monótono, em pintura multicor. Qual pintor na Terra, por mais talentoso reproduziria com fidelidade, aquela cena?

O pessoal tomava a refeição matinal. A jornada ia prosseguir, através da selva, na estrada úmida, difícil e cheia de surpresas. Lá fora enorme bando de araras começou a festa ruidosa, saudando o dia. As borboletas eram lindas, porém as araras de penas vermelhas, azul-claro brilhante, verde intenso, amarelo-ouro, formavam um outro tipo de pintura. A diversidade de cores nas florestas brasileiras é algo deslumbrante.

38. Goiás coração do Brasil

O bando passou grasnando alto, em revoada rasante, como esquadrilha de aviões em acrobacia, enfeitando os céus, acompanhando a estrada, logo acima da copa das árvores, como se fosse um jardim de sonhos coloridos a misturar suas cores com o verde-escuro das folhas e as flores dos cipós desatando perfumes. No fundo da cena, o céu límpido da manhã azul diáfana.

O sol penetrando a plumagem dos pássaros, coloria-as em variados tons, se combinando. A natureza, em todo seu esplendor, se abria num sorriso colorido.

Os viajantes estavam fascinados: aquelas cenas jamais seriam esquecidas. Começada a marcha, logo pararam numa praia linda às margens do Tocantins. Os balseiros, que tinham dormido na balsa, do outro lado do rio, chegaram surpresos com a caravana. Era o grupo de viajantes mais distantes que atravessava o Tocantins, naquele ponto.

A balsa, muito pequena, servia apenas para passar carros de boi das fazendas vizinhas, alguns cavalos de boiadeiros e alguns balaios de milho e sacos de sementes de capim braquiária que começava a se adaptar às terras de Goiás. Foram obrigados a tirar toda a carga do caminhão. Zé decidiu que levariam primeiro o pessoal, depois a carga e, por último, o caminhão vazio, apenas com ele para manobrar no desembarque. Assim fizeram.

Todos de pé sobre o tablado, o vento morno e brando do planalto goiano acariciando suavemente os rostos sofridos daquela gente de fibra dava-lhes uma sensação profunda de bem-estar e alegria que se estampava nos sorrisos felizes. Raimundinho, apoiado sobre o eixo de um carro de boi que fora deixado por um carreiro no dia anterior, ia admirando a água correndo veloz. Ninguém falava, o momento era muito solene. Deveria ser aproveitado para a meditação a respeito da grandiosa beleza deste país abençoado. "O São Francisco era divino", pensavam, "o Tocantins era deslumbrante".

Chegaram à outra margem. Os balseiros, goianos típicos do interior, corações amigos cheios de bondade, carregaram Raimundinho nos braços até colocá-lo sentado sobre o eixo do carro de boi que foi desembarcado na margem. Logo voltaram para trazer a carga e, depois de outra viagem, o caminhão que continuou sua viagem na direção sul, através da Amazônia.

A floresta Amazônica é uma via-láctea que substituiu os astros por folhas, flores, pássaros, frutos, rios, lagos, cachoeiras, peixes, mamíferos de aparência magnífica. É um universo de vida estuante que deslumbra a quem o contemple.

A caravana prosseguia. A partida foi dada após o grito:

– *Prá frenti, pessoá. Brasília tá logo ali.*

Começaram a dar risadas. O motor velho e teimoso movia os pneus gastos, cheios de manchões. Após uns cinco quilômetros rodados:

– *Pára, Zé, isto é muitu lindu. Pára, homi di Deus!*

O motorista estacionou. Do lado esquerdo da estrada, árvores grossas mostravam a copa, quase sem folhas, coberta de flores de um amarelo dourado indescritível. Pareciam buquês gigantes contra o céu azul. Junto a estas árvores, ipês amarelos, ou pau d'arco, na linguagem dos nativos de Goiás, viam-se outras com várias cores. À direita, novos buquês, brancos, de um tom prateado, como tufos de algodão, contrastando com os troncos e galhos cinzentos. Eles se entrecruzavam com outros carregados de flores de cor de ouro puro, roxas, vermelhas. Os galhos cheios das flores, maiores que mãos abertas, derramavam pétalas multicoloridas, atapetando, com pinturas inesquecíveis, o chão marrom-escuro.

Alguns homens desceram do caminhão e penetravam no bosque olhando para o alto. Nos vãos, entre as árvores de três cores: amarelo-ouro, branco -prata e roxo-avermelhado, via-se o contraste com o céu-azul claro. No alto estavam o céu e as flores. No chão estendia-se o tapete, bordado pela mistura das pétalas caídas.

De repente apareceram araras, talvez as mesmas que deram vôos rasantes, espionando a peça intrusa, o caminhão, no meio da floresta. Ali elas ficaram, comendo flores e castanhas, nas árvores. Parecia que a beleza das penas dos pássaros era atraída pelas flores desatando perfumes. Ao verem os homens, as araras vermelhas, azuis, amarelas, roxas, com os olhos verdes começaram algazarra ensurdecedora. Na cabina, Raimundinho, Iracema e Zé Baiano contemplavam cenas que poucos olhos humanos já viram. Eram presentes de Deus para repouso dos olhos cansados da seca do Nordeste.

Andando entre os troncos dos ipês, viram cair fragmentos de cor cinza com o interior branco. Eram comidos com avidez pelas araras. Elas se banquetearam na festa das flores e aproveitaram o dia para comer os frutos das árvores vizinhas. A quase quarenta metros acima das cabeças dos nordestinos, bolas cinzas, quase marrons, do tamanho de mamões, algumas parcialmente abertas, dependuravam-se nos galhos. Eram essas castanhas que as araras comiam. No chão havia algumas abertas. Virgulino, um moço, provou-a:

– *Genti di Deus, vem correndu prová o que as arara tá cumendu. É uma castanha, mais deliciosa qui o côco da Bahia, quando tá duro.*

Zé Baiano saltou da cabina e para lá se dirigiu, um saco de estopa na mão. Conhecia o fruto da castanheira do Pará, em Brasília, nas outras viagens que fizera. Não conhecia, porém, a árvore. Viu que era gigantesca, ereta, solene, como monumento da natureza elevando a copa de folhas verde-escuras acima do topo das outras árvores.

Vista de cima, a castanheira chamada do Pará, mas espalhada por toda a Amazônia, parece a sentinela vigilante, alta, acima do tapete da floresta, com sua estatura gigantesca, saudando solitária nas alturas as nuvens que passam apressadas, tentando atravessar o tapete das matas singrando os ares mornos da Amazônia.

Ao redor do tronco, no solo, milhares de sólidos do tamanho de mãozinhas de crianças, as castanhas, com a casca dura, cobriam grande área. Cada árvore, num ano, chega a produzir trezentos quilos de castanhas. O fruto carnoso faz iguarias inigualáveis. Dele se extrai o óleo comestível, de muito sabor. Em bombons, cobertos de chocolate, são exportadas para o mundo todo com o nome de castanhas brasileiras. No norte, alimentam multidões de caboclos e índios que recorrem às suas inigualáveis propriedades nutritivas. É mais um presente de Deus aos brasileiros. As castanheiras, se cultivadas num alqueire de terra, produziriam mais de cem vezes o peso de proteína oferecida pela criação de gado, na mesma área.

Quem plantou tais árvores fontes inesgotáveis de alimentos? Foram os pássaros dos céus, voando longe, levando nos bicos as castanhas com as cascas duras e grossas, de formas indefinidas. Eles levam, semeando em outras terras, as árvores que nutrem homens, pássaros, animais dos mais diversos.

As sementes germinam graças à umidade das chuvas quase durante o ano todo. Um broto mostra sua face esverdeada ao sol que fecunda. Através da crosta espessa, surgem raízes finas que penetram o solo e fincam os tentáculos que, engrossando, vão, lentos e constantes, se abrindo em folhas minúsculas. Galhos tenros, se espalham quais dedos de mãos persistentes e crescem em direção à luz e aos céus, elevando-se, durante dezenas de anos, subindo e alargando-se, braços frágeis que se fortalecem com o tempo, ficando resistentes como gigantes. Desde o cerne da castanha, a semente tem ânsia de ganhar as alturas, vencendo, na competição silenciosa, as outras árvores que se cansam de crescer e param vencidas.

Depois de muitos anos, a castanheira começa a deitar flores que se transformam em bolas pesadas que, abertas, derramam os frutos, que se espalham pelo chão, oferecendo a muitos seres, companheiros na vida da selva, alimento precioso.

Dizem os nativos que as castanheiras, não têm tempo de produzir belas flores na pressa de fabricar a castanha. No equilíbrio da vida inteligente da floresta, porém, a castanheira, em festa pelo dever cumprido, roga aos ipês que enfeitem a mata, enquanto elas festejam a abundância dos frutos.

A orquestração é perfeita, nos sons dos pássaros, na combinação das cores de milhões de flores, na cadeia alimentar, nas correntes das águas, no fenômeno da evaporação, no milagre da folha que cai e se transforma em alimento para fungos, insetos e aves, num ciclo inteligente que jamais se cansa, mas continua, mantendo a vida. É a vida que vai, desde o fungo à onça pintada, à capivara dos lagos, aos peixes dos rios, aos pássaros que semeiam ao longe, como agricultores mantendo a floresta no equilíbrio delicado, fácil de se romper, mas extremamente inteligente.

Os paraibanos viram no chão, ao redor do bosque, pegadas enormes, como se fossem patas de gatos gigantes. A natureza ensinou aos animais carnívoros que, ao redor das castanheiras, outros animais vão buscar alimento. Às vezes servem às bocas famintas das onças ágeis que, se nutrindo, mantêm a harmonia entre as espécies.

A Amazônia é um presente de Deus à humanidade. A inteligência brasileira, pacífica, criativa, religiosa, deve administrá-la pelos séculos vindouros. Ninguém melhor do que nós para defender e guardar esta grandeza.

Os caravaneiros encheram três sacos de estopa, grandes, de castanhas colhidas no chão ao redor do tronco de uma só árvore. Havia várias camadas de outras, dos anos anteriores, quase apodrecidas pelo tempo.

A verdade que se mostra ali é que os pássaros e animais, mesmo aos milhares, não consumiam toda a produção e sobrava muito, de ano a ano acumulando-se. Quando se andava próximo aos troncos, os pés afundavam nas camadas, como as de pedras pequenas, que servem para forrar o chão.

Da cabina, Raimundinho avistou, do lado esquerdo do parabrisa, lá no alto, em galho grosso, dezenas de macacos grandes e alguns minúsculos – os saguis – se alimentando também. O interessante, observou, é que os maiores, de pelo negro e abundante, com suas feições quase humanas, com o topete acima dos olhos brilhantes, buliçosos e salientes, quebravam as castanhas com um pau que, duro e forte, deveria, talvez, ter sido pego no solo. Ficou maravilhado e, como acostumava fazer quando via algo interessante, começou a gargalhar:

– Mainha do céu, eles pareci molequinhus pretu, levado da breca. Oia aqueli do topetinho que quase cobre os zoinhos dele. Qui coisa mais engraçada.

Enquanto festejava a colheita, o grupo dos símios fazia uma algazarra digna de um bando de moleques peraltas das vilas brasileiras.

Talvez por travessura, já saciados, os macacos começaram jogar castanhas que retiravam, com as mãozinhas ágeis, de dentro das conchas e tentavam atingir as araras nas árvores vizinhas.

O bando começou a grasnar em revolta e, alguns pássaros, atingidos pela pontaria certeira, decidiram voar. Juntavam-se no ar estendendo as asas no azul do céu. Pareciam colcha de retalhos, em cores vistosas, drapejando ao vento, voando acima das copas das árvores sobre a trilha estreita. Iam grasnando, protestando contra os estranhos peraltas que lhes haviam estragado a oportunidade de se alimentarem. Voava longe, bem longe, o bando colorido, diminuindo no azul do céu. Pareciam agora pequenas flores multicoloridas, até desaparecerem, minúsculas, na amplidão. O som das suas gargantas fortes ia ficando cada vez mais fraco até silenciar totalmente.

A macacada pulava e gritava como se entendesse o que estava acontecendo. Como moleques de rua, os macacos, de bocas abertas, pareciam zombar das aves em fuga. Coçavam, com as mãozinhas negras, as barrigas fartas de castanhas. De repente começaram a fazer acrobacias, enrolando as caudas nos galhos, dependurando-se, balançando, batendo palmas, presos pelas caudas. Rapidamente soltavam-se e corriam sobre os galhos, como crianças correndo pelas calçadas. Era lindo de ver, um filme cujo roteiro foi escrito pela natureza. Logo mais, o bando peralta de neguinhos graciosos saiu a viajar pelos caminhos das árvores, procurando outras aventuras para se fartar de alegria. Até os animais, com seus instintos, percebem a grandiosidade da natureza da Amazônia.

Surgem, no campo visual do menino, dezenas de outras aves lindas, negras ou cinza-escuras, pousando nas castanheiras. Os bicos coloridos, longos, feito alicates, quebravam as castanhas, alimentando-as. Os tucanos, chamam atenção pela beleza, parecem pinturas de tons amarelos, negros, vermelhos, rajados, com listras longitudinais, combinando-se em cores impossíveis de serem reproduzidas por artistas humanos. Estes pássaros são mais silenciosos que as araras, mas muito dinâmicos e de apetite voraz. Atacam ninhos de periquitos, destruindo com o bico os pequeninos, sem oportunidade de defesa. A natureza presenteou o Brasil com joias voadoras de belezas indescritíveis. Araras, papagaios, maritacas, canarinhos, garças, jaburus, mutuns, uirapurus, em milhões de quilômetros quadrados, enfeitam nossa terra.

À direita da cabina, um grupo de periquitos, minúsculos, de bicos pontiagudos e negros, voejava como folhas verdes, novas, se desprendendo dos galhos na ventania. Voando juntos, descreviam no ar, acima da estrada, caminhos curvos, soltando as vozes quase cômicas, gritando enquanto voavam.

O sol já aquecia a atmosfera. Parecia que os pássaros, borboletas e outros animais captavam-lhe a energia, tornando-se cada vez mais, ligeiros, ávidos para se movimentarem

A vida nas selvas brasileiras é tão abundante quanto a das águas do sul do Pacífico ou do Caribe. Lá, vivem os peixinhos coloridos, aos milhões; aqui, os pássaros, em multidões; lá, os peixes enormes; aqui, os mamíferos gigantes, a anta e milhares de outros; lá, os tubarões ferozes; aqui, a sucuri monstruosa; lá, os peixes carnívoros controlando os seres vivos; aqui, a onça pintada, linda e traiçoeira; lá, os corais, quais seixos coloridos; aqui, as pedras semipreciosas coloridas: esmeraldas, ametistas, topázios, águas marinhas e diamantes; lá, o petróleo, riqueza imensa; aqui, o ouro em aluviões, enriquecendo a terra; lá, as rochas do fundo do mar; aqui, os minerais radioativos, apontando para o futuro, no aproveitamento da energia atômica para a paz; lá, os sargaços vegetais abundantes, com as algas, fábricas de oxigênio para manter a vida; aqui, no clima tropical, a fotossíntese das folhas verdes limpando o ar e exalando oxigênio.

Nossas riquezas são incalculáveis e são nossas. São nossas pela tradição da conquista pacífica, legítima, porque sem sangue. São nossas porque adquiridas, sem guerras, pelos descobridores, desbravadores e bandeirantes. São nossas porque nós as adquirimos por presente de Deus. São nossas porque, somente nós, brasileiros, povo pacífico, temos condições de conservá-las como recursos para a paz no mundo.

O pulmão do planeta não é, jamais foi, a floresta Amazônica, conforme pregam os interesses inconfessáveis dos países guerreiros e poluidores. O oxigênio da fotossíntese de todas as florestas da Terra é parte minúscula da produção, se comparada à produção imensa dos oceanos que cobrem três quartos da superfície da Terra. Veículos de comunicação intrusos e impiedosos visam, com dados falsos, convencer as massas que, a nossa Amazônia deve ficar sob controle internacional. Querem entregar todas estas riquezas, nossas por justiça, à sanha das garras de exploradores internacionais, causadores das guerras fratricidas, enlouquecidos por cobiça insaciável.

O pulmão do mundo é o mar, com suas algas verdes, em bilhões de toneladas. Não é a nossa Amazônia que auxilia, um pouco, o oceano imenso, na manutenção da vida equilibrada no planeta azul.

Cabe-nos preservar estas riquezas incalculáveis. Há, na selva amazônica, milhões de produtos químicos produzidos nos laboratórios da natureza que servirão para curar muitas enfermidades ainda sem solução.

Condenemos com rigor a destruição da floresta, a protetora dos animais mamíferos, das borboletas, dos pássaros, das árvores. Exploremos as riquezas, com equilíbrio, e veremos o futuro chegar seguro e tranquilo. Através da história, temos dado exemplos de conservação da natureza a outras nações. Muitas delas, ávidas, destruíram a flora e a fauna de seus países no desequilíbrio da ganância sem limites. Onde estão as florestas da Europa? A 'civilização' as destruiu. Onde estão as árvores que cobriam toda a América do Norte? Onde estão os bisões que povoaram as pradarias americanas? Nós, os brasileiros, somos o único povo do planeta capaz de administrar bem as nossas riquezas naturais. Onde estão os índios do oeste e do sul dos Estados Unidos? Foram dizimados. Em nosso país, sem preconceitos, nós fizemos dos índios parte fundamental da nossa etnia formada pelo tripé: branco, negro, índio. Nisso damos exemplo de paz, respeito humano e justiça a todos os povos do mundo.

Dirigentes de nações deveriam vir aqui aprender, com os brasileiros, como se respeita a natureza e os seres humanos. Ao invés de destruir tribos de índios inteiras, nós, brasileiros, apesar de algumas falhas, fizemos deles nossos irmãos. Ao invés de Búfalo Bill, exterminador de apaches, temos na nossa história a grandeza do marechal Cândido Mariano da Silva Rondon, com seus traços, nas feições nobres de índio brasileiro. No contato com os índios ele pregava e exemplificava: "Morrer se preciso for; matar, nunca".

O Brasil da paz, dos quinhentos anos, vai ensinando sempre. "Objetar-me-eis com a guerra?, eu vos respondo com o arbitramento", retrucou nosso Rui Barbosa, a Águia de Haia, baluarte do direito humano, na conferência de paz na Holanda.

O solo da pátria brasileira é nosso; nossa é a água do nosso subsolo; nossas são as águas dos nossos rios; nossos, os pássaros dos nossos céus; nossos são os animais das nossas florestas; nossos, os rebanhos bovinos, os maiores do mundo, que nós criamos; nossos são os peixes dos nossos rios; nossas são as riquezas do nosso mar.

O chão era tapete de flores multicoloridas. O vento, soprando leve no solo, misturava as pétalas das flores amarelas, brancas e roxas, mudando o aspecto da beleza continuamente.

A caravana seguiu. O espetáculo, filme real, continuava, colorido por tintas que só a natureza brasileira sabe produzir. Apareciam nas cenas as cores dos pássaros, maritacas, tucanos, canários, buscando os galhos das árvores frondosas, feito pinturas voadoras. Os cipós mudavam de cor, conforme a idade das flores.

Além das flores e pássaros coloridos, há fartura de frutos. Encontra-se, facilmente, a graviola, de sabor exótico que também serve para deliciosos sorvetes. Apareciam dezenas de qualidades de bananas nativas com os frutos de dezenas de aplicações. Viam-se as palmeiras do açaí, fruto pequeno, menor do que a jabuticaba, vermelho-escuro, quase roxo; contém fósforo, ferro, proteínas e muitos outros elementos indispensáveis à bioquímica humana. O cupuaçu carnoso de polpa saudável e doce é outra dádiva da floresta cujos frutos se multiplicam, às centenas. Também não são plantados por mãos humanas, mas semeados pelos bicos dos pássaros e por outros animais.

A jabuticaba selvagem, de galhos altos, com seus frutos negros, como esferas de mel, dá geleias, sucos, doces, compotas, uma infinidade de pratos deliciosos. O dendezeiro, coqueiro abundante, de cujas sementes se extraem óleos riquíssimos, de ótimo sabor, usados nas cozinhas nordestina e nortista desde o tempo dos escravos. O babaçu, palmeira linda, espalhada pelas vastas terras brasileiras, também é nativa. Produz um fruto oleaginoso com proteínas das mais preciosas, usado na alimentação e na indústria de mil maneiras. As goiabeiras, com frutos de polpa carnosa, doces, vermelhas ou brancas, fontes de vitamina C.

Vemos ainda, em quase todo o país, os cajueiros. No Norte e Nordeste, as florestas de cajueiros são dádivas de frutos perfumados que impregnam a atmosfera à época da colheita. Da polpa, fonte de muitas vitaminas, principalmente a C, faz-se ótimo suco. A castanha torrada tem centenas de usos na alimentação; compete, em sabor, com quaisquer outras castanhas estrangeiras. Quem viaja do sul ao norte, não longe das praias, nota os bosques nativos destas árvores. Alguns frutos, maiores que maçãs graúdas, artisticamente dependurados em cordões, de várias cores, enfeitam as praias do Nordeste, distribuídos pelos vendedores ambulantes, para que os banhistas matem a sede. Não há necessidade de se levar água doce às praias. Os cajus alimentam e matam a sede de multidões. A natureza pródiga do Brasil se estende nos cajueiros dos campos, nas regiões mais secas, produzindo, nos arbustos pequenos, frutos, miniaturas do caju nordestino, de sabor inigualável e perfume delicioso.

Alargam-se as opções de alimentos naturais, no jatobá, árvore nobre, de madeira perfumada, resistente, usada em construções variadas. O fruto, qual amendoim gigante, maior que uma banana bem grande, contém, dentro da casca dura, massa e pó que cobrem as sementes. É um tipo de farinha, muito nutritiva, que serve de alimento aos homens e animais da floresta.

A lista é longa, quando consideramos as espécies de bananas selvagens, espalhadas pelas florestas. As bananas têm sabor dos mais delicados, junto a um perfume delicioso.

Há ainda os suculentos limões selvagens, nas florestas e nos campos, produzindo sem qualquer interferência do homem, dando um suco saboroso, colorido e abundante. É mais outro prêmio ao homem brasileiro.

Ainda na Amazônia, nos estados de Mato Grosso e Goiás, nos campos e cerrados, existe uma planta, bem brasileira, no sabor e no aspecto. É o pequi, árvore nativa, que enfeita nossos campos. Seu fruto é transformado em licores, cujo perfume, de flor selvagem, supera qualquer outro licor. O fruto pode ser cozido, o arroz, em quitutes, em receitas inúmeras, oferecendo delicioso sabor natural.

Há, ainda, os mais variados tipos de amoras silvestres, roxas, verdes, amareladas, vermelhas. Existe o fruto chamado jambo, cheirando a rosas, com sabor especial adocicado e macio. Os coqueiros, de várias espécies, produzem frutos doces, alguns amarelados, de polpa semelhante à geleia, já pronta, feita pela natureza.

Aparecem os ingás, vagens doces, à beira dos rios e lagos. São comidos pelos homens e, quando na beira das águas, ao cair, servem de alimento para os peixes que aumentam a população pela abundância de comida. Também se encontra, nas florestas, o veludinho, arbusto gracioso, que produz pequenas esferas vermelhas, cobertas de cascas aveludadas, cheias de líquido adocicado. Serve de alimento para os pássaros e para o homem. Também perfumado, é fruto delicioso. A azedinha, fruto amarelado, suculento, fonte de vitamina C, dá sucos excelentes.

A mandioca ou macaxeira, tubérculo radicular, produz espécimes pesando vários quilos, é tão rica quanto o trigo. Produz farinha muito nutritiva que alimenta milhões. No nosso clima, um pé de mandioca produz muito em apenas quatro meses. Plantá-la é muito fácil. Pedaços de um galho, enterrados rasos, com o bico do sapatão, como dizem alguns nordestinos, produzem em pouco tempo. Da mandioca se faz a farinha, polvilho, bebidas, dezenas de tipos de bolos, quitutes e outros alimentos variadíssimos. As folhas da planta, secas à sombra e pulverizadas, fornecem dez vezes mais cálcio, ferro, vitamina A, proteínas, niacina, vitamina B que igual quantidade de leite de vaca. Os índios se alimentam da mandioca desde séculos antes do descobrimento.

Analisando-se todas essas riquezas naturais, temos que ser otimistas e gratos à natureza que nos presenteou, ricamente, em todos os setores.

39. Paz, a garantia da abundância

O Brasil é a terra da abundância, de produtos que se renovam a cada estação! O verdadeiro tesouro é o solo que produz constantemente. A riqueza sólida, perene, é aquela baseada na produção vegetal que é renovável.

Temos aqui, também, a mamona, planta nativa, espalhada no país inteiro. Cresce nos terrenos abandonados nas cidades, nas matas, nas áreas mais quentes, na floresta Amazônica, na mata Atlântica. Suas bagas, dependuradas em cachos, são verdadeiras fontes de substâncias químicas, com produtos que não encontramos nos minerais. Seu óleo serve para lubrificar motores, a altíssimas temperaturas, sem perder a viscosidade. Na industria é matéria-prima para plásticos e diversos tipos de artigos parecidos com a borracha.

Na selva ainda encontramos o maracujá, de propriedades curativas, com seus frutos pequenos, extremamente doces, amarelo-ouro. Há outras espécies, como o marcujá-açu, com frutos pesando até cinco quilos, o maracujá-azul e dezenas de outros tipos, cada qual com suas características. Todos, porém, têm substâncias naturais, com efeito, às vezes, melhor que muitos tranquilizantes, com vantagem de não viciar nos seus efeitos calmantes.

Os caravaneiros pararam em uma curva da estrada para se alimentar. Bem próximo, viram umas moitas. Chamou-lhes atenção o perfume das folhas. Era a erva-cidreira. Alguns que amassaram pedaços de folhas, surpresos com o perfume, tiraram mudas para levá-las.

Logo à direita, em tronco meio apodrecido, acharam colmeia de abelhas minúsculas, trazendo pólen para fabricação do mel. Zé Baiano pediu para Virgulino pegar um pote de barro. Ali colocaram mais de vinte quilos de favos, cheios do líquido agridoce, escuro e perfumado, o mel da abelha jataí.

Da cabina, Raimundinho notou um animal estranho:

– Oia, mainha, qui bichu mais isquisito. Tem fucinho cumpridu, pelu cumpridu, parece uma toalha de fius caídu nas costa balançandu quandu anda. Ve lá, genti, as patinhas da frente é pequena. Oia as unha du bichu. Ele caminha di cabeça baixa. A língua pareci pedaçu di couro finu i cumpridu prá trançá laçu.

Era o tamanduá-bandeira, que anda caçando formigas, com sua língua filiforme que coloca nos orifícios dos formigueiros para captar os insetos. Ele fica próximo às colmeias que atraem as formigas. É uma cadeia alimentar: as abelhas produzindo o mel, o mel atrai as formigas, nutrindo os tamanduás.

O mel foi facilmente colhido, com as mãos sem qualquer proteção, já que as abelhas jataí não são agressivas como as africanas. Agora o líquido perfumava o ambiente, com cheiro de frutos da selva.

O pote foi colocado na traseira da carroceria, bem protegido por panos dobrados, que serviam de almofadas. De um lado, o cheiro do mel, do outro, o odor característico da erva-cidreira.

Ao longe, acompanhando o curso do regato que penetrava região de campos, estendiam-se alamedas de árvores elegantes, os buritis, palmeiras alegres a abanarem as folhas largas ao perpassar do vento, parecendo saudar os nordestinos. As palmas largas e resistentes são usadas como no Nordeste, para a cobertura de residências. Fazem um ambiente ventilado, agradável, muito saudável, porque natural, que dura muitos anos. Os índios de Goiás usam-nas nas construções das suas ocas. São habitações coletivas, com aeração e iluminação naturais, protegendo os moradores durante todo o ano. Tudo é construído pelo instinto natural e pela cultura transmitida oralmente às gerações. Poucos arquitetos produziriam atmosfera mais agradável do que os índios, nas tabas, com as folhas do buriti.

A caravana seguia lenta, na precariedade das estradas pioneiras, feitas pela valentia de caboclos, filhos das cidadezinhas perdidas nos confins do estado de Goiás.

Três horas da tarde, o dia era cansativo. Os corpos dos viajantes estavam empastados de suor, calor e umidade. Zé Baiano, vendo o abismo à frente, freou rápido. Buraco enorme atravessava a estrada, numa região de campos. Naquela área, talvez por causa do solo, a vegetação era rarefeita.

Montes de terra vermelho-escura, quais vasos grandes emborcados no solo, os cupinzeiros, estavam semeados por todos os lados. Eles se concentraram na beira da estrada, formando saliências bem próximas umas das outras. As chuvas da estação fizeram sua parte, ao cavar o buraco que atravessava o caminho, com boca aberta de mais de cinco metros de largura por uns oito de profundidade. A estrada era deserta, raramente passavam veículos por ali. A máquina parou, impossível continuar. Precisariam fazer uma ponte ou pinguela resistente para o caminhão atravessar.

Zé Baiano, preocupado, chamou dois homens para avaliar a situação. Desceram, margeando a vala. Nas beiradas, outros buracos impediriam o desvio do veículo, se tentassem. Não havia outros meios para a travessia, a não ser uma ponte rústica.

Um grupo de homens, saiu à procura de árvores fortes, de troncos retos, para suportar o peso. Deveria ser madeira fácil para carregar, estivesse perto da estrada e fosse longa para se apoiar, com segurança, nas duas margens da vala. Acharam logo uma aroeira reta, com galhos apenas na parte superior da copa. O diâmetro, pouco mais que as dimensões da coxa de um homem forte, facilitaria o transporte até a borda do buracão. Com machados e serras, cortaram uma tora de uns nove metros.

Raimundinho, tirado da cabina, colocado à sombra de árvore à beira da estrada, ali ficou observando o trabalho. Quando caiu, a árvore de dez metros de altura, madeira pesada, fez um barulho tremendo. A copa violentamente bateu no solo, quebrou com estrondo inúmeros galhos. O mocinho gritou de alegria.

Tendas de couro foram armadas à beira da estrada. Tudo indicava que ali passariam a noite, pois o tronco, um só, tomou mais de três horas para ser derrubado e limpo. Com cordas amarradas à extremidade mais pesada e ao eixo do caminhão, conseguiram trazer a madeira junto da vala. Agora, com a parte mais grossa apoiada no chão levantariam a extremidade mais fina e a derrubariam, atravessando o buraco. Era a primeira coluna, de muitas necessárias para segurar o veículo. Antes do anoitecer, outro foi colocado ao lado do primeiro.

Juventino, moço esperto de vinte e cinco anos, atravessou a pinguela e, do outro lado à direita do caminho, procurava outras árvores adequadas.

De repente, saíram da moita, dois animais rápidos, grandes como bezerros, correndo graciosos, sentindo-se ameaçados pelo caminhão. Deslocavam-se com as pernas rápidas que pareciam ter asas. De cor marrom-claro, chifres pontiagudo, que se subdividiam artisticamente, saindo da cabeça, do macho, como um candelabro alto eram sua defesa. A fêmea era elegante, esquia como gazela ágil, corria com as orelhas se movimentando para frente e para trás, tentando captar algum som de perigo. As patas delgadas, espertas, robustas levaram o casal de veados galheiros para dentro do bosque, saltando, graciosos e leves.

Brasil de fauna rica, de flora abundante, de rios deslumbrantes, de mares verdes, de solos abençoados. "A natureza aqui, perpetuamente em festa, é um seio de mãe a desdobrar carinhos".

A passagem ficou pronta, já era quase meia-noite. Trabalharam, com o claro da lua, na noite estrelada. Logo ao amanhecer, após ligeira refeição, o motor começou a girar movimentando os pneus velhos. Passaram sem dificuldades.

Mais adiante, os viajantes encontraram áreas de campo, com árvores baixas. Havia, porém, um acúmulo de palmeiras de vários tipos. A Amazônia tem árvores gigantescas, mas, talvez pela diferença na química do solo, às vezes quebra-se a monotonia no paraíso luxuriante, surgem áreas de campos, onde crescem árvores pequenas e diferentes. Ali estava esse fenômenos natural, muito interessante. Parecia que a natureza quis fazer um viveiro de espécie determinada para embelezar a paisagem.

Ali havia palmeiras de até doze metros de altura, algumas produzindo os cachos do açaí, outras dando babaçus e macaúbas, sendo comidas por pássaros, às centenas, em algazarra.

Ao longe já se ouvia as vozes de araras, maritacas, periquitos, pequenos, grandes, ágeis, lerdos, os mais diversos tipos de maquininhas biológicas, lindas e diferentes, enfeitando a cena com suas plumas coloridas e vozes estridentes. Refestelavam-se com os frutos das palmeiras, os barulhentos.

Os tucanos, de bico amarelo e preto, ficavam mais afastados dos psitacídeos, comendo avidamente os frutos, oblongos e amarelos, redondos e avermelhados, alguns marrom-claros, com casca lisa, bem dura, e polpa amarelada que alimentavam todos os animais ali presentes.

Ao chegar quase ao centro do viveiro, o motorista parou sob a sombra das folhas abertas, das palmeiras. No ar, voavam centenas de pequenos pássaros, tucanos, papagaios... No solo, dezenas de animais roedores: preás, rápidas, de orelhas graciosas, balançando, à procura dos sons da natureza, coelhos selvagens; alguns porcos-espinhos, com seu aspecto agressivo, os pelos substituídos por farpas. Mais adiante, em árvore desgalhada, entre as palmeiras, dezenas de jaburus, aves enormes, de bico grande, pescoço deselegante, pernas cobertas, como botas protetoras, de ceratina rígida, de cor negra e branca. Também chamado de tuiuiú, faz ninhos muito curiosos, como sacolas dependuradas nos galhos, bolsas de até sessenta centímetros de comprimento, cilíndricas, com até trinta centímetros de diâmetro. Ali, no interior, forrado, por penugens delicadas, os filhotes se protegem. A temperatura agradável dentro dos ninhos os abriga do calor excessivo e das chuvas constantes. Preferindo as margens de lagos e rios, os jaburus são pescadores excelentes.

Da cabine, Raimundinho observava aquele jardim botânico natural, fonte de alimentos, onde animais tão diferentes se reuniam para festejar, juntos, a beleza da vida.

Próximo ao tronco de uma palmeira, um pé de primavera, totalmente em flores vermelhas, oferecia alimentos adocicados para inúmeros colibris que batiam as asas rapidíssimas, pairando no ar, enquanto os bicos longos e finos sugavam a corola das flores. Só naquela trepadeira coberta de flores, enlaçando a palmeira, havia dezenas de beija-flores de variadas cores, tamanhos e formatos. Apareciam os azuis-claros, com listras brancas, de bico longo, asas pontiagudas, os avermelhados de cabeça amarelo-ouro, bico branco e curto, os azuis-escuros, maiores, com bicos fortes e longos, todos voejando rápidos ao redor das flores. Era sinfonia de cores e movimentos que deslumbrava os olhos do menino.

Já era hora do almoço. O pessoal começou comer castanhas-do-pará, quebrando-as com paus sobre a tora caída próxima. O mel da abelha jataí, misturado à castanha, resultava um sabor delicioso.

Entre uma touceira de palmeiras altas, uma árvore de copa arredondada, folhas verde-claras, aproveitava a luz abundante para encher-se de frutos roxos, parecidos a pequenas pontas de dedos, a superfície cheia de minúsculas esferas suculentas.

Um dos paraibanos que viu a árvore saltou da carroceria e foi colher as frutinhas que pendiam dos galhos finos vergados sob o peso de produção abundante. Eram as amoras selvagens, muito doces. Zé Baiano, ao provar uma delas, entusiasmou-se

– Genti di Deus, vem cá e colhi tudas essas frutinha. É muito doce.

Desceram rápido. Puxavam os galhos dobráveis, enchiam as mãos, colocando punhados na boca. Logo, mãos, rostos, lábios, narizes estavam pintados daquela cor púrpura. Era cômico vê-los rindo uns dos outros do aspecto bizarro que o corante lhes dava. Um pote de barro foi separado para as amoras. Porém, logo ao lado da árvore frondosa, notaram outra parecida. Nesta, porém, as frutas eram de amarelo-esverdeadas, também muito doces e suculentas. Algumas, pela polinização cruzada feita pelas abelhas, apresentavam listras roxas. Quando se aproximavam das árvores, os viajantes espantaram bando de pássaros que se banqueteavam com as frutas, alguns periquitos, papagaios e dezenas de sanhaços e pintassilgos.

Escutou-se ruído diferente, como um martelo ritmado contra a madeira dura. Era um pica-pau, no trabalho de preparar um ninho, no cerne do tronco para a proteção da prole.

Parecia que a natureza preparara aquela área, com palmeiras, semeando no meio algumas árvores frutíferas, para alimentar milhares de seres vivos que mantinham o equilíbrio da vida. Olhando longe, Raimundinho gritou:

– Oia, mainha, outra veis aqueles bichos de pernas tortas e cumpridas, andando desengonçadu balançando o pescoço torto e cumprido.

Eram as emas, num bando de mais de cem, caçando alimento, raspando o solo sob as palmeiras, comendo frutos derrubados pelos pássaros que ficavam nos galhos altos. Felizes, rindo, todos manchados com as tintas das amoras, os caravaneiros subiram à carroceria.

Zé Baiano, olhando-se no espelho retrovisor, desatou a gargalhar:

– A fruta roxa pintô nossas cara iguar dos paiaços de circu. Tá muito lindo. Qui terra maravilhosa; essa natureza dá prá nóis tudo sem a genti pidi. Qui Pai bondoso nóis tem, genti di Deus.

Deu partida e a caravana seguiu.

Após uns dez quilômetros, numa curva à esquerda, viram uns homens seminus, fortes, baixos, atarracados, cabelos lisos, compridos, olhos orientais de um negro vivo, brilhante.

Zé parou, olhou admirado e perguntou:

– *Quem é oceis, genti boa?*

Um deles, semiaculturado, falava português que, com boa vontade, se podia entender.

– *Nóis é os índio, dono dessas terras todas. Nóis chegamu aqui antes dos branco, somu os donos da terra.*

Deixando de lado o arco que carregava, com algumas flechas na mão, começou a conversar. Ao ver Raimundinho, o índio que parecia o chefe do grupo de onze sorriu largo e, apontando o menino, começou dar gargalhadas como outra criança. O garoto não gostou daquilo, que lhe parecia falta de respeito, e baixinho falou à Iracema:

– *Mainha, será que esse home esquisito tá caçoando de mim pruquê eu não mexo as mão?*

Ela penalizada retrucou:

– *Não, fio meu, ele tá contente pruquê ocê é mininu i ele gosta di criança.*

Os índios gargalhando alto, cercaram a cabine. O mais forte, o chefe, estendeu a mão com um jatobá enorme para o menino:

– *Eu gosta de mininu branco. Pega.*

E riu mais ainda como se estivesse vendo algo muito especial, como se lhe fora um novo amigo.

– *Pega, minino.*

Iracema e Zé explicaram que os braços não funcionavam. Ele logo entendeu. Virou-se para os outros, que já se empoleiravam no estribo e no cofre do caminhão, falou algumas palavras, suficientes para fazê-los parar de rir e franzir a testa numa expressão de pena. Os olhos dos índios, buliçosos e alegres, se entristeceram. Um deles virou-se, correu ligeiro entre os arbustos e desapareceu. Voltou, depois de minutos, com um filhote de papagaio, pequeno, verde, com as penas em desalinho. Colocou-o no ombro direito de Raimundinho. Começaram novamente a gargalhar. Raimundinho abriu-se num sorriso. A linguagem do amor, apesar da cultura diferente, fez a amizade entre eles.

Os índios mostraram, por sinais, onde viviam. Queriam que fossem passar a noite na aldeia. Carregariam o menino no meio do mato.

Seria muitu interessanti – disse Zé Baiano. As cenas do descobrimento se repetiam entre dois grupos formadores do tripé da 'raça brasileira'.

Nas costas da Bahia, em Porto Seguro, aos 22 de abril de 1500, um índio, vendo a aproximação das caravelas, no atol da Coroa Vermelha, lançou-se ao mar para recepcionar os descobridores portugueses. Já na praia, pacífico e bom, forte como criança inocente, abraçou os estrangeiros, saudando-os.

Quatrocentos e cinquenta e nove anos depois, no centro do país, na selva Amazônica, a cena se reproduzia. A matéria que faz o sentimento chamado amor era a mesma. Seu nome, agora, era fraternidade, atração que une, num só, os corações de três raças: o índio, o negro e o branco, principais formadores de uma família chamada Brasil.

Os índios de um lado, os paraibanos do outro, atravessavam picadas que os levariam à taba. As mulheres andavam satisfeitas com as novidades. Até a velhinha cega estava feliz. Suas passadas demonstravam seu estado de espírito. Caminhava apoiada nos braços dos filhos.

À frente, o chefe que viveu, algum tempo, em contato com catequizadores da Funai, conhecera, pessoalmente, o grande brasileiro, protetor e advogado dos índios brasileiros, o notável Cláudio Vilas Boas, cuja vida foi um hino à grandeza humana, através do seu trabalho e estudo dos nossos irmãos indígenas. O índio, Curiti, seu nome, aprendeu então um pouco de português que lhe permitia comunicar-se com os viajantes.

Ia à frente, com seu peito largo, ombros fortes, braços musculosos, carregando na mão direita algumas flechas e, no peito, obliquamente, levava dependurado um arco artisticamente trabalhado. Caminhava decidido, mas controlando seus passos pelo andar dos mais vacilantes e fracos do grupo. Os silvícolas se intercalavam na fila para proteger os visitantes, no caso de algum perigo.

A selva Amazônica é um paraíso, porém é necessário se tomem as precauções para se sobreviver num ambiente estranho ao homem, principalmente ao branco.

Na cauda da fila, dois índios fortes caminhavam atentos. O último amarrou, na cintura, galhos que iam varrendo o chão, conforme ele caminhava. Era para evitar o ataque de alguma onça pintada que, saltando traiçoeira, atinge o último da fila. O golpe é sobre as costas dos animais ou do homem. Ela ataca com suas unhas e dentes, verdadeiras navalhas, primeiro a nuca da vítima, para depois, com as garras escondidas sob os pelos das extremidades das patas, distender a coluna vertebral para expor mais o pescoço da vítima, matando-a.

A onça pintada, elegante, é o leão da América do Sul. Seu porte, porém, é mais belo, seu andar e seu salto muito mais atraentes do que o do rei dos animais. O couro da onça pintada tem desenhos que impressionam pela combinação: motivos geométricos que, além de auxiliá-la a se camuflar, lhe dá um aspecto algo misterioso.

Outro perigo, quando caminham pelas bordas dos rios ou lagos da Amazônia, é ser atacado pela sucuri, que vive junto à água. Consciente de tudo isso, Curiti ordenou a sequência da fila.

Passaram por um cajazeiro, árvore imensa de galhos abertos, quais colunas de cimento. A árvore deveria ter mais de cem anos, seu porte lembrava uma nave de catedral. Sua copa alta, os frutos dependurados pareciam candelabros, enfeitando-a, às dezenas, grudados aos galhos vigorosos.

Já estavam a mais de dois quilômetros do caminhão que ficou estacionado, solitário, na sombra da floresta, quando chegaram ao cabazeiro.

Raimundinho ia carregado por Zé Baiano, no lado direito, segurando os paus atravessados sob o gesso dos ombros e sob o tronco, enquanto Virgulino carregava-o no lado esquerdo. O menino ria feliz. Para completar a cena, o filhote de papagaio, sobre o ombro esquerdo do menino, ia balançando no ritmo do andar. As pernas e braços do menino balançavam soltos, conforme os homens caminhavam.

Ao penetrar sob aquela abóbada, pararam para descansar. Um dos índios pulou para cima, alcançando a extremidade do galho que pendia a quase dois metros do solo. Com destreza de malabarista da selva, segurando firme com as duas mãos, nos galhos e folhas, dobrou-se sobre si mesmo, jogou os pés para trás, por cima da própria cabeça, firmou as pernas cruzadas, prendendo o galho, e, feito um macaco, ágil e leve, chegou no alto da árvore.

Logo após, caminhava, sem o apoio das mãos, sobre um galho grosso. À sua frente uma fruta no ponto exato para ser comida. Firmou os dois pés num galho e, com as mãos abertas, apertou o fruto graúdo, girou-o até que o talo se quebrasse. Ele se portou como acrobata andando em corda bamba, segurou o fruto e continuou a andar sobre os galhos, até atingir a extremidade. Soltou a mão esquerda, enquanto a direita segurava o fruto; soltou o corpo no ar e, dependurado pela mão esquerda, ficou se balançando próximo ao solo. Na copa, bem alta, um bando de macacos comia outros frutos, jogando os caroços sobre as cabeças dos visitantes. Era uma gargalhada geral.

Raimundinho estava surpreso com tantas novidades. Admirado, via o índio se balançando, seguro apenas pela mão esquerda. Ficou ali uns cinco minutos como se o peso do corpo nada lhe significasse. Soltou-se, caindo sobre as pontas dos pés, num grito que parecia o urro de animal selvagem. Enquanto todos riam, ele abaixava, curvando-se, como artista pedindo aplausos.

Raimundinho ria feliz. Eram momentos de paz durante a viagem difícil que lhe parecia interminável. Pensou no pai, em Brasília. Os olhos se nublaram de lágrimas. Isto acontecia toda vez que a figura paterna lhe surgia na lembrança.

O índio saltou rindo, com o peito marcado, na pele, pelas saliências da casca da árvore. Com carinho, curvou-se diante da velhinha cega, segurou próximo a ela o fruto cheiroso, colocou-o nas mãos, talvez como prêmio pela coragem de atravessar a floresta. Ele ria como menino amoroso agradando a vovó querida. Ela estendeu a mão, acariciou o fruto que via com dificuldade, sentiu-o áspero, aspirou-lhe o perfume e abriu-se num sorriso cheio de amor maternal. Era o afeto, à moda brasileira, tocando corações.

40. DA SENZALA À ALMA DA NAÇÃO[1]

Nossos índios sempre foram mansos, ao contrário dos furiosos e vingativos de outros países. O Brasil, desde suas origens, foi planejado para ser a pátria da paz.

O cruzamento das três raças formadoras da pátria brasileira utilizou gente pacífica. Além do indígena, os negros escravizados quase nunca agrediram. Houve, apenas, alguns pontos de resistência, em poucos quilombos. O negro jamais se revoltou, desde as selvas da África.

Dali foram, retiradas, à força, no holocausto verdadeiro, mais de trinta milhões de pessoas. Os filhos eram arrancados dos braços das mães; as esposas, da companhia dos maridos; os irmãos, jovens, arrastados violentamente da presença dos familiares. Crianças eram expulsas, como aves implumes, do ninho da família para serem vendidas como animais de carga. No seio das coletividades cheias de amor, na África, o sofrimento era de cortar o coração.

Apesar de vítimas do comércio hediondo, poucos negros se rebelaram. A humildade é, neles, um sentimento natural. Parece que os escravos adivinha-

---

[1] As informações deste capítulo sobre a formação do povo brasileiro refletem com precisão a ingenuidade com que o assunto era compreendido pela elite brasileira, nos chamados anos dourados. Essa visão surgiu de uma interpretação equivocada de textos de autores renomados na época, como Gilberto Freire e Sérgio Buarque de Hollanda: "A cordialidade, a lhaneza no trato, a hospitalidade, a generosidade, virtudes tão gabadas por estrangeiros que nos visitam, representam um traço definitivo do caráter brasileiro..." *(Raízes do Brasil,* 1936*)*. Atualmente, a vertente predominante do pensamento acadêmico reconhece a maneira violenta com que o europeu invasor massacrou as populações aborígenes brasileiras, levando-as quase totalmente à extinção, e oprimiu o imigrante negro, trazido com o único e cruel objetivo de converter-se em mão-de-obra escrava. Um verdadeiro genocídio. Em reação, ocorreram violentas ações de revolta, frequentemente omitidas pelos documentos de época. Por outro lado, houve também fantásticas experiências de resistência pacífica, prenunciando uma forma de ação política bastante complexa, cuja expressão máxima foi o ativismo político de Gandhi.

vam a missão que o negro teria na formação da 'raça brasileira'. Talvez esta sensibilidade dos africanos tenha forjado a humildade e a paz que enfrentavam a chibata cruel. Raça alguma, na Terra, enfrentou, com tanta força moral, o sofrimento prolongado, por séculos.

Os negros colaboraram muito na formação do povo gentil e bondoso, emprestando à civilização brasileira suas características psicológicas de meiguice e sabedoria pacífica. Eles deram aulas de amor, na beleza da maternidade da mãe preta. Amamentando os filhos dos senhores brancos, ela respondia à injustiça dos europeus, que, na África, à força lhes retiravam os filhos dos seios.

A 'raça brasileira', fisicamente, também recebeu a força da raça negra. Nós formamos para o futuro um repositório de genes carreando traços de uma estirpe nobre que, no porvir, influenciará o destino de muitos povos do planeta.

O Brasil é talvez o único país do mundo onde a ausência de preconceito favorece os casamentos interraciais. Assim, a 'raça brasileira', com todas as combinações genéticas, imunologicamente, também desenvolve seres humanos especiais.

Muitas doenças características dos negros, são modificadas pelos cruzamentos entre os diversos povos. Assim também as raças europeias, claras, mais sensíveis ao câncer de pele, com a combinação racial, terão mais melanina que lhes dá a beleza e a proteção da cor.

O índio entrou também na nossa genética, interferindo na psicologia e no porte da raça. O silvícola, pacífico, transfere o amor à natureza para o agricultor brasileiro, principalmente ao caboclo dos nossos sertões, no norte e no oeste do país.

Este cadinho de povos dita-nos um futuro dos mais promissores. Ficaremos, todos nós, mais fortes, mais morenos, mais protegidos pela natureza. Os descendentes dos louros do sul se adaptarão melhor ao clima tropical.

O povo africano que veio ao Brasil contribuiu muito com nossa cultura. A África, conforme Castro Alves, filha espúria da injustiça, na sua história, não tem manchas de guerras contra outros povos. É o continente oprimido.

A América e a Europa produziram lutas longas e sangrentas que espalharam dor e sofrimentos atrozes no mundo todo, através dos séculos. A África, humilde, porém, escreveu ao mundo uma história de amor.

O índio e o negro se curvaram, como o arbusto no seio da tormenta para não ser quebrado pela força da tempestade. Dobraram-se, humildes e, mais tarde, formaram a 'raça brasiliana', interferindo, com o amor, dentro dos lares, nos costumes, nos alimentos, no idioma, na música, enfim, no ser humano.

Os caboclos descendentes dos nossos índios trazem a força da raça no amor desta terra, que caracteriza nosso silvícola. Por isso surgiu o amor do nordestino à terra natal. "Só deixo o meu Cariri no ultimo pau-de-arara", diz uma canção. "Quando o verde dos teus olhos se espalhar na plantação, eu te asseguro, não chore, não, viu, que eu voltarei, viu, meu coração", canta outra. Os caboclos nordestinos só deixavam suas terras quando expulsos por condições climáticas rudes e cruéis, como as secas catastróficas dos anos cinquenta.

Eu tinha o sonho de levá-los de volta à terra natal, após a construção de Brasília, desenvolvendo projetos agropecuários. Seriam cinquenta anos de produção, em cinco de governo, voltados à agricultura. A meta principal era fixar o homem para produzir, em sua propriedade, mantendo a família. Ele exportaria, além das suas divisas, alimentos e bens de consumo excedentes para enriquecer o país, como um todo. Planejei, com isso, evitar o crescimento antinatural das megalópolis, socialmente inviáveis.

Fixando o homem ao campo, resolveríamos problemas graves que a superpopulação causa no equilíbrio psicológico e social do povo. Obrigado a viver nas selvas de pedra, as cidades gigantescas, o ser humano se desarvora. Eu sonho com cidades pequenas, espalhadas pelo Nordeste. Os agricultores, com todo o conforto da tecnologia, nas suas próprias terras; os filhos, nas universidades das cidades maiores, ganhando conhecimentos técnicos para aplicá-los no campo ou mais além, difundindo o desenvolvimento.

Percebendo a frustração dos nordestinos retirados do seu ambiente natural, eu sonhei levá-los de volta às origens, pagando-lhes, com o reconhecimento de toda a pátria, o trabalho inestimável que prestaram à nação, na construção de Brasília.

Valorizemos os milhões de operários do Nordeste que construíram, também, as pirâmides modernas, os edifícios deslumbrantes de São Paulo, Rio, Curitiba, Belo Horizonte, Porto Alegre.

O nordestino, povo trabalhador, desenvolveu à custa do suor e das mãos calejadas, até no estado do Acre, o ciclo da borracha. As migrações enormes nos garantiram a posse, pacífica, daquele estado riquíssimo. Eles se adaptaram também no Norte.

Este era meu sonho: os empresários do sul, de ascendência europeia, desafogando as metrópoles gigantes, partiriam para o norte, ombreando-se aos nortistas e nordestinos, formariam a civilização economicamente forte. A riqueza, distribuída igualmente por todas as regiões do país, nos faria uma sociedade mais justa, com melhor nível de vida para todos. Evitaríamos assim, na distribuição mais homogênea da população trabalhadora, as cidades gigantes, quase inabitáveis. Teríamos fábricas produzindo na Amazônia e no Pará, fontes de matéria-prima, democratizando a riqueza. Isso diminuiria a preocupação, que sempre tive, com a nossa Amazônia, presa eterna da cobiça imoral de abutres econômicos de outros países.

A população, mais distribuída, nos daria mais segurança na posse da terra, que moral e legalmente é nossa. Esses pensamentos, fruto do meu profundo amor ao Brasil, me acompanham pela vida toda.

Ali na selva, nas trilhas entre as árvores, o grupo dos nordestinos se aproximava da aldeia. Zé Baiano, Iracema, ao lado de Raimundinho, levando o loirinho. Ele, alegre e buliçoso, fazia algazarra, andava no ombro paralisado do jovem paraibano.

O menino seguia carregado na sua armadura de gesso já marrom pelo manuseio, pó e suor. Felizmente, a armadura ainda estava firme, protegendo a medula ferida do menino.

Após uma curva, à esquerda da trilha estreita, surge a aldeia, numa clareira da selva. Alguns animais domesticados, como macacos, araras, papagaios, fizeram barulho com a chegada dos visitantes.

Macacos, companheiros das crianças da taba, saltavam do chão para o ar, dando cambalhotas, saltos mortais para trás, enrolando-se nas cordas de cipó que os seguravam. Uma arara azul pulava e voava baixo, no rumo dos que chegavam. Um veado mateiro alimentado por um indiozinho, com pedaços de mandioca, começou a escalavrar o solo com os cascos traseiros, fungando alto, como se enfurecido com a chegada dos visitantes. O menino pegou-o pela orelha, como um boneco de pelúcia, levou-o junto do povo que chegava à área ampla, limpa e sombreada.

Os nordestinos fizeram um círculo. Os meninos da tribo, alegres como pássaros, estimulados pelos visitantes inesperados, mostravam-lhes os animais de estimação, rindo contentes. Um garoto pulou no lombo do veado mateiro. O animal brincalhão começou a saltar, tentando derrubá-lo. Amansado desde pequenino servia de montaria, para pequenas jornadas, nas brincadeiras infantis. Macaquinhos saguis, minúsculos, rápidos como colibris, subiam e desciam, nos ombros e nas cabeças das crianças, brincando. Raimundinho e os adultos riam gostosamente quando os animaizinhos, com olhinhos buliçosos e inteligentes, raspavam com delicadeza a cabeça das crianças. Elas gargalhavam felizes.

Uma menina surgiu carregando no ombro uma arara vermelha que grasnava ruidosa, conforme a garota se movia. Um mocinho apareceu carregando nas costas um bugio, negro e enorme. Raimundinho admirou-se:

– *Mainha du céu, esse bicho pareci genti. Oia a carinha dele. As mãozinhas é iguá di genti grandi. Qui coisa bunita.*

O filhote de papagaio, no seu ombro, grasnava provocando o macaco para uma brincadeira.

Os viajantes estavam admirados com as novidades que seriam inesquecíveis. Havia muita coisa para o nordestino ver, no mundo novo da selva Amazônica. Um universo se abria aos visitantes. As crianças brincavam, alegres, querendo mostrar aos visitantes tudo o que tinham, tudo o que sabiam, na algazarra cheia de bondade, ingênua e pura.

Verdadeiro zoológico domesticado foi apresentado. Até enorme cobra apareceu no meio da roda, enrolada no peito de um menino de uns oito anos. Ele a carregava dependurada no corpo, com muita dificuldade, de tanto peso. Quando ele surgiu, assustou os paraibanos que pensaram tratar-se de um filhote de sucuri, que conheceram, quando engoliu a capivara à beira do lago, à vista de todos. Era, porém, uma jiboia.

Zé Baiano, espantado, falou a Curiti, o chefe:

– *Esse bichu é du diabu. Mata ele, sinão ele podi matá u minunu.*

– *Jiboia é nossa amiga, a sucuri é pió inimiga. A papa-capivara é cheia du demôniu. Jiboia caça rato e animal qui destrói cumida.*

Aí todos se acalmaram. As crianças começaram a brincar com o réptil como se fora um cachorrinho amestrado. Enrolavam-na no corpo, caíam no chão, rindo, com ela sobre barriga, faziam-na como se fora um cinto, enfim, uma algazarra inesquecível.

Os meninos da caravana, encorajados, chegaram tocar nas costas da cobra, acariciando-a. Ela, como se sentisse mãos estranhas, aquietou-se, esticou-se no solo, curvou a cabeça para baixo e pareceu que adormecia. Começou uma gritaria que só as crianças sabem fazer. Um dos meninos gritou:

– *Viu só, a cobra gosta muito de nóis.*

Alguém respondeu:

– *I quem num gosta di genti boa i bunita, oh xenti.*

A gargalhada foi geral. Nas costas de Raimundinho, o papagaio de penas revoltas, feito moleque travesso despenteado, olhava curioso tudo aquilo, enquanto caminhava do ombro esquerdo para o direito. O menino, pela anestesia parcial, sentia-lhe as patinhas ponteagudas, apenas ligeiramente. Mesmo assim, estava imensamente feliz. Tinha agora um amigo querido.

Após as brincadeiras, já o sol começando a se encaminhar para o poente, os índios foram a um depósito, sob uma árvore, algo como um forno. Era de barro vermelho batido, com marcas de mão que tentaram alisá-lo, quando ainda estava mole. Comunicando ao chefe, um índio que parecia o responsável pelo depósito, com uma machadinha de pedra dura, quebrou uma parede. Logo se viram folhas verdes forrando algo.

Com a abertura, um perfume de algo muito saboroso encheu o ar. O cheiro era como hortelã, pimenta e alho. Os nordestinos compreenderam que dali viria comida gostosa. O índio enfiou a mão e retirou vários pacotes longos, retangulares, embrulhados em camadas de folhas de bananeiras, e chamou Zé Baiano, que desembrulhou o objeto. Era peixe defumado, ali colocado como reserva alimentícia para casos de necessidade. A pesca foi abundante naquele ano, daí se guardar o excesso no depósito.

Zé Baiano provou um pedaço:

– *Pelo padim Ciço, isso é gostoso dimais. Essa genti sabi cozinhá um peixe como ninguém.*

Apareceram mulheres com gamelas de madeira, de ipê, cheias de mandioca cozidas na água. Peixes grandes, bem temperados, foram oferecidos. Sobre troncos, que serviam de mesa, fizeram um banquete de comida natural, extremamente saudável. Comeram até se fartar.

Os índios, na época da pesca, usam redes que fecham as passagens dos lagos e rios. O suco de um cipó, o timbó, é diluído em água. A substância paralisa os peixes, que podem ser pegos até com a mão.

Se a produção é maior do que podem comer, em determinado prazo, usam técnicas para conservar o alimento por muito tempo. Acendem pequenas fogueiras, mantidas por madeiras de cheiros especiais, canalizam a fumaça para recipientes fechados. Aí colocam os peixes limpos e temperados com folhas, ervas, pimentas nativas, louro, hortelã, que nascem nos sombreados das clareiras.

Cozinham com maestria que, além de lhes fornecer sabor e cheiro inigualáveis, preservam as carnes por muito tempo, mantendo sabor perfeito. A fumaça, de madeiras aromáticas, penetra nas carnes, cozinhando, perfumando.

As peças ficam quase dois dias ali, sendo desidratadas e defumadas. Folhas de odor agradável envolvem as peças, depois de coradas por corante vermelho vivo, o urucum. Essa planta, nativa dos campos e clareiras da selva, produz frutos cheios de pontas, quase espinhos, de casca seca. Dentro, sementes como as do mamão, de cor vermelha, são retiradas e pulverizadas no pilão de madeira. O pó, de gosto especial, cheiro que estimula o apetite, dá sabor e cor ao alimento.

Depois de prontos os peixes são embrulhados em várias camadas de folhas de bananeira, amontoados e protegidos da umidade por peças de madeira. São forrados de todos os lados e cobertos por camadas de barro, fechando-se tudo num depósito que pode durar muito tempo. Era espécie de bacalhau da selva, já temperado, saboroso e pronto para comer.

Quase pelo mesmo processo, os índios guardavam o milho e a mandioca enterradas, passando meses até as próximas colheitas.

A natureza é generosa no interior do Brasil. O viver, simples e inteligente dos nossos silvícolas, mostra que, em qualquer lugar, a natureza está para proteger o homem. O ser humano é parte integrante dela, por isso ela lhe dá condições de vida.

Os nordestinos comeram muito. A sobremesa foi jaca-do-pará, doce como mel, com bagas suculentas, sobre folhas de plantas à guisa de pratos. A velhinha quase cega era sempre a primeira a receber o alimento. Raimundinho, após ela, recebia das mãos das mocinhas que serviam.

O índio brasileiro, filho da natureza, tem respeito profundo pela criança, o início da vida, e pelo velho, o fim da jornada. Raimundinho era tratado com carinho, cercado de sorrisos e alegria. Poucas vezes na vida sentiu-se tão feliz como naquela clareira, na mata Amazônica. Logo mais, a passarada trinava, anunciando que o crepúsculo não demoraria. Novas belezas surgiam para presentear com os sons da natureza os visitantes.

41. Na Amazônia, no coração do índio Goyá

A festa se prolongou com brincadeiras com os animais e outras curiosidades. Era a maneira deles mostrarem amizade. Com algumas diferenças, isto se repetiu várias vezes durante a viagem. No coreto da pracinha, em Jacobina, no trajeto nas terras da Bahia, nas cidadezinhas onde a caravana chegasse, o afeto atingia os corações.

O banquete havia terminado. Peixe defumado, mandioca cozida na água acompanhavam o suco de açaí, que lembrava o chocolate. Para a sobremesa, as bagas de jaca, com o perfume típico da selva, conquistaram os paladares. Para os adultos, apenas, um licor feito de mandioca moída e fermentada, com cheiro e sabor deliciosos. Foi verdadeira festa.

Ao terminar, os visitantes foram conduzidos, em fila, a um regato que passava dentro de uma tora de peroba oca, muito grossa e longa. No desnível do terreno, jorrava uma bica que servia para o banho. Foram as mulheres, depois os homens. Estavam apressados, para terminar antes do pôr do sol, por medidas de segurança.

Dirigiram-se depois para a oca. A suavidade da construção os cativou. Mesmo no lusco-fusco do entardecer, a luz difusa ainda era capaz de clarear confortavelmente. A leveza do ambiente e a aeração mostravam a arte da construção dos nossos indígenas. O buriti, palmeira que enfeita as margens dos nossos riachos, serve de base para a construção. Os troncos firmes são suporte para as vigas transversais onde se amarram, artisticamente, as palmas trançadas, fazendo estrutura duradoura e impermeável, permitindo, porém, a circulação saudável do ar que conforta os moradores.

Na aldeia, as ocas estão, geralmente, dispostas em círculo, com as portas voltadas para o centro da área parecida a uma praça.

O pavilhão era muito grande. Cabiam lá dentro, sem dificuldade, todos os nordestinos da caravana. Dependuraram redes nos troncos das palmeiras que formavam as paredes. Outros dormiriam no chão sobre tapetes grossos, de folhas de palmeiras e penas de pássaros.

A noite já começava a estender seus domínios sombrios. A aldeia, construída à beira de um rio, tinha, na sua parte posterior, uma saída que levava a uma lagoa. Dali tiravam água, lá buscavam muitos dos peixes que os nutria. Usavam também o rio como o caminho, deslizando nas pirogas de troncos de árvores para se dirigirem à caça, à pesca ou à procura de frutas silvestres. Às margens do lago e do rio cresciam castanheiras, cupuaçus, piquis, açaís, graviolas, araticuns, babaçus, jenipapo, frutas variadas, presentes da floresta. A cem metros da aldeia, dezenas de cajueiros com frutos, alguns verdes e outros muito maduros, quase apodrecidos, despejavam a castanha no chão. Os índios as torravam, fazendo alimento saboroso.

Jabuticabeiras de galhos altos tinham a superfície forrada, de baixo até as extremidades das folhas, pelas frutas negras, brilhantes. Sucos, conservas e bebidas eram feitos pelos silvícolas.

Desobedecendo as ordens, três meninos correram para colher jabuticabas e cajus para presentear os visitantes antes de dormir. O tempo precisaria parar para se mostrar tudo. Não queriam esperar o amanhecer. Mas aos poucos o cansaço foi domando o ânimo de todos.

As crianças índias se aconchegaram nos tapetes forrados por uma pluma vegetal que era produzida por árvores altas, cheias de espinho, com flores lindas durante a primavera. Das flores nasciam frutos de casca grossa que, no período da seca, se abriam e brotavam-lhes, do interior, tufos alvíssimos e macios, parecidos com fino algodão. Era a planta chamada barriguda ou paineira. Nas almofadas, cansados, se estendiam sobre os trançados de casca de cipó, feito tecidos.

A natureza fornece todo o necessário para o nosso silvícola, dando-lhe fartura e segurança. Por isso ele trata a selva, seu mundo, com carinho e respeito. Sabe, por intuição, que do equilíbrio da natureza, das árvores, dos frutos que alimentam os animais, pássaros e peixes, depende a própria vida, parte integrante da cadeia vital da floresta.

Fora da oca o silêncio tomou conta de tudo. Raimundinho, deitado numa almofada macia, ao lado da mainha, aproveitando o clarão da lua, observava as travessas e as palhas trançadas do teto abobadado. Iracema percebeu que ele não dormia. Sussurrando, para não acordar os outros:

– Pruque num dormi, fiinho meu?

– Tô fazendo os plano prá contá tudo pro painho, sem esquecê di nada. Mainha, será qui ele ainda vai gostá di mim, preso nessa gaiola di gessu sem podê mexê?

Sua voz se fez triste:

– *O amor de pai e mãe, queridu, por milagri di Deus, cresci na disgraça, i na dô. Painho e mainha ama ocê mais agora do que nunca. Ele vai ficá triste uns dias, mais logo vai si acustumá e ocê vai vivê bem tua vida. Confia em Deus.*

Às últimas palavras ditas ao seu ouvido, ela percebeu que o garotinho respirava fundo, quase roncando.

Na floresta, de tempos em tempos, pássaros piavam como relógios vivos, talvez marcando o passar das horas da noite. A brisa, farfalhando as folhas das árvores ao redor, trazia suave mensagem de paz. No silêncio podia-se ouvir, não distante, a bica d'água arrebentando-se contra as pedras. O riacho se deslocava, tocando melodias nas pedras do leito feito músico da orquestra da natureza. Os sons levavam calma ao coração e paz à alma.

A noite transcorreu suave e carinhosa.

Raimundinho, o primeiro a acordar, talvez pela ânsia de ver mais novidades, notou a luz do sol que empurrava para longe as sombras da madrugada. Em tudo o astro colocava luzes que se espalhavam, dando novos matizes à floresta, clareando o dia.

Os pássaros, estimulados pelas cores, deixavam os ninhos e gorjeavam solenes, num hino feliz. Ligeiros caçavam insetos escondidos sob as folhas, dali expulsos pelos raios de sol. O veadinho-galheiro começou a berrar alto. A arara da asa cortada palrava barulhenta. Os periquitos saltavam de galho em galho. A arara-azul também abriu o despertador na garganta ruidosa. Raimundinho gritou:

– *Vamu, mainha, o dia raiô. Lá fora deve tá muito lindo. Quero sê o primero a vê us bichinho*

Saiu carregado por Iracema e Virgulino. Ao chegar à porta, vários olhinhos amendoados, brilhantes e negros, sob cabelos lisos, bem pretos, o esperavam curiosos. Eram os pequenos índios. Queriam brincar. Sabiam que a caravana teria de partir, daí a preciosidade de cada minuto.

Ao sair, Raimundinho pôde ver a linda paisagem em frente à oca. O lago parecia feito de lava líquida de um vulcão, saído das entranhas do sol. A brisa suave encrespava as águas, pintadas de cores vermelhas, amarelas, alaranjadas que se misturavam, na crista das ondas, acompanhando o balançar das folhas e flores nos arbustos ao redor.

O canal líquido do rio continuava, penetrando nas pedras, enfeitando-as de prata e vermelho, refletindo a luz que, lentamente, ia inundando o horizonte. A natureza em festa saudava mais um dia deslumbrante e morno do interior do Brasil.

O sol se elevando clareava o mundo e chamava os homens para o reinício da jornada. O astro rei embelezava o lago e o rio. Dava novas cores às folhagens, aos cipós floridos, às primaveras, aos ipês.

Curiti, o índio aculturado, conversando com Zé Baiano, falou que muitos da tribo queriam que os visitantes levassem frutas e peixes defumados. Baiano tentou recusar, mas, logo depois, oito enormes jacas-do-pará estavam juntas para serem levadas ao caminhão. Mais de ciquenta pacotes de peixes secos, embrulhados em folhas, foram separados. Algumas cabaças, vasilhames leves e resistentes produzidos pela natureza, foram cheias de sucos de açaí e graviola.

Raimundinho ganhou vários cestos de jatobás. Os frutos das árvores altas, de copa larga que assombreavam amplas áreas da floresta, eram exóticos, de cor marrom escuro, casca muito dura, parecidos a amendoim gigante. O cheiro era muito especial. Da casca, após fervida longamente, tiravam um chá delicioso, perfumado, com propriedades curativas, indicado para o tratamento de afecções do trato respiratório. O fruto, no inteior da casca, quando maduro, tem um pó verde-claro, com fibras, encobrindo sementes redondas e duríssimas quais azeitonas muito graúdas. Ao redor da semente, o pó, de sabor exótico, cola-se ali, sendo retirado com raladores ou com os dentes ao comê-los. É alimento apreciado pelos caboclos, índios e animais: macacos, araras, roedores.

Os paraibanos, quando terminaram de comer, se alinharam em fila para a caminhada até o caminhão. Os índios carregavam sacolas com cabos de cipó trançado que apoiavam no topo da cabeça. Eles levavam, às vezes, até quarenta quilos, andavam olhando para baixo, com as mãos livres. A posição que usavam para carregar pesos os protegia de dores nas costas. Eles, instintivamente, seguindo tradições culturais antigas, sabem usar a força muscular de maneira mais natural que nós.

Principalmente os homens, antes de marchas ou esforços contínuos, tomavam um pó marrom-claro saído de um bastão que carregavam. Tais bastões eram feitos desse pó ao qual se juntava água. O pó era produzido esmagando-se as sementes de um cipó, de flores esbranquiçadas, que subia pelos troncos e galhos de árvores. A massa pegajosa era posta para secar ao sol. Os bastões ficavam prontos para armazenagem que durava até um ano. As sementes têm substâncias que são estimulantes naturais. As substâncias, xantinas, estimulam o sistema nervoso, aumentando, também, a fôrça dos músculos cardíacos, irrigando melhor todos os tecidos. Os índios, quando as ingerem, têm resistência para andar, carregando pesos consideráveis, por longas horas em esforço contínuo. Elas favorecem, também, a formação de micros-vasos periféricos melhorando a nutrição dos tecidos superficiais. Muito consumido em todo o Brasil, bebida de sabor especial, o guaraná, diluído, é refrigerante dos mais populares.

Assim, carregando jacas, peixes, sucos, cestos de jatobás e jabuticabas, os índios caminhavam, arqueados para frente, na posição que melhor suporta cargas sobre as costas.

Agora, no grupo, não havia muita preocupação com o último da fila para espantar a onça. Ela é de hábitos noturnos e, de manhã, não ataca, a não ser que tenha a prole sob ameaça.

Raimundinho estava feliz com o presente, o papagaio. Explicaram-lhe que o loirinho, quando crescesse, poderia falar, até cantar, imitando a voz do dono, em palavras engraçadas.

Até no anedotário brasileiro, descontraído e alegre, o papagaio tem seu lugar como o representante folclórico do povo feliz.

As crianças estavam se divertindo. Agora a viagem seria mais alegre. Perguntaram a Iracema se poderiam ficar com o novo amiguinho, em casa, em Brasília:

– *Primeru, meus fious, a genti iscuta u qui u painho fala, pois lugá di bichinho é no mato. Si fô permitidu, nóis fica com esse papagainho.*

Os índios adultos têm, pela criança doente, respeito e amor. Em cada gesto queriam mostrar que Raimundinho era querido. A bondade do ser, integrado à natureza, faz o mesmo com os animaizinhos feridos. Tratam deles até se alimentarem por si próprios, pois, na selva, se exige muita atenção, velocidade e força para a sobrevivência. Os índios procuram proteger os fracos. Sabem, por instinto, que a natureza pode se desequilibrar, se os mais fortes destruirem em, grandes quantidades, os mais fracos. Na luta diária é muito raro um animal predador atacar um filhote ferido. Há respeito pela vida em cada fenômeno biológico que mantém a natureza

Marchando em direção ao caminhão, todos estavam felizes. Em cada local novas surpresas, novas belezas. Animais dos mais diversos: a jaguatirica, o tamanduá exótico, o porco espinho, o preá, algumas capivaras e a anta de queixo longo, forte, o tapir dos índios, apareciam junto às trilhas.

A marcha foi rápida. Raimundinho, feliz com o carinho dos índios, jamais se esqueceria daqueles dias.

O caminhão já estava perto, na curva da trilha, à direita. Alguns viram o reflexo do sol na parte lateral do parabrisas. Na selva objetos metálicos são verdadeiros intrusos, parecem ferir a visão. A natureza não tolera intromissões. A vegetação completa as cenas de maneira espontânea. Assim, o velho caminhão era um corpo estranho no ambiente.

As crianças da tribo acompanharam Raimundinho e os irmãos. Juntos levaram pequenas tartarugas, o veadinho galheiro, as araras e papagaios. Queriam dar um adeus inesquecível aos amiguinhos. A fila se amontoou ao redor do veículo. Raimundinho foi colocado sobre um tronco grosso de peroba, derrubado pela ventania. Os índios, as crianças, os paraibanos, todos festejavam o encontro. Jacas-do-pará, potes de mel, sacolas de cipó trançado cheias de castanhas foram colocados na carroceria.

Os índios sorriam. Os dois grupos nunca mais se veriam, mas deixavam, nos corações, mensagem de afeto. Nós, brasileiros, podemos ensinar a muitos povos encharcados de ódios milenares a mensagem do amor que faz a convivência pacífica.

Os índios entregaram os brancos ao caminhão. Uns imaginavam que a máquina os engolia e os levaria, no vento, correndo em direção ao desconhecido.

A vida é algo deslumbrante! Está na alma do índio, desde a infância, a certeza de que ele é parte da natureza, como a árvore, a flor, o fruto, o cipó, a onça, a arara, a mariposa, o arco-íris, a cachoeira, a fonte, a estrela, a gota de orvalho. O índio crê na harmonia da vida, por isso a respeita. Ele não teme o futuro, confia na abundância. Consegue entender a percepção que eles têm da vida, depois de visitar muitas aldeias e conviver com os irmãos Vilas-Boas. O gigante engolidor de estradas, o pau-de-arara velho, parecia querer devorar a trilha que se alongava através dos campos, matas e cerrados de Goiás, o império do Anhanguera.

O estado tem clima quente, porém as noites são frescas e suaves, numa bênção de temperatura. De sul a norte, nem é necessário se ter agasalho para o inverno, porque a estação não existe no estado.

Goiás é riquíssimo, é maior e mais forte que dezenas de nações do mundo. Gente progressista habita o estado, cercado quase totalmente por rios de valor incalculável. Ao sul, na divisa com Minas, o Paranaíba, e o Aporé, que separa o estado do Mato Grosso. O caudaloso Tocantins, no centro, vai até dividir, no norte, com o estado do Maranhão. A oeste, o Araguaia, contorna todo o estado e forma a maior ilha fluvial do mundo, com imensidão de riquezas naturais, a ilha do Bananal.

Seguem as duas gigantescas correntes de água, quase paralelas, no sentido sul-norte, lentamente se aproximando até se juntar, banhando depois a face leste da ilha do Marajó. Lançam-se a um braço do Amazonas, confundindo-se no caudal imenso do mar doce, mergulhando, em turbilhão imenso, no oceano Atlântico.

A foz do Amazonas é a área do planeta onde o maior volume de água doce invade as águas salgadas de um oceano. O que mais nos alegra é que toda essa grandeza é sua, é minha, é nossa, graças a Deus que nos presenteou tudo isso. Somos privilegiados, somos brasileiros. Aqui a riqueza se multiplica ao infinito. Se examinarmos estado por estado, cada um tem riquezas de clima, de solo, de vigor da natureza, maior que dezenas de países do mundo. O Brasil é um grupo de países deslumbrantes, encaixados uns aos outros, sob um único governo.

Os viajantes percebiam a grandeza da nação que possuíam. Até Raimundinho, certa vez, diante da jornada longa pelos cerrados, perguntou:

– Mainha, será qui a nossa terra num tem fim? Quanta coisa linda, quanta riqueza, quantus animais i plantas! Mainha, di quem é tudo issu?

– Issu tudu é nosso, Raimundinho, é du Brasil, é nossu purque nóis é brasileiro, us dono da terra.

– Qui genti rica nóis é, mainha. Meu Deus, quanta coisa a genti tem. Eu não lembro todas as belezas qui nóis já viu. Eu pensava qui u Brasil era a

Paraíba. Mais tem muita terra rica mais qui u nossu estado. Parece qui Deus mandô nóis prá Brasília só pra nóis vê qui nóis é rico.

Zé Baiano olhava de lado para aquela cabecinha inteligente, enquanto o acelerador ia comprimindo o assoalho de tábua da cabine. A máquina velha rolava teimosa, fazia mais barulho do que andava.

As chuvas, apagando o pó, davam um pouco mais de paz aos retirantes.

Após a luta para a construção da ponte de troncos, no sulco de mais de oito metros de largura, próxima a Pedro Afonso, a viagem rendeu um pouco mais. Resolveram parar junto a um regato que atravessava a estrada. Zé Baiano atravessou-o, com um solavanco, e parou à direita sob um jatobazeiro. O local era muito acolhedor. Os galhos trançados, cobertos de folhas muito verdes, projetavam no solo quente sombra agradável, acolhedora. À esquerda, o riozinho mostrava pedras e seixos coloridos rolando no leito.

Zé Baiano, ao parar o veículo, gritou:

– *Genti di Deus, essa água é a coisa mais linda. Repara cumo é limpa. Vamu tudu mundo si refrescar...*

– *I eu amigo, Zé?* – perguntou o menino.

Zé e Juventino o levaram à beira da correnteza. Sob a sombra de um cajueiro do campo, Raimundinho ficou contando os peixinhos prateados, azulados, quase redondos, outros compridos, brilhantes, cinza, com pintas negras, que enfeitavam o riozinho.

Iracema foi até a borda e, com as mãos em concha, levou-lhe àgua:

– *Qui delícia, mainha. Trais mais e molha a minha cabeça, meus braços i as perna ondi num tá cobertos di gesso. Quem sabi isso é a agua milagrosa qui podi mi curá?*

Ela sorriu ao ver a felicidade naqueles olhos lindos e fez a sua vontade. Poderia usar uma caneca, mas fez questão de dar-lhe com a concha das mãos. A cada viagem esparramava-lhe um pouco sobre a pele. As mãos, em carícia, distribuíam amor ao filho. Parecia-lhe um banho de bênçãos.

A água do riacho parecia uma corrente de prata cortando os campos. As crianças, de cima da ponte, saltavam, espalhando água, molhando os que estavam próximos, inclusive Iracema. A algazarra foi geral. A menos de trinta metros, rio abaixo, Raimundinho viu um bando de mais de duzentas capivaras chafurdando-se na lama da margem. Gritou para Zé Baiano, que se relaxava na água tranquila:

– *Corri aqui, Zé, vem vê aquele bando de porcos. Corri aqui, genti, olha lá os bichos. Eles tá nadando, aproveitandu a água.*

A natureza do meu país é imensamente farta. Haveria ali proteínas para alimentar, por vários dias, mais de mil pessoas. A capivara, o maior roedor do mundo, às vezes maior que um porco, multiplica-se rapidamente. Um dia, talvez, seja criada como atividade econômica. A natureza, porém, quando produz o mel, cria a formiga, quando multiplicam-se as formigas, surgem os tamanduás. É o equilíbrio natural mantido sem interferência.

Assim sendo, um dos moços, Juvêncio, afastando-se do grupo para se aproximar das capivaras, gritou desesperado:

– Socorro, genti, socorro, um bichu enrolô nu meu pé e está me puxandu, socorro...

E parou de gritar.

Zé Baiano, que não estava distante, saltou na água, puxou-o pelos cabelos e ergueu-lhe a cabeça, que já estava afundando em direção à morte. Zé, muito forte, abraçou-lhe a cabeça, fincou os pés no fundo do riacho, e pedia-lhe calma e que respirasse fundo. Aí sentiu na perna direita um músculo tentando enlaçá-lo como o fez com Juvêncio. Zé gritou:

– Genti, tem uma sucuri nas nossa perna, vem todu mundu aqui ajudá.

Os mais fortes abaixaram-se na água, tentando agarrar o músculo de vinte centímetros de diâmetro. A fera lutava contra doze braços fortes e foi domada. Zé Baiano fincou-lhe os dedos nos olhos, a serpente esticou-se soltando o abraço fatal que aplicara em Juvêncio, para esmagá-lo. O pequeno monstro ficou corcoveando, ondulando-se, curvando-se, apesar de dominada, no solo, fora da água. Amarrada, ali ficou esticada enquanto a observavam:

– Esta pareci filhoti daquela giganti que engoliu a capivara, oceis lembra, genti?

Olhavam o animal com atenção. Alguém lhe abriu a boca com um pedaço de pau. Viam-se as fissuras transversais, lâminas, dirigidas para dentro do corpo monstruoso, impedindo a presa de escapar. A fera foi morta a pauladas e o couro retirado.

Paraibanos experientes em couro de bode e boi, saberiam trabalhar com pele de sucuri também. Vários cintos e bolsas dali sairiam. Além disso, o susto serviu-lhes para uma lição de vida, pois nos campos e selvas do Brasil é necessário muito cuidado.

A sucuri foi despelada com maestria por Zeferino, curtidor de couro de bode na Paraíba. Esticaram a peça, que media ao redor de três metros por cinquenta centímetros, usando varas de bambu que se vergavam. A pele, externamente, apresentava um brilho especial. Era marrom-escura, quase negra, com manchas dispostas de maneira inteligente para camuflagem. Assim o animal se escondia, confundindo-se com o ambiente, no ataque às vítimas. O ofídio ali estava. Apesar de ter mais de três metros, era considerada pequena, mesmo podendo engolir uma capivara de trinta quilos.

A técnica da deglutição consiste primeiro em matar a vítima, na maioria das vezes afogada. Após isso, os anéis musculares funcionam, perfeitos, se estreitando, contraindo-se, com força descomunal. A potência se multiplica, conforme a besta se enrola, sobre a vítima. Os ossos da presa são quebrados um a um. A percepção de algo duro faz, automaticamente, o músculo se contrair mais, fragmentando tudo de maneira completa. Ela pára de esmagar, apenas, quando não há mais qualquer resistência. Aí, o músculo assassino, sente que é hora de iniciar a deglutição que se faz lentamente. É como cilindro amplo de borracha, semivazio, que tentasse envelopar o bolo de carne, embrulhando-o completamente. As enzimas digestivas, de imediato, começam a dissolver as proteínas que, absorvidas, farão parte do corpo do monstro.

É o ciclo da vida se mantendo, de maneira que nos parece brutal, mas, bem analisada, mostra a natureza tudo governando sabiamente. Assim, se proliferam muito as capivaras, diminuem as fontes de alimento, porque são ávidos comedores. A natureza então aumenta o número dos seus predadores, entre eles as sucuris, para que o equilíbrio seja mantido. Na cadeia alimentar, todos se beneficiam, pois o excesso de bocas famintas diminui o alimento para todos os animais. Sofrem os pássaros porque há menos grãos. Eles, morrendo famintos, não comem os insetos. Estes, sem os pássaros, se multiplicam. Ao se multiplicarem os insetos, fungos e vírus aumentam em número. Aparecem doenças que atacam pássaros e outros animais, que diminuem, aumentando o número de insetos que transmitem doenças. O ciclo continua indefinidamente.

O simples aumento do número de capivaras, num micro-ecossistema, desequilibra tudo. Imaginemos, então, a dramática desordem que causa a derrubada de uma floresta: destróem-se árvores que produzem alimentos para aves e mamíferos; os pássaros voam para longe, para outro ecossistema, em busca da sobrevivência; diminui a semeadura, que multiplica as árvores, através dos pássaros que comem sementes; cresce o número de insetos, pela diminuição dos pássaros; multiplicam-se os fungos e vírus, surgem doenças que atacam animais e vegetais.

As matas têm, na sua intimidade, sistemas de equilíbrio que são muito mais eficientes do que toneladas de produtos químicos, usados para controlar pragas. É a química da natureza inteligente.

A caravana seguiu feliz. Amarrado, do lado direito da carroceria, ia um retângulo irregular, escuro, cheio de manchas negras e brilhantes. Era o troféu dos paraibanos. Mesmo destruindo uma vida selvagem, o que é ilegal e lamentável, levados pelo medo do ataque, era uma lembrança. A pele da sucuri, esticada nas varas, seria transformada em bolsas e carteiras que serviriam os caravaneiros, em Brasília.

42. Pátria e Tradição

A máquina seguia firme, em direção ao sul, cortando os campos de Goiás. Ia rodando, com os solavancos ritmados causados pelas saliências dos pneus, baxlançando, subindo e descendo a cada volta dos manchões, ali colocados para proteger a câmara de ar.

Enquanto isso, em Brasilia, Severino, no trabalho contínuo, não via o tempo passar. Esperava com paciência, apoiado num sentimento íntimo de que os familiares estavam bem. E aceitava, com paciência, a saudade da família. Como estariam eles, perguntava-se. Que saudade de Raimundinho e das outras quatro crianças! E Iracema? Ao pensar nela, a saudade, feito alicate, lhe apertava o coração. Sem saber porque, quando pensava no filho mais velho, Raimundinho, uma ponta de tristeza feria-lhe o coração. De onde vinham estes sentimentos? Conforme a família se aproximava, mais a melancolia aumentava. Algo ruim, talvez, tivesse acontecido com alguém.

A psicologia do relacionamento humano ainda não explicou bem estas percepções, entre pessoas ligadas afetivamente, principalmente pais e filhos. Um dia compreenderemos muitos fenômenos da alma. Os que se amam se intercomunicam pelo pensamento?

Iracema, muitas vezes, pensava no encontro do filho com o pai e se comovia. "Mas", pensava, "Deus, que o salvou, saberá interferir no coração do Severino para aceitar o fato doloroso". Em Brasília, tinha a certeza, a proteção de Deus nunca lhes faltaria.

A máquina seguia valente. Já eram cinco da tarde. Em quase doze horas de viagem, pela precariedade da estrada, andaram apenas quarenta quilômetros. Chegavam à cidade de Pedro Afonso. Resolveram dormir ali. A novidade, na cidade monótona, se espalhou e a população foi para a praça recepcionar os viajantes.

Os goianos, ao contrário dos baianos, nortistas e nordestinos, raramente usam redes para dormir. Assim, ver os paraibanos na pracinha, aprontando as "camas de pano", como os goianos as chamavam, foi muito interessante.

Ali havia antiga igreja, com seu relógio de algarismos romanos marcando as horas perfeitamente, por muito tempo. A pequena máquina, com suas badaladas, governava tudo: abriam-se as portas do comércio, paravam as atividades agrícolas, no final da tarde, começavam as aulas no grupo escolar de manhã, dormiam e acordavam os operários e o retireiro do cerrado. Este, com maestria, mãos calosas e braços fortes que pareciam pedaços de aroeira, de tanto exercício, espremia as tetas das vacas leiteiras, começando a labuta após quatro badaladas, de madrugada.

A pecuária em Goiás é muito promissora. O clima ameno, a temperatura agradável do planalto, com a brisa constante refrescando as tardes de calor, fazem o gado crescer e proliferar saudável.

Os paraibanos, ao atravessarem fazendas de criação, encontraram pastos cheios de animais: vacas, bezerros e bois aos milhares. Jamais viram tantos bovinos juntos. Notaram a diferença entre a chuva, abundante em Goiás, e a seca, causticante, do Nordeste sofrido. Goiás é a terra da fartura.

Os viajantes ficaram na praça. Havia, sob uma árvore, um chuveiro que eles aproveitaram para um banho reconfortante. Era um verdadeiro presente. Quem esteve numa viagem longa, com jeito de interminável, sabe o valor das gotas de água refrescantes acariciando a pele.

O padre da cidadezinha, ao terminar a missa das seis, atravessou a praça para recepcionar os caravaneiros. Depois de saudá-los, rezou com eles, todos de mãos dadas. Iracema pegou a mão direita de Raimundinho, enquanto Zé segurava-lhe a esquerda. O sacerdote agradeceu a proteção de Deus que os fez chegar até ali. Formou-se uma corrente de fraternidade. Alguns curiosos que acompanhavam padre Manoel também se juntaram.

Após a reza, Iracema preparou Raimundinho, com roupinhas mais novas, e esperou a noite.

Havia uma quermesse para construção de um orfanato. As barracas e as bandeirinhas coloridas, dependuradas em cordas longas, davam um ar de festa à praça. Modinhas de viola logo tomavam conta do ambiente. O alto falante, dependurado em alto tronco de aroeira, transmitia o som das cantigas longe, bem longe...

A pronúncia das palavras das músicas era estranha aos ouvidos dos nordestinos. A festa era algo típico das tradições das cidadezinhas do interior do Brasil.

Goiás, do povo progressista, porém tradicionalista, cultiva suas origens. O goiano mantém suas raízes culturais, talvez influenciado pelos colonizadores mineiros, mantendo, juntos, as belezas da vida brasileira.

Iniciou-se o leilão de prendas. Iracema, Raimundinho, com seus irmãos e Zé Baiano, sentaram-se, guiados por um dos recepcionistas, bem proximos ao leiloeiro, em lugar de honra. Apesar da humildade, das vestes e do veículo, eram tratados com toda cortesia. Antes de tudo, eram visitantes; a hospitalidade goiana prevalecia.

Começou o leilão. Saiu primeiro um frango cheio. Era uma prenda, em prato grande, embrulhado em papel celofane vermelho transparente, preparado de maneira atraente. Ao vê-lo, a maioria dos viajantes arregalou os olhos e salivou. Frango cheio enorme, com aquela aparência, era demais para o apetite de quem havia comido castanhas, mel e rapadura há quase dez horas antes. Raimundinho olhou para Zé Baiano, piscou, matreiro, o olho esquerdo. O amigo logo entendeu: – *Vamu vê o preçu, meu amiguinho. Reza prá nós podê comprá alguma coisa prá cumê.*

– Quanto me dão por este frango maravilhoso? É oferta da família Araújo. Alguém disse:

– Dois cruzeiros.

Zé Baiano, com fome, contou uns trocados e retrucou:

– *Eu dô trêis*

O leiloeiro aumentou:

– É cinco para o sr. Odorico Carvalho.

Um cidadão gritou:

– É seis para o Baiano visitante, é sete para o menino – ouviu-se. Raimundinho, apavorado, quase gritou:

– *Mainha, eu num tenhu essi dinheiro.*

Ao que Iracema retrucou:

– *Preocupa não, fio meu, parece que o homi vai pagá os sete cruzeiros prôcê cumê*

O leiloeiro gritou solene:

– Dou-lhe uma, dou-lhe duas, dou-lhe três. A prenda é do mocinho paraibano de olhos verdes.

O povo todo dirigiu o olhar ao garoto que deveria ir lá buscar o presente das mãos do leiloeiro que estava num tablado de madeira. Era a tradição, mas ele não se movia. Iracema, percebendo a situação, levantou-se acanhada:

– *Ele teve acidente e não podi mais andá.*

Os que não o viram chegar carregado, ali sentado, com aquele rosto de perfil másculo como o de um deus grego, não poderiam avaliar seu problema. Não sabiam tratar-se de um tetraplégico. Alguém, próximo a Iracema, levantou-se e gritou:

– O menino lindo que ganhou a prenda não pode andar. Palmas para ele, gente goiana.

E o povo começou a aplaudir:

–Viva, viva o menino paraibano, viva nossos visitantes.

O leiloeiro abriu o presente sobre a mesa, retirou o frango, deixando-o sobre o prato de cerâmica, artisticamente pintado a mão. Com garfo grande e faca cortante, fragmentou o frango para os nordestinos. Os paraibanos estavam encantados. Os aplausos se repetiram.

Jessé, o leiloeiro, voltou ao seu posto e recomeçou a ladainha:

– Quanto me dão por este quarto de leitoa, oferta da família do sr. Joaquim Rodrigues? – a disputa continuava.

Enquanto os viajantes comiam, um quarto de leitoa lhes foi ofertado. Uma das senhoras da comissão de festas, para que o leiloeiro não interrompesse seu trabalho, cuidou de servir os visitantes. Eles receberam várias travessas de arroz, pão, queijo caipira e suco de abacaxi. Era um encontro de abundância. Eles sorriam felizes. Pessoas que passavam por perto perguntavam:

– Está bem servido, meu amigo? E você, moço lindo, dirigindo-se a Raimundinho, está comendo bem?

Povo notável, o brasileiro. Enquanto, infelizmente, em outros países, trucidam-se em nome de seitas ou raças diferentes, no meu Brasil, o povo, principalmente o interiorano, sem perguntar quem são, mal sabendo de onde vieram, os convidam à mesa e lhes dão o lugar de honra, tratando-os como irmãos.

Aqueles nordestinos falavam de maneira muito diferente. Só isso, em outras nações, poderia ser motivo para preconceitos ou agressões. No meu país, a pequena diferença no sotaque serve para aproximação, com anedotas ou frases engraçadas, transformadas, depois, em abraços e sorrisos divertidos.

O guaraná, refrigerante doce e espumosso, tão conhecido no sul, era muito raro, à época, no Nordeste, principalmente nas áreas do interior. As crianças tomaram tanto que Iracema lhes chamou à atenção, dizendo que o povo iria reparar-lhes a gulodice.

Como resposta, um jovem casal, sentado próximo, foi ao depósito e trouxe, cada um, quatro garrafas grandes e deram às crianças:

– Bebam tudo, meus filhos. O povo vai reparar se vocês não gostarem da nossa comida e do guaraná. Se beberem até amanhecer e secarem todas as garrafas, nós vamos ficar muito felizes. Queremos que levem boa lembrança da nossa terra.

Raimundinho logo pediu a Iracema lhe pusesse na boca o maior copo de todos:

– Viu, mainha, o home falou que é pra cumê, bebê até cansá.

A molecada ao redor gritou feliz:

– Viva, é issu qui nós vai fazê. Genti do céu, qui festa!

Foi leiloado um bezerro muito bonito, um cavalo preto e branco, com manchas castanhas, e um casal de cisnes para enfeitar lagoas, conforme foi explicado. Um touro branco, enorme, da raça Nelore, foi arrematado após longa disputa entre fazendeiros. A comissão do orfanato, reunida em uma mesa no canto, vibrava de alegria.

O leilão de prendas, nas quermesses, é a maneira tradicional da Igreja Católica, no interior do Brasil, arrecadar fundos para obras sociais. A maioria dos templos católicos, espalhados pelo Brasil, foram assim construídos. A igrejinha, geralmente uma das primeiras construções nas cidades que se iniciaram no Brasil, era o centro geográfico da vila.

Desde o início da colonização manteve-se a tradição do sino da igreja, badalando na hora da ave-maria, quando o sol começa a cair. Os trabalhadores cansados, com a enxada no ombro, ouvindo-o, se dirigiam para o lar. "O sino da capelinha bate seis horas da tarde, são batidas de tristeza, não batidas de saudade". As badaladas, ecoando suaves, traziam mensagem de paz. De manhã, quando começa o dia na maior nação católica do planeta, o sino da capelinha é o despertador que chama o povo para trabalho.

Meu país foi forjado na fé cristã, desde a primeira missa, no atol da Coroa Vermelha, próximo a Porto Seguro, na Bahia, há quinhentos anos. É o Brasil da cruz, do Cruzeiro do Sul.

Estudando sua história, examinando suas tradições, seria de se admirar a hospitalidade que os viajantes receberam desde o ínicio da jornada? Brasil, modelo de paz para todas as de nações no mundo.

Os templos com os sinos batendo as horas e o relógio, na praça central, orientando o dia, nas comunidades do interior, fizeram nossa história. Nos jardins, ao redor das igrejas, casais se encontraram e o amor fez nascer as famílias, com os sorrisos da juventude sonhadora.

O Brasil foi profundamente influenciado para o bem, por estas reuniões ao redor das igrejas católicas. Muitas das nossas características psicológicas e socioculturais, se originaram desses encontros.

A festa ao redor da igreja durou até tarde. As crianças, tratadas com carinho, os adultos alimentados como convidados de honra, estavam felizes.

As redes foram armadas nas árvores da praça. Uma brisa suave agitava as bandeirinhas presas nos galhos das árvores e nos postes. O vento soprava nos cordões longos os papéis coloridos que enfeitavam o ar, misturando cores, fazendo um ambiente feliz. Assoprando, quase forte, através das folhas, lembrava o som de cachoeira de águas ligeiras sobre as pedras do leito do rio.

Deitados nas redes, olhando para o alto, os nodestinos viam a lua cheia apresentando-se soberba. Raimundinho tentava contar cada folha de papel colorido ao longo dos cordões. Conseguia até o pescoço imóvel impedir-lhe a visão do panorama completo.

Um ambiente de paz foi tomando conta dos cérebros cansados. Os motores que iluminavam a cidade foram desligados. Logo se ouviu o ronco do grupo dormindo.

Às cinco horas da manhã, no leste, o céu começou a se riscar de vermelho, com tiras sanguíneas, o sol mergulhado nas nuvens do nascente. As estrias de luz foram se multiplicando. Era outra melodia, de cores, se misturando lentas, enquanto o relógio enorme anunciava o novo dia que se abria em leque de plumas coloridas. Cinco pancadas solenes no bronze velho levavam longe a mensagem, chamando os camponeses para o trabalho. Nuvens, como flocos de neve, brancas, lindas, apareceram no céu, enquanto o vento as movia para o sul. As pombas, moradoras do telhado da igreja, abriam as asas, planando elegantes; peitos salientes, brancos, singravam o ar, na direção das roças de arroz maduro que já desabrochavam em espigas coloridas como o ouro. A natureza parecia escrever:

"Vai-se, a primeira pomba despertada,
"Vai-se outra mais, mais outra,
"Enfim dezenas de pombas, vão-se dos pombais,
"Apenas raia, sanguínea e fresca, a madrugada."

Um artista brasileiro, pintor que usava palavras ao invés do pincel, gravou estas imagens, talvez inspirado em cenas semelhantes às que viram os nordestinos em Pedro Afonso.

Raimundinho acordou logo após a última pancada do sino do relógio. Aí gritou:

– *Oh xenti, pessoá, tá na hora di pulá, vamu cortá bastanti estrada hoje. Tô cum vontade di vê Brasília logo.*

Zé Baiano abriu os braços, bocejou alto sem cerimônia e começou a se preparar. Desceu do veículo e, surpreso, viu posta, na calçada, mesa com pães, várias jarras de leite, vasilhas cheias de coalhada, queijo fresco e melado de rapadura. Havia também bolo de fubá, muito apreciado pelos goianos.

No interior de Goiás, a tradição de bem receber os visitantes, às vezes, coloca na mesa farta cinco ou seis tipos de alimentos para o café da manhã. Os produtos de leite eram variados no estado, tradicionalmente produtor de alimentos. Carnes de vários tipos, vindas do gado de corte, dos porcos, das aves diversas, enchiam as mesas goianas.

– *Arguém acordô muito cedo prá prepará tudo isso prá nóis. Si o povu di Brasília fô tudo di goiano bão, igual esses aqui, a vida lá vai sê uma beleza* – falou o Zé.

O pessoal comeu pães feitos nos fornos a lenha, geralmente construídos no fundo do quintal, bolos de fubá, canjica de milho, doce de leite pastoso, queijo fresco e coalhada natural que enchia duas travessas enormes. Não faltavam grandes bules de café que cheiravam, à distância, aquele perfume típico do amanhecer na roça. Foi um verdadeiro banquete!

Quando terminaram de comer, aí é que apareceu um grupo de cinco senhoras que preparou a comida. Aos agradecimentos do grupo, responderam:

– *Carece agradecê, não, gente. Nós dormi pouco e nós resolveu vim vê outra vez estes meninos lindo do Nordeste. Nós só feiz um cafézinho prá agradá a criançada...*

O pessoal sorriu feliz, pensando no cafezinho que significava um banquete magnífico! As senhoras traziam, embrulhados em panos de algodão bem ralos, umidecidos por água e sal, vinte e cinco queijos frescos. Um muito obrigado ecoou na praça. Aí Zé Baiano, subindo no estribo do caminhão, gritou:

– *Bem, pessoá, issu aqui é um paraíso com genti tão boa. Dá vontade di ficá, mais nóis percisa cortá as istrada e aproveitá o tempo bão. Vamu imbora.*

Deu a partida; todos se empoleiraram na carroceria. Raimundinho, bem apoiado no encosto do banco, com as travessas segurando atrás das costas do Zé e de Iracema, estava seguro em posição confortável. O freio de mão rangeu, tristonho, ao ser solto. O motor de arranque gasto fez o escapamento amassado expelir fumaça negra aos borbotões. O câmbio raspou alto e metálico quando o motorista engatou a primeira marcha. O veículo velho começou a se deslocar. Zé deu uma volta na praça. O pessoal gritou:

– *Brigadu, genti boa.*

O barulho do motor e das vozes fez algumas janelas se escancararem. Carinhas sonolentas coçavam os olhos, com as duas mãos ao mesmo tempo, sorrindo amarelo. Os paraibanos agradecidos abanavam as mãos; o monstro engolidor de estradas pegou a rua reta, direção sul, gingando desengonçado conforme os manchões nos pneus velhos levantavam o veículo ao rodar.

O pó agora não era muito, chuvas haviam caído poucos dias antes. As estradas cortavam fazendas lindas, cheias de coqueiros bacuri, que mostravam a fertilidade da terra. O gado limpo nos pastos nativos de capim-jaraguá exibia saúde no porte e no couro. A riqueza que a agricultura traz estava ali exposta qual vitrine enorme. Via-se em cada cena a abundância.

Goiás é um poema de fartura. É raro encontrar-se, no mundo, terras tão próprias para a criação de gado. O clima saudável, o solo, as chuvas, dão a certeza da produção compensadora. Acostumados à abundância, os goianos distribuem, a mancheias, o que recebem da natureza.

Em Goiás, a terra dos corações amigos, os romeiros seguiam a estrada longa. Brasília ia chegando...

A terra ficou mais plana e as estradas mais fáceis de trafegar. Goiás tem poucas montanhas. O planalto, no estado, estende-se de sul a norte, leste a oeste de maneira suave. É um platô de terras levemente onduladas. São límpidos os céus, é aconchegante o clima, são suficientes as chuvas para a pecuária riquíssima e uma agricultura muito produtiva.

À época novos tipos de gramíneas, capins, adaptados ao clima e aos solos goianos, começavam mudar o panorama das fazendas no Brasil Central. As terras, fracas, com as novas espécies, se tornavam fazendas primorosas.

Estimulada pela construção de Brasília, iniciava-se nova migração. Os sulistas, principalmente gaúchos, começaram a subir para o norte e formar fazendas, transformando o cerrado em pastagens lindas. Traziam técnicas seculares, iniciadas na Europa, que foram adaptadas às condições do estado goiano. Transferidos para o norte, os gaúchos, como eram chamados todos os sulistas, fossem catarinenses, riograndenses ou do Paraná, começaram a revolucionar a produtividade. Máquinas de uso coletivo, entre os fazendeiros, estimularam a formação de cooperativas, cada qual tentando servir ao outro, numa demonstração inteligente da união fazendo a grandeza. O cerrado mudou rapidamente. No seu lugar surgiam lavouras de soja.

Era o tapete verde, lindo, se estendento sobre o mato, cobrindo vales e colinas na mensagem da esperança, da fartura e do otimismo. Depois de plantar por alguns anos, fazendo rotação de culturas entre o milho e soja, entrava o capim que cobria, de maneira mais perene, os campos. Logo, sobre o quadro verde, surgiam pontos brancos, móveis, que cresciam em tamanho e número. Assim, os bois se multiplicavam embelezando a paisagem. A fartura se alastrou, o esforço, sendo o líder das transformações, formou fazendas lindas no solo rude.

Os currais eram feitos em mutirão: juntando-se dezenas de vizinhos, construíam-se as benfeitorias das propriedades. Após a tarefa cumprida, um churrasco à gaúcha festejava a inauguração. Logo depois o grupo se mudava para outra fazenda. Assim o progresso se multiplicava, favorecendo a todos.

Os loiros de genética europeia se adaptavam muito bem ao solo e ao clima. Decidiam se interiorizar, pois a formação de minifúndios no sul, com grandes famílias, fragmentando as propriedades de tamanho economicamente viável, iam pulverizando as fazendas até não se ter espaço para a produção econômica. Os pequenos sítios tornavam-se incapazes de alimentar as famílias que cresciam a cada geração. Descoberto o maior deserto fértil do mundo, eles, bandeirantes modernos, dedicaram-se a civilizar aquelas áreas. Era um paraíso para os acostumados a ver, a poucas braças da varanda da casa, a divisa e outras moradias logo próximas.

Em Goiás, a visão de vales e espigões dava-lhes sensação de poderio e esperança que os fazia trabalhar, diariamente, até a exaustão. Paióis, depósitos de soja e milho, ficavam abarrotados após as colheitas. A criação dos suinos se ampliava, aproveitando o milho que arrebentava do solo em milhares de espigas maduras. Com isso criavam espécimes de porcos que mais pareciam bezerros, enormes, de pernas curtas. Nos terreiros das casas, centenas de frangos e galinhas poedeiras enfeitavam a área, cacarejando, mostrando a abundância, cresciam e se multiplicavam, espontaneamente, estimulados por um clima ideal. Viviam quase sem alimento dado pelo homem, pois a fartura das gramíneas nativas produzia insetos aos milhões. Assim havia, com fartura, ovos, carne bovina ou de frango.

As vacas leiteiras, com raças muito produtivas, adaptadas ao solo e ao clima, começaram a indústria do leite que mais tarde se expandiria, em cooperativas, que fariam Goiás um dos maiores produtores de laticínios. Era uma revolução, da paz, inspirada por Brasília. Os goianos, extremamente idealistas e trabalhadores, acompanhavam o progresso, modernizando-se.

Os paraibanos agora cortavam estradas mais confortáveis. Brasília chegaria; faltavam apenas uns mil quilômetros. As emoções da chegada iam dominando corações, principalmente da família Paraíba. Os meninos e as meninas pessentiam que iam se encontrar com o painho.

Em Brasília, Severino, às vezes, sonhava que o pessoal havia chegado. Acordava emocionado. Era consolado pelo Tonhão, o amigo que Severino salvara da morte, evitando fosse espetado no coração, durante luta, nos dias da chegada a Brasília.

Severino, não sabia como, sentia no ar que os queridos não estavam longe. A saudade das crianças era dolorida, mas a falta de Iracema para o marido, amigo e companheiro era como um alicate que lhe esmagava o coração. O casal pobre tinha a riqueza da afinidade e do afeto recíproco, exemplo vivo para muitos outros da redondeza onde moravam. Ambos compreendiam que a base da família é a mulher, amparada por um homem trabalhador e idealista. Os filhos, seguidores dos exemplos dos pais, serão semelhantes, em quase tudo. Aquele casal era um modelo de como pessoas sem cultura, quando dedicados a construir a família em bases sólidas, conseguem criar filhos que são promessas para toda a sociedade. É a lei do exemplo que educa mais do que as palavras.

43. O mais rico rebanho do planeta

Raimundinho ficou triste, deprimido, conforme se aproximava de Brasília. Temia que o painho não o amasse mais, pela deficiência física. O amor de Severino para com todos da família era fonte inesgotável, brotando do próprio coração. Onde o menino ferido teria buscado tais ideias? As belezas da viagem não o atraíam mais. As novidades passavam ignoradas. O olhar vago, no infinito, perdido na contemplação do nada, fez a viagem se tornar triste e monótona. Aí Zé Baiano percebeu o quanto o menino o havia alegrado durante a jornada.

O coração humano às vezes apresenta reações incompreensíveis. Iracema procurava por todos os meios alegrá-lo. Zé lhe disse:

– *Sabi, amiguinho, a tristeza é comu ferrugem na alma. Anima, u painho logu chega.*

O garoto, com voz triste, retrucou:

– *Sabi, Zé, o painho nem vai ligá prá mim! Nunca mais vai gostá di mim. Issu é muito triste, amigo Zé* – Começou a chorar.

O caminhão seguia a estrada monótona. À frente, uma boiada imensa dirigia-se para os matadouros, mais ao sul. Dezenas de peões tocavam a manada na lentidão do passo-a-passo pela estrada.

O caminhão penetrou no rebanho. Um boiadeiro, montado em um burro ligeiro, negro e alto, adiantou-se, afastando os bois com o chicote, enquanto o parachoque ia cortando aquela torrente de cascos e chifres que se movimentavam como um só animal, monstruoso e indomável. O Baiano ia batendo a mão na porta da cabine, gritando:

– *Vamu, boi; eia, boi; eia, boi; eia boiada. Nóis tem pressa di chegá. Vamu, boi; vamu, boi; vamu, boiada, a noite já vem logo.*

Do outro lado, Iracema ia fazendo barulho para afastar os bovinos lentos que, às vezes, paravam para abocanhar touceiras de capim, à beira da estrada. Seguiam comendo e ruminando.

Ao longe o berrante, na frente, ecoava triste chamando os animais. O eco se multiplicava no toque que se desdobrava através da peça, artisticamente trabalhada, feita de chifres longos. Instrumento de sopro, produzia sons atraentes. Estimulava os bois a caminhar porque lhes imitava a voz no berro triste. Faziam a viagem mais interessante para os do comboio que iam ouvindo o som manhoso do berrante preguiçoso, lá nos confins do sertão.

Nem todas estas novidades conseguiam tirar Raimundinho da tristeza. A jornada prosseguia. São estranhas as reações do ser humano, pensava Zé, pois se luta meses e meses, sofre-se, trabalha-se para conseguir algo e, quando se tem nas mãos a prenda cobiçada, as emoções mudam, transformando o motivo da alegria em pretexto irracional para tristeza!

Zé e Iracema não desanimavam. Procuravam se alegrar, rindo, até de maneira exagerada, para estimular o menino. Afinal sua alegria fazia bem para todo o grupo. Sentiam falta das suas gargalhadas. Iracema perguntou ao Zé o que ele achava do problema:

– *Preocupa muito não, irmãzinha. Tudu issu acaba logu.*

A boiada passava aos lados do veículo. Parecia interminável serpente de milhares de pés e cabeças, dobrando as curvas da estrada, no fluxo contínuo e lento, caminhando monótona.

O boiadeiro foi outro elemento precioso no desbravar dos sertões do Brasil. Levando as boiadas, ajudou a civilizar os ermos. Temos, até no Nordeste, a forma do estado do Piauí e Maranhão, esculturadas pelo modo como foram desbravados. O Maranhão, colonizado do norte para o sul, do litoral para o interior, é mais largo junto ao mar. O Piauí, civilizado do interior para o litoral, do sul para o norte, é mais amplo no sul, graças aos tropeiros que levavam o gado entre as fazendas.

O peão de boiadeiro, nas estradas poeirentas e agrestes dos sertões, escreveu uma epopeia de coragem que marcou as páginas da história da civilização brasileira.

A boiada, que os caravaneiros atravessavam, era do tipo selvagem, na época, abundantes nas terras goianas. O clima e a terra eram tão adequados que nem o capim precisava ser plantado, em muitas áreas. Assim o gado se reproduzia e crescia no meio do cerrado, praticamente como animal selvagem. De tempos em tempos, os boiadeiros iam apenas juntar as rezes, já criadas, para levá-las aos matadouros.

Fazendas imensas, com rios enormes de água límpida, cheia de substâncias vindas do solo especial, tinham medicamentos profiláticos e vitaminas para os rebanhos. Daí se via o gado saudável e forte. As gramíneas abundantes transmitiam as substâncias que sugavam do solo para se transformar, nos bois, em crescimento, saúde e músculos. O couro era limpo e suave. Insetos parasitas não proliferavam, graças a substâncias dos capins e da água nos produtos veiculados pelo sangue dos animais. É o estado dos rebanhos saudáveis.

E o gado continuava na caminhada. No meio da manada, o boiadeiro valente. Era o brasileiro rústico e romântico. Homens fortes, muito corajosos, cortavam estradas longas nas costas dos burros ligeiros.

O burro, preparado para o transporte do gado, era o companheiro inseparável do peão. O boiadeiro, com a bombacha de couro protegendo as pernas, sentado no lombo da montaria, formava com o animal conjunto típico inseparável. A vida bucólica deles tinha episódios notáveis.

O cozinheiro, na vanguarda, chegava mais cedo nos campos de pouso para preparar a comida dos companheiros. Ele era artista na culinária! Os burros de carga levavam, dos dois lados do lombo, equilibrando o peso, caixotes com panelas, frigideiras, comidas, óleo, sal, temperos, carne seca e o alho, que nunca faltava. Nos campos de pouso, geralmente predeterminados pelo capataz da comitiva, o cozinheiro, adiantando-se propositalmente, parava antes dos outros. Quando a peonada chegava, a comida estava pronta, numa higiene incrível. Era norma, seguida como lei: os peões eram proibidos de tocar qualquer objeto da cozinha. Os apetrechos eram extremamente limpos e organizados. As bruacas de carga, coberturas de couro grosso usadas como proteção para os alimentos, defendia-os do pó, da chuva, do sol, do orvalho e mesmo das águas, na travessia dos rios. Quando a boiada chegava, os cozinheiros, abriam as bruacas, acendiam o fogo e queimavam as latas, como diziam, fazendo o feijão tropeiro com carne seca, farinha e vários temperos. Surgia o arroz carreteiro, que também levava carne seca picada. Os boiadeiros jantavam antes do sol se pôr. Era tradição que um bom chefe de cozinha calculasse o fim da refeição para a hora que as trevas tomassem conta do ambiente.

O gado, geralmente, ficava solto nas redondezas, unido ou cercado, se possível, por arame farpado. Às vezes soltos em pastagens sem cerca, eram vigiados em turnos pelos vaqueiros, que se revezavam nas horas longas de trabalho noturno, andando a cavalo ao redor da manada para que nenhuma rez escapasse. Eram precupação constante as cobras, que poderiam picar um boi, geralmente de maneira mortal. Alguns pássaros noturnos poderiam espantar os animais e o pânico poderia se alastrar, estourando a boiada.

O boiadeiro de chapéu gasto, das pernas tortas, com as pontas dos pés viradas para dentro, geralmente corcunda e de andar típico, era o herói do sertão. Tinha por missão pegar um rebanho em um local e entregá-lo em outro, geralmente depois de jornadas que demoravam até dois meses, na vastidão do nosso país. Muitas comitivas se formavam no norte de Goiás. Lentamente cortavam as estradas boiadeiras até os matadouros de São Paulo, os mais conhecidos em Barretos. Mais tarde outros foram construídos em Minas, facilitando a distribuição do alimento precioso.

Os vaqueiros, para atravessar os rios em Goiás, na Amazônia, enfrentavam correntezas infestadas de piranhas. Para evitar fossem atacados, os peões picavam com o ferrão o couro do boi mais velho. Deixavam-no todo ensanguentado, enquanto o rebanho aguardava à margem. O infeliz animal era obrigado a se lançar nas águas. As picadas são ideia dos boiadeiros, com a cor e o cheiro do sangue, atraem as piranhas, logo se concentrando milhares delas onde se encontra a vítima. O boi urra duas ou três vezes e desaparece nas profundezas da água antes de morrer. As piranhas, peixes que tem músculos especiais que se contraem dezenas de vezes por minuto, abrindo e fechando a boca, com dentes afiadíssimos, devoram, em pouco tempo, todo o couro, a musculatura, as partes moles do animal. Logo se vêem apenas os ossos brilhantes, brancos, completamente limpos. As boquinhas, devoradoras demoníacas, acabam, em menos de quinze minutos, com um boi de vinte arrobas. Vêem-se logo os ossos limpos.

Enquanto isso, acima, na corrente do rio, para evitar cheiro ou sabor de sangue descendo as águas, a boiada atravessa nadando, na parte mais rasa. Os burros e mulas, que por anos carregam nos lombos os peões valentes, nadam com os arreios frouxos para facilitar o deslocamento. As barrigueiras, correias trançadas de couro, que firmam o arreio no lombo e na barriga, vão quase soltas. O peão segura, com a mão direita, a cabeça do arreio, enquanto a besta, nadando, cruza a correnteza. O animal deixa o próprio corpo flutuar. É uma operação de guerra, o pelotão estranho atravessando a correnteza traiçoeira.

Se os carreiros, dos carros de boi, desenvolvem uma espécie de amizade com os animais que eles comandam, os boiadeiros da minha terra consideram os muares grandes amigos e, às vezes, até extensão do próprio corpo. Na estratégia de nadar, atravessando os rios, o peão entrega a própria vida à perícia do animal na água. Se, por qualquer motivo, um dos muares se espantar ou fraquejar, lá vai o peão e sua vida para o fundo da correnteza, pois, raramente, o boiadeiro sabe nadar. Criado nas fazendas de gado, passando a infância e a juventude ao redor do curral, em áreas secas, raramente têm a oportunidade de aprender a se defender na água.

Depois de muito esforço, autocontrole e valentia dos peões, os primeiros bois chegam à outra margem. Eles saem da água pingando, ensopados. Os animais dão um mugido forte quando as quatro patas pisam a terra firme: parecem festejar a vitória sobre os elementos. Os boiadeiros chegam com os muares respingando, os arreios são arrumados e as roupas são estendidas para secar, enquanto os animais descansam pelo menos uma hora. O esforço faz homens e animais exaustos. É a vida de lutas desses brasileiros, no papel que lhes cabe dentro do país.

Viajam de quebrada em quebrada, através de rios, riachos, regatos ou cachoeiras unindo cidades e vilas, por todo o país. Carregam alimento para comunidades inteiras, no seu labor rude e valoroso. São brasileiros, são fortes, são valentes, são patriotas, amam a terra. A vida deles é uma epopeia de amor e coragem. São humildes e firmes.

Geralmente o peão, fruto da vida áspera, é rude, mas bondoso e romântico. Foi o herói dos nossos sertões, com sua capacidade de vencer as adversidades. Atravessar rios, dependurados na cabeça do arreio do animal amigo, é tarefa que exige calma, coragem e determinação.

Porém, há outras passagens que demonstram a saga desta raça de gigantes. Eles não param o transporte do gado no período chuvoso. Às vezes preferem esta época, principalmente para viagens longas com rebanho muito grande. As pastagens são mais viçosas e o sol não é tão causticante quanto no período das secas. Os aminais sofrem menos na viagem. Muitas vezes chegam a emagrecer até quatro arrobas, se o tempo for seco.

Os peões cortam as estradas, mesmo sob a chuva. Os chapéus de abas largas os protegem do sol e do aguaceiro. A capa gaúcha, que forma verdadeira tenda, ampla e rodada, abriga o homem desde o pescoço até os pés, calçados de botinas ou de botas de couro. Quando o peão está montado, a capa vai até a metade da cauda do animal. Cobre-lhe o peito e parte das pernas. Caminham então, o peão e o animal, como se fosse um ser de duas cabeças. Acima, o chapéu cobrindo a face e a cabeça, embaixo a capa ampla defendendo o animal. Apenas as patas ficam desprotegidas.

O peão tem verdadeira adoração pela montaria, daí cuidá-la com carinho. A proteção de lã prensada, impermeável, as capas, acompanham o tropeiro também no inverno. Quando dorme junto ao fogo de um galpão, a capa se transforma em cobertor confortável. Os boiadeiros dormem em qualquer lugar, como soldados no campo de batalha. Às vezes usam redes fixas nas árvores por laços de couro. Às vezes repousam sobre mantas, que são feitas do couro com toda a lã do carneiro. Estes lhe servem de colchão ou de travesseiro. Quando não há galpão ou cobertura de telha ou sapé que os abrigue, eles esticam o laço entre duas árvores e a capa forma barraca protetora. Se o tempo está bom, a capa o protege do sereno.

São notáveis a firmeza física e a saúde dos tropeiros. Raramente adoecem. Talvez seja a vida ao ar livre e o esforço físico constante que os preparam para a vida rude.

Antes do repouso, após o dia de intensa labuta, ouve-se no acampamento a viola romântica e o violão cantador, cortando ao som carinhoso o silêncio das florestas e campos nas canções inspiradas, verdadeiras poesias escritas por sertanejos de muita sensibilidade. Cantam dezenas de modinhas. O ponto de pouso transforma-se em oásis de paz.

Se o cozinheiro é o comandante da alimentação, respeitado por todos, o violeiro cantador é o dono da noite. A comitiva dedica-lhe muito afeto, misto de respeito e gratidão, tanto maior quanto maior seu repertório, tão grande quanto sua capacidade interpretativa. Cantam todos até altas horas da noite, principalmente se a lua estiver cheia, com sua luz de prata clareando os homens românticos, moradores do sertão. É muito bonito ver a peonada junto ao fogo, sob as copas das árvores, à noite, ponteando a viola. No céu, dizem, as estrelas, ouvindo as melodias inspiradas, enfeitam o manto negro da noite, com seu piscar cheio de afeto.

Os vaqueiros cantam modinhas falando da valentia dos peões, do amor da mocinha que ele deixou na cidade do caminho, da paixão do boiadeiro que roubou a donzela, levando-a, na garupa do burro, para longe, onde forma, no mato virgem, uma fazenda de criação de gado. Descrevem a casinha de palha junto ao ribeirão, a linda cabocla e o cavalo bão, o som de uma viola que alegra a solidão. É o meu Brasil caboclo, isto é o meu sertão... Há moda que fala de dois vaqueiros, compradores de boiada, que viajaram muito tempo juntos, sem saber porque eram unidos. Quando um deles morreu, procurando os documentos, o outro veio saber que eram legítimos irmãos... Há canções exaltando as qualidades do burro Picasso, da mula preta, do caboclo boiadeiro que enriqueceu. Desfilam os poemas e as tradições da gente dos sertões, cantam a vida, a alegria e a tristeza. Cantam outros tempos e as mudanças dos hábitos da sociedade brasileira que, de rural e bucólica, transforma-se em aglomerados urbanos. Choram as mágoas ao ver os costumes e as tradições destruídas pelas mudanças rápidas.

Quando cantam, a comitiva toda fica ao redor dos troncos em brasa, na noite calma. Em coro, com a voz refletindo-lhes as emoções, cantam:

"Antigamente, nem em sonho, existiam tantas pontes sobre os rios, nem asfalto nas estradas, a gente usava quatro ou cinco sinuelos prá trazer os pantaneiros pro rodeio da boiada. Mas, hoje em dia, tudo é muito diferente. Do progresso, nossa gente, nem sequer faz uma ideia que, entre outros, fui peão de boiadeiro, por este chão brasileiro, os heróis da epopeia.

"Tenho saudade de rever, nas currutelas, as mocinhas na janela, acenando uma flor. Por tudo do isso eu lamento e confesso, que a marcha do progresso, é a minha grande dor. Cada jamanta que eu vejo carregada, transportando uma boiada, me aperta o coração. E quando olho minha traia pendurada, de tristeza dou risada, prá não chorar de paixão.

"O meu cavalo, relinchando pasto afora, e por certo também chora na mais triste solidão. Meu par de esporas, meu chapéu de abas largas, minha bruaca de carga, meu berrante e o facão. O velho laço, o sinete e o apero, o meu lenço e o cargueiro, o chicote e o gibão. Ainda resta a goiaca, sem dinheiro, deste pobre boiadeiro que perdeu a profissão.

"Não sou poeta, sou apenas um caipira. E o tema que me inspira é a fibra de peão. Quase chorando, embuído desta mágoa, rabisquei estas palavras e saiu esta canção. Canção que fala da saudade das pousadas, que eu fiz com as peonadas junto ao fogo de um galpão. Saudade louca de ouvir o som manhoso, de um berrante preguiçoso, nos confins do meu sertão"...

As vozes emocionadas se calavam. Podia-se ouvir os corações pulsando. Previam eles que a profissão um dia terminaria. Mais tarde, eles se adaptaram a outras funções.

Enquanto os transportes se aperfeiçoavam nos caminhões, trafegando por estradas cada vez melhores, ao entardecer, eles montavam burros chucros, amansavam para algum fazendeiro que incluía seus animais entre os que caminhavam para o matadouro. Quando os peões voltavam para receber, traziam muitos dos bravios, já mansos e ensinados, na lida do gado, para o fazendeiro. Aí recebiam mais um pouco de dinheiro que colocavam, alegres, na goiaca larga, de fivela grande. Era o banco e o cofre dos peões.

Após o recebimento do ordenado, descontado o valor dos animais que morriam, partiam à procura das namoradas para casar e abrir fazendas nos sertões. Usavam o dinheiro ganho para compra de terras.

Os mais dóceis, com vocação para criar família, transformavam-se em fazendeiros exemplares. Conheciam tudo a respeito de gado: como se cria, como se trata, como se vende, como se compra, pois passaram anos e anos juntos dos animais, numa convivência quase de compreensão entre o homem e o animal.

Isto é o meu Brasil. "Quem não conhece o cantar da passarada, o milho verde bem no ponto de colher, quem não conhece o estouro da boiada, que o fazendeiro tem orgulho de ser sua, não conhece meu país." Asim é que é meu sertão.

O som de uma viola lhes alegrava o coração. Porém dezenas de peões que foram perdendo a profissão, na luta contra os motores dos caminhões transportadores de boiadas, se transformaram em peões de rodeio, demonstrando sua coragem de cidade em cidade. Ganham a vida enfrentando a morte.

Graças a eles, os peões de boiadeiro, dezenas de cidades, hoje progressistas e cultas, foram fundadas, espalhadas pelos confins dos sertões do Brasil.

44. O estouro da boiada

O grupo seguia entre o gado. Raimundinho, com o olhar perdido no horizonte, triste e calado, não observava os bois que passavam do lado da cabine, mostrando os flancos pelo parabrisa amplo.

Era um mar de diferenças: bois brancos, malhados, baios, negros, cinzas, diferentes portes e tonalidades, variando ao infinito. Causaria admiração em qualquer observador. Ele, porém, estava apático. O gado pacato, sonolento, monótono, seguia à frente e aos lados do caminhão, que ia pelo meio da boiada.

Agora o pó era nuvem, descômoda e compacta. O cheiro de curral, de urina dos animais, do esterco das máquinas comedoras de capim que mastigam e ruminam continuamente, as moscas varejeiras voavam, atraídas pelo odor. As caudas dos bovinos, com a ponta de crina grossa, defendiam o mamífero das picadas que depois se transformariam em orifícios que lesam o couro e mostram, mais tarde, algumas bolas com bernes que se multiplicam estragando a pele.

Muitos anuns pretos, com seu voar desengonçado e o som característico do piado rouco, saltavam de lombo a lombo na boiada que caminhava na estrada longa. Os bois os recebiam com satisfação, pois os bicos fortes, em tipo de conchas escavadoras, matando as moscas e retirando os bernes do couro, os aliviava. Às vezes, em certas regiões, muitos bois levam nas costas dois ou três passageiros, os anuns. São benfeitores que salvam uma riqueza imensa que sustenta a indústria de bolsas, malas, cintos, sapatos, carteiras. O anum, na sua insignificância de pássaro deselegante, penas em desalinho, voando rasteiro e desconjuntado, protege a indústria do couro. É sábia a natureza!

O sol era causticante, queimava as pontas das orelhas dos bois. O caminhão seguia lento quase chegando à frente da manada. Já se viam as costas, cobertas pelos blusões de couro de três boiadeiros. O do meio, com um berrante de chifre curvo, bem trabalhado, tocava melodia triste do sertão, chamando a boiada. Os outros, dois de lado, distraindo o gado, tomando cuidado nas encruzilhadas, seguiam na rotina cansativa. Por necessidade da marcha lenta da tropa, iam quase parando. Zé Baiano conservava o pé na embreagem e no acelerador para ir bem devagar.

Não se sabe porque, o motor parou. Zé, contrariado, estacionou mais à direita da estrada boiadeira. À frente viam-se milhares de marcas dos cascos como impressos no solo. Aqui e ali sinais de urina e de esterco do gado. Anuns voando baixo, de lombo a lombo, sol a pino, queimando violento. Tarde calma, empoeirada, sonolenta. Um boi mugiu lá atrás, com a garganta rouca e preguiçosa. Paz e monotonia. Na cabine, o silêncio da sonolência do cansaço do calor úmido e pastoso.

Zé Baiano acionou a partida e apertou fundo o acelerador do caminhão no meio daquele mar de cabeças patas e chifres. Uma explosão, nas câmaras dos cilindros do velho motor diesel, saiu violenta pelo escapamento junto à fumaça abundante. Foi o suficiente: um frêmito percorreu a medula de cada boi. A monotonia transformou-se em agitação. Seres diabólicos pareciam tomar controle de cada animal. O bovino manso, de cabeça baixa, sonolenta, ergueu-se agitado e violento. Era epidemia que se alastra terrível. O nervosismo de um se apossou do outro, na reação em cadeia, transformando o rebanho em um animal monstruoso com cerca de mil cabeças, dois mil chifres, quatro mil patas. O boiadeiro da frente, o berranteiro, só teve tempo de gritar:

– Vai todo mundo pra beira do barranco, é um estouro! Deus proteja nóis!

Zé encostou à direita quase batendo no barranco.

No turbilhão, cascos, chifres e cabeças ganharam velocidade incrível. Passavam ao lado do veículo corcoveando, pulando, correndo loucos, numa velocidade que ninguém acreditava pudessem atingir aqueles animais pesados e sonolentos. O estribo da esquerda da cabine foi arrancado, violentamente, pelas patas e peitos de bois que, espremidos pelos outros, foram jogados contra o veículo. A peça metálica na velocidade revoluteou no ar, rodopiou acima da cabine, na frente do parabrisa e caiu longe, sobre o dorso de bois loucos que continuavam a correr.

Via-se sangue, em abundância, tingindo a lata pesada, na sua virada no ar. Ela caiu logo e desapareceu sob os cascos possantes, endoidecidos, na correria. Um boi bateu a cabeça no canto da carroceria, do lado esquerdo, com tal violência que, ao cair fulminado, o caminhão foi jogado mais para a direita junto ao barranco, comprimindo o paralamas.

Os barrancos, de um metro de altura de ambos os lados, formavam canal orientador dos animais furiosos, correndo como bólidos vivos. Logo começaram a saltar por cima deles; cravando os cascos na terra vermelha, milhares de pés seguiram amassando a terra, aplanando o desnível, moendo o capim.

Paus e árvores eram levados nos peitos dos animais pela energia louca que os tomava. Quando um corpo caía, após colidir, violento, contra uma árvore mais espessa, era pisoteado pelas patas assassinas de centenas de outros lhe correndo atrás. O boi, em minutos, se transformava em plastão de couro, sangue e ossos, misturados ao pó da estrada que lhe servia de túmulo, numa morte terrivelmente violenta.

Dentro da cabine e na carroceria, ninguém falava. O pavor tomou conta de todos, olhos esbugalhados, ouvidos assaltados por um barulho, ensurdecedor, de cascos batendo no chão duro, chifres, aos milhares, se atritando na correria demoníaca.

Na carroceria, muitos poderiam tocar as mãos trêmulas nos lombos corcoveantes que zumbiam ao lado. As rezadoras começaram a orar alto, mas cada uma ouvia, apenas, a própria voz. O barulho tomava conta de tudo.

As árvores do cerrado deitavam-se, feito moitas de capim macio, contra a força daquela fera gigantesca, pesada e destruidora. Era como um trator gigantesco, de centenas de toneladas velozes, investindo contra as árvores, quebrando-as, deitando-as como se fossem palitos de fósforo.

Era serpente de aço monstruosa, dobrando-se na curva da estrada, mais de quinhentos metros além do caminhão, na fúria de correr, correr correr, derrubando, esmagando, matando, morrendo, destruindo. Na devastação, a curva do caminho mudou. Viam-se, agora, milhares de árvores tombadas, num canal quase retilínio, no meio do cerrado.

Os boiadeiros escaparam, alertados pelo berranteiro. Porém Teixeirinha, um goiano magro e forte que há oito anos fazia aquela rota, no meio da boiada, não teve tempo de fugir. Sua mula branca também começou a correr, no instinto animal de seguir os outros. Sua velocidade, porém, era pequena. Atrás dela milhares de chifres, cabeças e patas raivosas pediam passagem. O arreio virou. Teixeirinha, caiu do mulão, mas um dos pés ficou preso no estribo direito. Andou arrastado por uns cinco minutos, pisoteado, gritando, até silenciar, quando a mula tropeçou e caiu esmagada, como o peão, pela violência daquele monstro de força descomunal. O animal mitológico, deixava uma vítima humana prensada no solo firme, socado pelas patas coléricas.

O estouro da boiada acontece por causas variadas. Um pássaro voando, planando muito próximo a uma rez que se espanta, um galho de árvore que cai, principalmente na hora do calor quando algo como sono toma conta da natureza, o trovão repentino antes da tempestade que ribomba ao longe, um raio riscando o céu, enfim, qualquer coisa insignificante pode desencadear a loucura coletiva da manada. Páram, às vezes, horas depois, exaustos e desorientados, deixando atrás um rastro de devastação, com inúmeras marcas vermelhas de sangue, barro e terra misturados, frutos da loucura inexplicável.

Após uma hora tudo se aquietou. Os boiadeiros, calmos soldados conhecedores do campo de batalha e do inimigo, juntaram-se para avaliar a situação. Os bois paravam cansados e, pacíficos, se deitavam no chão. O capataz da comitiva, o Goiano, ordenou que os peões examinassem o local do desastre, do início até onde a manada parou. Contaram vinte e oito bois mortos, espalhados, pisoteados, aplanados na estrada. O estribo esquerdo do caminhão era uma lata disforme a quase cinquenta metros do veículo cheia de manchas de sangue. Porém, ao chegar onde a mula Ruana, de Teixeirinha, estava esmagada, Criolano tirou o chapéu. Emocionado, pediu rezassem pelo peão. Alguns vinte metros adiante, estava o corpo irreconhecível do Teixeirinha. Sabiam tratar-se dele, apenas, pela fivela grande da goiaca e por pedaços do lenço vermelho que usava no pescoço. Tinha, ao redor do que seria o pé direito, o estribo todo amassado. Os boiadeiros se agruparam com suas montarias, apearam, tiraram o chapéu e Coriolano, firme e emocionado, rezou:

– Senhora Aparecida, rainha do Brasil, Mãe bondosa dos peões de boiadeiro, recebi no seu colo maternal, cheio de amor este tropero valente, o Teixeirinha. A Senhora sabe, Mãe Santíssima, que era um moço bão e direito, trabaiadô e honesto. A Senhora sabe, Mãe de amor, que ele se dirigia a Itaberaí pra casá com Anita, sua noiva. Protegi ela tamém, Senhora. E a mula Ruana, animal amigo, Dá pra ela sua bênção tamém, Mãe Amorosa.

Ali, no descampado, a terra batida da estrada, as árvores tombadas, o capim amassado, os corpos dos bois esmagados, o corpo do peão Teixeirinha completavam a desolação e a tristeza imensa no ambiente. O capataz continuou:

– Obrigado, Senhora Aparecida, pela proteção a nóis todos. Numa calamidade desta a Senhora salvou nóis. Obrigado di coração, Senhora.

Continuavam com as cabeças curvadas. Estavam vestidos de couro, com blusão, bombacha, goiaca larga, o lenço de várias cores no pescoço, amarrado por um cordão de couro, jogado nas costas. Descobriram a cabeça naquela hora de dor e respeito.

Alguns não tinham coragem de olhar o que foi o corpo do companheiro querido. Ficaram ali, rezando de cabeça baixa, pernas afastadas como soldados em posição de descansar.

A tristeza no rosto intensa sulcava-lhes a face.

Um bando de anuns, talvez os mesmos que andaram nos lombos dos bois antes do estouro, voltavam a se juntar numa árvore próxima ao corpo. Ficaram ali. Parecia que algo lhes transmitia a notícia da morte do peão. Eram dezenas, nos galhos das árvores, vestidos de negro, de penas feias, aguardando algo. Alguns piavam, soturnos, trazendo, na voz triste, vestida de negro, mensagem de dor e de luto. Ali ficaram.

Os boiadeiros discutiam o que fazer com o corpo destruído. Levá-lo para a cidade mais próxima seria impossível.

Decidiram sepultá-lo à beira da estrada. O mulão, manso e nobre, ficaria ao seu lado até na eternidade, falaram.

Abriram uma cova no chão vermelho e pedregoso. Na vala aberta, o que era um corpo foi depositado com todo respeito. Alguns enxugavam a face onde lágrimas brotavam emocionadas.

Cavaram uma sepultura para Ruana, a mula companheira. Uma cruz de paus de aroeira, madeira quase eterna, foi colocada sobre o monte de terra que assinalava o túmulo rústico. Sobre a cruz, o cinto fragmentado, a fivela grande e prateada e uma espora bem deformada. As botas, semidestruídas, foram colocadas ao pé do cruzeiro marcando um local de sofrimento. Sobre o que restou no corpo da mula, as rédeas, o bridão, parte do apero cobriam a terra. Os metais ficariam ali brilhando por longos anos.

Rezaram novamente. Agora Luizinho, moço de vinte e dois anos nascido na velha cidade goiana de Pires do Rio, amigo íntimo de Teixeirinha, falou emocionado na despedida:

– *Senhora Aparecida, Mãe querida de nóis tudo, abençoa estas duas humildes sepulturas. Nois deixamu aqui o companheiro querido e sua mula valorosa. Ajuda eles, Sinhora. Ajuda a família du Teixeirinha amargar a saudade ingrata. Protege sua mãe, seu irmãozinho que também quer ser peão de boiadeiro. Ajuda todos nóis, Sinhora. Abençoa o nosso trabalho até a chegada do destino levando a nossa boiada, Sinhora. Nóis somu teus filhus, Sinhora!*

O bando de anuns ainda estava ali, com os olhos curiosos e os bicos curvos, como se entendessem o que acontecia. As montarias paradas, rédeas soltas, quase imóveis, captavam a tristeza do ambiente.

Os animais teriam percepção dos sentimentos que vão aos corações humanos? Ouvi dizer que os animais de montaria percebem se o cavaleiro está com medo ou inseguro quando monta. Poderiam, os muares, captar a tristeza dos peões?

Decidiam partir. Antes de montar, um dos vaqueiros, Ostílio, foi ao cerrado e arrancou, com raízes, uma muda de primavera. Com a mão cavou um buraco sobre a terra solta e ali plantou a muda. Voltaria a passar por ali, talvez em dois ou três meses, no roteiro inverso.

Partiram. Olhavam para trás quando montaram. Torciam para que a flor nascesse. Suas raízes se fixariam na terra funda. O corpo sofrido se transformaria em flor do campo, enfeitando a paisagem. A brisa parecia falar:

"Dorme teu sono, coração liberto. Povoam tua vida, as pétalas, que perfumam o ar, com o aroma das tuas dores."

Ostílio de fato voltou daí a três meses. Lá estava a primavera viçosa, vermelha e linda! Ele parou, tirou o chapéu e sentiu uma aragem diferente trazendo-lhe ao rosto um perfume dos céus. Rezou e pensou em Teixerinha. Parecia que anjos lá os estavam assistindo. O boiadeiro sentiu uma alegria íntima, muito profunda e, dentro da alma, como se a natureza lhe falasse à sensibilidade, o perfume penetrante das flores da primavera. Uma voz, na voz do vento, parecia lhe falar:

– Morreu no posto do dever. Diga não à tristeza. É hora de alegria. O soldado valente, teu amigo querido, volta do quartel dos céus.

Comovido, Ostílio, enxugou a face com as costas da mão esquerda, montou seu burro preto e olhou para trás, despedindo-se da curva da morte, como ficou conhecido, desde então, aquele local.

A primavera viçosa, me disseram, ficava florida o ano inteiro. Estava adubada com sangue de herói. Quando a comitiva terminou o sepultamento, voltaram para ver se algo acontecera com o caminhão. Alguns boiadeiros o viram atravessando a boiada, os outros, na frente, não o notaram.

Zé Baiano, aos poucos, se recuperava do susto. Ainda pálido, como os outros da caravana, ao ver os peões que aproximavam, decidiu não contar sobre a explosão do escapamento do veículo velho. Afinal não fora sua culpa.

O grupo se aproximou e parou ao redor do caminhão. Alguns romeiros ainda estavam rezando, pálidos, trêmulos. Raimundinho ao ver os tropeiros, não se sabe porque, começou a soluçar. Coriolano se dirigiu a Zé Baiano:

– *Olá, companheiro, aqui aconticeu um milagri! Não sei comu um boi doido não subiu nu barranco e saltô sobre a carroceria, matandu ocêis. Acho que ocêis é gente guardada por Deus; não é possíve isso acontecer!*

De fato, lá estava o barranco baixo onde dezenas de bois haviam subido. Poderiam, facilmente, na correria, cair sobre a carroceria.

O perfume da dona Margarida, lá do interior da Bahia, penetrou no ar e tomou conta de tudo. Os boiadeiros, percebendo algo diferente, apearam das montarias e, tirando os chapéus empoeirados, baixaram a cabeça.

As rezadeiras começaram uma litania sentida. Era comovente! O perfume impregnava as roupas, os pelegos, os arreios, as bombachas, os chapéus. Como por milagre, Raimundinho, apagou a tristeza que o dominava há quase dez dias e sorriu alegre:

– *Sabi, gente, acho que a Mãe di Jesuis tá aqui. Esti é o perfumi doce dela. Presta atenção, genti.*

Os boiadeiros levantaram a cabeça e fixaram os olhos curiosos naquele rosto perfeito:

– *O meninu tem razão; achu que aqui vai se virá um lugar santo, abençoado por Nossa Senhora Aparecida.*

Muitos anos depois, fiquei sabendo, as comitivas que por ali passavam sentiam alegria profunda. Os boiadeiros e as montarias, cansados, quando atravessavam aquela área ganhavam novas energias e ficavam dispostos, de maneira enexplicável. O perfume, pensavam, vinha da primavera que crescia sobre o túmulo.

Era a fé daquele povo simples ou Deus que criava um lugar santo no cerrado goiano? Eu não sei.

Ao entregar a boiada, em Uberlândia, receberam o pagamento pelo trabalho, descontados os bois mortos e perdidos, como era o contrato. O resto era dividido entre os peões. O capataz da comitiva ficava com um pouco a mais do que os outros. Afinal, era ele quem achava os fazendeiros ou matadouros que os contratavam para a viagem.

Dirigiram-se de volta a Pires do Rio. Foram dar a notícia da morte de Teixerinha à noiva, que o esperava para o casamento, ao pai, mãe e irmãos mais novos.

Após vários dias de trote contínuo, os cavaleiros, sem a boiada, logo chegaram à cidadezinha. Quando o grupo entrou galopando, em conjunto, pelas ruas sem calçamento levantando pó, os frequentadores do barzinho da cidade pacata entenderam que algo grave acontecera. Ostílio perguntou a um mocinho que tomava cerveja no bar:

– *Amigo, ondi é a casa du pai du pião Teixerinha?*

– *Qui aconteceu, companheiro?*

– *Ele morreu num estoro da boiada*

– *Meu Deus, ele ia casá cum a minha irmã. Vô correndu avisá ela.*

Coriolano explicou:

– *Logo a comitiva vai lá cumprimentá ela.*

Dirigiram-se à casinha pobre, no fim da última rua da saída, onde encontraram uma mulher chorando. Alguém, ouvindo a notícia, no bar, correu para contar-lhe. Nas cidades pequenas as notícias e os boatos, correm como fogo no capim seco...

O grupo se aproximou e apeou, deixando as montarias soltas, junto à cerca de bambu apodrecido que circundava a casa. A senhora, dona Luzia, com um lenço cor-de-rosa na cabeça, o avental branco, com dois bolsos largos, sobre o vestido pobre, enxugando os olhos, chegou para recebê-los. Dirigiu-se a Ostílio que a conhecia:

– *Qui aconteceu, fiu meu?*

Ele, triste, enquanto os outros tiravam os chapéus, em sinal de respeito a ela:

– *A boiada estorou, dona; o nosso Teixerinha, pião valente i bão, não teve tempo di escapá. Foi uma desgraça, um sofrimento amargo prá toda a peonada.*

Coriolano, o capataz da comitiva, tirando a goiaca amassada e rasgada que pertenceu ao filho, entregou à mãe:

– O dinheiro da sua última viagem está aí, dona.

Surgiu, pela porta lateral da casinha humilde, enfeitada com latadas de flores, um homem de cabelo branco, desesperado, com um coto da perna direita encaixada em perna de pau, andando com muita dificuldade, entortando as costas, conforme caminhava, apoiando a mão no joelho direito. Era Sivuca Teixeira, antigo boiadeiro. Ele olhou demoradamente para o grupo:

– *Brigadu, genti. Vossa visita faiz nossa dô mais leve. Fui peão como ocêis, essa perna foi perdida num acidente. U pé fico preso nu estribo e ar-*

rancô a perna. Deus vai recebê meu fio num lugar lindu, nus pastos do céu ondi tem todos os piãos trabaiadô que morre. Meu outro fio tamém vai sê pião. Passe aqui em cinco anos e ele também vai fazê parte da cumitiva.

Pegou a goiaca de pelica preta que ele mesmo havia costurado, de presente, na primeira viagem do moço aos sertões de Goiás e Pará. Ali estava um objeto precioso! Pelo resto da vida guardou aquela relíquia que acompanhou o filho.

A cena quando o pai, antigo peão, recebeu as partes de couro da goiaca foi comovente. Coriolano, observador:

– *Minha gente, é claru, isso é hora di tristeza, mais não pode sê momento de desespero! Vamu comemorá qui, na guerra pelo progresso, morreu um sordado no posto do trabáio. Isso é pra festejá! O Teixerinha era moço de ouro, bão e trabaiadô, direito e grande amigu, corajoso que era sempre o primeiro a atravessá as correntezas dos rius e fazê coisas perigosas. Assim um pai e uma mãe que tem um fio como ele devia ficá grato au Pião Divino, Nosso Pai qui istá nu céu. Prá afastá essa tristeza qui domina minha arma, eu vô pedi prá seu Sivuca Teixeira, bom violeiro e cantadô, qui cante aquela modinha que ele e Teixeirinha sempre cantava juntu.*

O momento foi profundo, comovedor. A peonada tirou o chapéu, curvou a cabeça, enquanto o filho mais novo, futuro boiadeiro, foi para dentro buscar o violão que, dedilhado com maestria, invadiu a alma e o coração, na modinha comovente.

Os peões acompanhavam assobiando baixo. O pai, ao lado da mãe, olhando a casa humilde, cheia de amor e de flores, começou a cantar. Parecia que anjos dos céus, descendo das fazendas verdes do infinito, acompanhavam a música singela:

"Nesta casinha, junto ao estradão, faz muito tempo, eu parei aqui. Vem, minha velha, vamos recordar, quantas boiadas eu já conduzi. Fui berranteiro e, ao me ver passar, você surgia me acenando a mão. Até que um dia, eu aqui fiquei, preso no laço do seu coração".

"Vê, aí está, o meu berrante no mourão do ipê. Cuida bem melhor porque foi ele que me deu você. Lembro-me o dia em que aqui parei, daquela viagem não cheguei ao fim. Foi a boiada, eu, com você, fiquei e os peões dizendo adeus pra mim.

"Vem, minha velha, veja o estradão e o berrante que uniu nós dois. Nuvens de pó que para trás deixei, recordações do tempo que se foi. Vê, aí está, o meu berrante no mourão do ipê. Vou cuidar melhor porque foi ele quem me deu você.

"Naquele tempo que ao longe vai, o meu berrante repicando além. É o doce choro vindo do sertão, ao recordar fico a chorar também.

"Não é de ouro, meu berrante, não, mas para mim ele tem mais valor, porque foi ele que me deu você e foi você quem me deu tanto amor! Vê, ali está o meu berrante, no mourão do ipê. Vou cuidar melhor porque foi ele que me deu você... porque foi ele que me deu você...".

O som foi morrendo na garganta do velho peão, o assobio dos boiadeiros continuou em surdina. Ao redor, dezenas de moradores emocionados cercavam a frente da casa.

O berranteiro que deu o aviso sobre o estouro que matou Teixerinha, inspirado, tomou do seu berrante longo e curvo e executou o toque do silêncio. Ouvia-se, na quietude sublime, o coro de soluços de dezenas de corações.

Teixeirinha era tão bom que cativava a todos. Parecia estava ali agradecendo a amizade. A mãe, comovida, tirou o lenço que trazia sempre amarrado na cabeça e enxugou os olhos. Sentiu uma brisa leve na cabeça grisalha e sofrida. Olhou, surpresa, as árvores próximas. As folhas estavam imóveis. Percebeu, logo de imediato, o perfume penetrante de flores de primavera. Entre as lágrimas de mãe, com o olhar esgazeado, começou a sorrir. A brisa suave vinha, talvez dos céus, só para ela.

Seria o filho, o peão, que galopava, montado em um cavalo branco com asas, passando para vê-la? Parecia sonhar. Somente as mães sabem compreender estas coisas. O filho se foi, mas o perfume dos céus, trazido pela brisa do amor, a protegeria na saudade amarga, "roxa como um lírio".

O grupo procurou a casa de Anita, a noiva que esperava o vaqueiro para se casar.

A cena foi tocante. Ela, alertada pelo irmãozinho, moleque rápido de nove anos, colocou o vestido de noiva, recebido, de presente do Teixeirinha antes da partida. Bordara, toda semana, uma flor nas mangas brancas e longas, enquanto pensava no noivo.

Estava rouca de tanto chorar. Saiu soluçando e sorrindo, com a face molhada de lágrimas.

O pessoal parou à entrada da casa branca de portas azuis escuras, com janelas amplas. O futuro sogro, Sivuca, chegou carregado na garupa de uma mula, puxada por dois boiadeiros; com a perna aleijada era-lhe muito penoso andar cinco quarteirões. A esposa o acompanhara, porém, já não chorava. Parece, o coração sofrido da mãe recebera a mensagem de amor que Deus lhe enviou através do perfume e da brisa suaves.

Dona Luzia parou, olhou a noiva e se colocou ao lado. No jardim, um tamarindeiro velho desatava seu perfume, como nos tempos que o noivo a visitava.

Coriolano, cavalheiro, forte, alto e magro, meio corcunda pela vida de peão, curvado pelos longos anos sobre a montaria, dirigiu-se ao jardim, logo atrás da cerca de táboas finas, colheu um buquê de flores amarelas, juntou-as e entregou a Anita:

– *Ele não pôdi vim, mais nós, os amigu, tráiz prá você, em nome dele. As flor e a canção.*

O assobio melodioso dos peões cortou o ar. A música, suave, penetrou os ouvidos, tocando os sentimentos:

"Canta, coração, a glória de sofrer contente;
"entoa, coração, a melodia do amor risonho;
"vibra, coração, no amor indiferente,
"ama, coração, com fervor, vive teu sonho.
"Não há treva, tão escura, que apague a tua luz;
"não há sofrer, tão intenso, que perdure;
"não há dor, tão cruel, igual a tua cruz;
"não há amor fingido que sempre dure.

"Canta, coração, canta hinos à tua dor.
"Perdoa, coração, segue adiante, com amor.
"A dor, coração, mãe severa é a paixão,
"vai te fazer muito feliz, meu coração."

Ela ouviu a modinha chorando baixinho. O violão, quase em surdina, ia acompanhando carinhoso. Cantadores emocionados e a dor ferindo fundo as almas.

Aí Coriolano falou:

– Nóis, us companheiro do seu noivo, enterramu ele lá no sertão. Plantemo tamém um pé de flor di primavevera na cova. O sangue dele vai alimentá as raiz e as flô da árvore. Na outra vez que nóis passa por lá, vamu trazê duas mudas com raiz, prá você e pra dona Luzia. A mãe e a noiva não viram o corpo do nosso amigo, mais as flô alimentada pelo seu sangue de moço apaixonado vai ficá com ocês prá sempre.

Continuando, cantando baixinho, emocionados, eles se retiraram. Pararam a cinquenta metros, quando Coriolano, voltando a cabeça da montaria de maneira brusca, lembrou-se de entregar uma espora amassada que ele colheu junto à sepultura para lembrança da noiva. Ela pegou, agradeceu e beijou o objeto, molhando-o de lágrimas. Os peões, com as montarias viradas na direção dos dois, baixaram as cabeças, comovidos. Depois eles continuaram a jornada, tristes.

45. Riquezas sem fim

Já entardecia. Iam dormir num ranchinho de pouso, coberto de telhas velhas, a cinco quilômetros da cidade. O cozinheiro, com os animais mais rápidos da comitiva, carregados com todos os apetrechos de cozinha, apertou o passo. Quando os companheiros chegassem o jantar já estaria em andamento.

No poente, o sol, nos céus lindos de Goiás, iluminava a cidadezinha com raios da cor do amor. Parecia que a natureza, nem triste, nem comovida, mas agradecida, queria oferecer às famílias do moço um postal inesquecível que se lhes gravasse na alma para sempre. Por isso o astro-rei, talvez percebendo a grandeza daqueles momentos, enquanto a noiva de olhos inchados de chorar observava a luz cor-de-rosa mergulhando, lenta, nos abismos do horizonte. Ele, soberbo, lançava aos ares seus raios, da cor da primavera, que enfeitava a sepultura humilde, lá no sertão. O azul diáfano do céu, sem nuvens, era o fundo do quadro lindo. As cores se misturavam contínuas.

Ali, no jardim da casa, com o vestido branco, o buquê de flores já murchas na mão, a espora amassada na outra, Anita continuou contemplando o poente, pensando nas surpresas da vida. Ao meio-dia, pensava na alegria do casamento com o noivo querido. À tarde, a notícia da morte, no pôr do sol, a tristeza contundente. À noite, a vida continuaria, para dar lugar à madrugada e a manhã, despontando cheia de novas esperanças...

Jamais se casaria, pensou, mas dentro do coração guardava a certeza de que fora amada por um moço notável. Começou a sorrir com um sentimento profundo de paz dominando-lhe o ser.

Lá, ao longe, no poente, estrias do sol, penetrando as nuvens recém-chegadas, pintavam cena inesquecível. O sol lento, bem lento, mergulhou atrás do horizonte. Alguns pássaros já piavam anunciando o anoitecer. No firmamento a estrela d'Alva despontou. A lua tímida, impregnada de amor, abriu as cortinas do céu e colocou sua face risonha na noite para que os namorados da Terra a contemplassem.

Anita sentou-se sobre uma pedra grande, no jardim, e viu o nascer da princesa noturna que ela, dali, com Teixeirinha, muitas vezes havia admirado. O Cruzeiro do Sul, à sua direita, surgiu nos céus! A brisa começou a balançar as pétalas das flores do jardim. Ela baixou a cabeça, colocou o buquê de flores no colo, a espora sobre a pedra e agradeceu a Nossa Senhora Aparecida, a Mãe do Brasil e protetora dos peões, os dias de felicidade que passaram juntos. O vento entoava uma canção de amor, vibrando os galhos dos arbustos, como as cordas do instrumento de um violinista apaixonado. Ela encostou a cabeça na pequena árvore de ipê amarelo, junto à pedra que lhe servia de banco e adormeceu. Já tarde, o pai e a mãe foram acordá-la para entrar. Encontraram-na dormindo e sorrindo. Sonhava com o amor, dádiva de Deus, que transforma o sofrimento e a saudade em esperança e gratidão.

Os boiadeiros, depois do jantar, estenderam as redes e descansaram sob o céu goiano,coroado de estrelas. No dia seguinte seria a volta à faina rude e valorosa. Tinham outro contrato a cumprir: levar uma boiada do sul de Goiás até o Maranhão.

Contou-me alguém que Coriolano, seis meses após este dia, acompanhado de mais cinco peões, voltou a Pires do Rio trazendo duas mudas grandes de primavera, em latas enormes. Uma delas foi plantada junto à pedra, no jardim de Anita. A outra na casa de dona Luzia.

Contaram também que, por afeto ao companheiro e para manter a palavra empenhada, Coriolano e Luizinho carregaram as duas latas, com as mudas pegas, por mais de mil e quinhentos quilômetros no lombo do burro cargueiro. Todo dia, quando paravam para repousar, regavam as plantas com carinho. Era até interessante ver as flores delicadas, balançando na frente da boiada rude.

Muitos anos depois, havia, em Pires do Rio, dois pés enormes de primaveras vermelhas enfeitando dois jardins. Os antigos habitantes as chamavam "árvores dos peões valentes"...

Quando os boiadeiros partiram, após enterrar a mula Ruana e o peão valoroso, os paraibanos se reuniram para decidir o que fazer. O caminhão estava em estado precário. Se desse para viajar, continuariam. Do lado do motorista não havia mais o estribo que fora arrancado pela violência animal. Sobraram apenas duas travessas de ferro curtas. O paralama esquerdo foi amassado quando o estribo foi lançado longe. O pneu estava prensado pela lata grossa. Era necessário arrumá-lo para o veículo andar. Com paus fortes, usados como alavancas, afastaram a lata da roda. Apesar de deformado, o paralama protegia e deixava a roda girar. O lado direito estava um pouco melhor, mas a lata, também amassada contra o barranco, prensou o pneu. O mesmo processo liberou o pneu direito.

Raimundinho, talvez pelas reações psicológicas que o medo causa, saiu do estado de tristeza, reagiu, trazendo de volta a alegria ao seu redor. Pediu para ser levado a examinar o gigante engolidor de estradas:

– *Sabi, amigo Zé, si u bicho andá, vamu imbora. Meu pai mi espera cum sodade.*

Zé sorriu satisfeito. Precisava dar partida e, se o motor funcionasse, tiraria o veículo prensado contra o barranco. As rodas direitas estavam dentro dos buracos feitos pela enxurrada.

Ansiosos todos aguardavam. Zé acionou o motor de arranque. Pressionou fundo o acelerador e... milagre, o escapamento expeliu fumaça negra, tossindo, quase afogando, mas o motor manteve-se funcionando. Gritos de alegria ecoaram. Zé pôs o polegar para cima, fora da janela, e, soltando a embreagem, percebeu as rodas traseiras patinando. O veículo não saía do lugar. Tentou a ré, ele se moveu para trás. Colocou a primeira marcha, novamente; com o impulso o caminhão saltou decidido para o meio da estrada. Palmas e gritos de viva encheram a solidão.

Todos tomaram seus lugares. Era incrível estarem vivos depois do desastre violento quanto um terremoto. Afinal, Nossa Senhora Aparecida, Mãe do Brasil, velava pelos imigrantes nordestinos.

O caminhão pegou velocidade. Agora havia mais um ruído, juntando-se aos outros: o paralama esquerdo, perdendo o apoio do estribo, tilintava, rangendo fino, a cada movimento da máquina. No início pareceu estranho, mas logo os passageiros se acostumaram. O pau-de-arara estava em estado calamitoso! O farol da direita, quebrado, não fora trocado por falta de peças nas cidades do trajeto. O estribo esquerdo faltando, o paralama amassado no lado esquerdo e muito deformado do lado direito davam-lhe aspecto horrível. Apesar de tudo isso, seguiam com coragem descendo para o sul, felizmente o farol esquerdo estava intacto.

As cenas do estouro da boiada lentamente se apagavam das lembranças, substituídas por novas paisagens, agradáveis, da estrada e das fazendas que o caminho atravessava.

Os panoramas eram atraentes no seu verde, de mil tonalidades, se misturando diferentemente a cada mirada: o verde-claro do capim-jaraguá, ao lado, no meio do pasto, com as moitas de colonião, de folhas largas e de verde mais escuro. Notam-se nas folhas mais velhas as nervuras de verde saliente de tom mais amarelado. Logo acima, as folhas largas, verdes e escuras dos buritis alegres, abanando as palmas ao vento com as hastes de verde-acinzentado, juntavam-se a alguns pés de café verdes, brilhantes.

Mais além, moitas de capim gordura, macio como veludo, com a cor verde sem brilho entre as palmas do buriti e o jaraguá. Longe, surgiam as folhas do jatobá de um verde-claro bem diferente dos outros tons. Aparece o verde das folhas dos ipês. À direita, as macaúbas, de folhas feito mãos vegetais, verdes, quase cinzentas, abertas, acenam felizes ao vento amigo que passa acariciando-as. Os cachos de frutos redondos, grandes, aparecem com o verde misturado ao castanho amarelado.

No topo da colina vê-se algumas palmeiras guariroba, com o palmito. As palmas mostram outro tom de verde nas folhas longas. O tronco apresenta o verde com estrias marrom-escuras. À esquerda, surge o milharal verde, vestido de verde-claro. Os troncos, de tons diferentes das folhas, são mais claros e brilhantes.

À direita aparece um pé de pequi, com as folhas enrugadas, de um verde-enferrujado. Os frutos ficam verdes, misturados ao amarelo, quando maduros. Abertos, após o ponto de maturação, a casca mostra o verde com estrias douradas.

O regato que passa, refletindo a vegetação, cobre-se com um tapete verde deslizando pelos campos, pacificamente.

Enquanto o veículo corria, desfilava-lhes diante dos olhos uma moita de cana caiana, folhas largas, verdes, de tons diversos na mesma planta. O verde agora é listrado de amarelo e de tons marrons belíssimos.

Logo surge o arrozal de folhas estreitas e longas. As espigas ainda verdes, suaves trazem a promessa de colheita farta. A moita de arranha-gato, coberta por outro manto de cor verde, a paineira velha distante, ao lado de uma casinha perdida na solidão verde, poética, mostrava suas folhas verdes e o tronco estriado com espinhos verdes como botões colados à superfície. Ao lado, alguns pés de aroeira de folhas verdes minúsculas como gotas verdes da água do mar.

Conforme o caminhão andava, parecia que o verde se espalhava, se confundia, se repetia, se ampliava, se desdobrava, se agigantava, se multiplicava, enchendo olhos nordestinos, antes acostumados com a secura, de alegria e de esperança.

Acima o céu azul de Goiás, tão límpido quanto água-marinha, abaixo o verde do milho, do capim, das árvores, do arroz, da paineira, da aroeira, enfim da natureza pródiga, abençoando e consolando o homem, distribuindo-lhe grandezas e oportunidades a todo instante. Ver os campos goianos ondulados, com milhares de tons de verde, é um presente para os olhos e para a alma.

Iracema pensava: tudo o que é verde aqui, na Paraíba da seca ingrata transforma-se em amarelo e cinza. Na caatinga, o marrom, o negro, o cinza agridem os olhos. Aqui o verde repousa.

Atravessando o tapete verde do estado, estendido no planalto Central, o veículo levava corações ansiosos por chegar a Brasília. Aproximava-se a Cachoeira Funai, bem ao sul da cidadezinha de Pedro Afonso.

O entardecer deu sinais de que o dia, já cansado, se preparava para guardar seu leque de plumas coloridas por detrás dos montes. O sol mostrava seus planos de se esconder para repousar, num leito de luzes, sob a linha do horizonte. A jornada continuava. Corações de fibra, invencíveis e acima de tudo felizes. A terra, verde de esperança, se estendia diante dos olhos nordestinos.

O entardecer produzia figuras alongadas e finas, compridas e magras: eram as sombras das palmeiras buritis, nas margens do regato; longas as sombras dos paus das cercas das fazendas; longas as sombras dos paus verticais, que seguravam a proteção de lona do pau-de-arara. Tudo longo, e um tom laranja, mostrando, no ar, o pó refletido em cada partícula avermelhada.

O caminhão seguia. O astro-rei se dirigia para o repouso deixando, sobre si mesmo, a imensidão rosa-avermelhada das nuvens coloridas, tomando grande parte do horizonte. Ao longe, o perfil de dezenas de palmeiras e árvores do cerrado, quase negras contra a luz vermelho-viva, do poente em brasa, que enfeitava tudo.

Solene, o anoitecer dizia, na voz dos pássaros, que logo chegaria. A passarada trinava, mostrando cansaço. Uma seriema cantou ao longe. E a máquina continuava. Lá bem distante, após a colina, viam-se as as primeiras luzes se acendendo na cidadezinha. Parecia um presépio de Natal, montado no planalto goiano para enfeitar a vida. Ao longe, ainda semi-iluminada, surgia a torre da igrejinha romântica. Um galo, intruso ao ambiente, começou a cantar fora de hora, como se estivesse revoltado contra a presença do caminhão.

A cidadezinha de Porto Nacional se estendia sobre colinas do vale do rio Tocantins. Alguns trabalhadores curiosos, sem camisa, chegados suados das fazendas vizinhas, colocavam a cabeça para fora das janelas pobres e arregalavam os olhos, por causa das cenas inusitadas que o caminhão velho apresentava.

Uma velhinha de boca murcha e pele enrugada, como jornal velho amassado, benzeu-se ao ver, pela janela de tábuas rachadas, a caravana passando. Fez o sinal da cruz:

– *Meu Deus du céu, cumu é que uma geringonça dessa consegue andá i ainda carregá tanta genti no lombo? Tem genti muito valente neste mundo. Valha-me Deus!...*

O veículo andou batendo latas para virar à direita, na rua pedregulhada, três quarteirões abaixo. Seguindo o rumo da igreja, Zé Baiano procurava, como sempre, a praça central. Estacionou quase em frente à matriz. Todos desceram e procuraram um chuveiro público. Não havia na cidade. Usaram os sanitários da pracinha. O banho apenas foi possível com as canequinhas, abastecidas nas pias. A água, limpando os poros, melhora a respiração cutânea, além de refrescar.

Casaizinhos enchiam os bancos de cimento, espalhados em dois círculos concêntricos, ao redor de uma estátua de bronze de Nossa Senhora Aparecida, a Padroeira do Brasil, erguida num pedestal de cimento branco, manchado de mofo.

Zé Baiano deixou para armar as redes mais tarde, para não atrapalhar o namoro dos moços. Os viajantes tinham água, sanitários, redes, a noite morna, de lua linda, as estrelas goianas coruscantes ao longe, o que mais queriam? Era só esperar.

Distribuíram-se nos bancos e palestravam animados a respeito da viagem e dos sonhos de esperança em Brasília. Virgulino lembrou:

– *Meu Deus, quandu deixei a Paraíba, no último dia que carpi a roça seca, morta di dá dó, pedi pros anjos mi ajudá nunca mais pô a mão nu cabo duma enxada na roça. Em Brasília vô trabaiá duru nas construção, mais, si Deus quisé, nunca mais vorto prá roça. Já dei mais da metade da minha vida prá agricurtura.*

Outro falava dos planos de trazer a mulher e os seis filhos pequenos, logo estivesse empregado. Estavam conversando quando as luzes da praça se acenderam. Ao longe se ouvia o batido ritmado dos pistões do motor que fazia o diesel, tocando o gerador, se transformar em luz.

Mocinhos com embornais enormes andavam de banco em banco oferecendo pedras semipreciosas, às centenas. Algumas rusticamente lapidadas, outras em estado natural.

O centro regional era um empório de riquíssimas gemas, de dezenas de tipos, vindas de muitos garimpos de áreas distantes. Há, ali, os brilhantes de boa qualidade, as safiras abundam, há ametistas, as lindas águas-marinhas, topázios, rubis, esmeraldas, ônix, cristais de rochas inúmeras. Há pedras enormes e lindas!

A abundância de minérios naquelas regiões de Goiás é tanta, a riqueza tamanha, que os mineradores, às vezes, nem se dão ao trabalho de escavar. Em cavernas, abertas pela erosão das chuvas e dos ventos através dos séculos, encontram, à flor da terra, joias maravilhosas. Muitas crianças após a chuva, nos locais das enxurradas, colecionam pedras semipreciosas. Surgiu a tradição do pai ensinar ao filho a arte de lapidar.

O preço que pediam pelas joias era algo irrisório. A fartura fez as crianças baixarem o preço mais e mais, porém ninguém comprou. Lá pelas nove horas da noite, voltaram dizendo não queriam fossem eles embora sem levar lembranças da cidade, cujos habitantes tinham profundo orgulho de ali viver.

Os vendedores, vendo a situação econômica dos nordestinos, começaram a dar uma pedra para cada componente da caravana. Raimundinho foi o primeiro a receber o mimo. Uma água-marinha azul-esverdeada, hexagonal, bem trabalhada, grande. Ao dá-la, percebendo que ele não conseguia esticar o braço, o goianinho gentil gritou:

– Oh Migué, corre lá em casa e tráis aquela correntinha di prata qui nóis vamo dá a esmeralda da cor dos oio dele prá esse amiguinho nordestino.

Daí a dez minutos Miguel voltava e Fernando, seu irmão, enfiava uma ponta do cordão delgado no orifício da joia. O presente foi colocado do lado dos olhos do paraibano e os jovens ao redor disseram:

– Pareci, genti, qui a natureza feiz uma pedra copiando os oio deli.

Colocaram-lhe no pescoço e Raimundinho abriu-se num sorriso largo, agradecido.

Miguel explicou que a joia fora por ele lapidada na primeira aula com o professor que viera de Anápolis para ensiná-los. Daria como lembrança ao viajante para que ele um dia voltasse à cidade. Todos ficaram emocionados, cativados, pela gentileza dos goianos.

Zé Baiano recebeu uma ametista muito bonita. Prometeu a si mesmo, em voz alta, fazer um anel de lembrança da viagem. Iracema recebeu um topázio azul. A velhinha que todos chamavam de vovó e estava quase cega recebeu um rubi vermelho como o sangue. Parecia vivo como um minúsculo pedaço do pôr do sol em Goiás. Foi uma festa! Colocaram nos bolsos, porém, as mãos, seguravam também, lá dentro, para não deixá-las cair.

O Brasil tem todos os tipos de minérios do mundo. Desde o ouro, nas minas de Minas Gerais, gerando riquezas há séculos, além das que foram descobertas em Goiás, Amapá, Amazonas, Pará, que produzem abundantemente. Nosso ouro, nos séculos passados, durante a colonização, foi comercializado através de Portugal. No comércio desvantajoso, foi levado para a Inglaterra, onde auxiliou a economia inglesa, na industrialização e na construção de edifícios e palácios, avenidas e praças. Tais edificações, até hoje, são admiradas por homens de todas as latitudes do planeta.

O Brasil, pátria da abundância e da grandeza, distribuiu sem causar guerras ou dores, as riquezas que Deus lhe outorgou. Sugam-na, porém, desde o seu descobrimento, de maneira impiedosa! É ela a ama de leite da humanidade, multiplicando suas benções, auxiliando indistintamente. A prata é abundante, as pedras semipreciosas em Goiás, Mato Grosso, Pará, Roraima, enfim, espalhadas por este solo generoso, são o atestado da nossa riqueza. Minerais radioativos, em verdadeiras montanhas, garantem nosso futuro neste setor.

Minas Gerais, formosa e patriótica, é também o coração da riqueza mineral do País. Além do ouro da mina de Morro Velho, profunda e interminável, há diamantes brotando dos riachos espalhados pelo estado. A prata pura das minas, a grandeza das montanhas de ferro, gigantes, infindáveis, cobrem milhares de quilômetros quadrados. O ferro, metal muito precioso, à flor da terra, puro, esperando para ser colhido e transformado em lingotes que se tornam edifícios, máquinas, caminhões, aviões, trens, navios, em todos cantos do globo. É a riqueza do Brasil, tão rico, enriquecendo a humanidade.

As jazidas de alumínio no Pará, de petróleo na Bahia e no litoral do Rio Janeiro, são amostras das riquezas fabulosas espalhadas por todos os cantos da Pátria.

46. Mês da Cultura Brasileira

Os romeiros decidiram, já tarde, se recolher. Em menos de meia hora as redes, coloridas, xadrezes, listradas, vermelhas, brancas, verdes, com rendas, simples, enfim, uma variedade muito grande, estavam dependuradas suportando os corpos cansados dos nordestinos.

As luzes da praça, para economia de combustível, foram apagadas uma a uma por um homem alto e magro, carregando uma vara fina e comprida com um gancho metálico na ponta.

Os pombos, arrulhando, se concentravam ao redor da estátua no centro do largo, enquanto, "no alto do céu, a lua branca, lá na altura distante, loira ofegante, no poente caía". Roncos se ouviam, misturados aos piados de passarinhos. Dormiam na praça, no calor acolhedor, os romeiros nordestinos e os pássaros goianos.

O vento suave, soprando, parecia dizer:

– País da bondade, da riqueza e do amor, repousa tranquilo.

Deus mostrava sua presença através de sua marca de amor ao Brasil: o Cruzeiro do Sul.

A noite passou suave, o dia amanheceu esplêndido. Os viajantes acordaram quando as crianças goianas, com os uniformes da escola, atravessavam a praça, carregando bolsas de couro, repletas de cadernos e livros, corriam batendo forte os pés nas pedras que calçavam o local. Ainda muito cedo para a escola, decidiram jogar bola nas proximidades do caminhão. Duas mochilas formavam o gol. A bola foi retirada de uma das maletas. Era cinzenta, grande como uma laranja, feita de meia, cheia de pano picado em tiras finas e prensadas. Depois de bem apertada, a mãe ou irmã de um dos meninos era solicitada a costurar a extremidade do cano da meia. Quando estava pronta, era uma festa.

Àquela época, as crianças brasileiras, principalmente do interior, não tinham opções de brinquedos sofisticados. A simplicidade dominava. Em compensação, a capacidade de imaginação era mais estimulada. A criatividade das crianças era aguçada. Imaginavam mais, criavam mais, sonhavam mais.

A garotada começou a brincar, enquanto, no levante, o sol límpido, imenso de energia e luzes coloridas em milhares de tons, trazia sua face de menino feliz para alegrar o dia que despontava soberano e lindo. As pombas saíam para buscar insetos e grãos nas roças das redondezas. Pareciam operários com asas, procurando a própria nutrição para o dia.

Um craque da bola de meia chutou forte. O gol virado, na direção da cabine, facilitou a trajetória da bola que foi bater, em cheio, em uma rede que tinha uma ponta atada no parachoque e a outra numa árvore. Justamente naquela rede estava Zé Baiano. Dormia ainda, pois se recolhera tarde, decidido a não perturbar os casais de namorados que passeavam pela praça, aproveitando a temperatura agradável. A bola foi-lhe bater direto na cabeça. Assustado, sem saber o que estava acontecendo, levantou-se, num salto, gritando:

– *Oh xenti, qui é qui tá acontecendu aqui?*

Os moleques começaram a rir vendo-o tão assustado. Paulinho, o menino que chutara forte, riu meio embaraçado:

– Desculpe, não quis acertar o senhor, me perdoa.

O Baiano simpático gargalhou alto, pegou a bola amassando-a na mão direita e levou-a para Pedrinho Carvalho, outro garoto. Com a mão esquerda acariciando-lhe a cabeça, disse:

– *Qui coisa linda, meu fio, tão novinho i já tá na iscola.*

O goianinho retrucou:

– Com sete anos, já sei ler e escrever e sei todas as taboadas

Zé falou:

– *Meu Deus, i eu não sei lê.*

Raimundinho, colocado em rede vizinha, interessado na conversa, chamou Iracema que estava próxima. Queria ver as crianças, mas não conseguia levantar-se sozinho. A garotada curiosa cercou-o, após ser colocado sentado num banco da praça. Os meninos tagarelas, porém muito educados, com muito tato, perguntaram o que acontecera. Iracema e Zé Baiano explicaram-lhes, com carinho. Um dos meninos, o dono da bola, querendo agradá-lo, perguntou aos outros quatro da equipe se poderia dá-la de presente ao menino ferido. Ele não poderia jogar, mas a lembrança serviria para mostrar o afeto dos goianinhos.

O relógio da igreja bateu sete vezes. Alguém gritou:

– Turma, vamos correr, temos quinze minutos para não chegar atrasados. Partiram com as bolsas nas mãos balançando enquanto corriam:

– Boa-viagem, gente. Adeus menino, guarde a bola de lembrança.

E as perninhas curtas e nuas das crianças as levaram rápidas em direção à escola.

O café da manhã foi quase uma festa. Eles ainda tinham castanhas-do-pará, presente dos índios, peixes defumados e algumas jarras de mel de há muitos dias atrás. Alimentaram-se e seguiram.

A estrada se estendia plana e pedregulhada, convidando a caravana a deslizar firme em direção à meta sonhada: Brasília, o coração do país.

Surgiam novas fazendas, muito bem cuidadas. Os latões de leite, nos pontos cobertos de sapé, à beira da estrada, em cada entrada de propriedade, esperavam para ser recolhidos pelos caminhões.

Longe das cidades, tais veículos, os leiteiros, levavam das fazendas os tambores cheios do precioso líquido que movimentava a indústria de laticínios no estado. Ao mesmo tempo, eles traziam joias de elevado valor moral e cultural, distribuindo-as às entradas das fazendas. Eram as professorinhas que vinham das cidades para lecionar nas escolas rurais. Eram anjos de bondade, as pioneiras da cultura. Quando paravam, geralmente de cinco a dez alunos, junto à porteira ou ao mata-burro, estavam ali para recebê-la e disputar quem seria, naquela manhã, o felizardo que, honrado, lhe iria carregar a bolsa e outros pertences. Quando ela chegava, agradecia ao motorista e, montada ainda no estribo direito do caminhão, dizia:

– Bom-dia.

Um coro de vozes cheias de afeto, respondia:

– Bom-dia, professora!

Ela se debulhava num sorriso largo e estendia a bolsa ou qualquer outro objeto, procurando entregar às mãos que não haviam carregado nada nos dias passados. A psicologia do afeto fazia o rodízio entre todos os garotos, alegrando-os.

Tocante era ver quando traziam frutas, as mais belas dos seus pomares domésticos, e a presenteavam. Alguns levavam pequenos buquês de flores do campo, que ela recebia com carinho. Ela costumava levá-los, mesmo murchos, após a aula, para casa.

Zé Baiano parou para ver o caminhão leiteiro e a professorinha sorridente com criançada recepcionando-a.

No Nordeste, à época, não havia tal estrutura. A falta de estradas, a população escassa no interior, deixava, quase obrigatoriamente, a população analfabeta.

Zé perguntou à moça quantas horas de aula as crianças teriam: eram cinco. Aí ela voltaria para a cidade, às vezes a muitos quilômetros, pela estrada de areão, num caminhão que coletava frutas, ovos e galinhas vendidas pelos fazendeiros. Linhas de ônibus eram muito raras na região.

Essas missionárias do amor realizaram, no interior de todo o Brasil, um trabalho valoroso. Algumas até iam e vinham a cavalo ou em charretes. Até cinco quilômetros muitas enfrentavam a pé. Homens e mulheres, nascidos nas fazendas: juízes, médicos, professores, advogados, grandes fazendeiros, receberam das mãos daquelas moças os conhecimentos básicos da alfabetização. Bem orientados, nos primeiros passos da jornada cultural, muitos atingiram os píncaros do conhecimento, em vários campos.

Nas escolinhas, elas educavam dezenas de crianças, das fazendas ao derredor, que vinham a pé ou a cavalo, buscando aprender. Meninos pequenos, chegavam às vezes em dois, em cavalos enormes, em pelo, sem arreio, apenas com uma corda no focinho do animal. Muitas vezes, vê-los era comparar a dois carrapatos no lombo de um elefante bonachão. Deixavam os animais sob árvores próximas à escola. Lá ficavam eles, quietos, esperando os pequenos patrões terminarem a aula.

Os donos da fazenda, gentilmente, ofereciam aos animais água e cana picada para alimentá-los durante o período de instrução. Diversas vezes surgia um cavalo carregando dois meninos, um deles trazendo o bornal de pano a tiracolo cheio de cadernos e livros, as mãos livres. Entre os dois passageiros do cavalo, meio saco de frutas chegava quase diariamente para a professora. Na hora da volta até chegar à estrada, às vezes longe da escola, lá ia a caravana de crianças escoltando a mestra com a alegria a porejar das faces.

A professorinha rural, culturalmente, compara-se à mãe-preta, na formação da família, durante a colonização do Brasil. Emocionalmente foi o anjo bom de muitas crianças, que lhes devem a vida intelectual. Quantas vezes, sob chuva, andava ela através dos pastos até chegar à escola.

Alguns amigos, fazendeiros do interior de Goiás, me contaram que as professorinhas eram como pássaros celestes, vindos do céu, para orientar a infância das famílias perdidas nos confins dos sertões do meu país. Muitos fatos gloriosos corriam de boca a ouvido a respeito delas.

Certa vez, disseram-me, uma mocinha franzina e delicada, anjo de ternura, desceu do caminhão para atravessar a pequena trilha que desembocava na porta da escola. Ela, carregada de livros, tinha naquele dia apenas um aluno a esperá-la. Repartiu o peso com ele e desceu em direção à escola. Haviam caminhado menos de cem metros e o caminhão já havia partido. De repente, por detrás de uma moita de capim, um cão enorme, verdadeiro mastim, saiu e avançou, louco, enraivecido. A criança entendeu a agonia daquela hora. Não era possível fugir. Nada havia para a defesa. A mestra amorosa abraçou-se ao menino e gritou: – Deus do Céu, protege o Humbertinho.

O cão, a boca escancarada, violento, negro luzidio, dorso musculoso, dentes salientes, enormes, babando furioso, rosnando, preparou-se para o salto sobre os dois seres humanos indefesos. O menino, desesperado, começou a chorar. A fera avançou e, a meio metro dos pés de ambos, baixou a cabeça, raspou os dentes no solo, com a boca suja de terra, quase junto ao rosto da mocinha, virou-se rápido, correu na direção oposta, uns vinte metros, e... caiu morto como fulminado por forças desconhecidas.

Vindas de quem vieram, de gente honrada, meus amigos, tais notícias não podem ser postas em dúvida.

Este fato ouvi de outro fazendeiro goiano: era época das chuvas pesadas, as aulas foram suspensas, por duas semanas, pois a chuvarada prejudicava a chegada à escola. A educadora foi para se despedir, antes das férias forçadas. Terminada a última aula, ela se dirigia à estrada, acompanhada de três aluninhos. Uma chuva fria e fina caía. Eles se protegiam como podiam. De repente uma tempestade de raios, como se fora uma batalha, clareou os céus com relâmpagos que se acendiam como árvores de fogo, imensas, nos céus. Um raio caiu bem próximo dos quatro. Derrubou, violento, uma árvore vizinha. Queimou o capim ao redor, mas, não se sabe como explicar ficou um círculo nítido de um raio de mais ou menos três metros, como uma ilha protetora, ao redor dos alunos com a professora. Um galho enorme, da árvore estilhaçada pelos raios, caiu com a extremidade junto aos pés de uns dos meninos!

Seria, como perguntavam os caboclos goianos com quem eu conversava, Nossa Senhora abençoando e protegendo suas auxiliares, as professoras? O que era, jamais saberemos! A verdade é que o trabalho abençoado destes anjos na terra auxiliaram muito a cultura e a grandeza do meu país.

47. As matas ciliares

A máquina velha seguiu, desafiando as distâncias. Muito além de Porto Nacional, Raimundinho começou a ter febre e sentir-se muito mal. Continuaram até Natividade. Na cidade, o médico do posto de saúde, medicando-o com amostras grátis de antibióticos, explicou que um pequeno ferimento junto à virilha havia se contaminado seriamente. A febre vinha da infecção que poderia se alastrar. Deveria tomar com rigor aqueles comprimidos e procurar um médico, no Hospital J. K. em Brasília, o mais rápido possível. Poderia se originar dali um cisto infectado. Estavam a mais de setecentos quilômetros ao norte da cidade da esperança

Zé Baiano, preocupado, mentalmente pediu a Deus o auxiliasse a levar seguro e rápido o veículo e os passageiros até a meta. Ao voltar à cabine, olhou o rosto do menino e viu-o muito mais vermelho do que o normal. Colocou, as costas da mão enorme, na face do garoto e concluiu que deveria correr o mais que pudesse. O coração aos saltos não se continha mais no peito quando já estavam em plena estrada, agora cheia de areões amplos e secos e de um pó fino.

Um trovão ribombou ao longe. As árvores, perdendo o sossego a que se recolheram durante o dia, começaram a se agitar, balançadas violentamente pelos braços da ventania rápida que aumentava a cada instante. Os galhos se retorciam, enquanto as folhas, arrancadas dos ramos finos, voavam ao longe como borboletas sem rumo, cavalgando no lombo do vento agitado. Os troncos altos das árvores dos pastos se retorciam, como se gigantes assoprassem, atrevidos, sobre elas, retorcendo-as como brinquedinhos de papel.

O pó fino começou a cobrir a estrada longa. Algumas rolinhas passavam voando, ligeiras, sobre a cabine na direção dos ninhos para se proteger e guardar a prole que lá estaria sozinha. Elas mergulhavam nos ninhos e, sob as asas, colocavam os filhotes implumes e disformes quais crianças esquálidas. As asas das mães eram agora o escudo contra do vento e a chuva. Guardando os filhotes do vento frio e úmido, os pássaros adultos ali ficavam esperando que a natureza lhes dissesse quando poderiam relaxar a guarda. A cabeça acima da borda do ninho expunha algumas penas. Um penacho levantado pelo vento parecia uma crista forte.

De repente um raio arrebentou nos céus, à esquerda da cabine. Era feito o incêndio de uma árvore de milhares de brotos e galhos. Aquela força magnífica eletrizava a natureza. Os animais, no capinzal, começaram a correr, buscando a proteção das tocas, no chão, ou nos ocos dos galhos e troncos. O relâmpago, seguido do trovão, era como um tridente muito afiado, nas mãos de gigantes, perfurando as nuvens, como se fossem depósitos plásticos rasgados ao impulso do líquido pesado, que se derramava em chuva, encharcando a natureza.

A cada grito louco dos trovões, mais água despencava dos céus. O limpador, do lado esquerdo, foi ligado para enfrentar a água que caía aos borbotões. O caminhão parecia um monstro pré-histórico que entrasse sob uma cachoeira, respingando abundantemente.

A enxurrada, depois de molhar profundamente a terra, começou a deslizar lenta, fazendo desenhos arredondados, como mapas, cujas fronteiras eram espumas que se espalhavam. Logo mais a força aumentava e minúsculos regatos vermelhos, cor do barro, corriam ligeiros, fazendo o transporte de terras e minerais, descendo as ribanceiras e grotões, carregando o material coletado, cada vez mais para longe, num contínuo de destruição da fertilidade da terra. Observava-se nesta chuva que, onde havia folhas, raízes e troncos, existia um anteparo seguro, protegendo o solo da erosão impiedosa. É o mecanismo que a natureza usa nas matas ciliares, que acompanham naturalmente os rios, riachos, córregos e regos de água.

A água molha as raízes da planta que, pela fotossíntese, multiplica as folhas que aumentam a velocidade de construção da celulose. A fotossíntese faz crescer, em profundidade, as raízes verticais, para dentro do solo. Na superfície também há multiplicação das radículas tênues que absorvem a água para, através dos dutos lenhíferos, elevar a seiva, sangue da planta, até a copa, onde, nas folhas, se faz a fotossíntese. A seiva abundante multiplica e reforça as folhas. Estas aumentadas em número, aceleram o processo de formação da celulose que faz a planta crescer e aumenta o número de folhas, multiplicando a fotossíntese. É a espiral defendendo a integridade do reino vegetal, que mantém o reino animal. É a própria vida de maneira notável, porém frágil, mantendo-se.

A derrubada das matas ciliares causa a erosão que enche de areia os leitos dos córregos, riachos e rios. Quando chegam as chuvas, sem a proteção das árvores, nas margens, as águas se espraiam, dominando os vales: chegam as enchentes. A base desse desastre é que o solo, desprovido das raízes que foram destruídas, perde a capacidade da captação da água. Esta, não penetrando, começa a correr na superfície juntando-se outro filete de água que, somado a milhares, faz as enxurradas que, sem a disciplina das raízes, folhas e troncos, aumentam de velocidade. Cresce a capacidade destruidora formando valas até o subsolo.

O solo, com seus componentes orgânicos vegetais, é levado. O subsolo, sem fertilidade, nada produz. O primeiro é como esponja que se embebe de água sem jamais se fartar. O segundo é material impermeável. A água corre-lhe na superfície cavando valas, destruindo, pois não o penetra. Sem as matas ciliares, a fertilidade da terra, a grande riqueza do país, desaparece desperdiçada, sem qualquer uso, nas corredeiras, que, sem obstáculos das raízes das plantas, levam as águas até o mar, onde depositam todo esse tesouro que poderia produzir aqui, nas terras mais altas, colheitas abundantes para todos.

A terra fértil do solo, sendo mais porosa, embebe-se de água, qual esponja ávida, e impede o líquido precioso de deslizar destruindo. O mecanismo da catástrofe principia na simples derrubada de uma árvore que cresce ao lado de uma corrente de água. É necessário nos conscientizemos disso para preservar a integridade dos nossos mananciais.

O caminhão se debatia, feito animal enorme, bravio, contra a chuva que desabava dos depósitos das nuvens. Zé Baiano rezava para que não ficasse encalhado em uma ponte ou num atoleiro aberto pela enxurrada. O limpador do parabrisa, qual mão aberta, apressada, expulsava a água, jogando-a fora da superfície de vidro.

– Mainha, eu tô com muito frio.

Encolheu-se e não falou mais... Estava com febre altíssima que poderia levá-lo à convulsão, lesando o cérebro. Iracema abriu a janela e, sob os pingos abundantes, ensopou um lenço de cabeça e colocou-o sobre a testa do filho. Com dificuldade, tirou-lhe a camisa larga que cobria o gesso e umedeceu a pele do tórax, onde era possível. Os panos úmidos soltavam espécie de fumaça, conforme tocavam refrescando,a pele. Depois de inúmeras trocas, percebeu que a febre baixara e o menino se animou.

Zé não falava uma palavra havia quase uma hora. Imensamente responsável e preocupado com a segurança, principalmente por causa do amigo querido, concentrava-se na direção enfrentando a precariedade do limpador. Tentava evitar que caíssem em algum buraco ou mata burros que dividiam os pastos atravessados pela estrada. "Cavara-se-lhe fundo uma ruga na testa e franzia-se-lhe a cara numa expressão de horror".

A chuva pesada não cessava. Iracema começou rezar em voz baixa. Raimundinho semiadormecido pela toxicidade da infecção e pela febre que, apesar de ter baixado, ainda lhe interferia no cérebro, com muito esforço sussurrou:

– Mainha, num carece eu ficá preocupado se o painho vai gostá di mim. Eu num vô chegá lá pra vê ele, vô morrê logo na beira da istrada.

E, como se reunisse as últimas forças, dirigindo-se a Zé Baiano:

– Amigo Zé, quando eu morrê, faiz prá mim uma cova na beira da istrada, plante uma árvore em cima e leve em outra viagem uma muda pro painho guardá di lembrança, iguá aquela du boiadeiru qui nóis viu morrê lá no estouro da boiada.

Sua voz silenciou. Iracema assoou o nariz, porque chorava em silêncio. Zé, dominando a emoção, falou com voz forte:

– Sabi, amiguinho, nóis tudo vai chegá vivo em Brasilia. Deus num vai sê um Pai tão mau prá fazê nóis nada, atravessandu u mar, e morrê na areia da praia.

Tirou a mão direita do volante, procurou a cabecinha morena apoiada no colo da mãe, acariciou-a e percebeu que o garoto já dormia.

Os olhos do baiano se encheram de lágrimas. Ele, tentando disfarçar a emoção, enxugou-os com as costas da mão, abriu a vidraça e deixou que a chuva respingasse na cabine molhando-lhe o rosto. Iracema percebeu a estratégia, baixou a cabeça. O motorista, sem querer admitir, era dominado pela emoção:

– Às veiz gosto di moiá o rostu na chuva.

Ela retrucou:

– É, faiz muito bem...

A verdade é que o menino conquistara as profundezas do coração do Zé. O silêncio, na alma, fez as vozes se calarem. Lá fora as bagas da chuva tamborilavam na lataria e batiam forte contra o vidro. Dentro da cabine, dois corações aflitos tentavam salvar a vida de um menino.

A epopeia prosseguia. A aflição aumentava, corações sofridos se angustiavam. Oração de mãe se ouvia, acompanhado pelo manusear do terço, de contas escuras, atritando nas mãos calosas.

48. A FÉ REMOVE MONTANHAS

A cabine do velho caminhão transformou-se em templo de sofrimento, emoções doridas, confiança em Deus. O organismo, já agredido por trauma tão grave, mostrava que a infecção, que para outro seria perfeitamente controlável, para o menino era algo muito sério. O psiquismo tem, no ser humano, uma importância fundamental. A depressão em que se deixou cair o menino favoreceu o processo infeccioso que estava difícil de ser controlado.

Parece que certos hormônios e enzimas circulantes, influenciados pelo estado emocional, determinam o estado de saúde ou de doença do organismo. Daí se conclui que até a duração da vida pode ser alterada pelo estado mental, emocional ou psicológico do indivíduo.

A alegria, o otimismo, a esperança, a fé no futuro, refletida pela confiança em Deus, fazem a vida saudável. Quando estamos felizes, por pior estejamos, desencadeamos energias íntimas que nos reequilibram emocionalmente, reforçam o psiquismo e se refletem nas células, glândulas e nas substâncias que as coordenam. A saúde, então, é um conjunto do bem-estar social, mental e físico, baseado no equilíbrio emocional. Compreensível, então, a infecção que agora dominava Raimundinho.

As orações de Iracema prosseguiam e o ruído do terço chamava a atenção de Zé Baiano. As paredes de metal velho e de vidro, com três desesperados dentro, varavam o sertão goiano açoitadas pela tempestade.

Os pneus, alicerces da viagem, felizmente, venciam o barro, as poças d'água, os buracos, os galhos derrubados pela ventania, escorregando, rodando em falso, passando pequenos barrancos, mata-burros e pedras que encontravam pelo caminho. Molhados, mergulhados na água, venciam os obstáculos. Zé Baiano imaginava-os sustentando todo o peso do veículo. Pedia a Deus que eles continuassem firmes girando levando a máquina. Nela, trepado, carregava um mundo de esperanças e fé. Ele pedia a Deus protegesse os pneus e o motor para que "o gigante engolidor de estradas" pudesse desempenhar a sua missão. E lá ia o caminhão, chafurdando na lama sem cansaço.

O menino delirava de febre, falando frases desconexas. Iracema lembrou-se de que estava na hora da medicação. Levantou meigamente a face do filho e, colocando-lhe o comprimido na boca, estimulou-o a engoli-lo. Meio copo de água, deglutido com dificuldade, fê-lo tomar o remédio.

Infelizmente o médico, talvez, supervalorizando a eficácia do antibiótico, não deu um antitérmico para controlar a febre. Iracema continuava a molhar a pele do menino, tentando baixar a temperatura. Ela, desesperada, experiente mãe de cinco filhos, perguntou a Zé Baiano o que ele achava de captar água com a mão e derramar no rosto e no corpo do menino? Zé, preocupado, respondeu:

– Irmãzinha, si a inspiração di mãe ti fala prá fazê, faz que dá certu.

Ela colocou a mão direita em concha, na extremidade da pequena calha que protegia a janela, e espalhou o líquido, coletado da chuva, sobre a face, a cabeça e os braços do menino. Tomava cuidado para não molhar a armadura de gesso, pois isso poderia prejudicar a imobilização da coluna, se a estrutura ficasse frágil. Molhou também as pernas flácidas que pendiam soltas. Depois de repetir por mais de vinte vezes, o banho, percebeu que o jovenzinho parou de falar palavras sem sentido e começou a roncar exausto.

Enquanto isso, lá fora, a natureza enfurecida misturava raios, trovões, ventos fortes, galhos retorcidos, folhas arrancadas, num frêmito louco, desequilibrado. O limpador, no trabalho cansativo e persistente, continuava a iluminar a rota através daquele mar de água vinda dos céus.

O vidro do parabrisa embaçou pela respiração ofegante dos três. A temperatura alta de Raimundinho mudava o metabolismo da água, produzindo, pela transpiração intensa, mais vapor.

A pedido do Baiano, Iracema, com o lenço de cabeça, limpou a parte interna do vidro, melhorando-lhe a visão, muito prejudicada pelas golfadas de água esguichadas das poças da estrada, quando invadidas pelos pneus dianteiros. Eles lançavam o líquido sujo contra o vidro como se fora a cabine de um barco, em pleno oceano, colidindo contra a crista das ondas. A água barrenta, quando atingia o parabrisa, escorria pelo cofre do motor, pintando de marrom sujo toda a superfície. Nas passadas do limpador, restavam alguns longos segundos de direção às cegas que deixavam Zé muito tenso.

As mãos grudadas no volante, com toda a força, já pálidas pela falta de circulação, começaram a doer. Ele relaxou um pouco, moveu os dedos da mão direita, enquanto a esquerda segurava o volante. Trocou de mão e seguiu dirigindo. O pescoço, curvado para frente, os olhos bem próximos ao vidro, para ver melhor, davam-lhes dores na nuca e nas costas. A perna direita estava apertada contra as tábuas velhas do assoalho como se quisesse perfurá-las. Pensou um pouco, sentindo a dor dos músculos tensos, há mais de duas horas, e concluiu que, se não relaxasse, não iria muito longe. A tensão emocional já prejudicava sua eficiência.

Sentou-se mais para trás, moveu uma perna, ergueu-a, moveu a esquerda em várias direções, acelerou com o pé esquerdo e, aproveitando um declive que se iniciava, levantou a perna direita até o joelho tocar na direção. Mexeu os pés e soltou-se. A viagem pareceu-lhe um pouco mais confortável e ele continuou.

De repente um raio violento ribombou, feito canhão, bem à direita do veículo, atingindo uma árvore à beira da estrada. Ele viu um galho se dependurar, quase caindo no meio da estrada. Acelerou. Por menos de vinte centímetros, a pesada carga não atingiu a parte traseira da carroceria. O povo de trás deu um grito desesperado:

– *Ajuda nóis, padim Ciço!*

Quando aquele montão de folhas se aproximou, visto pelas frestas da lona, Zé virou para a esquerda e bateu violento contra a borda de um buraco cavado pela enxurrada. Conseguiu recolocar a máquina no caminho, do meio da estrada. Respirou fundo, agradecendo a Nossa Senhora Aparecida e continuou a jornada. Olhou para Iracema com os olhos estatelados:

– *Si escapamu dessa, Irmãzinha, nóis tudu chega em Brasília.*

Raimundinho, ofegante, continuava respirando com dificuldade. A febre ainda estava alta, a luta continuava difícil. A esperança parecia querer saltar da cabine, deixando os três desamparados. Zé porém teve uma ideia: numa parte reta e plana da estrada, aproveitando a pausa na chuva pesada, baixou o vidro e colocou a cabeça para fora e gritou:

– *Genti, Raimundinho tá muito mal. Tudu mundu pega os terçu e começa a rezá com muita fé. Nossu amiguinho querido não podi morrê. Pedi pra Deus ajudá ele.*

Com a diminuição da chuva, a janela da esquerda semiaberta, Zé podia ouvir a cantoria cheia de amor, rogando proteção. Depois de cinco minutos de reza, o cheiro de umidade se misturou ao perfume já conhecido de todos. A lembrança de dona Rita, a benzedeira baiana, voltou aos corações. O perfume agradável penetrou os espaços. Zé abriu-se num sorriso, Iracema enxugou os olhos, emocionada. Raimundinho, antes agitado, começou a respirar tranquilo.

Lá fora a chuva fina beijava o solo de Goiás. As rodas do veículo jogavam água, em borrifos constantes, para os lados. A epopeia prosseguiu. A fé remove montanhas...

A chuva continuava, mais fraca. O perfume na cabine e na carroceria continuava. Raimundinho, ainda semi-inconsciente, começou a melhorar. Iracema animou-se, o motorista também. A viagem seguia. Entraram no vale do rio Manuel Alves, não distante de Natividade.

Quantas apreensões, quanto sofrimento. Zé pensava nos episódios da jornada que durava tanto tempo. Na memória, dezenas de fatos mostrando o auxílio que receberam dos habitantes de várias cidades. As festas na praça, os atoleiros, os raios destruindo as árvores, os galhos lançados, quase atingindo o veículo. Tudo mostrava que eles marchavam sob o olhar de Deus. Aproximando-se do rio, já vislumbrando o declive do vale, notaram as águas invadindo a estrada até bem longe do leito normal. Aguapés, em moitas, flutuavam descendo a correnteza. Alguns caixotes velhos também boiavam. Um barco rústico, com a proa apodrecida, vagava sozinho nas ondas cor de barro, com espumas brancas. O corpo de um cavalo, já inchado, que descia, mostrava que as águas invadiram os pastos das fazendas, deslocando de lá até animais mortos. Troncos negros e alguns galhos com folhas também faziam parte da paisagem móvel.

No norte de Goiás, as chuvas costumavam ser abundantes e longas. Zé, preocupado e não tendo outra solução, decidiu esperar as águas baixarem. Tudo agora dependia das chuvas nas cabeceiras, a mais de cem quilômetros dali. A correnteza do rio era caudal imensa, amedrontadora. O barulho era intenso. Alguém facilitasse e seria tragado pelas águas cujo volume estava multiplicado por dez. Ninhos de pássaros desciam com moitas de capim e aguapé. As ondas pegavam objetos que estivessem ao alcance dos seus tentáculos.

Um raio explodiu logo acima de onde estavam. A faísca mergulhou no centro da correnteza. Era como um vulcão no centro do rio. A cena lhes chamou a atenção para dois objetos grandes deslizando água abaixo. Viram, descendo a correnteza, uma piroga, canoa rústica feita de uma só peça de tronco de árvore. A embarcação ia amarrada num arbusto de uma árvore de uma ilha flutuante, de terras caídas, que se desprendeu das margens quando a erosão destruiu a base do solo. As gramíneas e raízes de árvores conservavam compactos blocos de terreno, às vezes de tamanho considerável. Estas massas desciam a corrente e, aos poucos, se fragmentavam. A árvore alta, na margem onde estacionaram, derrubada pela ventania, impediu a passagem da piroga e da ilha que nela se enroscaram.

A enchente diminuía. A chuva parou, já eram duas horas da tarde. O sol, umedecido pelo excesso de chuva, teimava em enxugar a atmosfera, a estrada, as folhas, os galhos, a relva, as penas dos pássaros, os ninhos, os pelos dos animais.

O pessoal faminto procurava alimento no depósito atrás da carroceria. Os peixes, mel, jatobás e algumas jacas do Pará, que foram recebidas quase verdes, tudo servia para aplacar a fome. Alguns, pegando pedaços de peixe e jatobás, foram sentar-se em galhos próximos às águas. Virgulino, surpreso, não pôde acreditar no que via sobre a ilha flutuante, o pedaço de parede de um casebre de pau-a-pique. Intrigou-o a imagem de algo branco sobre a relva. Parecia a camisa clara e a calça de brim cáqui de um homem deitado. Passou a mão sobre os olhos:

– *Devu tá ficano loco depois de tanto barulho di chuva nus ouvido.*

Aproximou-se mais da água e conseguiu ver melhor. Começou tremer quando percebeu um vulto pequeno que parecia uma criança vestida com blusa vermelho-clara, engatinhando e mexendo no que parecia o corpo de um homem. De repente escutou o choro infantil. Aí, os cabelos da cabeça se arrepiaram, os pelos dos braços se ergueram, feito espinhos do ouriço. Gritou:

– *Genti di Deus, naquela terra enroscada na árvore tem o corpo di um home qui parece morto e uma criança viva chorando. Vamu ajudá os pobrezinhos!*

Foi uma correria. O galho longo semiencoberto pelo rio conseguiria, por muito tempo, segurar a ilha flutuante? A correnteza era violenta forçando a passagem. A árvore vergava sob a pressão. Ao redor da 'terra caída' a água retirava, de instante a instante, nacos de terra que iam se desprendendo, dependurados pelas raízes, e se soltavam dissolvendo-se na correnteza.

Um grupo se aglomerou ao redor de Virgulino. Zé Baiano chegou correndo e ficou estarrecido. A personalidade do líder tomou conta da situação:

– *Genti, nóis percisa sarvá u homi i o bebê. Um bem magrinho vai pur cima du galho i pega a criança, enquantu nóis reza aqui na marge du riu.*

Alguém deu uma ideia. Havia cordas que amarravam a lona da carroceria. Não havia, porém, tempo a perder. Se a ilha se desprendesse da árvore quase submersa, nada haveria mais a fazer. Alguém lembrou que Jerônimo, o trançador, ganhara um laço de presente de um fazendeiro, no interior da Bahia, quando Zé Baiano ficou doente. Alguém teria o laço amarrado na cintura, garantindo-lhe ser puxado para fora da água, caso caísse. O laço foi amarrado ao redor da cintura de Jerominho, paraibano magrinho e disposto.

A criança chorava forte! Não havia mais dúvida. Acontecera algum acidente e o pai estava ferido ou morto, caído no solo. A piroga ainda estava amarrada a um arbusto da ilha que boiava. Jerominho tirou a camisa e o chinelo de couro, enrolou a calça nas canelas, e amarraram-lhe a argola do laço envolvendo a cintura. Cinco homens, incluindo Zé Baiano e Virgulino, seguravam a ponta do laço que ia sendo liberado conforme ele se deslocava, em direção às vítimas. As rezadeiras começaram a orar. Um coro de vozes misturou-se ao marulho das águas:

– *Ave, ave, ave Maria, ave, ave, ave Maria...*

Cantavam algumas, enquanto outras, com os terços nas mãos, continuavam a súplica fervorosa.

O magrinho se deslocava, cauteloso, pelo tronco redondo, molhado e liso. Apoiava-se como podia nos galhos finos e nas folhas que estavam acima da linha da água. O laço de couro, fixo pela argola amarelada, dava-lhe um pouco de segurança. Ao soltar um galho que se vergou sob o esforço da mão, este se enroscou no laço, às suas costas e jogou-o para fora do tronco. Rodou para trás, a sola dos pés deslizou e ele caiu na água. Um murmúrio desesperado do povo à margem misturou-se com a voz da brisa. Alguém gritou

– *Valha-nos, Deus; padim Ciço, ajuda u Jerominho!*

Sua cabeça, com cabelos em desalinho, surgiu à flor d'água. Com os braços magros, elevou-se, puxando um ramo. Colocou o pé esquerdo sobre um galho submerso e se encarrapitou novamente no tronco mestre. Um suspiro de alívio invadiu o ar. O laço foi afrouxado e ele continuou se deslocando. Já conseguia, com a ponta do pé, segurando os ramos com as mãos, alcançar a proa da piroga. Com o dedão do pé, conseguiu pegar a corda presa à canoa e amarrou-a no galho da árvore caída, sobre a qual se deslocava. Alguem gritou à margem:

– *Graças à Nossa Sinhora Aparecida.*

Ele saltou para dentro da canoa e, com as mãos puxando as folhas, foi arrastando a piroga para mais perto da ilha:

– *Genti du céu, é um minino de uns cinco meis. O pai tá muito ferido!*

– *Genti, o homi ainda tá vivu.*

As pernas foram puxadas, lentamente, para dentro do barco. Jerominho dobrou os joelhos, apoiou a sola dos pés no fundo do barco, continuou puxando o homem pelos joelhos, enquanto o caboclo goiano gemia dolorido. A criança assustada começou a chorar com força, até ficar roxa. O pai tinha agora o corpo quase todo dentro do barco. Jerominho conseguiu apoiar, com ambas as mãos, a cabeça ferida. Um gemido profundo se ouviu. O salvador suspirou aliviado. Pegando a criança nos braços, ele foi para a proa, apertou mais o laço ao redor da barriga, fincou ambos os pés na madeira do fundo e gritou:

– *Genti, puxa u laçu, lá vai nóis.*

A canoa foi deslizando, lenta, os galhos finos flutuando acima da água dobrados pelo fundo da embarcação. A criança chorava forte, o homem gemia, respirando com dificuldade. A margem se aproximava lenta. Dez braços fortes retiraram o corpo quase sem vida e deitaram-no sobre a grama.

A criança foi dos braços magros de Jerominho para o colo macio de Iracema que, aconchegando-a junto ao peito, a fez parar de chorar, quase de imediato. Deixou tudo de lado e seu instinto maternal procurou algo para alimentá-la. Achou suco de açaí, dentro de uma cabaça ganha dos índios, ainda perfeito. Deu alguns goles e o menino se acalmou. Zé Baiano, ajoelhado junto ao rosto do homem, enquanto todos os olhares curiosos os acompanhavam, ouviu-o dizer:

– *Sarve o meu fio. A famia toda morreu debaixo da árvore que caiu cum a terra levada pela água forte. Morreu a minha muié e três fio.*

Parou, respirando com dificuldade, enquanto borbotões de sangue brotaram-lhe na boca. O traumatismo do tórax foi grave:

– *Sarve meu fiu, sarve, sar...* – e parou de respirar. Os olhos viraram para trás num esgar de desespero, contraiu os músculos da boca e o rosto todo.

Logo a palidez de cadáver tomou conta daquela face sofrida que descontraía os músculos.

No interior do Brasil, nas matas de Goiás, às margens do rio Manuel Alves, um caboclo goiano, valente pai amoroso, entregava a alma ao Criador. Nos braços maternais de Iracema, protegido pelo amor de mãe brasileira, um caboclinho do sertão, confiante e descontraído, dormia em paz. Diante dele a vida e o futuro! Um novo destino se agregava à família de Severino Paraíba.

Enquanto Iracema foi buscar o bebê, à margem do rio, Raimundinho ficou deitado no banco da cabine. Iracema o deixou sozinho porque já estava respirando melhor. Quando ela voltou à cabine, sorriu:

– *Deus meu. Num resorvi um poblema e já criei otro?* – e começou a gargalhar... Ficou feliz, porém, ao colocar a mão no rosto do filho já sem febre. O perfume impregnou o ambiente. Agora teria que perfumar mais um membro da família e da caravana. "Afinal", pensou, "quem governa a vida é Deus. Ele dita as regras".

Os homens decidiram enterrar o caboclo morto à beira da estrada, o mais perto possível do rio. Levar o corpo até uma cidade não seria sensato. Não sabiam quanto demorariam para chegar.

Com enxadões e enxadas que estavam amarrados sob o caminhão, fizeram uma cova de sete palmos de profundidade, sobre um barranco, perto do tronco de um jatobazeiro que estava cobrindo parte da estrada. Assim teriam uma marca. Pensaram que talvez, um dia, o menino quisesse saber onde estaria o pai. Queriam escrever algo sobre a cruz, mas o único da caravana que sabia era Raimundinho, sem mãos funcionantes.

O homem, embrulhado num pedaço de encerado velho que Zé Baiano trazia sob o banco da cabine, foi colocado na cova. Algumas imagens do padim Ciço, feitas de madeira, foram colocadas sobre o monte de terra para a celebração do funeral.

Lá embaixo a corrente violenta, como enorme serpente furiosa, descia aos turbilhões, rugindo nas ondas e nas espumas cor de barro. Lentamente, porém, o nível da água descia, o galho da árvore sobre o qual Jerominho andou mostrava um pouco mais de folhas.

No outro lado da margem apareceu um jipe Land Rover verde-escuro. Zé Baiano pediu a Jerominho que fosse o mais próximo possível da outra margem para obter alguma informação. O moço chegou pelo galho semissubmerso o mais perto do centro do rio e começou gritar:

– *Pessoá, nóis temu dois meninu duente no caminhão. Quar cidade é mais próxima? Cumu nóis chega lá por outro caminho?*

A voz forte e grossa ecoou na água do rio e se repetiu no silêncio das árvores da mata para chegar aos ouvidos de um componente da pequena caravana do jipe que também tentava atravessar o rio:

– A cidade mais pertu é a Vilinha das Almas, déis légua prá trás docêis, du ladu esquerdo da estrada. Tem a entrada da fazenda Santa Maria. Perto da casinha da sede tem um gargalo estreito do rio, com uma ponte onde atravessa inté boiada grande. Cum certeza, o caminhão passa. O barranco lá é arto e as água num deve ter derrubado a ponte comu feiz aqui. Se eu fosse ocêis, eu tentava. Esse aguacero pode demorar mais deiz dia prá baixá. Além disso a ponte que tinha aqui, cum certeza rodou. Vai lá, qui vai dá certo.

Zé Baiano juntou todos na frente do caminhão e analisou as ideias do goiano do jipe.

– Nóis tá num beco sem saída, o que num pode é ficá parado aqui. E si chovê mais, logo di noite i a água subi mais? Dipois nós podi achá um poco de conforto na casinha da fazenda e orientação du caminho.

Decidiram voltar. Zé Baiano agora via a estrada e as margens, porque antes não podia nem olhar de lado, quando dirigia sob a chuva torrencial. As rodas do veículo seguiam, patinando aqui, tracionando ali, atravessando poças além. Depois de umas três horas, chegaram à entrada de fazenda onde uma prancha larga tinha escrito em letras rústicas, entalhadas a fogo: "Fazenda Santa Maria de Zequinha Carvalho".

A estradinha, com o início marcado por um mata-burros de paus de ipê, mostrava, apesar da chuva, marcas de rodas de carro de boi sulcando o solo. Zé alegrou-se:

– Bão, si nóis encravá, tem us boi prá tirá u caminhão do atoleiro.

Foram seguindo pela estrada estreita, verdadeira trilha no cerrado, com raízes de árvores atravessando-a. Uma multidão de insetos começou a voar ao redor do veículo que se deslocava. Tais insetos, as aleluias, existem nas zonas rurais e aparecem após chuvas prolongadas. Parece que a natureza os cria durante a chuva. De onde vêm, não sei, mas também mostram a abundância da vida nos sertões.

Um bem-te-vi declamava seu refrão, enfeitando o entardecer. Alguns bois começaram a aparecer às margens da estrada. Eram pretos, castanhos, baios, bem diferentes uns dos outros, mostrando que o proprietário ainda não se decidira uniformizar o rebanho e apurar a raça.

Começou um declive suave e longo. À direita da estrada, um pé de pequi agasalhava multidão de maritacas barulhentas que o enfeitavam, enquanto elas se alimentavam, penetrando os bicos nas cascas grossas dos frutos saborosos.

Dentro da cabine, os dois meninos dormiam. Raimundinho estava exausto pelo desperdício de energia que dá a febre alta. O bebezinho, pela tragédia incorporado à caravana, roncava no colo macio de Iracema. Nem os solavancos do caminhão, nos troncos e raízes do caminho, os acordavam.

O ser humano, mesmo na mais tenra idade, tem percepções que o orientam. Na canoa sentia que estava em perigo, na cabine percebia que os braços mornos e macios, num colo confortável, o abrigavam. Daí o sono profundo, solto.

E o veículo seguia sacolejando. Cinco siriemas, de pernas desajeitadas, com o topete de penas cinzas e amareladas no tope da cabeça, atravessaram a estrada cantando o canto longo que começa alto e vai baixando ritmado.

A vegetação se tornou mais rara. Um pasto de capim-jaraguá cheio de cabras, bodes, carneiros, várias éguas e cavalos, com marcas de arreio no lombo, muito limpo, verde, graças às chuvas abundantes, surgiu na paisagem, através do parabrisa. Era sinal de que uma casa de moradia logo apareceria no cenário.

É costume deixar os animais de uso constante mais perto de casa, facilitando quando se precisa deles. Logo, depois de alguns velhos pés de jabuticaba, surgiu um curral de madeira escura, velha, de paus trançados do tipo muito antigo.

Pararam e abriram a chave de arame que dividia um pasto, além do curral. Mais abaixo, junto a um rego d'água, atravessado por pequena ponte, surge uma casa-grande de tábuas de madeira do jatobá, com uma só parede caiada de branco. Ao lado, o paiol de tábuas de ipê, escuras, manchadas pelo sol. Colado à casa, um puxado coberto de zinco tinha sob sua proteção uma charrete de pneus, pintada de vermelho, os varais gastos na área de atrito dos couros que serviam para tracioná-la. Abaixo da casa, sob uma figueira, estava um carro de boi com o varal apoiado em um pau fincado no chão. As rodas úmidas, estavam encravadas no solo por causa da chuva excessiva que há dias inundara tudo. O barulho do veículo e os gritos de Zé Baiano: – Oh de casa, oh de casa, chegô genti, chegô genti. – chamaram atenção de um homem magro, de cabelos ondulados, pele clara, muito queimada pelo sol, com muitas manchas espalhadas pela face. Ele, abrindo a porta da cozinha, respondeu:

– Boa-tarde ou boa-noiti, genti. Oceis tão perdidu neste fim di mundu?

Zé Baiano saltou, bateu a porta esquerda da cabine:

– Pessoá, ninguém desce. Nóis é educado i respeita a casa dus otro. Só si u sinhô proprietário dá licença ocêis vai descê.

Aproximou-se do homem. Logo ao lado dele apareceu uma senhora, um pouco mais jovem, de pele mais escura, com um lenço esverdeado na cabeça, olhando curiosa.

Àquela época, visitas àqueles lugares eram raras. Apenas os vizinhos de mês em mês se encontravam. Nas fazendas enormes eles estavam distantes e muito raro algum deles tivesse veículo motorizado. Vinham de charrete, a cavalo ou, às vezes, de carro de boi para pegar emprestados alguns balaios de milho, frangos, bezerros ou porcos para levar para suas propriedades.

49. Afeto à brasileira

Estabeleceu-se o diálogo entre Zé Baiano e o dono da fazenda. Dentro da cabine, Iracema alongava o olhar ansioso para serem aceitos para pousar. Zé aproximou-se respeitoso, dobrou a cabeça em cumprimento, estendeu a mão e apertou, com firmeza, a do velhote e da senhora:

– *Amigos, nóis vem vindu du Nordeste, lá de longe, e tem na cabine um bebê de seis meses, faminto, e um menino ferido de doze anos. Será qui mais nós podia tomá uma água e vê si dá prá atravessá a ponte prá ir prá Dianópolis?*

O homem sorriu surpreso e cordial:

– *Vem cá, moço, vamu vê as crianças.*

Acompanhado pela mulher e por Zé Baiano, aproximaram-se da cabine. Iracema escancarou a porta da direita e a fazendeira pôde ver a paraibana aconchegando ao colo um bebê dormindo. Uma touca suja cobria-lhe a cabeça. As feições, observou dona Maria, não lhe eram estranhas. Ela viu Raimundinho, de rosto muito pálido, com seus olhinhos verdes entristecidos pela doença. O homem abriu-se num sorriso acolhedor que só os goianos sabem dar:

– *Moço, faiz o pessoá descê e ficá confortável. Ocêis percisa ficá pur aqui até amanhã cedo.*

Um ruído, quase sorriso alto, difundiu-se pelo grupo.

O primeiro a saltar da carroceria foi Virgulino, seguido por outros. Alguns punham a mão nas costas, vergavam-se dobrando para trás, sorrindo felizes:

– *Deus meu, até qui enfim a gente podi esticá as canelas dobrada. Qui lugá bonito!*

Podia-se ver a varanda ampla, coberta por pequenos cacos de madeira encaixados um a um. Uma tora enorme, grossa e longa, por onde se canalizava um rego de água cristalina, atravessava o alpendre. A água corria abundante. Era usada, como indicavam algumas panelas e pratos sobre as beiradas da madeira, para lavar utensílios e para tirar água para cozinhar. Na extremidade, quase à saída, havia um monte de roupas úmidas, enquanto outras estavam dependuradas em fios de arame farpado, amarrados nos mourões que sustentavam o telhado. Iracema, olhando aquilo, lembrou-se da Paraíba, seca de fazer dó, e se imaginou chegando à terra da felicidade e da abundância. Com o bebê no colo, pensou que, mesmo com mais aquele dever, a vida ali seria muito mais fácil. Virou-se e viu Raimundinho sentado, apoiado no encosto do banco, pedindo no olhar para descer. Era sinal de que a saúde voltava ao organismo fragilizado. A mãe sorriu largo. Novas esperanças; Deus protege os brasileiros.

Raimundinho melhorou, mas o instinto maternal de Iracema dizia-lhe para apressar a chegada a um hospital. O dia já mostrava sinais de cansaço e o sol preparava-se para repousar nos seus aposentos, abaixo da linha do horizonte, para dormir até o dia seguinte em seu leito de luzes e nuvens.

O casal, seu Zequinha e dona Maria, convidaram todos para se sentarem na varanda ampla. Dona Maria achegou-se mais a Iracema, que agora trazia no colo o menino dormindo. Zequinha e ela estavam intrigados com a história a respeito do homem que enterraram à beira do rio. Ambos temiam que o menino fosse filho de um amigo, Rafael, que tinha terras rio acima, perto das cabeceiras.

Dona Maria, tempos atrás, ficara com a esposa, enquanto Rafael se juntou a um grupo de boiadeiros para levar uma boiada até Arraias, auxiliando um dos seus vizinhos. A mulher estava grávida do terceiro filho e Rafael demorou na viagem mais que o previsto. A amiga, sabendo que dona Maria era parteira experiente, pediu que a fossem buscar para passar umas semanas em casa para auxiliar o nascimento da criança.

A parteira arrumou tudo o que podia na própria casa, auxiliou o marido, fez varias fornadas de pão caseiro e, numa charrete, com cavalo ligeiro, guiado por um empregado, demandou a fazenda. Depois de dez horas de viagem, parando apenas para descanso e alimentação do animal, chegaram a uma propriedade pobre, com uma casa rústica, de pau-a-pique, bem às margens do rio Manuel Alves.

Da janela da cozinha dava para lançar a isca e pescar dourados que vinham se debatendo no anzol. Iam diretamente para a bacia de alumínio amassada e depois para as panelas de fritura ou assadeira. Era um local pobre, mas romântico. A casinha simples era rodeada de velhas árvores. No meio dos troncos, inúmeras moitas de taboca formavam, no chão, até a margem do rio, um emaranhado de raízes e galhos se entrecruzando, no solo, como um tecido vegetal que se entremeava de terra, num fenômeno de vegetação muito interessante.

As árvores ao redor eram altas e fortes com a galharia abundante, oferecendo sombra. Uma mangueira, ali nascida sozinha, e uma jaqueira, talvez originada de semente transportada por tucano ou maritaca, eram frondosas. Tinham, os galhos se estendendo longe, acima do telhado de tabuinha da casa.

A mulher, Jandira, teve a criança, auxiliada por dona Maria. A parteira se lembrou que, quando o menino nasceu, perto do umbigo, havia uma mancha escura, grande como uma moeda de dez tostões. Não se esqueceu mais daquilo. O menino nasceu saudável, a mãe estava amamentando bem. Duas semanas depois, chegou o pai, que se surpreendeu alegremente com o nascimento do filho. Agradeceu muito a d. Maria e preparou o empregado para levá-la de volta, na charrete. Ela voltou, os meses se passaram, a vida continuou.

Quase meio ano mais tarde ela volta a encontrar uma criança que poderia ser o menino que ela trouxera à luz como parteira rural. Contou a Iracema, com detalhes, e pediu para tirar os panos sujos e a blusinha encardida que o cobria. Quase desmaiou ao desnudar o pequenino: lá estava a mancha, escura, irregular como um selo identificador. Era, de fato, o filho de Jandira.

Zé Baiano, que ouvira dos lábios moribundos do homem acidentado partes fragmentadas da sua história, juntando os pedaços, pôde concluir que a família toda morrera na tempestade que derrubou árvores sobre o ranchinho, matando os dois filhos, a esposa e ferindo mortalmente o pai. Quando a água chegou, solapando a margem, um bloco de terra se desprendeu descendo a pequena ilha. Os bambuzinhos que cresciam junto às taquaras, na frente da casa, mantiveram as raízes mergulhadas na terra, trançadas, profundas, a ponto de fazer a flutuação da 'terra caída'.

O barco rústico, amarrado aos ramos de arbustos da margem solapada pela água, desceu junto. Ferido, o homem tentou salvar o filho, mas deve ter caído na ilha e desceu a correnteza. O barco foi puxado pelo peso da ilha flutuante. Foi quando os encontraram enroscados no galho da árvore caída.

Aqui tudo se esclarecia. O sr. Zequinha e dona Maria logo mandariam alguém para ver o que acontecera com Jandira e os outros dois filhos. Se estivessem mortos, como relatou o pai, deveriam enterrá-los cristãmente. Era necessário decidir sobre a criança. Deixariam para mais tarde, porém.

O pessoal foi convidado para comer o que tinham à disposição. Felizmente, dois dias antes, a velhota fizera uma fornada de pães caseiros, temperados com torresmo de porco e manteiga pura do leite que eles produziam. Havia dezenas de queijos na dispensa da casa. Uns recém-fabricados, bem frescos, outros mais curados, quase duros, outros bem firmes, no ponto de ralar. Ofereceram tudo aos visitantes, além de bacias de coalhadas que ela preparou com o leite que, no dia anterior, os bezerros não conseguiram mamar. De qualquer maneira, estavam tranquilos, pois poderiam alimentar a caravana toda com trinta pessoas.

Após o que se poderia chamar de jantar, acenderam lampiões a querosene na varanda. O paiol de tábuas de ipê, coberto de zinco, serviu de dormitório. Ali dormiram, ao abrigo do vento e da chuva.

Iracema e Raimundinho ficaram em um quarto com duas camas de colchões macios, cheios de palha de milho, muito fofas, com um acolchoado de paina completando o conforto. Decidiram que o bebê dormiria com d. Maria, pois, de qualquer maneira, ela era a parteira que o trouxera ao mundo.

Iracema expressou, na fisionomia, que não gostou da decisão do casal. Seu instinto de mãe, apesar de estar com a criança apenas por algumas horas, já se lhe dava o sentimento de posse. Zé Baiano dormiria na casinha, junto ao puxado onde abrigavam a charrete. Estavam todos acomodados.

A natureza umedecida emitia sons abafados. A saparia cantava, como se estivesse rouca de ver tanta água, por tão longo período. Os grilos faziam sua seresta, sem muito entusiasmo. Algumas rolinhas arrulhando no escuro, pareciam falar: "fogo apagou, fogo apagou"... através da noite, enquanto tentavam dormir, nos galhos altos, protegidas das raposas, do lobo-guará e dos gatos do mato.

No meio da noite escutou-se o grasnar de araras, encarrapitadas nas mangueiras e na figueira do quintal, sob a qual estava o velho carro de boi.

A noite passou confortável, menos para Maria e Zequinha, que não pregaram os olhos, pois, desacostumados a dormir com crianças, tiveram, conforme dito a Iracema, uma noite de cão. Iracema sorriu com os olhos compreendendo o que se passou na cabeça da dona da casa: ela planejava ficar com a criança e criá-la, já que o pai, a mãe e os irmãos haviam morrido e os avós eram, pelo menos, dez anos mais velhos que ela e Zequinha. Após aquela noite, ela concluiu que sua missão de mãe estava terminada, apesar da ilusão de horas antes.

Sentada nas bancadas longas de ipê e jacarandá, os cotovelos apoiados nas tábuas grossas da mesa longa, falou a Iracema:

– Sabe, minha filha, eu pensei ficar com a criança. Falei com Zequinha e ele aceitou. Porém a noite me convenceu que meu tempo passou. Vi nos seus olhos que você adorou o bebê. Poderia ficar com ele? Os avós estão muito velhos e são os parentes que lhe restam.

Iracema encheu os olhos de lágrimas, sorrindo sem dizer palavra. O pessoal foi acordando um a um e se encaminhando para a varanda onde, sobre a mesa longa e farta, doce de leite, coalhada, pão de batata-doce estavam à vontade, junto a jarras de leite.

Sentado à mesa, Raimundinho viu o retireiro soltar uma manada de bezerros para mamar nas vacas mães, após a ordenha. Ficou deslumbrado. Os animaizinhos, de menos de um mês, sugavam as tetas com avidez, quase fúria. Ele pediu para ir próximo à cerca do curral rústico. Eles o levaram e colocaram sobre uma cadeira de palha trançada. Logo o retireito perguntou-lhe se queria leite direto das tetas. Uma caneca com o açúcar escuro, feito na própria fazenda, presenteou-lhe o paladar curioso, com a espuma abundante, que flutuava sobre o leite.

Quase cento e cinquenta litros foram produzidos naquela manhã. A abundância de Goiás os transformaria em doces, queijos, coalhadas, ricotas, requeijão, manteiga. O soro era dado aos porcos no mangueirão, produzindo carne e gordura, de alto teor nutritivo, que depois eram transformadas em linguiças defumadas, salames, presuntos, bifes, feijoadas, na fartura do interior do meu país.

50. O FAZENDEIRO FELIZ

Iracema ficou contente com a decisão de dona Maria. Seu instinto maternal ampliava-se. "Deus meu", pensou a fazendeira, "com tantos problemas familiares, um filho aleijado, passando fase dificílima, ainda tem planos de criar mais um filho".

Afinal é o amor, o afeto, que devem orientar o destino das criaturas, eu diria. Foram dados roupas e agasalhos para o menino. O casal não os tinha, mas uns netos, que passaram férias lá, esqueceram várias peças que seriam ser usadas pelo bebê adotado. Um pouco de dinheiro também foi providenciado. O casal, sentindo-se responsável pelo menino, ofereceu o que podia para auxiliar a nova mãe a criá-lo. Seu Zequinha e dona Maria deram para os viajantes sessenta queijos, dois para cada membro da caravana. Com isso, junto a requeijões e mais de trinta pães caseiros, teriam alimento para vários dias. Após comerem bem, decidiram partir. Seu Zequinha acompanhou-os até a ponte que, dentro da sua propriedade, atravessava o rio.

O caminhão passou, com muita dificuldade, pelo curral úmido e cheio de barro e atravessou o pasto onde guardavam as criações de uso imediato. A mais de duzentos metros além da casa, Zé deu ordem para todos subirem. Dali até a ponte havia, pelo menos, dois quilômetros.

A estrada, porém, era boa e plana. Seu Zequinha seguia o caminhão trotando o cavalo baio. Era impressionante ver o homem, com mais de setenta e cinco anos, cavalgando com extrema habilidade. O treino, o exercício físico a que se submetem de maneira natural os fazendeiros que se dedicam à lida do gado os conservam fisicamente aptos vida afora. Acrescente-se a isso a calma da vida do campo e a alimentação natural.

O fazendeiro pediu para Zé deixá-lo passar para verificar o caminho e, principalmente, a ponte. As chuvas pesadas poderiam ter cavado verdadeiras armadilhas junto à estrutura envelhecida.

Zé parou e todos desceram para diminuir o peso. O fazendeiro atravessou a pé, observando as tábuas se estavam firmes, avaliou o aterro de uma margem e de outra. Lá embaixo, a quase dez metros, a água violenta, em velocidade louca, passava espremida na garganta profunda, tentando passar em local dez vezes menor do que antes da ponte. Via-se, lá embaixo, as espumas brancas batendo, violentas, contra as pedras negras das margens. O barulho era ensurdecedor.

Os caravaneiros atravessaram a pé, lentamente, observando aquela caudal magnífica passando numa rapidez incrível. Alguns nem olhavam para baixo, enquanto outros, com medo, caminhavam apoiando as mãos nas guardas da ponte. Em alguns lugares, a madeira estava apodrecida e os suportes quase soltos. Ao atravessar, alguns viram, na outra margem, caminhando ao lado do rio, um bando de emas apressadas, dirigindo-se à caça de alimentos. Seu Zequinha explicou:

– Elas são crias e mascotes da fazenda. Fazem esse caminho todo dia, na mesma hora. Ninguém perturba elas, por ordem minha.

O pessoal todo já estava na outra margem, inclusive Raimundinho, carregado por Virgulino e Jerominho. Zé não queria arriscar o menino. A ponte, pela chuva pesada quase constante por um mês, poderia não estar segura. Antes de atravessar, ele olhou sob o aterro. As três toras longas que iam de margem a margem mostravam-se firmes e o aterro sob elas estava bem conservado. Mesmo assim, toda cautela era pouca.

O caminhão foi passando, lentamente, enquanto, do outro lado, torciam pela segurança. Quase no meio do trajeto, quando a roda dianteira direita apoiou-se numa tábua, esta cedeu, quebrando-se ao meio. O pessoal gritou assustado:

– *Cuidado, Zé, vai mais prá esquerda prá passá mais im cima da viga du meio.*

Ele gritou:

– *Valha-me, Deus; ajuda, meu padim Ciço, protegi minha passage.*

Ao mesmo tempo, desviou para a esquerda. O pneu agarrou-se desesperadoà madeira rústica. A roda traseira passou, evitando o buraco. O pessoal suspirou aliviado. Raimundinho, do outro lado, gritou:

– *Boa, Zé, ocê é cabra arretadu, motorista da bixiga.*

Os outros riram, mas só relaxaram quando as duas rodas dianteiras se grudaram à terra da margem.

Zequinha pediu para Zé descer. Juntos examinaram o que havia acontecido: cupins haviam comido a parte inferior da tábua. A superior estava lisa e normal. Ao peso do pneu ela se quebrou no meio, assustando a todos. Apesar do medo, estavam em segurança. Venceram a tempestade e a caudal barulhenta do rio. Necessário continuar, viajar é preciso...

Seu Zequinha despediu-se dos caravaneiros, abanando-lhes a mão. Apertou a manopla calosa de Zé Baiano, abraçou Iracema e beijou Raimundinho e também o bebê. Pediu a Iracema cuidasse bem dele, vida afora, pois era o único neto de um velho e querido amigo. Comoveu-se com as próprias palavras, resolveu voltar.

Seu cavalo, o Pirilampo, estava na outra margem esperando-o com o cabresto amarrado a um arbusto, junto à entrada da ponte. Atravessou-a e, com destreza, colocando o pé esquerdo no estribo, com a mão esquerda segurando a rédea, jogou rápido a perna direita sobre o arreio e sentou-se na sela com desenvoltura. Acenou com a mão:

– *Deus acompanhe ocêis, pessoá.*

Homem experiente, sofrido e maltratado pela vida, enquanto cavalgava de volta para casa, ia meditando nas coincidências. Qual era a chance de acontecer tudo aquilo? Se o caminhão chegasse depois de meia hora à ponte, a ilha flutuante poderia ter se desprendido e ninguém sabe o que seria da vida do bebê. Por certo, morreria quando a terra caída se desintegrasse no movimento das ondas. Parece que Deus os colocou em contato. O menino teria sua família. O pai teve uma sepultura honrada apesar de tosca e rústica, com todo significado de paz, amor e grandeza por causa da cruz ali fincada. O símbolo do cristão estava lá, guardando o corpo de um homem lutador, valente, cuja preocupação maior era o filho querido.

Continuou a cavalgar, pensando. Logo além do focinho do cavalo, surge a visão da sua casa, do paiol, do curral, dos bois, dos carneiros, dos cabritos. Isso lhe mostrou a abundância em que vivia. Lembrou-se o quanto era feliz.

Zequinha pensou, naquela hora, o quanto a fortuna o acompanhava. A fazenda, de quase mil alqueires, o gado de cria e de corte, cavalos, porcos, o rio piscoso, cortando a propriedade de terras férteis, planas, totalmente aproveitáveis, deixou-o satisfeito de pensar. Uma alegria espontânea encheu-lhe o peito. O cavalo ligeiro foi encostando, de lado, na chave de arame que separava o pasto verde do curral. Abriu a chave, atingiu a porteira, destravou-a. Ela, pesada e velha, rangeu preguiçosa. Entrou no curral:

– Maria, despedi do pessoal. Está tudo bem, eles já foram. Com eles o nosso netinho com a marca registrada perto do umbigo. Deus vai cuidar de tudo.

Ela, ao ouvir o rangido da porteira, já desceu os três degraus da escada da cozinha e esperou-o no jardim que circundava a casa. Ele falava alto e ela ouvia. Parou o cavalo, segurando com a mão esquerda a rédea e a cabeça do arreio, lançou a perna direita para trás, deixando o pé esquerdo no estribo amarelo, apoiou o pé direito na relva macia e tirou o outro pé do estribo. Abraçou a esposa como se fizesse semanas não a visse. Com o braço direito em seu ombro, caminharam para dentro de casa. Ele meditativo:

– *Os acontecimentos de hoje mi alertaro prá necessidade di prepará nossos fios e netos prá tomá conta dessa fazenda. O que ocê acha?*

– Tem razão, vamu escrevê pros fios em São Paulo, no Rio e Goiânia pedindo prá eles vim pro Natá. Ai nóis decidi.

Assim fizeram. Fiquei sabendo, anos mais tarde, que um neto que morava em Goiânia se formou em veterinária e mudou-se para a fazenda. Os avós não cabiam em si de contentes. Morreram, muitos anos mais tarde, imensamente felizes!

As propriedades agropecuárias no interior do Brasil são o que se chama "bens de raiz" e passam de geração a geração, garantindo a tradição cultural e a economia rural, que sempre sustentou o Brasil independente. Elas foram o alicerce da nossa industrialização.

A agricultura é a verdadeira riqueza brasileira, porque é renovável de ano para ano. Pelos confins do Brasil, milhares de famílias mantêm esses tesouros. Avaliar o quanto estas empresas familiares injetam no mercado, nutrindo multidões através da vida, é tarefa impossível.

O tempo firmou, mas as estradas estavam muito esburacadas pelas enxurradas abundantes da longa estação chuvosa. E a máquina deslizava rumo ao sul. A precariedade do caminho, antes de chegar a Dianópolis, obrigou-os a gastar quase dez horas para cortar cinquenta quilômetros.

Pararam para repousar às margens de um riacho, cercado por centenas de palmeiras buritis. O sol pintava de sangue o horizonte, deixando ao fundo os troncos e as palmas das nobres árvores, como mãos gigantes, abanando as folhas, dando adeus ao dia que se ocultava exausto. Um céu claro e límpido tomou conta do sertão. Milhares de estrelas espiavam, quais crianças curiosas nas alturas distantes, a terra se preparando para repousar, envolvendo-se no manto da escuridão silenciosa.

Cada qual se alimentou com pedaços de queijos, requeijões e pães caseiros, presentes de dona Maria. O cansaço, pelos milhares de solavancos, fez o pessoal dormir logo. Iracema dormiria, a primeira vez na vida, com o bebê salvo das águas. Apesar de exausta, estava contente.

Raimundinho manteve-se mais calado que de costume. Zé Baiano provocou-o inteligentemente:

– Sabi, amiguinho, quandu meu irmão mais novo nasceu, nóis ficô cum raiva du pequeninu. Depois qui nóis cresceu é qui nóis viu o quanto um bebê podi alegrá uma casa. Ocê é um minino de sorte. Deus mandô, du meio da tempestadi, um presente prá você. Vai sê teu cumpanheiru prá tudo. Podi isperá!

O menino se alegrou, começou a tagarelar. Iracema higienizou o bebê, lavando-o com panos úmidos que Zé, com auxílio de uma lanterna, molhou, no escuro, nas águas do riacho. O pequeno adormeceu após receber uma mamadeira de leite de vaca, colocado em garrafas de vidro recebidas de dona Maria.

– Si quisé, fio querido, fica acordado vendo as estrelas qui eu percisu durmi. Teu irmãozinho podi acordá di noite e num deixá ninguém discançá. Assim, vô aproveitá o tempo. Ocê, se quisé proseá cum teu amigo Zé, pedi pra ele ti armá uma rede nas argola de ferro da beirada da carroceria e dorme lá fora. A noite tá fresca i linda.

Ele sorriu:

– Topa, Zé, mi levá prá rede lá de fora i armá uma procê no meu lado?

O Baiano sorriu:

– É prá já, amiguinho, vamu lá.

Iracema colocou umas cobertas que recebera de d. Maria sobre o couro do banco, improvisou um travesseiro e ali colocou o bebê. O menino dormia roncando tranquilo. Todo o medo porque passara, agora, com a mãe adotiva, de colo morno e macio, tinha desaparecido. Ela, porém, cada vez que ele se movia, acordava para protegê-lo.

A mãe tem percepções que identificam situações de perigo para prole, até dormindo. Elas ficam num estado de semiconsciência que, sem acordar totalmente, continuam repousando, porém, fazem o necessário como totalmente despertas. É a fisiologia do amor materno, funcionando para proteger a prole.

Zé aproveitou que Raimundinho dormia fora da cabine para conversar com o amigo. Prosearam mais de uma hora antes que o sono os dominasse:

– Sabi, amigo, Deus guarda tudus us seus fio nas Suas mãos, cum muito amor. Num fiqui mais triste co'a ideia du teu pai num gosta di você. Ele vai ti adorá! O mininu veio mandado pelas mãos di Deus prá ajudá ele aceitá teu acidente. I sabi, uma coisa mi fala nus ouvidu, qui ocê vai sê operadu e vai miorá. Lembra du dotô que feiz tua capa di gesso? Ele falô qui im São Paulo ou Rio de Janeiro qui tem dotô qui vai fazê ocê sará.

– Sabi, Zé, achu qui Deus me tirô uma coisa nesta viagem i mi deu duas: a tua amizadi e um irmãozinho. Não vô mais queixá da vida. Sabi, Zé, eu nunca mais na vida vô esquecê um amigão como ocê! Ocê é u meu sigundo pai, i Deus vai ti abençoá. Num vô isquecê esta noite. É a primeira veiz qui eu durmu no tempo assim. Boa-noite, amigo Zé.

– Boa-noiti, amigu Raimundinho...

O sono tomou conta dos dois e de todos na carroceria ou espalhados pelas as redes ao redor do veículo. Os grilos começaram a tilintar suas campainhas noturnas. Uma rolinha, com filhotes pequeninos, cujo ninho estava num galho logo acima da rede de Raimundinho, começou a arrulhar suave e baixo, cantando para os filhotes uma canção de ninar que lhe foi ensinada pelo vento.

Zé já roncava forte. Raimundinho, curioso, procurava com os ouvidos atentos achar, na escuridão, onde estava a companheira da noite, a rolinha do campo. Escutou sua canção até dormir no ritmo do arrulho carinhoso do pássaro.

A noite bucólica cobriu o cerrado goiano. Alguns pisca-piscas começaram a voar, sem rumo, buscando a floresta escura. A natureza se aquietava no sono repousante. Uma coruja saiu à caça para alimentar a prole.

O amor maternal, com várias facetas, desde a onça ao beija-flor, da mulher à pomba, mostra a mesma tonalidade. A doação da mãe em favor do rebento é base da perpetuação das espécies. A natureza, a sábia mãe do homem, das flores, dos pássaros, das florestas, das borboletas, dos campos, dos peixes, dos lagos, dos insetos, do ar, das abelhas, está orientada por uma sabedoria intrínseca que protege todos os seres que formam a vida num planeta azul chamado Terra, principalmente, num país de sonhos chamado Brasil.

51. Repouso sob o céu goiano

A noite deslizou tranquila na ampulheta do tempo. A madrugada fria, lentamente, se retraía nos céus para dar lugar à manhã radiosa, mostrando o firmamento azul-claro, puro, de Goiás. A natureza sorria feliz, através das luzes que tomavam, aos poucos, conta do horizonte. O sol, contente por aquecer e iluminar belas cenas no sertão goiano, começou sorrir prazenteiro, clareando a vida nos seus mínimos detalhes: desde a borboleta ligeira aos pássaros viajores, da relva, umedecida pelo orvalho, à majestade do ipê gigante. O astro-rei clareava as estradas, os campos, as pontes, as areias do caminho, distribuindo calor e esperança em cada raio que atingia a Terra.

País imensamente rico é o nosso. Tem manhãs ensolaradas e lindas, trezentos e sessenta e cinco dias por ano. Daí nasce a alegria espontânea do brasileiro alegre, descontraído, sempre feliz, apesar dos problemas que atravessa na vida. O clima deslumbrante felicita a alma do povo, fazendo-o festivo.

Raimundinho não era diferente; acordou, na rede, vendo o levante. Chamou Zé Baiano, deitado na rede ao lado. O motorista acordou se espreguiçando e bocejando alto, sem qualquer cerimônia:

– *Bom-dia, meninu lindu. Qui manhã filiz, não?*

O garoto sorriu:

– *Vai sê um dia muito bão, Zé!*

Ao redor do caminhão, vindas não se sabe de onde, como fossem ornamentos fabricados pelo Criador das flores, as borboletas multicoloridas voavam contentes, parecendo acompanhar, nos movimentos ligeiros, os sons de uma orquestra oculta. Ao dançar nos ares, só elas ouviam e bailavam deslumbradas pelo dia magnífico.

Logo Iracema acordou. Chamou Raimundinho, que respondeu com voz rouca. O frio da madrugada parecia ter mudado algo na sua garganta.

A nova mãe carregava o bebê que quase não chorava, felizmente. Mais uma vez a sorte favorecia os viajantes. Iracema estava feliz com a criança no colo. Aproximou-se de Raimundinho. Depois das lições do motorista, durante o bate-papo antes de dormir, olhava o recém-chegado não como um rival, mas como um aliado que a vida lhe mandava para caminharem juntos.

Ela entregou a preciosa carga aos cuidados de Zé, que o cobriu, quase por inteiro, com as manoplas rústicas. Desajeitado, com braços rudes e musculosos, desacostumados a movimentos delicados, não sabia como se portar diante daquele ser. Sorria, meio embaraçado, com medo de apertá-lo muito, mas não queria deixá-lo cair. Logo que Iracema preparou o filho, Baiano sentiu-se aliviado ao entregar-lhe o bebê.

Raimundinho pediu alimento. A mãe colocou o mais novo no banco da carroceria para dar o café da manhã ao filho mais velho.

Os outros acordaram sorrindo, estimulados pela manhã ensolarada. Após se alimentarem com pães e queijos, recebidos na fazenda, prepararam-se para a jornada. Na estrada, logo à frente do caminhão que se deslocava lento, um casal de veados campeiros, ligeiros, pernas finas de cascos penetrantes, corriam na frente do veículo como se quisessem orientar a caravana. Conforme o veículo tomou velocidade, eles abruptamente se desviaram para o mato.

– Vai lá, bichinho lindo, nóis tá correndo prá Brasília...

A fumaça do escapamento, levada para dentro do cerrado pelo vento que soprava no sentido leste-oeste, impregnava o ar fresco da manhã com um cheiro de petróleo mal queimado. O odor era intruso à beleza da região que possuía dezenas de tipos de flores silvestres. A estrada esburacada fazia o veículo balançar. A cada solavanco se agarravam, na carroceria, nas madeiras transversais dos bancos, ao painel e ao volante na cabine. Era difícil para Zé e Iracema conservar Raimundinho na posição correta. Ele, assustado, gritava:

– Sigura eu, genti, vô caí.

Iracema soltava o braço esquerdo que apoiava o bebê e apertava a travessa de madeira. Às vezes Zé era obrigado a soltar a direção e passar a mão direita sobre o ombro gessado do menino. Era um malabarismo.

Dianópolis se aproximava. Estavam a quase cem quilômetros da antiga cidade goiana, um bastião avançado de civilização, nos ermos do cerrado.

O dia transcorreu cansativo e longo. O movimento brusco causado pelos buracos aborrecia os viajantes cujos músculos, para equilibrá-los, lutavam contra cada solavanco. Iracema reclamava que o ombro doía. Colocou o bebezinho sobre suas pernas e sobre as de Raimundinho que riu contente. Assim a mãe descansaria um pouco.

Eram cinco e meia da tarde. Já se vislumbravam, ao longe, além das colinas suaves que ondulavam a estrada, os contornos das primeiras casas de Dianópolis. Logo depois, surgia a ruazinha pobre, cheia de pedaços de latas velhas, trapos, alguns plásticos próximos às cercas de tábuas que dividiam os quintais das casas da rua por onde, raramente, trafegavam veículos motorizados. Os cachorros vadios, típicos das cidades do interior, latiam, correndo atrás dos pneus, tentando mordê-los, fazendo algazarra. O caminhão foi passando por ruas esburacadas sem calçamento. Seguindo o rumo da torre da igreja, Zé virou à direita até desembocar numa rua longa, calçada de paralelepípedos mal colocados. Nos quarteirões que faltavam até a praça, o caminhão ia batendo as latas soltas, fazendo barulho que incomodava os passageiros e chamava atenção dos moradores. A placa do veículo – Ilhéus, Bahia – fazia todos arregalarem os olhos:

– Deus du céu, como um trem dessis chega tão longi? Vá sê veio prá lá...

O caminhão quebrava a sonolência dos habitantes das cidadezinhas daquela época. Com o sossego nas comunidades agrícolas, a tensão emocional quase zero, eles levavam uma vida saudável e calma. Até a maneira de falar refletia-lhes a tranquilidade.

À direita do veículo, bem ao longe no horizonte, quando o olhar varria os pastos verdes além dos limites da cidadezinha, via-se o céu azul-escuro, quase negro, prenunciando chuva pesada, próxima.

Pararam na praça, em frente à igrejinha antiga, e aguardaram o tempo para ver qual direção ele tomaria, se a chuva torrencial ou a noite sem muita umidade.

Após comerem resolveram armar as redes o mais próximo possível do caminhão. No caso de chuva, pulariam para dentro do veículo.

Uma senhora já envelhecida auxiliar do sacristão, ao descer as escadas da igreja, viu os visitantes que chegavam e caminhou na direção deles. Zé se adiantou para recebê-la:

– Ocêis vai dormi aqui, gente boa?

Zé respondeu:

– Si fô permitido i si Deus quisé, Dona!

– Vô deixá aberta a porta da frente da igreja. Si começá chovê ocêis corre prá lá.

Os alto-falantes da praça foram desligados. Alguns raios desenhavam figuras surrealistas nos céus escuros. Um vento forte começou a pentear as folhas das árvores, com violência.

– Genti, pareci qui o ventu vai levá a chuva prá longi. Vamu armá as rede; vai dá prá durmi aqui.

Na praça deserta eles se abrigaram como podiam. Os cobertores de couro de bode, alguns muito bem trabalhados pelos artistas curtidores, foram tirados dos sacos protetores e distribuídos para todos. Teriam boa proteção, caso chovesse.

O tempo se aquietou. As luzes da praça que iluminavam precariamente o local logo se apagaram. O pessoal começou a dormir sereno. Lá ao longe, na abóbada do horizonte, às vezes espocava no ribombo surdo, após os flashes dos raios, um trovão rouco e soturno. A brisa se acalmou e todos roncavam solenemente.

Zé deixou a cabine para Iracema, o bebê e Raimundinho. Armou a rede toda trabalhada, com rendas do Ceará dependuradas nos lados e dormiu. A passarada noturna estava quieta. Nenhum som na praça, apenas o vento jornaleiro, espanando a superfície da praça com suas plumas suaves, parecia entoar uma canção de ninar.

De repente tudo mudou! Os trovões fizeram-se agressivos com os raios, seus aliados, perfurando nas nuvens os depósitos de chuva. O aguaceiro começou, acordando todos.

Raimundinho, Iracema e o bebê ficaram na cabine, bem agasalhados. Os outros correram, carregando as redes em direção à igreja, onde entraram rápidos. O salão amplo, cheio de bancos de madeira escura, os recebeu. Jogaram as redes nos corredores, entre os bancos, junto ao altar, e deitaram-se sobre elas, alguns com as roupas meio úmidas. Repousavam na casa de Deus.

52. Goiás, terra dos corações amigos

Apesar da dureza do chão ou dormindo sobre os bancos forrados pelas redes, a noite passou. O cansaço era tanto que os fez roncar pesado. De manhã o sol começou a penetrar na igreja, desenhando nas paredes brancas imagens multicoloridas dos vitrais do templo antigo, trazidos da França por um missionário, havia mais de trinta anos.

Os quadros se refletiam, difundindo a claridade nas paredes, iluminando o ambiente cada vez mais. Pálpebras se abriam curiosas, olhos analisavam onde estavam, naquele lusco-fusco, quando não sabemos se estamos acordados ou sonhando.

Alguém se levantou e o chinelo de couro, se arrastando nos ladrilhos antigos, fez ruídos que despertaram os outros. O barulho de pés subindo a velha escada de madeira rangedora indicava que o sacristão, encarregado do sino, estava chegando para executar sua missão que se repetia por mais de vinte anos, na constância admirável de não falhar um único dia.

Ele era também o professor de latim e português do ginásio da cidade. Homem culto, extremamente metódico, reto e bom, professor disciplinado, educador pelo exemplo, foi modelo de conduta moral para centenas de jovens goianos.

Os sinos começaram badalar ritmados, anunciando seis horas da manhã. O eco do som repercutia na abóbada do templo, refletindo nos ouvidos dos paraibanos que teimavam em dormir um pouquinho mais. O som do bronze se espraiva longe, ecoando distante nas colinas, nas fazendas, nas pastagens, atingindo mais de dez quilômetros, acordando agricultores e boiadeiros para a lida do campo.

"Os sinos da capelinha batem seis horas da manhã, são batidas de saudade, são batidas de amor." O ar carregava aquele som carinhoso além, mais além... enfeitando, com a melodia, a jornada que se iniciava.

O sacristão, após tocar lindas músicas no conjunto de sinos, desceu ao saguão para cumprimentar os viajantes. Logo chegaram algumas senhoras de cabelos brancos para as orações das seis. Muitas o faziam por mais de vinte anos a fio. Iniciavam o dia orando pelas famílias, pela cidade e pelo país.

A cozinha da igreja dispunha apenas de café e vinte litros de leite que foram aquecidos, a pedido do padre, e distribuídos a todos. Rapidamente um grupo correu ao caminhão levando dois copos de leite quente com café: um para Iracema, outro para Raimundinho, e meio litro de leite, com chocolate, em uma garrafa com uma chupeta vermelha com bico perfurado para o bebê. O bico foi lavado e fervido pela cozinheira, d. Nazaré, senhora negra de cabelos brancos. Sabendo que havia um bebê no caminhão, ela acordou mais cedo para fazer sua boa ação do dia. Iracema sorriu ao ver a garrafa de guaraná cheia de leite achocolatado e agradeceu comovida. Os lábios do bebê começaram, avidamente, a sugar o líquido. Raimundinho tomou leite em goladas amplas.

Os trabalhadores rurais passavam com chapéus típicos, desbotados, gastos, no alto da cabeça, o cigarro de palha de milho, no canto da boca, sendo mascado e fumado ao mesmo tempo. Falavam enquanto caminhavam com as enxadas às costas, proseando com os companheiros. Soltavam baforadas de fumaça, com o cheiro característico do fumo goiano, tão famoso Brasil afora.

Os cães vadios saíam à caça de comida nas calçadas, virando as latas de lixo. Algumas charretes começavam a transitar levando passageiros. No canto da praça uma delas, de paralamas vermelhos, puxada por enorme cavalo negro reluzente, levava a professora Dulce para a escola, um quarteirão acima da praça. Ela era paraplégica, vitima de poliomelite quando criança. O povo da cidade a amava. Inteligência lúcida, era depositária, no coração, de uma fonte inesgotável de amor. Lecionava, alfabetizando gerações após gerações, por mais de trinta anos. "Jamais quis pedir aposentadoria e mantinha-se, do estado, à custa da esmola, era sempre a primeira a aparecer na escola, com suas joviais maneiras tão simpáticas, não obstante sentir umas dores reumáticas que a faziam sofrer muito ultimamente." Ela andou na charrete, guiada por um mocinho negro de olhos inteligentes, por mais de cinco quarteirões. Ao passar próximos ao caminhão, ambos abanaram a mão, ela dizendo alto:

– Bom-dia, visitantes, tenham um dia abençoado.

Seguiram, sacolejando rua acima, em direção à escola, enquanto as rodas de pneus, enfeitadas pelos raios de madeira pintados de vermelho, com desenhos brancos, faziam o ruído contra as pedras irregulares do calçamento antigo.

Por Goiás afora, milhares de professoras, nas cidades do interior, orientaram grandes profissionais que iam continuar seus estudos no Rio, São Paulo, Ribeirão Preto ou Campinas.

Quando recebiam o diploma, após anos e anos de esforço, muitos voltavam às origens. As primeiras a serem visitadas eram as professorinhas, anjos de bondade que auxiliavam a cultura das cidades do interior. Elas recebiam presentes e um relato das atividades do estudante, como uma prestação de contas.

Algumas andorinhas que dormiram nas árvores do jardim voltavam das roças aonde foram se fartar com os grãos de milho e, depois, retornavam, carregando no bico cachinhos de arroz para distribuir à prole.

Observando-lhes a chegada, Zé buzinou, apressando os que se demoravam no refeitório da velha igreja. Estava na hora da partida. A epopeia continuava. Alegria nos corações, nutrida no amor recebido de pessoas que nunca os havia visto.

Todos no veículo, Zé Baiano começou a rotina da viagem. Era hábito dar uma volta na praça para se despedir dos benfeitores. Encontrou, na porta da frente, o sacristão que lhes ofereceu abrigo. Abanaram-lhe a mão e ele acenou, sorrindo jovial:

– Boa-viagem, vão com Deus. Ele os acompanhará.

A fumaceira do escapamento barulhento seguia o veículo e depois se diluía no ar, subindo e desaparecendo na atmosfera. Diante dos olhos a estrada longa, esburacada, convidando-os a atingir Brasília. Trafegavam na direção sudoeste, rumo a Paranã.

Alguém poderia imaginar, um dia, a construção de canais para a navegação ligando ambos os rios que cercam Goiás, o Tocantins e o Araguaia?

Na Europa, com pequenos rios, se comparados a dezenas dos gigantes que possuímos, os canais facilitam muito o transporte de cargas. Na Alemanha e Áustria, o Reno e o Danúbio são verdadeiras avenidas, com tráfego intenso de barcos levando passageiros, carvão mineral, petróleo, cargas. Paralelas ao rio, as ferrovias, onde trens rapidíssimos se deslocam. O Araguaia e o Tocantins se prestariam perfeitamente para tais planos.

Um dia veremos esses rios, caminhos que andam, coalhados de barcos de transporte e de passageiros, patrocinando o progresso sem destruir as riquezas naturais. Somos um país de possibilidades ilimitadas.

A bacia Amazônica dispensaria longas rodovias se aproveitássemos as águas, que não precisam de manutenção, para o transporte. A região ficaria auto-suficiente se a construção de barcos se desenvolvesse. A madeira da própria floresta, aproveitada com equilíbrio, seria matéria-prima, valiosíssima, para a indústria naval. Logo a tecnologia para produção de motores a diesel se ampliaria. A nossa independência econômica se apressaria, pois o que gastamos na construção e manutenção de estradas é algo monumental. As hidrovias, adaptadas às usinas hidrelétricas, complementariam as ferrovias. Aproveitando-se a eletricidade que nossos rios podem proporcionar, teríamos malha viária de valor inestimável, entrecruzando-se rápida e segura. Poderíamos ter, nas cidades, ônibus elétricos que não poluem e, em algumas rodovias, carros elétricos ligados a cabos de alta tensão, elevados sobre a pista; conectados a eles, os fios deslizantes, em carretilhas eletrificadas, movimentariam os motores.

Temos, mesmo em cidades relativamente pequenas, tecnologia para fabricar motores elétricos. Assim diminuiríamos o consumo de petróleo, combustível que não se renova.

O contrário se passa com as águas que movem as turbinas. Voltam às cabeceiras para continuar o ciclo da queda, evaporação, depósito nas nuvens, chuvas nas partes altas do rio e assim numa cadeia contínua, ininterrupta e renovável.

Temos ainda a energia solar, país tropical, célula imensa de quase nove milhões de quilômetros quadrados, captando calorias, metro por metro, em todo o seu território. Essa energia, nas baterias solares, poderia ser aproveitada, com inteligência, sem muita dificuldade. Meu país é tão rico, tem tantas possibilidades econômicas que, sem medo de errar, afirmo que seremos a maior civilização pacífica do planeta. Só falta que nosso povo ame o país, com todas as forças do coração, e que respeite esta terra privilegiada como mãe, carinhosa e rica, cujos interesses seus filhos precisam defender diante de outras nações.

Os paraibanos seguiam. Zé estava com os braços e pernas cansados de tanto frear, mudar de marcha, virar o volante pesado, desviar de buracos dezenas, centenas, milhares de vezes. O cansaço domava-lhe as forças, mas a determinação, o impelia para frente. O veículo, com alguns tambores sobressalentes de óleo, poderia andar centenas de quilômetros sem parada. O tempo firmou, apesar de algumas nuvens de chuva, esparsas, correndo como carneiros gigantes, nos campos dos céus de Goiás.

A febre de Raimundinho retornava. Iracema culpou-se por achar que ele estivesse curado, pois, ao passar por Dianópolis, nem se importou em procurar um médico para examiná-lo. Concentrada no filho recém-adotado, se esqueceu de cuidar de Raimundinho. Tal pensamento deu-lhe um profundo mal-estar. Quase começou a chorar. Mas, enquanto testava com o dorso da mão a face do menino, falou consigo:

– Deus é prova qui eu não mi discuidei do meu dever de mãe, porque o bebê dá muito trabaio. Oh Deus, ajuda prá tudo saí bem. Ajuda o meu Raimundinho.

Estavam a vinte quilômetros depois de Dianópolis, dirigindo-se para Paranã, cento e cinquenta quilômetros à frente.

Iracema sugeriu ao Zé voltar para Natividade para ver o médico. Explicou que se sentiria culpada se o menino piorasse até chegar a Paranã; morreria de desgosto considerando-se mãe irresponsável.

Zé defendeu-a de si mesma:

– Num carece ficá triste, irmãzinha. Deus sabi cumpreendê nossas intenção.

– É isso que vale. Vô pará na sombra da primeira árve e discuti cum o pessoá prá tomá uma decisão

Avistou, logo à direita da estrada, quatro mangueiras, formando abóbada de folhas verdes, bem escuras, com sombra acolhedora.

A partir do mês de agosto, em Goiás, as mangueiras nativas se enchem de flores e depois de frutos arredondados e longos, amarelo-avermelhados, como a gema do ovo das galinhas do sertão. Crescem nos campos sem qualquer cuidado, a árvore se transforma em algo muito decorativo. Seria a planta representativa do Brasil, uma vez que as folhas se aproximam, na cor, ao verde da nossa bandeira, enquanto os frutos, às vezes quase tão numerosos quanto as folhas, são iguais ao amarelo-ouro.

Pararam à sombra de galhos longos que quase atravessavam a estrada. Cenxtenas de frutos, recém-derrubados pela ventania, forravam o chão. O gado da fazenda onde cresciam parecia que se cansara de se alimentar delas, tal a abundância, e procurava outros alimentos.

Zé parou o caminhão. Alguém, lá de trás, gritou:

– Boa parada, Zé; isso qui é motorista. Na Paraíba nóis num tem manga assim. Nu agreste num tem nem mangueira. Vamu fazê a festa, genti.

Desceram todos, mas Zé pediu que ficassem juntos, havia problemas a resolver. Raimundinho, na cabine, estava quieto, sonolento, muito quente.

Iracema desceu pelo estribo da direita, enquanto Zé saltava da cabine, pois o degrau metálico do seu lado fora arrancado pelos animais enlouquecidos durante o estouro da boiada. Era ágil o baiano. Já acostumado com a falta da peça, apoiava a mão direita no volante e a esquerda no painel e se jogava, sustentando o peso do corpo nos braços.

Desceram, Virgulino logo falou:

– Zé, pará aqui foi muito bão. Mais fala o que ocê qué.

Aí Zé, preocupado, se explicou:

– Sabi, genti, o nosso amiguinho Raimundinho teve uma recaída séria, tá cum febrão terrive. Si nóis continuá, médico nóis acha só em Paranã, cem quilômetru pro sul. Ocêis sabe qui nóis pode encravá, quebrá u caminhão i otras coisa. Qui tar si nóis vortá pra Dianópolis i lá o menino sê curadu? Sei qui issu é duru prá nóis tudu, mais arriscá a vida du amiguinho é muito prá nóis. Arguém é contra nóis vortá i tratá o meninu?

Jerominho, agora tido como herói por ter tirado o bebê das águas, falou:

– Inté agora nois ficô unidu. Nóis parô por causa do Zé qui quasi morreu i du Raimundinho a outra veiz, vamu?

Virgulino:

– Vamu vortá. Vamu embora genti boa?

– Vamu vortá genti, u meninu mereci.

Subiram. Zé manobrou várias vezes, para frente e para trás, até que o veículo ficou no centro da estrada com o motor apontando para Dianópolis.

Logo depois a máquina começou a deslizar livre, vencendo os buracos, poças d'água, curvas e solavancos. Já anoitecia, mas Zé Baiano arriscou mais um pouco iluminando o caminho com um farol só, preocupado em chegar logo.

As rezadoras começaram a ladainha. Parece que logo elas começavam a rezar, a atmosfera mudava. O perfume impregnou o ar, o pessoal se tranquilizou. O menino já respirava mais profundo. O perfume misterioso seria medicamento de alto poder curativo? Se penetrava fundo nos pulmões de todos, o que não o faria nos pulmões lesados do mocinho?

Enquanto isso o gigante comedor de estrada, com um farol, só ia sacolejando teimoso, torcendo-se conforme ia saltando os buracos, no rumo de Dianópolis.

A noite era escura, meio chuvosa. Uma anta atravessou a estrada confusa pela luz do farol, atingindo-lhe os olhos. Zé, para evitar um acidente, apagou a luz, diminuiu a marcha. Ela passou rápida, pulando no cerrado espesso do lado oposto. Esse animal, o tapir dos nossos indígenas, é o maior mamífero selvagem das terras brasileiras. É herbívoro, não é feroz. Ataca apenas, a cabeçadas com um pequeno chifre ósseo, quando a cria é ameaçada.

– *Qui pena, Zé, nossu mocinhu tá duente, não viu u bichu tão bunitu.*

Zé, concentrado na estrada, mal auxiliado pelo farol direito, respondeu seco:

– *É mermo..*

O motor, roncando, continuava a romper as distâncias, na lentidão necessária para manter a segurança. Zé pensou que, se Raimundinho estivesse bem, com certeza, pediria para parar. Logo adiante, a figura estranha de um tamanduá bandeira, eterno caçador de formigas, apareceu na direita e atravessou a estrada, enquanto seus pelos amarelados refletiam a luz do farol. Sua sombra, alongada e disforme, se deslocou pela estrada, até desaparecer na escuridão, protegendo-se dos intrusos que lhe invadiam os domínios.

O farol iluminava muitos olhos de animais que se aproximavam da estrada, caminhando entre as árvores. Uma coruja, voando na direção do veículo, mostrava apenas os olhos refletidos na luz, parecendo duas brasas vivas, voando sozinhas. E a jornada continuava.

O cansaço dominava todos. Zé pediu a Iracema uma cuia com água para molhar o rosto. Combatia o sono que, teimoso, queria dominá-lo. Mas o cansaço e o sono para um motorista são tão perigosos quanto várias doses de álcool.

Numa curva da estrada ele perdeu o controle, dormia com os olhos abertos, e o caminhão foi direto para o barranco. Ela gritou:

– *Cuidadu, Zé.*

Ele acordou a tempo de evitar sério acidente:

– *Discurpi, irmãzinha, u cansaçu tá mi atrapaiandu mais achu qui só farta uns cinco quilômetros. Nóis vai chegá.*

Parou a máquina e saltou da cabine, respirou fundo, andou várias vezes ao redor do veículo e voltou à direção.

Lá ao longe, Iracema foi a primeira a ver as lâmpadas pequeninas que, na colina à direita, começaram a brilhar piscando. Muito feliz, apontou para Zé:

– *Por amô di Nossa Senhora, tamu chegandu.*

Ele balançando violentamente a cabeça, depois de dar tapas no próprio rosto para se alertar:

– *Graças a Deus, nóis vai chegá i vê o dotô. Logu meu amiguinho querido será curado*

Entraram pela ruazinha modesta, com casas humildes. Um veículo motorizado, à época, naquele local, chamava a atenção. Às três da madrugada, então, era algo muito sério.

Zé procurava não acelerar o motor para não acordar os moradores, cansados do trabalho nas fazendas ao redor. Mesmo assim, rostos curiosos, abriam janelas velhas que rangiam tristes e espiavam quem poderia chegar, àquela hora, naqueles ermos.

Um moço de cor escura e cabelos muito lisos, descendente, com certeza, de negros e índios, colocou a cabeça para fora, esticando o pescoço o máximo que podia. Foi o suficiente para Zé parar, abrir a vidraça da esquerda e perguntar-lhe:

– *Por favô, irmão, ondi nois encontra um hospitá ou um médico por aqui?*

O moço de uns vinte e cinco anos, com duas falhas de dentes na frente, gentil, explicou-lhe onde era o hospital:

– *Anda quatro ruas prá frente e vira prá direita. Depois de três quarteirões ocêis vai vê uma construção branca de janelas e portas azuis-escuras. É ali o hospitá. Boa sorte procêis.*

Zé soltou os freios, engatou a primeira marcha e continuou. Exausto, havia dirigido quase sem parar por mais de doze horas agora se sentia um herói que, com fé, determinação e autoconfiança, vencera enorme obstáculo. O menino seria socorrido.

Parou em frente ao hospital, saltou e bateu à porta, que estava apenas encostada.

O coração quase lhe saltava, tentando quebrar as grades do peito.

Acharia o médico para auxiliar, de imediato, o amigo querido? Adentrou o corredor estreito e, à sua direita, deparou com uma moça morena, bastante gorda, com os cabelos muito negros, encaracolados e abundantes, vestida de branco. Ela dormia sobre os próprios braços dobrados, em cima do balcão da enfermaria. Abriu os olhos surpresos, vermelhos:

– Às ordens, moço...

– *Nóis vem du Nordeste. No caminhão, um minino cum doze anos di idade tá cum febrão, meiu desmaiado. Ocê sabi di um médico por aqui?*

Dr. Cerqueira está no centro cirúrgico operando um peão que foi chifrado por um boi, na fazenda, aqui perto. Ele começou lá pela meia-noite e não deve demorar. Fica aqui que vou lá ver.

Ao levantar-se, puxou para baixo o vestido amarrotado, pois estava sentada sobre ele na cadeira de madeira maciça. Seu vulto enorme de aspecto bonachão saiu andando pelo corredor com passos silenciosos protegidos pelo tênis branco de laços grandes e cordão grosso. Foi até a ponta do corredor onde, de lado a lado, havia portas azuis-escuras dos quartos, a maioria com pacientes em tratamento. À época era o único hospital de uma vasta região do estado de Goiás. Daí a cinco minutos ela voltou, silenciosa como foi, dizendo que, dentro de meia hora, ele estaria vendo o menino. O médico, através da porta entreaberta do centro cirúrgico, mandou-a aplicar uma injeção de antitérmico e preparar antibiótico endovenoso. Ela orientou Zé para trazer o menino e interná-lo.

Iracema e ele trouxeram Raimundinho. Empurraram a porta de vai-vém, metade de vidro, metade de madeira. Quando entraram, a moça, Genoveva, arregalou os olhos ao ver o garoto, pois não esperava nada semelhante. Zé não lhe falara sobre os outros problemas. Viu as pernas balançando tão livres quanto os braços e, com sua experiência no hospital em Goiânia, onde havia praticado, concluiu que alguma lesão séria acometia o paciente. Viu muitos casos de trauma neurológico e sabia que muitos lesados na coluna morrem de infecção, respiratória, urinária e, às vezes, ainda contaminam as feridas que aparecem nas áreas de compressão, lesando a pele onde se instalam infecções difíceis de ser curadas. Lembrou-se que mais de trinta por cento dos traumas de medula levam à morte. A experiência de cinco anos na cidade grande, na capital goiana, mais a realidade do atendimento da medicina do sertão foram mais do que suficientes para alertá-la sobre a gravidade do caso.

Seguiu à risca as orientações do médico, preparou a injeção para baixar a febre, providenciou frascos de soro fisiológico, onde poria o antibiótico a ser aplicado na veia. Sabia o que o médico prescreveria, por isso preparou tudo. Levou o mocinho para o quarto número treze. Quando Zé e Iracema chegaram à porta do quarto, vendo o número treze, o Baiano logo perguntou:

– *Sabi, fia, ocê num tem outru quartu prá nois?*

Ela sorriu, meio sonolenta:

– É o melhor do hospital e, felizmente, está vazio pois às seis horas da tarde saiu um trabalhador que uma carroça tombou, carregada de milho, em cima dele. Teve muitas fraturas, foi operado quatro vezes e saiu curado. O doutor acha que esse quarto tem alguma coisa especial que cura os casos graves.

Entraram. Nas laterais havia duas camas de ferro, brancas, muito bem pintadas; em frente, a janela, com vidraças de abrir e duas folhas de veneziana. À direita, quase atrás da porta que se abria escondendo-a, uma pia de louça pequena e branca, com um espelho retangular, com moldura de madeira pintada também de azul-escuro, combinando com as portas e janelas. À esquerda, depois das camas, estava um guarda-roupa de pinho meio amarelado. Completando o mobiliário pobre, mas muito bem conservado, uma cadeira e uma mesa pequena.

Genoveva pediu que o pusessem na cama da direita. O sono, o cansaço e a febre alta faziam o jovenzinho prostrado, quase em coma superficial. Ela auxiliou a colocá-lo na cama de colchão de capim compactado, com costuras feito botões de pano unindo a parte superior com a inferior. Ao redor uma elevação arredondada cercava os quatro lados do retângulo. A enfermeira assustou-se ao tocar-lhe a pele, a febre estava altíssima. Ela abriu a janela, que dava para um quintal enorme. Quase penetrando o quarto, o galho de um cajueiro, cheio de frutos verdes e maduros, avermelhados, e algumas flores miúdas que desatavam perfume quase selvagem, muito agradável, que invadiu o aposento. As folhas verde-escuras, iluminadas pela lâmpada desprotegida, dependurada num fio solitário, pareciam estar dentro do quarto. Zé começou a entender porque ela dissera ser aquele o melhor quarto do hospital.

A brisa soprava, vinda de fora, atravessando a janela e a porta abertas, encaminhando-se pelo corredor, levando a todo o hospital o cheiro agradável das flores do caju. Na passagem pelo quarto, o vento brando balançava a lâmpada amarelada, dependurada no cordão longo, movendo a sombra dos objetos que iluminava.

Genoveva apressou-se em trazer o medicamento contra a febre. Injetou -o, profundo, no ombro do menino. Preferiria as nádegas, com maior massa muscular, mas esta região estava coberta pela crosta de gesso que protegia a coluna. O paciente reagiu à agulhada, o que a levou a pensar: “graças a Deus, menos mal; a febre não será tão grave, o cérebro está reagindo”.

Após a injeção, ela voltou a seringa de vidro para a vasilha, com água fervendo, que trouxe ao quarto. Lá dentro, estavam quatro ou cinco seringas, separados os êmbolos dos tubos, com várias agulhas de diversos calibres. Uma pinça metálica retirava o material quente do esterilizador. Quando se abria a tampa, por uma alavanca protegida por plástico escuro, uma baforada de vapor quente se elevava no ar.

Ela tirou o fio do esterilizador da tomada. Pegando uma toalha felpuda, abriu a torneira amarelada acima da pia, umedeceu-a e colocou sobre a testa, braços e pernas do menino.

Ouviu-se um grito vindo de outro quarto:

– Enfermeira, tá doendo muito.

Ela correu para socorrer uma mulher que vinha de uma fazenda distante e, atendida pela parteira rural, não conseguira dar à luz. Após a cesariana executada com rapidez pelo médico, nasceu uma criança arroxeada, respirando com dificuldade, com hematomas na cabeça, pelas tentativas de puxá-la para fora.

Antes de sair do quarto, Genoveva pediu a Iracema que continuasse a ensopar a toalha, colocando-a nas áreas expostas da pele do doente.

– Issu eu sei fazê. Vai vê a muié sofrendu, sem si preocupá.

O antitérmico começou a fazer efeito, auxiliado pela evaporação do líquido da pele.

A mulher do quarto próximo começou a gritar:

– Ai, dói muito a barriga, ajuda, moça...

Ela viera deitada no assoalho do carrinho de rodas de pneus, puxado por um cavalo ligeiro e forte que trotou, por dezoito quilômetros, para trazê-la ao hospital.

Naquela época os meus patrícios mantinham os sertões habitados, formando fazendas, com um sacrifício imenso.

Genoveva voltou rápido para pegar o esterilizador no quarto de Raimundinho. Protegendo as mãos do calor, levou-o para o quarto da mulher.

– Comu é que tá meu fiu, moça?

– Está vivo e respirando bem.

Ela sorriu, quase num esgar de dor:

– Deus abençoe ocê i o dotô. Nóis tem três minina. Meu maridu qué um machinho prá ajudá ele na lida du gado i tomá conta da boiada quando ele ficá veio. Deus vai sarvá esse minino i eu tamém

Após dez minutos, ela dormia, roncando alto. O cansaço e o desgaste emocional lhes roubaram todas as forças.

No seu quarto, Raimundinho relaxava as feições tensas e dormia profundo. Iracema, com as costas da mão, avaliou a febre e suspirou aliviada. Genoveva voltou. Com dificuldade colou o termômetro sob a axila do menino e leu no mostrador da coluna de mercúrio: trinta e sete graus e meio. Abriu-se num sorriso:

– Nós vamos curar esse mocinho bonito...

Nem acabara de falar, surge à porta uma figura esguia.

Zé Baiano, que adentrara o quarto minutos antes, se surpreendeu ao ver as feições muito jovens do médico, magrinho, com o nariz afilado, bigode pequeno e bem cuidado e dois olhos negros que refletiam inteligência aguçada. Dr. Cerqueira abriu-se num sorriso simpático:

– Parece que vieram de longe.

– O sutaque fala issu, num é dotô?

Iracema, sorridente, estendeu-lhe a mão:

– Nóis é da Paraíba, dotô, i vamu prá Brasília.

Ele olhou para o menino que dormia com as perninhas cobertas por um lençol fino, muito branco, e franziu a testa ao ver a proteção de gesso...

53. Num país rico de povo trabalhador

Enquanto isso, lá fora, o pessoal, imensamente cansado, dormia sentado nos bancos do pau-de-arara. O bebê ficou no colo de dona Virgulina, roncando e sonhando, no mundo dos devaneios e belezas para onde vão as crianças, quando dormem.

A noite era calma e suave. Da entrada do hospital ouvia-se os roncos, dos paraibanos exaustos dormindo no caminhão. Uma brisa leve, discreta, balançava as folhas das árvores que protegiam as calçadas. O relógio da igreja, a três quadras abaixo do hospital, já havia batido a pancada da meia hora, indicando quatro horas e trinta minutos da madrugada. O sol chegaria logo. “Não compensava sair dali”, pensou Zé Baiano, ainda no quarto, esperando a melhora do menino para ir dormir. Decidiu ir para a cabine e lá descansar, até que o sol permitisse. Afinal, Iracema e Raimundinho estavam mais tranquilos. Dr. Cerqueira já tomara as rédeas do problema e Zé sentia, no seu coração baiano, que curaria seu jovem amigo.

O médico examinou o doente e, em vinte minutos, após avaliar todas as condições clínicas, esclareceu:

– Sabe, gente, o problema se chama pneumonia e, se não for cuidado, pode matar qualquer pessoa, muito pior para uma criança já enfraquecida por um acidente tão grave. Assim, vamos, com soro e penicilina na veia, combater a infecção. Creio, em uma semana, poderão levá-lo daqui curado, se Deus quiser. Pretendo também reforçar o gesso no local onde ele se apoia para sentar, colocando almofadas de algodão para proteger a pele de feridas e infecções. Vamos fazer o possível, não se preocupem.

Falou com Genoveva que, hábil, pegou uma veia do antebraço do garoto. O menino dormia, e com a agulhada, apenas mexeu uma perna, dando sinal que sentira a espetada. O médico sorriu animado. Aquilo indicava que sua fisiologia estava normal, pois ele reagia.

O frasco de soro de quinhentos mililitros era de vidro pesado e grosso. Dependurado em suporte de ferro, pintado de branco, mostrava as gotas ritmadas caindo e penetrando pelo tubo de plástico transparente, mergulhando as gotas que iam direto à corrente sanguínea.

O médico, vendo que tudo estava sob controle, dirigiu-se, pelo corredor longo, ao quarto onde uma assistente de enfermeira ficava vigiando. Naquele tempo não se dispunha de cardioscópios ou u.t.i.s nos hospitais do sertão brasileiro. Um funcionário era designado para ficar observando o doente grave, medindo a pressão de quinze em quinze minutos, vendo os sinais vitais que orientavam como reagia o paciente. Lá estava o acidentado que acabara de operar. A assistente estendeu-lhe a folha onde anotara os dados vitais. Ele soriu feliz ao ver que tudo estava normal, depois de uma cirurgia de quase seis horas.

Após ver o peão, ferido pelos chifres do boi, ele entrou no quarto da senhora da cesariana. Ela dormia tranquila. Na cama ao lado, o marido, caboclo forte, pele tostada pelo sol, face ampla, tórax forte à mostra, dormia roncando alto, movendo o bigode negro e espesso. Percebendo a entrada do médico, levantou-se do colchão duro de capim:

– Olá, Dotô. O sinhô ainda tá di pé, trabaiando?

Ele sorriu sem responder, tomou a mão direita da paciente e contou as pulsações. Com o estetoscópio, que carregava no pescoço todo o tempo que estava no hospital, auscultou, cuidadosamente, os pulmões e o coração:

– Continue a dormir tranquilo. Ela vai sair desta, com certeza. O menino está muito bem. Você, se Deus quiser, vai ter o companheiro para a lida do gado. O bebê reage muito bem, é forte e normal. Bem, vou descansar, amanhã cedo tenho quatro operações me esperando...

O médico, naqueles rincões, era o missionário do bem que estendia as horas de trabalho, muitas vezes, das seis da manhã às duas da madrugada, quando não atravessava vinte e quatro horas, trabalhando sem dormir.

De onde viria a energia para esses sacerdotes do bem suportarem tamanha carga física e emocional? Dr. Cerqueira era o único num raio de mais de duzentos quilômetros. A ele chegavam pacientes de carroça, a cavalo, de charrete, de carro de boi. Era necessário atender a todos, fazendo medicina geral, cirúrgica e clínica na desgastante missão!

Doutor Cerqueira formara-se na Faculdade Nacional de Medicina, antiga Praia Vermelha, no Rio de Janeiro, deslumbrante centro médico. Treinou cirurgia na enfermaria treze, na Santa Casa de Misericórdia do Rio de Janeiro, hospital solene e cheio de respeito, fundado por d. João VI, quando da chegada da família real ao Rio de Janeiro. Foi aluno do grande mestre da cirurgia, Darcy Monteiro, que o estimulou a voltar à terra natal.

Ao sair, rememorando as difíceis cirurgias do dia, lembrou-se do querido professor, das suas lições e do acerto de se estabelecer na cidade. Sentia-se cansado pelo trabalho intenso, exaurido fisicamente no fim dos dias, porém, uma satisfação íntima pelo dever cumprido enchia-lhe a alma de energia. Chegou à calçada, pavimentada por tijolos 'pó-de-mico' já desgastados. Viu o caminhão dos romeiros, comoveu-se com uma senhora, de cabelos grisalhos, dormindo de boca aberta, com um bebê no colo. Bondoso, voltou para dentro do hospital e ordenou um lugar para os dois passarem o resto da madrugada. A enfermeira acompanhou-o à rua e trouxe ambos, colocando-os na casa vazia do zelador. Dona Virgulina agradeceu. Sendo pequenina, o espaço de uma cama era suficiente para ela e o menino.

O médico voltou para casa, enquanto os romeiros dormiam sentados nos bancos da carroceria e Zé Baiano, no banco da cabine.

No quarto treze, Raimundinho roncava tranquilo, a febre estava controlada. O soro, com penicilina cristalina gotejando, curava-lhe os pulmões. A respiração era profunda e bem ritmada. Iracema, na cama ao lado, dormia com a boca aberta; a cabeleira negra abundante cobria quase toda a fronha do travesseiro branco.

O dia logo começava, com auxílio da madrugada, invadindo as sombras da noite, expulsando-as para o outro lado da Terra, abrindo espaço para a luz do sol que traz alegria. Com a chegada do sol, parece que as doenças tornam-se menos graves. O amanhecer talvez traga, através da luz do astro-rei, energias desconhecidas que equilibram os corpos doentes. Os caravaneiros se mexiam para acordar. Pela veneziana aberta do quarto treze, Iracema já via as folhas do cajueiro, os frutos maduros, as flores miúdas ganhando cores, apagando-se o cinza da madrugada, mudando para o verde e o vermelho arroxeado. A brisa balançava a lâmpada, no cordão longo, e as pontas da toalha azul-clara que cobria a mesinha do quarto.

Iracema abriu os olhos, sorriu ao pensar o quanto Deus era bom. Ele tirou-a de um caminhão velho para colocá-la num hospital cheio de conforto. Repartiu a preocupação com o filho, com pessoas que, sem nunca tê-la visto, auxiliavam-na na dor de ver o filho quase morto.

O médico, já desperto, em casa, às seis horas da manhã, ordenou a Doquinha que fosse ao hospital e mandasse o pessoal da cozinha preparar café para todos os viajantes. Deu-lhe uma nota de cem mil cruzeiros para entregar ao padeiro, pedindo-lhe fornecesse pães suficientes para todos, enquanto ficassem na cidade.

Quando a cozinheira chamou os caravaneiros, em grupos de dez cada vez, para entrar no refeitório, um sorriso de satisfação dominou as faces cansadas, após uma noite extremamente desconfortável.

Após o café da manhã, reuniram-se todos à frente do hospital para decidir o que fazer. Virgulino foi o primeiro a falar:

– *Nóis já sabi a tua ideia, Zé. Num percisa nem falá. Nóis vai chegá tudu junto em Brasília. Vamu preguntá pro médico o quanto demora prá curá nosso amiguinho. Nóis espera ele curá, num acha genti?*

Todos concordaram. Daí a meia hora uma camionete verde-escura, marca 'Studebaker', parou à porta do hospital. Era dr. Cerqueira. Zé aproximou-se dele e falou após cumprimentá-lo respeitoso:

– *Mi adiscurpi, dotô, quanto tempo o Sinhô vai levá prá curá u minino?*

O médico sorriu e falou bem humorado:

– Bem, Zé, eu sou apenas médico, não Deus. Se ele tiver só pneumonia, em uma semana estará curado; se for outra coisa, eu não sei, não.

Entrou no hospital, empurrando a porta basculante. Seus passos, no sapato de couro e solado de borracha silenciosos, o levaram até as enfermarias. Logo depois, após examinar Raimundinho, voltou. O grupo ainda estava reunido. O médico explicou:

– Pessoal, examinei o mocinho e acho que, se Deus quiser, em uma semana ele estará curado e vocês poderão continuar a viagem.

Zé aproveitou a oportunidade e perguntou:

– *O dotô num sabi um serviço prá nois trabaiá nesse tempo? Homi e muié trabaiadô fica doente si pará.*

O médico sorriu:

– Tenho na fazenda corte de cana, colheita de café e laranja pra quem quiser morar na tulha de café, no paiol e no curral, que estão desocupados. Vocês poderão também ganhar algum dinheiro para a viagem. Se quiser, podem começar agora

Apontou para Zé Baiano a ponta da rua e o espigão à esquerda. Após a colina e um mata-burros de aroeira redonda, lá começava a propriedade.

– Falem com Chicão, o encarregado, e ele orienta vocês. Tenham um bom dia e bom trabalho. Tenho quatro operações para fazer hoje de manhã. Depois do almoço, vou para lá ver como vão as coisas. Vão em paz.

Zé acionou o motor, os viajantes subiram. Dobrou a direita, subiu a colina e logo viu, após o mata-burros, o canavial verde no espigão à esquerda.

Chicão chegou perguntando o que queriam. Após a explicação de Zé, distribuiu facões de cortar cana, enxadas e enxadões para carpir e limpar o terreno. O pessoal, muito feliz, meio desajeitado, começou o trabalho.

A mulher de Chicão, Belarmina, junto com uma auxiliar, cozinhou um caldeirão enorme de arroz e um tacho de feijão. Haviam sacrificado um porco três dias atrás. Restavam ainda muitos pedaços bons, como orelhas, pés, carnes que foram para o tacho, transformando-se em feijoada. No pomar, ao lado da casa, laranjas suculentas foram descascadas e picadas. Couve macia veio da horta que se situava atrás da casa. Era irrigada pelo rego d'água que passava no alpendre da casa, através de um tronco oco de aroeira. Farofa de ovo acompanhava a refeição.

Chicão mandou-os parar para o almoço. Homens e mulheres deixaram as ferramentas na sombra de uma mangueira, junto do canavial, e desceram até a casa. Ao se aproximarem do alpendre, onde mesa ampla de uma só tábua de peroba apresentava toda aquela fartura de alimentos, alguns com as mãos ainda sujas do trabalho sentaram-se de imediato, tremendamente famintos. Dona Virgulina falou que na ponta da bica de aroeira tinham sabão, toalha e água para lavar as mãos. Depois poderiam sentar-se para comer. Alguns levantaram-se apressados e se dirigiram para o local. Logo voltaram, fazendo fila em frente aos enormes caldeirões de feijoada.

Conchas redondas auxiliavam-nos a retirar o alimento, colocando-os nos pratos fundos. Sentaram-se, no início, tagarelando a respeito do trabalho, mas, de repente, conforme comiam, silenciaram. Ouvia-se, apenas, ruídos de garfos e colheres raspando os pratos de metal e o barulho da comida sendo triturada.

Quase uma hora depois, com o sol a pino, voltaram ao trabalho protegidos por chapéus de couro de bode. As mulheres usavam lenços grandes, coloridos, protegendo-lhes também as orelhas, a nuca e parte da testa. Apesar do calor, estavam felizes, pois ganhariam cem cruzeiros por dia, pela jornada de trabalho. Continuaram até as cinco horas.

Já no fim do dia, Zequinha, um paraibano muito ágil, cortava cana com o facão. Ao segurar uma cana, perto da raiz, bateu com o facão no dedo mínimo, decepando a ponta. Gritou alto, pedindo socorro, enquanto colocava o dedo na boca tentando, em vão, parar a hemorragia. Chicão correu auxiliá-lo e ele, gemendo de dor, pediu para ir ao hospital.

Dr. Cerqueira, após terminar a última cirurgia do dia, uma apendicite aguda, levou-o para a sala de pequenas operações e suturou o ferimento, dizendo-lhe que, mesmo tivesse trazido a ponta do dedo, seria impossível salvá-lo. Graças a Deus não foi o dedão, nem o indicador, explicou, que são os mais importantes da mão.

Zé Baiano voltou para que o ferido pudesse descansar. Ainda sentindo muita dor, tomou banho na casinha sem teto, feita de aroeira, onde caía do alto uma bica de água. Como era bom, após o suor de um dia tremendamente quente, receber na pele um jorro de água fresca.

Após o jantar com arroz, que havia sobrado do almoço, berinjela da horta frita em gordura de porco e polenta assada na brasa do fogão de lenha, comentavam que, se Raimundinho demorasse mais de dez dias para sarar, eles chegariam a Brasília como 'porcos cevados' pois nunca haviam comido tanto na vida.

Na manhã seguinte, às seis horas, dr. Cerqueira chegava com sua camionete para levar oito latões de leite, com cinquenta litros, para o laticínio da cidade. Falou com os trabalhadores visitantes, elogiou-os pelo trabalho ao ver o canavial com enorme área derrubada, mostrando o esforço dos paraibanos. A cana seria moída para ração do gado, prevenindo surpresas da seca quando passasse o tempo das chuvas. Seria colocada em valas forradas no chão, protegidas por camadas de capim colonião, conservando assim as propriedades nutritivas. Os nordestinos vieram ajudar na hora certa.

No café da manhã, pães, feitos nos fornos de casa pela mulher do Chicão, manteiga do leite do curral e coalhada fresca nutriram os paraibanos. No fim, ovos fritos com pão coroou-lhes a refeição. Como sobremesa tiveram bolo de milho verde que comeram lambendo os beiços, como diziam.

– *Cumeno assim* – disse Zé Baiano – *nóis trabaia um meis inteiro sem parar.*

Começaram a rir, enquanto se levantavam da mesa, cada um se dirigindo ao local determinado para o dia.

O canavial ia desaparecendo sob os golpes dos facões manejados pelos nordestinos. Depois de derrubadas, as canas eram levadas por carroças puxadas por cavalos, mulas e burros até o galpão do retiro onde máquinas manuais, com roda enorme, nas quais estavam fixas lâminas, iam cortando as canas, conforme a esteira metálica as empurrava para a frente, a cada volta da roda pesada. Os toquinhos eram, depois de misturados aos talos de milho e capim, empurrados para o silo no chão. O trabalho não era muito pesado e alguns até o achavam interessante.

Alguns trabalhadores foram para a colheita do café. Era muito bonito ver as bagas maduras da planta aromática, cobrindo o chão, sobre os panos e lonas que as protegiam. Aprenderam a correr a palma da mão fechada, puxando os grãos, arrancando-os dos cotos curtos que os prendiam aos galhos. As esferas, vermelhas como gotas de sangue, iam forrando os panos onde eram recolhidas e depositadas em balaios de bambu que, depois de ombreados, eram despejados em carrinhos de pneus puxados por animais até o local de secagem. O carrinho basculante, encostado ao muro que protegia a área, jogava aquela pequena torrente de grãos no terreiro de tijolos. O café era espalhado em finas camadas para tomar sol e secar. O perfume que se desprendia do café vermelho, chamado de cereja, estimulava alguns a chupá-los como se fossem jabuticabas. Havia ali um mel todo especial, gosto de selva, odor de flores da floresta, que encantava. O café era mexido continuamente, aquecido pelo sol, até que, no final da tarde, quase anoitecendo, os animais novamente amontoavam aquela enchente de grãos redondos que variavam do vermelho-cereja para o marrom e depois até o negro. Era agora o que se chamava de café em coco, com a casca total, antes de ser beneficiado nas máquinas. Estes grãos eram amontoados quentes, conservando o calor do sol, cobertos por lona espessa durante toda a noite. O calor acumulado fazia os grãos atingirem o ponto necessário. Eram protegidos nas chamadas tulhas, onde aguardavam ser levados para as máquinas de benefício, geralmente nas cidades.

Os caravaneiros estavam surpresos. Nunca imaginaram que o café, até chegar à xícara, saboroso, perfumado, estimulante, percorresse tão longo caminho. Aprendiam mais a respeito do país e da riqueza que foi o nosso esteio econômico, por mais de um século. O café do Brasil, o maior produtor do mundo, suportou a industrialização e o progresso do país.

Vários nordestinos, juntos a outros trabalhadores, foram auxiliar a carga de caminhões que levariam a colheita da tulha da fazenda para a cidade. Em sacos de estopa de aproximadamente quarenta quilos, o café foi colocado em camadas caprichosamente dispostas sobre o assoalho do caminhão. Iam para a maquina de benefício a quatro quilômetros da fazenda. Lá chegando, os grãos eram despejados em depósitos que se abriam em bicas afuniladas, levados por canequinhas, presas a correias contínuas, passavam por ventiladores possantes que os livravam de pedras, galhos, pó e outras impurezas. Depois, aquele fluxo contínuo de esferas negras caía em plataformas metálicas perfuradas com orifícios menores que os grãos. Estes eram apertados e esfregados contra debulhadores cilíndricos de metal também perfurado. A casca preta era retirada, sobrando, de um lado, os grãos verdes mais pesados e, de outro, a cobertura verde e preta que era assoprada para o lado oposto por ventiladores muito fortes. A palha ia para o abafador, depósito de resíduos, enquanto os grãos verdes, perfumados e homogêneos, eram lançados nas bicas que os selecionavam pelo tamanho. Caíam nos novos sacos de estopa que os esperavam de bocas abertas, sob as bicas. Estas balançavam num vai-e-vem contínuo, acumulando os grãos, a riqueza que nutriu o Brasil na sua arrancada pela modernização.

Brasília mesmo, foi construída com dinheiro originado nos cafezais de São Paulo, Paraná, Minas e um pouco de Goiás. Houve tempos que éramos os maiores produtores de café do planeta, com vinte e cinco milhões de sacas de sessenta quilos por ano. Goiás produzia quase só para seu consumo, mas oferecia bebida de alto padrão, graças ao seu clima e ao seu solo.

Os nordestinos estavam deslumbrados com tantas novidades. Estavam aprendendo muito a respeito do país que Deus lhes deu. O cheiro do café verde os conquistou. Acharam muito interessante quando o caminhão foi colocado sob uma porta ampla, no assoalho afunilado do abafador, e a palha do café, o resíduo do beneficiamento, caiu sobre a carroceria enchendo-a totalmente.

Os goianos subiram ao veículo e começaram, com os pés, a socá-lo para levar a palha de volta à fazenda. Seria aproveitada como adubo orgânico para fertilizar a terra do próprio cafezal. Muitos deles foram, na carroceria, festejando, com as pernas enterradas na palha, gritando contentes, aspirando aquele odor delicioso que impregnava o ambiente. Quando contaram aos que estavam em outros serviços, estes logo quiseram trocar de grupo. Todos queriam ver a máquina de benefício e pegar alguns punhados de café sem torrar.

País gigante e rico é o nosso. Há tanta diversidade de climas, solos, culturas que ultrapassam qualquer outro.

O próximo grupo de cinco paraibanos deixou o café em coco na máquina e levou vinte sacas de café verde para ser torrado na torrefação Bartira, a única na cidade. Os grãos entravam verdes em câmaras aquecidas por fornos a lenha e saíam parcialmente tostados de marrom-claro ou escuro, conforme o sabor que lhes quisessem dar. Aquele odor suave se espraiava pela cidade, enchendo o ar com um perfume que só as terras brasileiras sabem produzir. Nossa produção de café invadiu o mundo, estimulando, dando prazer aos paladares refinados de mulheres e homens em todos os recantos da terra, durante séculos.

Nossas plantações, iniciadas no estado do Rio de Janeiro, invadiram o vale do Paraíba, penetrando depois pelo nordeste de São Paulo, chegando a Ribeirão Preto e Sertãozinho, espalhando-se pela região chamada Mogiana, alcançando a Araraquarense, a Alta Paulista, no pioneirismo, invadindo o norte do Paraná. Com os grãos de café brotavam cidades maravilhosas, democratizou-se a riqueza. Do solo fértil surgiram Londrina, Apucarana, Maringá, Porecatu, Rolândia, mandando fundos para o sul do estado construir maravilhas chamadas Foz do Iguaçu, Ponta Grossa e Curitiba.

Os cafezais, quando pioraram as condições climáticas do Paraná, durante anos, o maior produtor do país, foram mudados para regiões altas de Minas Gerais, onde, ao redor de São Sebastião do Paraíso, Cássia e Patrocínio, as plantações se esparramaram sobre as colinas ondulantes, com milhões de árvores modernas, muito produtivas, com novas espécies enriquecendo o país. A Minas Gerais dos sonhos de liberdade, das minas de prata e do ouro, do ferro em montanhas à flor da terra, perfuma hoje muitos países longínquos com o cheiro misterioso do café brasileiro.

Enquanto os viajantes trabalhavam, no hospital, a penicilina combatia a infecção que alterava todo o organismo de Raimundinho. O menino, já no segundo dia de tratamento, despertou do torpor, voltou a sorrir, a febre desapareceu.

O bebê também se adaptava à nova família. O amor de Iracema, mãe extremosa, envolvia-o. Com seis meses parecia saber o que ela lhe significava: proteção, alimento, amor, conforto. E ele crescia. O importante era que Raimundinho o aceitava com todo carinho.

Já no quinto dia de serviço na fazenda, o grupo trabalhador fazia uma verdadeira revolução: começava a colheita da laranja. O laranjal, por ideias avançadas do dr. Cerqueira, apesar de ter apenas duas mil árvores, produzia muito, o suficiente para abastecer a pequena cidade e outras ao redor. Os paraibanos estavam felizes, fartavam-se com as laranjas. Virgulino alertou:

– *Bem, genti, agora num cabi mais. Essas fruta é muito boa, mais tá na hora di pará. Vamu trabaiá.*

Jerominho, o salvador do bebê, arrematou:

– *Genti di Deus, imagini ocêis, si nóis tivesse chuva na Paraíba. Nóis ia produzi tudu. Aqui nóis vê qui a água vale mais qui ouro.*

A colheita continuava. Caixas de madeira estavam no caminho, aguardando o caminhão para transportá-las à cidade para serem distribuídas.

No quarto dia, o grupo começou a preparar o alimento para os animais – a silagem. As canas cortadas com o capim gordura seriam misturadas para serem curtidas dentro dos buracos previamente feitos, forrados com folhas de bananeira.

No hospital, o bebê, também, era tratado por dr. Cerqueira. Muito bem preparado no Rio de Janeiro para clinicar em cidade do interior, era hábil cirurgião, obstetra, pediatra e clínico, além de ter conhecimento de técnicas de laboratório. Aproveitou o microscópio para fazer exames de fezes dos meninos de Iracema e dos outros viajantes. Assim, ele os orientou e teve os resultados à mão um dia antes da viagem deles continuar. O farmacêutico da cidade, alertado pelo médico, comprou um estoque razoável de vermífugos que daria para todos, melhorando-lhes a saúde. Até o bebê, talvez por receber alimentos, na casinha onde morava, sem os cuidados de higiene, já estava contaminado pelo áscaris, ou lombriga, que lhe alteraria a saúde seriamente.

Nos últimos dois dias, o grupo dedicou-se a roçar os pastos da propriedade. As foices, amoladas com as limas compridas que carregavam nos bolsos traseiros das calças, faziam os instrumentos muito eficientes, cortando rápidos as ervas daninhas, arranha-gatos, cipós que atrapalhavam o desenvolvimento do capim que alimentava o gado.

As mulheres, muito trabalhadeiras, arrumaram várias casas da propriedade, limpando tudo, consertando roupas, fazendo vários serviços domésticos. Por ideia de Jerominho, três foram destacados para limpar as bicas de aroeira que atravessavam o alpendre, transportando a água do riacho para dentro de casa, usada nos trabalhos domésticos como lavar pratos, roupas e fornecer água que caía sobre casinha de madeira, sem telhado, para o banho.

Dr. Cerqueira, no sétimo dia, ao examinar Raimundinho, chamou o grupo para explicar o que aconteceu ao menino. Falou que ele teve uma infecção nos pulmões, chamada pneumonia, muito comum nos pacientes que tem traumatismo de coluna como ele. Achava, porém, que a penicilina que ele recebeu durante sete dias limpou-lhe as vias respiratórias. Não acreditava que a febre voltasse em curto espaço de tempo. Achava que ele chegaria a Brasília sem problemas.

Bendito medicamento, a penicilina. Quantas vidas, mundo afora, ela salvou?

A felicidade se alastrou entre os vajantes. A mulher de Chicão, Belarmina, encantada com o esforço das mulheres nordestinas, queria presenteá-las para facilitar-lhes a viagem. Com o suco das laranjas, preparou manjar feito com fubá e pouco leite, de maneira que poderiam viajar vários dias comendo, aos poucos, sem estragar aquela iguaria deliciosa. Ensinou Iracema a fazer pé-de-moleque com os grãos de amendoim e caldo de cana que, fervido durante longo tempo, tornava-se um xarope muito cheiroso, espesso como mel. Estendida sobre tábua limpa, com os grãos misturados, depois de fria, a massa doce foi cortada fazendo delicioso alimento. As crianças nem esperaram esfriar, provaram e gostaram. Belarmina ensinou também a fazer requeijão. Enquanto Iracema trabalhava, aprendia a se adaptar ao novo mundo do sul. Do leite, misturado com garapa, surgia o doce de leite saboroso. Vários pacotes, em forma de tijolos, foram embrulhados em palhas de milho umedecida e abertas. Depois o pacote era forrado por folhas largas de bananeira. Era a maneira de se embalar alimentos usando o que a natureza pródiga oferecia. Bananada bem consistente, também foi embalada, após a fruta ser fervida nos panelões de ferro, misturada com garapão extremamente doce. Fazia-se assim uma sobremesa saborosa. Tudo era originário da fazenda. Doce de mamão verde, de abóbora madura, adoçados com açúcar escuro, produto da evaporação da garapa, enchiam balaios que seriam colocados na parte traseira do pau-de-arara para que os caravaneiros continuassem a jornada bem alimentados. Belarmina lembrou-se que, na despensa, tinha duas latas de vinte litros de carne de porco, mergulhada na pura gordura solidificada. Assim a carne permaneceria boa para alimentar, por várias semanas, os viajantes.

A despedida comoveu. Trabalhando juntos, trocando ideias, os fez amigos. Dr. Cerqueira foi para a despedida. Quando Zé perguntou-lhe sobre o pagamento dos honorários, sorriu largo sob o bigode fino

– Baiano, você precisa voltar e trabalhar aqui por dois meses para me pagar. Gargalhou alto enquanto piscava para Iracema.

A felicidade se estampava na face dos viajantes. A recuperação de Raimundinho interferia com o humor de todos. Ele influenciava a todos com sua simpatia e inteligência. Era o termômetro do grupo.

Além de frutas, queijos, manteiga, pães, traziam o coração cheio de afeto e muitos conhecimentos a respeito do Brasil. Sabiam agora sobre o café: benefício, colheita, torrefação do produto cujo ciclo econômico marcou o país com surtos de progresso em direção ao futuro. Viram o laranjal que parecia pintura, pois muitas árvores tinham mais frutos do que folhas. As esferas amarelo-alaranjadas eram como bolas de natal, enfeitando os galhos. A casca brilhante e lisa mostrava a saúde dos frutos. O verde escuro das folhas contrastava com as outras cores.

A abundância era muito comum. Os que dela usufruíam nem a notavam, habituados a receber as dádivas da natureza através do solo e do clima sem paralelos no planeta.

Os paraibanos, acostumados a sofrerem no clima rude, sentiam gratidão quando comparavam aquelas dádivas ao viver difícil na terra natal. A determinação da raça de gigantes, que enfrenta, face a face, as adversidades produz, no nordeste, um povo forte, trabalhador e invencível quando enfrenta dificuldades.

A mente é que determina o destino do homem, não é o clima ou a situação econômica. A história nos mostra que, países e povos, a todo instante, pelo esforço e coragem, renovam a própria existência. Por isso era animador analisar a vida daquele grupo. Traziam nas feições, com os músculos da face quase sempre contraídos, a atitude de quem enfrenta as adversidades com determinação. Conforme viam as diferenças da vida mais fácil e abundante, nas terras ao sul, presenteadas por chuvas, as feições dos romeiros iam se modificando. As rugas e sulcos da face iam desaparecendo, pois o relaxamento dos músculos acompanhava a abertura das guardas de defesas psicológicas contra a vida agressiva. Parecia, ficavam cada vez mais jovens. Começavam também a engordar um pouco, deixando as feições e a própria pele mais lisas e agradáveis.

O homem é, em parte, produto do meio onde vive. Cabe-lhe, porém, modificar o próprio destino, quando este não lhe é favorável, com o esforço, fé, esperança, persistência, tenacidade, amor e otimismo.

Os nordestinos aprendiam novas lições, mas, por onde passavam, ensinavam a mensagem que transmitia fé e esperança na vida. Com isso conquistavam muitos corações.

Os goianos, ouvindo os relatos dos nordestinos, sentiram-se privilegiados. Até dr. Cerqueira observou-lhes a mudança. Parecia que seus empregados ficaram mais felizes. A felicidade, disse-me velho fazendeiro goiano, é reconhecer, a todo instante, as pequenas dádivas de Deus que nos chegam às mãos a todo instante. Passadas desapercebidas, fazem a vida perder o sabor e o perfume.

Os nordestinos se alegravam. As estradas mostravam, agora, como um filme que durava algumas semanas, a abundância e beleza do estado goiano. Fazendas enfeitadas por dezenas de ipês coloridos como buquês gigantes, brancos, rosas, vermelhos, amarelo-ouro, púrpura enfeitavam e iam perfumando os caminhos. Pastos verdes, quais tapetes ondulandes, ao sabor do vento, cobriam áreas de declives e vales se espraiando ao longe. Os pomares de laranja, apesar de pequenos, os cafezais, com os frutos vermelhos, enfeitavam seus próprios galhos colorindo cenas inesquecíveis. Os riachos adornavam os campos, enquanto, às suas margens, acompanhando os vales férteis, os arrozais feito depósitos de ouro em pó, espalhados nos cachos dourados, mostravam as promessas de alimento farto. As casinhas, simples e bem cuidadas, com as galinhas no terreiro, os pastos, com os animais domésticos que forneciam leite e energia para tração das carroças e carros de boi, pareciam pinturas de cenas de paz, impregnadas de amor. Os lagos e represas espalhadas, refletindo a luz do sol no dia e a claridade da lua, à noite, clareando as folhas das matas e cerrados, davam uma atmosfera de sonho e poesia à viagem.

A jornada prosseguia, Paranã se aproximava. A brisa matutina com o ar límpido, lavado pelas chuvas caídas, fazia-os respirarem suavemente. Os pássaros, nas árvores do caminho, nutridos com fartura pelos restos das colheitas de arroz, milho, sorgo, estavam trinando com alegria, mostrando, nas penas brilhantes, a saúde. Até o canto das aves, naquelas regiões de abundância, parecia mais bonito. As flautas incrustadas nas gargantas pequeninas estavam bem conservadas e refletiam a satisfação dos artistas alados que as usavam com muita perícia.

Palmeiras floridas, ipês, pastos de verde homogêneo, riachos cheios de peixes alimentados por sementes abundantes, o ano todo. Era a alegria no ar, nos pássaros e nas borboletas coloridas. A vegetação, nos galhos velhos e fortes, mostrava a beleza da vida abundante que não se encontra em outro país.

A rota continuava. O bebê começou a sorrir. Uma borboleta azul e vermelha, aproveitando a janela aberta, penetrou na cabine surpreendendo Raimundinho e a criancinha que tentava, com as mãozinhas espalmadas, pegá-la no vôo rápido, peralta.

Conforme Brasília se aproximava, os sentimentos mais contraditórios tomavam conta dos corações nordestinos: medo do desconhecido, insegurança quanto ao futuro, saudades da terra natal. Mesmo ali, sofrendo as condições mais severas do clima agressivo, os nordestinos são um povo que ama o local do nascimento com todas as forças do coração.

A vida, feito viagem longa, cheia de surpresas, dores, alegrias, sofrimentos e, antes de tudo, cheia de lições notáveis para a alma humana, prossegue sua rota educando e realizando.

O roteiro sublime do homem, na luta pelos seus ideais de grandeza, vai, em cada passo, em cada curva da estrada do destino, em cada gemido de dor, em cada sorriso de felicidade, em cada acidente, em cada pôr do sol, em cada novo amanhecer que se veste das cores da esperança, apontando os rumos de um mundo de felicidades sem limites, destino inapelável de toda a humanidade...

3ª Parte

54. Olhar de amor conquista corações

A beleza das paisagens nos caminhos de Goiás refletia a alegria que reinava dentro da cabine. O surgimento da vida nos olhos e gestos de uma criança, resumo de esperança e sonhos, fazia o ambiente feliz.

Após a cura da infecção de Raimundinho, a esperança dominou os corações. A caravana seguia. Agora havia quatro seres dentro da cabine compartilhando o sentimento de esperança, pois até o bebê, no sorriso constante, demonstrava estar feliz. O ser humano, mesmo na mais tenra idade, capta muitas reações dos adultos e emocionalmente se dirige por elas. As criancinhas entendem o que se passa, falta-lhes, quando muito pequenas, os mecanismos de exteriorização.

Comparemos a abelha, máquina admirável mas tremendamente rudimentar, se comparada a um ser humano, mesmo muito novo. Ela capta, às vezes à distância, o perfume do mel ou do açúcar. Vê-se isso no centro de grandes cidades, em restaurantes, cafés ou bares, às vezes a vários quilômetros de onde poderia haver uma colmeia onde vivem as abelhas. Elas, como por milagre, aparecem atraídas ou guiadas pelo cheiro exalado pelos diversos tipos de açúcar. Os insetos, como minúsculos computadores, captam, sentem, percebem à distância.

O bebê, sentindo com o tato os braços macios, o colo morno de Iracema, captava, sentia, percebia o carinho. A maneira que ela olhava, apertava, beijava, acariciava, transmitia – e ele compreendia – os sentimentos dela.

A criança crescia feliz e suas feições mostravam a alegria de viver. Raimundinho o estimulava com palavras carinhosas; os dois se davam muito bem. O menino sabia assobiar com os lábios e o chamava, ao que o bebê atendia. Muitas vezes, se estivesse de costas, ao assobio do mocinho ferido, imediatamente virava-se na direção certa, procurando-o. A amizade crescia.

Zé Baiano, para passar o tempo, cantava algumas canções e pedia que Raimundinho as assobiasse. Ele ficou exímio instrumentista com os lábios, pois era persistente no treino. Às vezes parecia uma flauta bem afinada, outras um passarinho apaixonado tentando reproduzir os sons da natureza. A vida dentro da cabine mudou. Quando o bebê ameaçava chorar, o assobio de Raimundinho, entoando uma canção, logo o fazia acalmar-se. Ver as paisagens, com um fundo musical, era como ver um filme que lhes passava em frente aos olhos.

Raimundinho era talentoso em tudo o que fazia. Sua sensibilidade era muito aguçada, pois percebia sons, objetos e cores que poucos notavam. Assim começou a reproduzir o canto dos pássaros com os lábios e com a garganta com fidelidade. Quando paravam para repousar nas redes, sob as árvores, seu ouvido privilegiado tendo gravado aqueles sons, antes de dormir, tentava reproduzi-los. Durante o dia treinava e treinava. Certa vez conseguiu reproduzir o canto do uirapuru que ouviu no bosque, num amanhecer; a voz dos canários da terra, do pintassilgo, do bem-te-vi, da rolinha eram reproduzidos com maestria pelo menino. Certa vez disse à Iracema:

– *Sabi, mainha, Deus mi tirô as perna i braçu i deu ovidu i garganta prá alegrá a minha vida i dus otros. Sinhora vai vê que vô sabê imitá a vóis di tudo o que é pássaro.*

E a máquina ia na direção de Brasília...

Um trator azul-escuro tracionando uma carreta de quatro pneus ia para a cidade de Paranã com uma carga de lenha do cerrado. Quando Zé Baiano ultrapassou-o, o pessoal gritou contente. Era a primeira vez durante a viagem que 'o gigante engolidor de estradas' passava por algum veículo, tal a raridade dos transportes motorizados do Brasil à época. Sabendo disso, durante todo meu governo, estimulei a indústria automobilística para ver o progresso chegar rapidamente.

Já eram quase seis horas da tarde. O crepúsculo pintava o horizonte nas cores poéticas do amor: o vermelho da paixão, o rosa do afeto, o amarelo da riqueza e o azul-celeste da tranquilidade. O perfil das casas da cidade se delineava ao longe contra o pôr do sol sanguinolento. A torre da igrejinha com a cruz de madeira pintada lá estava altaneira e solene.

Na entrada da cidade, próximo à casa que indicava o início do perímetro urbano, Zé, mantendo a velocidade normal da estrada, passando em frente a uma chácara com amplo quintal gramado, onde dezenas de galinhas, galos e pintinhos se nutriam, fixou a atenção nos animais à beira da estrada, sem perceber que um bando delas estava ciscando a terra no meio da rua. Dava a impressão que tais aves, pela tranquilidade da vida, nunca tinham visto um veículo motorizado. Zé Baiano, olhos virados para a esquerda, atropelou um punhado de galinhas e frangos que estavam no meio da rua. O pessoal da carroceria, quando viu o caminhão passar e seis ou sete aves pulando quase mortas, bateu na cabine pedindo para o motorista parar. Ele ficou pálido e muito desapontado. Encostou o caminhão à direita, pegou uma das galinhas que acabara de morrer e foi bater à porta da casa-grande da chácara.

Uma senhora o atendeu:

– Mi perdoa, dona, mais eu tô muito cansado i uma viagi di mais di dez horas mi distraí oiando as ovelhinha nu pastu di sua propriedadi i matei seis galinhas qui estava na rua.

A mulher franziu o cenho, contrariada, e com muito mau humor tomou das mãos do Zé, jogou a galinha para dentro de casa e grosseiramente disse:

– Vamos lá, moço, o senhor vai ter que esvaziar os bolsos pra me pagar. Eram as melhores poedeiras da cidade.

Zé abaixou a cabeça e a acompanhou através do corredor de tijolos cimentados que atravessava o jardim. Passaram pelo portãozinho de madeira azul-claro, com duas folhas semiabertas, e, no meio da rua, vendo os animais ainda se movendo, disse:

– Vou cobrar do senhor, moço, só cinco mil cruzeiros. É barato, sabe... – e olhou-o com olhos de ódio e desprezo.

– Bem, dona, faça a sinhora o qui fô possívi. Vamu conversá cum dona Iracema i vê u qui nóis podi fazê.

Abriu a porta da cabine da direita e a mulher, dona Cota, pôde ver a mãe com o bebê no colo e, ao seu lado, um rostinho moreno de olhos verde-claros. A cabeça, para vê-la, moveu-se muito pouco.

A fazendeira logo percebeu que algo estava estranho. Ninguém falava por medo e por acanhamento. Ela, agressiva, perguntou:

– Esse bebê é seu?

– Não, sinhora, nóis achô ele quase mortu boianu nu riu qui nóis atravessô.

– Como é o nome dele?

– Nóis num sabi, dona, nóis achamu há pocu tempu.

– E esse meninão aí, porque fica parado como uma estátua preguiçosa, porque não ajuda a mãe segurar o bebê?

Raimundinho, tremendamente magoado, olhou-a com lágrimas nos olhos e baixou a cabeça. Aí Zé Baiano, do outro lado do veículo, explicou sobre o acidente. Dona Cota viu o gesso. Uma paulada violenta na cabeça talvez não a machucasse tanto. Ela ficou pálida. Ninguém reagiu. Um silêncio incômodo tomou conta do ambiente. Era necessário conversar com calma.

Raimundinho, tremendamente humilhado, demonstrando sua grandeza de alma, falou:

– Adiscurpi nóis, dona, nóis num quiria matá as galinha. Perdoa nóis...

A mulher olhou aquela figura impar, observou seus braços e pernas muito finas, a atrofia muscular já lhe tomava conta dos membros. Ela baixou o olhar, observou o bebê no colo, comparou suas feições com a de Iracema e concluiu que, de fato, o menino não era seu.

Decepcionada consigo mesma, começou a pensar na riqueza que havia acumulado, ela e o marido, durante quarenta anos de trabalho. Um filme da sua vida desfilou cenas rápidas na tela da mente. Casara-se com dezesseis anos, como era costume à época, sonhara ter filhos, mas, por deficiências físicas, comprovadas muito mais tarde, não conseguiu engravidar. Acumulavam mais e mais, além de cinco fazendas ao redor de Paranã. Os pastos estavam cheios de valiosas cabeças de gado, porém, a casa vazia de afeto e seu coração deserto, fizeram-na ácida, agressiva, infeliz. Gostava de humilhar os mais fracos ou pobres, até o mais baixo possível. O marido, calmo e compreensivo, sugeriu-lhe inúmeras vezes adotassem uma criança. No ocaso da vida, explicava-lhe ele, se um dos dois faltasse, uma criança feliz poderia preencher a solidão. Ela, porém, odienta, seca de sentimentos, nem admitia pensar, chegando a agredir verbalmente o marido que evitava tocar no assunto. Pensou, em alguns segundos, em tudo aquilo e lembrou-se que, para ter alegria de viver, comprava a própria consciência, presenteando a paróquia da cidade com grandes somas em dinheiro. Mas para fazê-la feliz tudo aquilo era em vão. O coração continuava-lhe vazio e rígido, amargo e insensível. Pensou, pensou e tentou colocar amor na voz:

– Como é o teu nome, menino?

– *Raimundinho, dona.*

– Quantos anos tem?

– *Oito, dona. Semu di Patos, Paraíba, i vamu pra Brasília encontrá o painho qui faiz quase um ano trabaia lá.*

– Ah! Compreendo. E você, moça, como é teu nome?

– *Iracema Paraíba, dona, pra ti servi.*

– Quantos filhos você tem?

– *Cum esse aqui é cincu, dona.*

– Cadê os outros?

– *Ta aí atrás, dona.*

O caminhão estava parado junto ao que seria a calçada, sem sarjeta. Alguns passantes paravam distante o suficiente para escutar as agressões de dona Cota. Todos na cidade sabiam, ela apenas conversava com farpas agudas nas palavras. Olhou os curiosos que a fixavam de longe, pensou em chamá-los atenção, mas resolveu abrandar-se, talvez, pela primeira vez depois de casada. Olhou na carroceria e logo viu o rostinho de duas meninas e dois meninos. Não era necessário dizer quem eram: os olhos negros, a testa larga, a boca, bem feita de Iracema lá estavam como estampa genética inconfundível. Voltou o olhar para Iracema, fixou seu rosto tostado pelo sol e os dentes da frente cariados e feios. Profundo sentimento de inveja dominou-lhe o coração. Pensou: "ela tem cinco filhos e ainda pega outro para criar. É pobre, miserável, sem condições de ser boa mãe. Eu, com uma fortuna, podendo educar e alimentar dez, não tive nenhum, que injustiça, meu Deus!"

Raimundinho parecia compreender o olhar da mulher. Mirou-a com os olhinhos verde-claros:

– *Adiscurpa, dona, mais pareci qui a sinhora gosta muito di criança, num é?*

Ela sorriu amarelo:

– Gosto um pouco, filho!

Percebeu que o menino, filho de família paupérrima era bem educado e muito inteligente! Lembrou-se das palavras do padre no confessionário quando ele explicou que, para formar homens e mulheres cristãs, equilibrados, educados, úteis, não é necessário dinheiro ou poder, mas apenas amor e paciência!

Parecia que aquele encontro casual foi para feri-la. Algo falou-lhe aos ouvidos, alertando-a, com carinho, para que mudasse e se tornasse feliz!

Aí Raimundinho voltou a falar, como inspirado por anjos:

– *Então, si a sinhora gosta di criança, deixa nóis i imbora. Nóis vai durmi dipindurado nas redi na praça pra amanhã cedu parti pra Brasília. Painho tá lá i nóis tá morrenu di sodade dele*

– O que é *sodade*, menino?

– *Sodade, dona, é vontadi di tá junto!*

Aí ela baixou completamente a guarda, sorriu amorosa querendo dar-lhe um beijo no rosto, mas o estribo do caminhão, Iracema e o bebê estavam entre ambos. Com o seu sorriso todos sorriram, o ambiente se dulcificou. Zé Baiano passou a mão no rosto do menino com carinho e ela de fora da cabine jogou-lhe um beijo barulhento.

Raimundinho riu feliz. Com muito esforço virou os olhos para ela e fixou -a nos olhos, com seus olhinhos puros, inteligentes e lindos e sorriu alegre. Mais um coração foi conquistado pelo seu olhar cheio de amor!

– Sabe, gente, dessa vez vou perdoar vocês de ter matado minhas galinhas. Mas da próxima vez...

Alguns desocupados, escutando aquilo, arregalaram os olhos, pensando que algo estranho estava acontecendo. Ela percebeu-lhes a reação, dirigiu-lhes um olhar duro e... começou a sorrir... Eles saíram andando, admirados, para comentar:

– *Vai chuvê canivete, hoje em Paranã, a Cota marvada deu um sorrisu...* – mas, deveriam ter esperado. Raimundinho alegre completou:

– *Brigadu, dona, Deus vai bençoá a sinhora. Mainha podi ajuda a sinhora limpá as galinha pra num estragá inquanto nóis vai prá praça.*

Zé Baiano e Iracema que estavam calados, com pena do menino que antes fora ofendido, estavam admirados com a grandeza de alma e a diplomacia do garoto.

Dona Cota retrucou:

– Tá bom, menino, vamos fazer diferente. Você e o bebê vão prá minha casa, enquanto tua mãe limpa as galinhas.

Zé não esperou e saiu correndo para apanhar as aves que jaziam no meio da rua, algumas ainda se mexendo. Ágil ele as colocou no estribo direito:

– *Irmãzinha Iracema, cumeça logo limpá as penosa qui eu vô prá praça levá u povu.*

Iracema desceu. Ele pediu ajuda a Belarmino para levar Raimundinho para a casa enorme, em frente, e solicitou a Virgulino que carregasse as galinhas para dentro, enquanto Iracema carregava o bebê que dormia.

Ao entrar no portão de madeira envernizada, ela falou à Iracema:

– E os outros quatro, você não vai trazer?

A paraibana, sem entender, falou humilde:

– *A sinhora dexa?*

– Traz eles, moça.

Os quatro, rápidos, com a ordem da mãe, sozinhos saltaram do caminhão fazendo das rodas escadas e chegaram do outro lado da rua. Educadamente cumprimentaram a senhora.

– *Tamu aqui, mainha, o qui vai acuntecê?*

Cota respondeu:

– Vocês vão dormir hoje nesta casa, não na praça.

Zé Baiano no meio da rua quase caiu de costas ao pensar: "Meu Deus, a prosa du mininu é forti dimais..." Atravessou a rua e, aproximando-se do grupo que se formara à entrada do portão, falou à Iracema:

– *Vô pegá a sacola da famia i descê prá praça, irmãzinha.*

Cota interveio dizendo:

– Você não vai para a praça não, homem. Pedrico, leva esse povo do caminhão pra fazenda Cachoeira e arruma a tulha pras mulheres e o paiol pros homens. Amanhã cedo dá muito leite do curral e queijo prá todo mundo!

Pedrico, um goianinho de uns quinze anos, empregado da família, correu para a cabine todo feliz, pondo a cabeça para fora da janela cheio de ares de patrão:

– *Vamu imbora, pessoar, é só uma légua daqui mais eu num gostu di viajá di noiti...*

Zé estava atônito. Cota gritou:

– Oh moleque exibido, fala pra Tereza arrumar a janta, o melhor possível pra esse povão! Pode matar umas penosas do terreiro...

Zé deu partida e seguiu. Pedrico ia chamando todos os que estavam na calçada para demonstrar a própria importância:

– *Oh João Paçoca, oh Mané Trupica...*

Quando o caminhão parou num buraco, após ele chamar a atenção do Quinzinho Pintado, um moleque sardento, este lhe perguntou:

– *Qui ocê tá fazenu aí, Pedrico?*

– *Sô o chefe da turma! Vô levá esse pessoá prá fazenda Cachoeira.*

E, tirando a cabeça para fora conforme o caminhão se movia, gritou:

– *Sô o chefe, viu, Pintado...*

Zé Baiano sorriu e acelerou a máquina.

Enquanto isso, o grupo de Iracema entrava na casa antiga caprichosamente bem conservada. Os portões altos, de madeira escura, largos e fortes, as portas entalhadas com extremo capricho e, acima delas, as bandeiras de iluminação, altas, com vidros lisos e limpos, encantavam. As janelas combinavam com as portas e deixavam a claridade iluminar as tábuas largas de ipê, encaixadas perfeitamente uma a uma, formando desenhos caprichosos. Os olhos paraibanos estavam admirados, aquilo era mais uma dádiva de Deus ofertada aos corações sofredores. Mais uma noite da longa viagem passariam confortáveis. O amor amacia os destinos...

55. A GUERRA E AS CICATRIZES DA ALMA

Os retirantes pisavam as tábuas do chão com muito cuidado para não riscá-lo. Havia ali arte em madeira: tábuas mais claras encaixadas às outras mais escuras, formando até a sensação de volume como se o assoalho saísse do chão para o ar. Além das formas caprichosas, o brilho de uma cera, artisticamente aplicada, dava um aspecto de riqueza. As janelas se refletiam, duplicando-se, no chão. O forro combinando com o assoalho, tinha lindos trabalhos de marchetaria com figuras elegantes.

Tais obras foram feitas por um imigrante italiano. Giovani Benetti, neurótico de guerra, prisioneiro da Segunda Guerra Mundial nas redondezas de Trípoli, na Líbia, território italiano à época. Após o conflito, pela falta de justiça que precede e sucede os períodos de sombras de tais épocas de desequilíbrio, o respeito humano foi deixado de lado. Por isso ele ainda ficou preso até o fim de 1946! Forças americanas que dominaram a região o descobriram em vila minúscula na intimidade da selva, em prédio rústico, semidestruído pelas bombas. Era alimentado pela caridade de alguns moradores negros do povoado os quais não sabiam se lhe deveriam dar liberdade. Ele, de qualquer maneira, sendo italiano, era um inimigo dos vencedores da guerra.

Liberto, já acostumado ao clima tropical, decidiu pegar um cargueiro espanhol que se dirigia ao porto do Rio de Janeiro. De lá viajou de carona, parando aqui e ali, para ganhar algum dinheiro nas suas obras na madeira que usava como matéria-prima, feito escultor que usa o mármore para suas estátuas.

Sabendo que a região norte do Brasil tinha as mais variadas e melhores madeiras do mundo, o italiano Giovani radicou-se em Paranã, onde viveu cerca de dezenove anos. Realizou trabalhos preciosos, enquanto estava na fase sadia da doença mental que o venceu. Na época saudável, era grande escultor; no período de desequilíbrio, tornava-se um traste humano, vivendo da comida que lhe davam os corações caridosos da cidade. Vivia num antigo galinheiro, coberto de zinco, no quintal da sede de fazenda riquíssima a três quilômetros do centro da cidade. Barbudo, maltrapilho, caminhava pelas ruas, sendo às vezes alvo da chacota das crianças mal-educadas. Mas, como por encanto, daí a meses, transformava-se, barbeava-se e ia procurar trabalho com os fazendeiros ricos da região e os maravilhava! O pai de dona Cota o abrigou na fazenda durante muitas crises psiquiátricas. Quando estava bem, mudava-se para confortável pensão próxima à matriz da cidade.

Na igreja também fez trabalhos, em ipê, que todos admiravam. O altar, inclusive, com algumas das suas estátuas, era algo notável, pois tinha uma réplica da Pietá, de Michelângelo, com a Virgem Maria amparando, no seu colo, o corpo torturado de Jesus que descansava, entregue com toda confiança àqueles braços cheios de amor!

O tempo passou e, com ele, várias crises de loucura também.

Giovani foi encontrado morto, ao lado da sua caixa de madeira, onde guardava, com capricho, dezenas de formões, serras minúsculas, escopros e pequenos martelos. Caiu debaixo da ponte na margem de um riozinho, próximo à vila e lá ficou. O povo homenageou-o com uma tumba no cemitério. Suas obras, feitas com madeiras duráveis, permaneceram por muitos anos. A casa onde os paraibanos entravam era um exemplo.

O grupo caminhou até a cozinha. O dia começava a guardar seu leque de luzes por detrás das montanhas e a noite se insinuava na região, cobrindo-a com seu manto negro, salpicado de estrelas feito diamantes!

No fogão da cozinha luxuosa, Iracema e as duas meninas cuidavam das panelas onde preparavam seis galinhas. O jantar logo estaria pronto. As meninas ajudavam a mãe, os dois meninos foram para o quintal, na chácara ampla, que se estendia por quase quatro alqueires, até as margens do riacho que a dividia da propriedade vizinha.

Escurecendo, voltaram para brincar na varanda ampla, cercada de árvores frutíferas e de flores, que circundava a casa.

Enquanto isso, Raimundinho, que conquistou o coração de dona Cota, na sala ampla, com mobiliário artístico tipo Luís XV, admiravelmente trabalhado, dialogava com a senhora como se fora um moço culto. A mulher estava maravilhada:

– Isto é uma flor que desabrochou no charco. Como pode uma família tão pobre produzir alma tão sensível?

Os olhos inteligentes do garoto encantavam também seu Carlos, o dono da casa que chegara havia pouco. Viajou a uma das suas fazendas, a sessenta quilômetros, para comprar trezentos bezerros de raça que começava a ser apurada por gaúchos de Passo Fundo. Após as apresentações, ele também se impressionou com a personalidade do mocinho. Quando seu Carlos contou-lhe que tinha visto, na viagem, inúmeros pássaros, Raimundinho falou que sabia imitar, com os assobios nos lábios e com a garganta, as vozes de dezenas de pássaros silvestres que ele conhecera durante a viagem! Cota e Carlos riram duvidando. O menino continuou narrando a viagem, encantando o casal com sua memória nos detalhes apresentados. Imaginou que aquela seria a grande oportunidade de treinar contar os casos da epopeia para reproduzi-los para o pai que o esperava em Brasília.

Após relatar o estouro da boiada, que maravilhou o fazendeiro, criador de gado e boiadeiro também, Raimundinho fechou os olhos e concentrou-se:

– *Iscuta, meus amigu.*

Começou a assobiar. Parecia ter um instrumento musical encaixado na garganta. A voz do uirapuru encheu a sala. O fazendeiro ficou deslumbrado! A melodia brotou divina. Iracema, que estava cozinhando, auxiliada por duas empregadas, ouvindo aquele som, dirigiu-se à sala e se emocionou. Lá estava, cercado de atenções do casal riquíssimo, seu filho querido, com os olhos fechados. Parecia um anjo, com as asas quebradas, presas pelo gesso rude, mas com a voz que parecia vir dos céus. O concerto melodioso durou quase dez minutos. Quando terminou, ele abriu os olhos verde-claros e perguntou:

– *Ocêis gostaram, meus quiridos amigus?*

Cota levantou-se, num ímpeto de amor, e correu para o centro da sala ampla, abraçou 'o pássaro dos céus', como ficou conhecido na casa, beijou-lhe a face direita, a esquerda, a testa larga:

– Você trouxe alegria para nós, artista sertanejo, que Deus te proteja...
Carlos arregalou os olhos, sem entender a mudança da mulher que conhecia há quase trinta anos:

– Meu Deus, parece que os anjos invadiram minha casa para me abençoar a vida...

O amor é o hálito divino que perfuma os corações... Ele pareceu ouvir, dentro do coração, a voz de sua mãe, morta, havia dezoito anos:

– O amor tudo vence, meu filho...

O ambiente tornou-se de amor e alegria. O menino conquistou os corações de todos. Dona Cota vibrava. Ela, que sempre sonhou ter crianças suas em casa, tinha agora, por causa da morte de algumas galinhas, cinco trazendo-lhe alegria. Carlos também estava muito feliz. Raimundinho imitava vozes de pássaros: o bem-te-vi, a pomba do mato, o pintassilgo, o canário-da-terra, até o anu teve sua voz reproduzida. O casal ria feliz e admirado.

O jantar foi servido. As seis galinhas atropeladas foram preparadas para serem levadas prontas pelos viajantes. Uma delas foi posta à mesa para a família Paraíba, o casal e as duas empregadas que foram convidadas também.

Comeram alegres, todos falando sem parar, como crianças amigas que se encontrassem no recreio, após as aulas. Raimundinho descrevia, com detalhes, as passagens e cenas da viagem.

Estavam proseando animados quando um choro de criança invadiu a sala, era o bebê reclamando da solidão.

Assim, o Peixinho, como o chamava Raimundinho, nos braços de Cota, foi participar da prosa do grupo, após o jantar. Iracema pretendia dar-lhe nome após chegarem a Brasília, junto a Severino, o chefe da família. Enquanto isso o apelido continuava.

Os cinco quartos da casa foram distribuídos: o casal, no seu apartamento amplo, de duas janelas largas em cada parede e o banheiro amplo. Iracema, com as duas meninas, ficaram em um dormitório de camas largas de madeira maciça, com flores e arranjos entalhados na cabeceira e nos pés e os guarda -roupas enormes, de quatro portas duplas com espelhos grossos, enfeitados. As cortinas brancas de rendas do Ceará combinavam com as colchas das camas, uma de casal e duas de solteiro. A de casal foi ocupada por Iracema que, depois de sair do banheiro elegante, deslumbrada ao se enxugar em toalhas felpudas, pensou estar sonhando. Nunca imaginou que tais coisas existissem.

Iracema vestiu uma camisola verde-clara, emprestada pela dona da casa, combinando perfeitamente com sua pele moreno-jambo. Ela olhou-se no enorme espelho do guarda-roupa e sentiu-se uma princesa. As meninas igualmente usavam camisolas grandes para elas, mas a felicidade lhes transpirava pela pele. Foram cada uma para suas camas, depois de se despedir dos irmãozinhos que ficaram noutro quarto. Quando mainha e as meninas entraram, gargalhadas de alegria tomaram conta do aposento:

– Mainha du céu, qui ropa arretada ocêis arrumo. Oia as nossa, genti!

Riram deslumbrados como estivessem sonhando.

Uma das empregadas deu banho em Raimundinho e colocou-lhe um pijama lindo, verde escuro que, tom sobre tom, combinava com seus olhos verdes. Ele estava radiante. O pijama enorme cobria-lhe o gesso também.

A alegria era geral. Iracema bateu a palma da mão no rosto. Raimundinho perguntou-lhe:

– Qui foi, mainha, argum pernilongu?

– Não, meu fiu queridu. Quero vê si num to sonhanu!

Ele concordou:

– Pareci sonhu mermo, mainha. O amô é qui feiz tudu issu. Pareci qui os anjo mandô as galinha de baxo das roda pra trazê nóis prá cá. Deus sabi o qui faiz, num é, mainha?

Ela sorriu, balançando a cabeça. Pensou como seria bom se Severino estivesse ali e suspirou:

– Bão, genti, vamu durmi.

Na porta, uma das empregadas, com uma bandeja de prata, oferecia-lhes chá de camomila adoçado com mel. As xícaras de porcelana eram pintadas com filetes de ouro, flores, pássaros e borboletas multicoloridas.

Foi uma festa verdadeira. Deitaram-se, após rezar de mãos dadas. A oração fez Iracema se recordar do casebre querido, longe, bem longe, lá na Paraíba saudosa. Enquanto Raimundinho orava, ela abriu os olhos, comparou as cenas com as lembranças e comoveu-se. "Como Deus é bom", pensou.

Pela janela aberta pôde ver lá fora, iluminada pelas luzes das varandas, algumas folhas e milhares de flores de ipê avermelhado, próximo à janela. Era deslumbrante. A mãe beijou Raimundinho e foi se despedir de Peixinho que ia dormir no quarto com o casal.

Iracema encontrou Cota com o bebê no colo:

– Oia, amiga querida, o amô di Deus dexô nóis usá essa ropa, mais bunita da vida. Prá nóis é um sonhu. Uma noiti só, mais vali a pena. Nunca nóis vai isquecê issu.

Cota retrucou:

– Uma noite só não, vocês vão levar essas roupas e outras pra Brasília para usar até gastar. Um dia vocês voltarão para nos visitar. Nos vamos lá também para ver o Peixinho.

Iracema arregalou os olhos, piscou várias vezes para ver se não sonhava e sorriu agradecida.

As luzes se apagaram. Pela janela aberta do quarto das meninas, Iracema viu a lua derramando luzes sobre o chão de madeira, de tábuas de ipê escuro e de marfim branco encaixadas com arte. A brisa leve balançava as cortinas rendadas feito vestidos de uma noiva celestial. A lua, noiva do sol, deixava o seu véu acariciar a terra

Iracema, já deitada, olhos abertos, pensava nas lutas da vida e tinha certeza de que Deus os protegia. "Se um milagre destes aconteceu, é só esperar que Ele vai curar meu filho, talvez numa operação...

Os olhos seguiam a trajetória da lua no céu. O véu de prata arrastava-se sobre as nuvens brancas. Era um encanto. Onde passava seu cortejo de luzes, combinando os reflexos nas superfícies, feito algodão, a rainha da noite deslumbrava.

Uma das meninas, sonhando, falava:

– Sabi, painho, nóis tá no palácio da tia Cota durmindu cumu anju. Vem prá cá juntu di nóis.

Ela sorriu. Ficou feliz, olhou o céu lindo, enquanto uma lufada de vento brando levantou as cortinas, arejando o quarto com perfume de flores do jardim ao redor da casa...

Lentamente, o sono tomou conta da sertaneja valente. A 'imperatriz da Paraíba' dormia num palácio...

Os caravaneiros, na fazenda Cachoeira, sentaram-se para uma prosa e depois foram dormir nas redes dependuradas no paiol e na tulha de café.

A noite passou calma com alguns pássaros noturnos cantando em surdina. O dia chegou ensolarado, iluminando a cidade e a fazenda. Quando os convidados acordaram, as mesas fartas do café da manhã os esperavam, Iracema contou quinze espécies de alimento, desde a coalhada, queijo, requeijão, bolos de fubá, biscoitos, sucos, leite puro, com chocolate, com melado, tortas, curau de milho, até ovos de pata, omeletes de queijo, numa abundância inigualável.

As sobremesas como doces e frutas os mais variados: abacaxi ao natural, compotas de figo, de goiaba, laranjada, manjares de suco de laranja e de coco vieram depois. Iracema e as crianças comiam felizes. Quando terminaram, Iracema levantou-se e agradeceu Cota. Imediatamente um passarinho começou a trinar com a voz de um pintassilgo. Era Raimundinho, apoiado na cadeira ao lado de Iracema, com seu assobio.

Raimundinho, bem humorado:

– *Sabi, meus tios queridus, o pássaro feliz qué agradece o bão trato. Vai avuá mais nunca vai esquecê a beleza do lugá onde dormiu...* .

Continuou a trinar, movendo as bochechas e os lábios como se tivesse, na própria garganta, flautas dos pássaros dos bosques de Goiás...

56. As galinhas dos ovos de ouro

Terminado o café, sentaram-se na varanda da frente da casa. O jardim amplo, cheio de árvores frutíferas antigas, formava também um belo pomar.

O laranjal começava nos limites da cidade. Era a primeira casa da entrada de Paranã. À esquerda notava-se um cafezal pequeno, mas muito viçoso. Empregados da propriedade, residentes nas redondezas, se dedicavam, desde o início da manhã, a limpar o terreno, podar árvores, cuidar da beleza daquela chácara.

A família Paraíba olhava tudo com curiosidade. Raimundinho admirou-se com o trator pequeno que, como aranha esperta, segundo o mocinho, caminhava, levando na traseira objetos de limpeza.

Ali era um verdadeiro paraíso. O casal Cota e Carlos era presenteado pela vida com muitas propriedades. Ele tinha admirável inspiração para negócios, tudo o que faziam traziam-lhes mais e mais dinheiro e posses, ampliando-se a fortuna. Carlos preocupava-se, pois ele e Cota eram filhos únicos de família muito pequena, não tinham herdeiros diretos. Quem iria herdar e administrar tanta riqueza quando eles partissem? Vendo os meninos como convidados na casa rica, começou a pensar se Deus não os trouxe sob seu teto justamente para auxiliá-los. Durante a noite conversou com Cota e resolveram dar-lhes roupas suficientes para um ano de uso.

Enquanto esperavam Zé Baiano, que dormiu com os caravaneiros na fazenda Cachoeira, o casal dirigiu-se a uma loja de confecções, perto da igreja. Caixas e mais caixas de camisas, camisetas, calças, vestidos e tecidos dos mais variados foram comprados. Iracema achava estar sonhando. Sorria, deslumbrada, olhando as peças multicoloridas nas prateleiras. Baseando-se nas medidas de Raimundinho, até Severino ganhou três calças e cinco camisas, sendo duas de mangas compridas. Em casa teriam maior surpresa ainda. Zeferino separou cem mil cruzeiros, garantindo alimentação e medicamentos para as crianças.

O caminhão estacionou na frente da casa. Carlos espantou-se com o estado do veículo:

– Deus do céu, será que isto chega a Brasília?

Ele gritou para Zé Baiano descer, enquanto os outros esperavam à sombra de uma mangueira do quintal, avançando sobre a cerca além da calçada. O sol da manhã, em pleno verão goiano, já castigava a pele.

Zé desceu e sentou-se. Raimundinho, feliz ao ver o amigo por quem tinha muito afeto, sorriu:

– Zé, teu amiguinho aqui virô passarinho cantadô.

Começou a trinar como um canário-da-terra. Zé sorriu de orelha a orelha, muito feliz.

O casal entregara à mainha o dinheiro que ela recebeu sem saber avaliar corretamente a quantia. Estava deslumbrada. Falou então ao motorista:

– Zé, é precisu achá lugá prá essa ropa toda qui nóis ganhô do casá aqui.

Ele deu cinco viagens com os braços cheios para acomodar os presentes na parte traseira do caminhão, ali protegidos do pó e da chuva.

A conversa se prolongava. O casal dava mostras de que pretendia segurar os visitantes o mais possível, afinal, através daquele povo sofrido, o amor abriu brechas nos sentimentos endurecidos da fazendeira.

Zeferino, o velho, desceu do caminhão e representando o grupo chegou ao portão:

– Perdoa eu, genti boa, mais u pessoá qué sabê si nóis vai ficá ou andá...

Zé olhou para Iracema e ela, titubeando, disse:

– É uma pena, mais nóis tem que í imbora, genti.

Levantou-se, abraçou Cota, que se emocionou ao dizer:

– Nós logo vamos ver as crianças em Brasília. Deus acompanhe vocês.

Ao abraçar Raimundinho, começou a chorar. Com certeza o coração da mulher, milagrosamente, mudara para melhor, deixando o amor entrar como uma brisa perfumada. Cota fez questão de caminhar pelo corredor comprido que levava até o portão e daí para a rua precária do início da cidade. Levava nos braços Peixinho que, bem alimentado, dormia solto e lindo. Ia agasalhado nas roupinhas e lençóis novos. No meio do caminho, Raimundinho percebeu o clima de tristeza e começou a imitar o trinado de um pintassilgo. O pessoal começou a rir, mudando o ambiente. Zé, com a boca ampla, ria satisfeito:

– Muntu bem, passarinho cantadô. Ocê vai iscapá da gaiola i vai avuá logu, mininu

Ouviram-se adeuses, muitos acenos de mãos, beijos foram lançados de longe. O caminhão começou a andar. Zé freiou, colocou a cabeça para fora da janela e gritou:

– Mi perdoa, dona, mais aquelas galinha num era só boa botadeira não, elas tinha dentro dela us ovu di oro du amô. Pur causa delas nóis vai levanu um tisoru nu coração. Deus vai sempri abençoá oceis. Adeus.

A mulher baixou a cabeça mas abanou a mão com muito carinho. Os romeiros quase em uma única voz gritaram:

– Brigadu, genti, o poso i u café foi bão dimais.

Iracema, conforme o veículo se deslocava, virou o rosto o suficiente para ver, atrás do seu lenço de cabeça, Cota enxugando os olhos na manga do vestido. O amor penetra os corações como seta bendita, abrindo brechas para a alegria se espalhar, doando, amplificando-se, abençoando. Quantas lições de vida recebiam na viagem os caravaneiros. "Abençoadas galinhas", pensou Iracema que começou a rir sozinha. Zé Baiano e Raimundinho a olharam surpresos.

A estrada longa mostrava sua realidade diante dos olhos dos romeiros. O motor valoroso no som monótono ia rugindo paciente, puxando todo aquele peso mais os sonhos, sofrimentos e esperanças. Brasília chegará, pensavam. A jornada um dia teria fim.

As fazendas iam em desfile pelas janelas e parabrisas do veículo. Raimundinho, vestido com a linda camisa amarela nova, vibrava de contentamento. Esticava como podia o pescoço tentando ver-se no espelho retrovisor. Zé percebeu-lhe a intenção. Com a mão direita baixou-o, perguntando:

– Tá bão assim, mininu bunitu? Dá pra vê, cabrinha da muléstia?

Raimundinho sorriu ao ver sua imagem elegante no espelho. Iracema dobrou o pescoço para a esquerda como pedindo ao Zé para se ver também. O motorista logo falou:

– Podi mexê pra quarqué ladu, irmãzinha, ocê mermu regula.

Aí ela pôde ver sua face morena clara emoldurada pela gola do vestido estampado com flores de tons verdes que lhe ressaltavam o rosto feliz.

A viagem prosseguia. Paranã ficava para trás como lembrança agradável de horas poucas e inesquecíveis. O amor dilata os minutos, o tempo é relativo, sua duração depende de como ele é usado pelo ser humano. Aquelas horas mudaram o destino de muitas pessoas. Peixinho roncava com a chupeta-azul clara, ganha de presente. A touca, combinando com as rendas, emoldurava a face corada que, com o passar do tempo, graças à boa alimentação, se tornava mais e mais robusta. A cor da blusa formava conjunto harmônico com os sapatinhos feitos de crochê com muito capricho. Vendo-o de relance, podia-se pensar tratar-se de um menino muito rico.

Raimundinho ia observando tudo sempre atento. Numa subida da estrada cheia de buracos, o caminhão, obrigado a se mover com velocidade muito baixa, deu-lhe oportunidade de ver uma casa de João de barro, o pedreiro da floresta. Chamou a atenção de mainha e ela sorriu. Passaram por um local onde havia três casais de quero-queros. Era a primeira vez que reparava com atenção. A voz estridente das aves briguentas estimulou-o a imitá-los. Depois de umas vinte tentativas o passarinho do cerrado, como Zé começou a chamá-lo, principiou a imitar com perfeição também a voz do quero-quero.

– *Mais um prá coleção, menino arretadu. Ocê é da muléstia, muleque queridu.*

Mainha também sorriu. O ronco do pau-de-arara cortava o silêncio bucólico dos sertões goianos. O desfile das grandezas do país continuava.

Zé escolheu a sombra de um pequizeiro à beira de estrada para parar. O sol a pino já começava a castigar. A fome dava sinais de que exigia atenção. Parando à direita após vários buracos, Zé sorriu ao lembrar-se que a traseira da carroceria tinha muitos alimentos ganhos na fazenda Cachoeira por ordem de dona Cota. Pães caseiros, melado de cana e várias travessas de madeira cheias de pedaços de frango frito, preparados pelas empregadas madrugadoras. Algumas jarras de leite muito bem fervido junto a pedaços de pés-de-moleque feitos do amendoim, há dois meses colhido na propriedade. Aquela refeição seria verdadeira festa. Começaram a comer. Iracema, feliz, esticou o pescoço para fora do caminhão e, no silêncio que acompanha a refeição dos que estão com muita fome, gritou:

– *Pessoá, essa festa é pra festejá o amô qui nasceu no coração da muié de Paranã. Nóis ganhô uma amiga di oro.*

O pessoal sorriu, enquanto as mãos engorduradas levavam às bocas pedaços dourados de frangos. A brisa leve farfalhava as folhas das árvores do cerrado. Os corações felizes, pulsando, pareciam imitar as vozes da natureza cantando feliz.

Vendo aqueles presentes: roupas, dinheiro, alimento, uma pessoa sensível a problemas humanos concluiria que a fartura, quando a fraternidade chega, se espalha a todos ao redor.

Sempre sonhei que, um dia, o Brasil, com todos os seus tesouros, será um país de ricos, isto é, uma nação onde todos tenham o suficiente para uma vida confortável. A miséria baterá em retirada das nossas fronteiras, quando os recursos naturais, que moralmente pertencem a todos os brasileiros, forem usados igualmente por todos. A drenagem das nossas riquezas para outros países é injusta, imoral e aviltante, desde o início da nossa história. Certos países, militarmente fortes, acumularam poderio incalculável à custa da exploração de outros mais fracos. Nos países que são eternos fornecedores de matéria-prima, a justiça social se desagrega. O sério problema é que alguns brasileiros, esquecidos da gratidão que devem a esta pátria maravilhosa, servem como Judas da nação, corrompendo e vendendo o país e o suor dos seus trabalhadores às nações poderosas. Nestas os cofres estão cada vez mais abarrotados, insaciáveis, sobrando dinheiro para fazer armas devastadoras que são usadas para explorar cada vez mais os mais pobres. É um ciclo vicioso sem piedade: o excesso de uns gera a miséria dos outros.

Na pobreza germina a criminalidade que interfere no nível de vida de todos, ricos e pobres. Muitos dos injustiçados escoram-se no álcool e nas drogas, piorando o quadro da devastação social. Como hoje há grande intercâmbio entre os países, os problemas sociais das nações pobres também são levados para as nações ricas. O nível de felicidade, mesmo entre os poderosos, cai. Todos perdemos com a extrema desigualdade. A criança carente desenvolve-se revoltada, perpetuando-se o desequilíbrio.

As sociedades, dentro de um país, ou as populações dos vários países do mundo poderiam ser consideradas, em conjunto, como um organismo representado por um cão: a cabeça, os olhos, a boca e os dentes seriam os ricos, a cauda, seriam os pobres. Quando a boca morde a cauda todo o ser sofre. Quando os poderosos exploram, toda a humanidade sofre. A fraternidade, a igualdade e a justiça são, entre todos os povos, a garantia de vida com dignidade que constrói a felicidade para todos.

Os presentes recebidos pelos migrantes não empobreceram as coletividades que os ofertaram, porém auxiliaram, muito, os viajantes, fazendo-os mais felizes. Sem o auxílio seria impossível a viagem. Os benfeitores: o médico de Juazeiro do Norte, o outro de Juazeiro da Bahia, o caboclo Zeferino da casa da beira da estrada cuidando do caminhão abandonado, os habitantes da cidadezinha distribuindo alimentos e roupas, os participantes da quermesse oferecendo prendas e depois suas casas para o pouso dos peregrinos, vovó Matilda distribuindo seus dons, inexplicáveis, no alimento curativo, o casal Zequinha Carvalho, o casal de fazendeiros ricos distribuindo dinheiro para as crianças viverem melhor, todos contribuíram, diretamente, para o progresso e a grandeza do país. O potencial humano de todas as crianças da caravana, a capacidade intelectual de Raimundinho que se ampliava, a força do trabalho dos adultos que poderiam participar das obras de Brasília mostram que o bem se multiplica em favor de todos, beneficiando, principalmente, os que o proporcionam. Conforme trabalhassem nas obras, nas estradas, os romeiros auxiliariam Carlos e Cota, nas suas fazendas, pois, com o progresso, as terras, o país, se valorizam.

O caminhão era um laboratório de problemas sociais, uma amostra da gravidade da seca no Nordeste do Brasil. A justiça moral, baseada no amor, nos mostra que as doações de bens materiais e de gentilezas não empobrecem os doadores, mas sempre enriquecem a vida. É o mecanismo da multiplicação dos pães, que alimenta, sem jamais se acabar. O equilíbrio social faz a riqueza do país perpetuar-se.

Dentro do 'Fenemê' via-se que, sem auxílio, potencialidades humanas seriam desperdiçadas. Habilidades perdidas empobrecem a nação. Quantos destinos brilhantes são desperdiçados por uma sociedade injusta? Na história dos povos, há relatos de homens que vieram das camadas mais pobres e traçaram, para si e para os semelhantes, futuros magníficos. O próprio Alexander Fleming, estudante pobre, mais tarde o descobridor da penicilina, estudou medicina porque foi auxiliado economicamente pela riqueza do pai do primeiro-ministro inglês sir Winston Churchil. Algumas libras esterlinas, aplicadas numa vida, multiplicaram-se em milhões de vidas na última guerra mundial. As mortes por infecção, que a penicilina depois combateu, superavam o número de soldados perdidos nas batalhas. O pequeno investimento, em uma vida, deu a vida a milhões de pessoas através da história da antibioticoterapia. Quantos prováveis cientistas, filósofos, pintores, poetas, escritores e políticos que poderiam mudar a vida dos povos são desperdiçados nas sarjetas da sociedade brasileira?

Os nordestinos iam felizes, a viagem prosseguia nas estradas de Goiás. Eram caminhos rudes traçados, entre as árvores dos cerrados, pelos cascos dos animais, muares e bovinos, ligando as cidades. Eles abriam as rotas, mais tarde ampliadas pelos machados, enxadas e enxadões dos trabalhadores queimados de sol.

As distâncias enormes entre as vilas faziam a conservação quase impossível. Goiás seria um grande país se comparado com muitas nações do planeta.

A caravana ia vencendo os obstáculos. Em cada curva, em cada declive, em cada subida, em cada rio a atravessar, a coragem desses brasileiros notáveis ia na frente. Muitas vezes o veículo era obrigado a parar, os passageiros derrubavam uma árvore ou cortavam tronco caído para poder passar. Era viagem de aventura e de fibra, de fé e de esperança. O roteiro obedecia ao caminho dos boiadeiros, a diferença era que o boi, o cavalo e o burro passam em qualquer lugar, o caminhão velho, porém, necessitava de melhores condições para se deslocar.

Como eu admirava os pioneiros, eram verdadeiros bandeirantes! Estes, na época, saíam pelos sertões na ânsia do descobrir. A grandeza da missão de ampliar as fronteiras limitadas pelo tratado de Tordesilhas era camuflada pela vontade de achar ouro e pedras preciosas, pois muitos bandeirantes paulistas, mesmo após achar riquezas fabulosas, continuaram a marcha.

Dom Bosco, na Itália, séculos antes, pregava que, nas colinas e montanhas cobertas pela selva do Brasil, jaziam tesouros incalculáveis. Goiás, com seus diamantes, esmeraldas e ouro, é a confirmação dos sonhos proféticos do grande educador.

Havia algo de diferente na vida dos bandeirantes. Descobriram riquezas, minas de ouro, prata e pedras preciosas que poderiam fixá-los, a vida inteira, no local, mas continuavam a marcha procurando algo que não estava na terra, nas rochas ou no leito dos rios. O que eles procuravam era a grandeza da pátria que jaz na intimidade do coração de cada brasileiro! O amor que ama a pátria é a sua maior riqueza, é mais valioso que o ouro, que o diamante, que todas as pedras preciosas. O amor que ama a pátria é mais valioso que o petróleo ou urânio, é mais caro que a prata ou alumínio, é mais valioso que o ferro das nossas jazidas porque, o amor que ama a Pátria, determinará o destino das nossas potencialidades.

Os caminhos do Brasil serão determinados pela retidão do desenvolvimento social justo. Eles poderão ser desviados por brasileiros que, ingratos, se esquecem que somos cidadãos privilegiados por nascer no país mais pacífico do planeta, mais rico e habitado pelo povo mais amoroso da Terra. Os que corrompem e vendem a dignidade da sociedade brasileira se esqueceram também que não lutamos em guerras sangrentas para ter este Brasil grandioso, riquíssimo, que temos obrigação de honrar. Tudo o que temos, ao contrário de outras nações, nos veio como presente da história da civilização ocidental. As curvas dos caminhos, traçados pela corrupção dos mais variados matizes, poderão nos levar aos despenhadeiros dos sofrimentos coletivos se os privilegiados, em posição de comando, se desviarem da retidão para se unir às forças que exploram o país de variadas maneiras. O nosso futuro depende do amor à nossa terra.

Goiás, a terra adotiva do paulista Anhanguera, mostrava o pioneirismo da estirpe nobre dos bandeirantes que se fixou no estado. A viagem seguia, atingiriam Brasília? Os obstáculos eram as trilhas que eles chamavam de estrada, onde andar dez quilômetros, em um dia, às vezes, era uma glória. Parecia, porém, que algo os empurrava para diante, na frente ia a ânsia de chegar. A capital em construção esperava aqueles corações cheios de fé.

57. Inspiração de progresso

O país do Anhanguera, hospitaleiro e bom, acolhe a todos. O viajante que atravessa suas fronteiras é tratado como filho ali nascido. É a terra da gente bondosa, dos corações amigos, do povo valoroso que a ama e trabalha para que o progresso lhe aponte a direção do futuro. Porém, o desenvolvimento em Goiás não tem o sabor amargo da industrialização que destrói. Talvez intuitivamente influenciado pelas tradições, o goiano, do fazendeiro ao industrial, carrega a noção do equilíbrio entre a natureza e a influência da civilização. Convivendo com os goianos nas fazendas ou nas obras de Brasília, notei a mistura da ânsia de progresso e a preocupação por manter as tradições que preservam a história. Isso auxilia a proteger a natureza da influência desequilibradora do chamado progresso. São tradicionalistas e progressistas ao mesmo tempo. Conservam nos sentimentos o que há de melhor nos mineiros e nos paulistas. Isso é uma das causas da minha simpatia pelo grande estado. Por isso determinei que os limites do Distrito Federal atingissem Minas. Eu governaria dentro de Goiás e junto a Minas Gerais ao mesmo tempo.

Durante os duros trabalhos para o início de Brasília, o governador Pedro Ludovico Teixeira foi um baluarte. Inspirei-me muito nas suas ideias para o início dos meus planos. Valoroso também foi Bernardo Sayão, vice-governador de Goiás que, como já lhes contei, adentrou as matas com idealismo notável; mais tarde mudou-se para a capital em construção e dali coordenou a abertura dos portões monumentais do planalto Central para todo o Brasil.

Goiânia foi a musa inspiradora de Brasília. O governador, ao transferir a capital de Vila Boa de Goiás, também enfrentou muitos obstáculos. A cidade tradicional, fundada pelo bandeirante paulista Bartolomeu Bueno da Silva, o Anhanguera, às margens do rio Vermelho, acelerou a construção de Goiânia. Assim a bela Goiânia, algumas décadas antes de Brasília, já estava plantada no planalto em área de clima agradável com cheiro de progresso. Goiânia foi um ponto de apoio político, geográfico e técnico para a construção da capital da esperança. Ciente de tudo isso, meu coração mineiro sentiu que o amor, quanto mais se divide, mais se multiplica e, quanto mais se fragmenta, mais cresce. Comecei a amar também, como minha terra, o estado de Goiás.

Os retirantes seguiam as estradas goianas, alegres e cheios de esperança. Parecia que o ar e os perfumes agrestes dos campos infundiam-lhes muito ânimo. Até Raimundinho percebeu:

– *Pia só, mainha, nessas istrada dá uma alegria, no coração, qui é coisa séria. Num sei si é pruquê Brasília vai chegá u é pruque u ventu daqui anima a genti.*

Zé Baiano confirmou:

– *Achu qui é u ar, amiguinho. Toda viagi qui façu pra Brasília, quandu entru im Goiás, parece qui tudu fica mais levi... Essa, eu acho, é a terra du amô...*

Do lado esquerdo da carroceria ia o couro da sucuri morta no riacho. Os curtidores de couro, com a prática na conservação da pele dos animais mortos na seca, fizeram um ótimo trabalho, pois, conforme passavam os dias, a peça ficava mais brilhante e macia. Era então uma promessa de cintos e bolsas elegantes para se usar em Brasília. Disseram-me uns operários que, durante a seca no Nordeste, os urubus chegavam aos pastos de manhã e nem precisavam mais voar durante todo o dia, era só caminhar do corpo de um bode, cavalo, boi ou jumento para outro, caído a poucos metros. Havia, assim, muito couro que os curtidores procuravam não perder. Desenvolveram técnicas para prepará-los, usando chás de plantas da caatinga, e faziam peles macias e duráveis.

A caravana seguia.

Em Brasília, vendo os caminhões, os paus-de-arara, chegando lotados eu admirava a fortaleza daquele povo. Passavam, às vezes, sessenta dias vagando pelas florestas, pelos campos, pelas caatingas, pelos cerrados procurando o caminho certo. Isso era algo para personalidades fortes, com muita determinação. Um país que possui filhos tão corajosos quanto os nordestinos, que enfrentam problemas até vencer, jamais será derrotado. País como este, quando unido, é invencível, sejam quais forem os obstáculos que o desafiem.

Os viajantes notavam o entardecer. Estavam agora em área pouco povoada, com algumas fazendas dispersas nos ermos do planalto. Resolveram parar próximo a um regato que atravessava a estrada, correndo sobre um leito de pedras brancas. O sol ainda clareava o suficiente para se ver bem, então saíram à procura de um poço onde pudessem se banhar. As mulheres foram para a esquerda da ponte, subindo a corrente, enquanto os homens foram para a direita, mais abaixo. Raimundinho ficou na margem observando as águas, quais cristais líquidos, rolando apressados. O primeiro a entrar no poço foi Saturnino, um moço de vinte anos, pernambucano de Petrolina. Ele decidiu mudar do seu estado estimulado pela namorada que, com a família, se deslocara para o estado paraibano. Depois de ser rejeitado pela moça, agora interessada no fazendeiro vizinho, Saturnino, desiludido, deixou tudo para tentar a sorte em Brasília. Da decisão até encontrar o caminhão de Zé Baiano, foi um passo. Incorporou-se à caravana na cidade de Patos, logo após a família de Severino. Em Goiás estava muito feliz, pois, vendo tantas morenas bonitas durante a viagem, sentia que logo arrumaria uma boa companheira, pensando nisso entrou no riozinho.

– *Genti du céu, a água é quente arretada, deliciosa, qui coisa boa. No riozinho da sucuri a água era fria da peste, aqui é quente, que terra boa, sô.*

Mergulhou no poço cuja profundidade chegava-lhe até o pescoço. Abriu os olhos, à luz do entardecer ainda conseguiu ver milhares de peixes minúsculos de variadas formas. Parecia-lhe um jardim dinâmico, com milhares de animaizinhos multicoloridos nadando felizes. Ergueu a cabeça acima da superfície:

– *Pessoá, vem logu, num perdi tempu, a água é gostosa i limpa tem um mundu di peixinho infeitanu tudu, vem logo*.

Um grupo saltou, fazendo barulho na água, era uma festa. Zé estacionou o caminhão sob um pequizeiro para ali passar a noite. Escolheram as melhores árvores ao redor, onde amarraram uma ponta das redes e a outra nos ganchos de ferro da carroceria. A viagem se transformava em jornada de alegria, o local era lindo. A noite era de lua crescente, feito foice estreita, encaixada no céu. As estrelas, joias de Deus espalhadas na amplidão, pareciam poeira iluminada no veludo negro das noites lindas de Goiás.

A voz suave de Raimundinho penetra o silêncio da noite calma:

– *"Não há, oh genti, oh não, luar comu essi du sertão, a genti pega na viola qui ponteia a canção pra lua cheia se espalhando pelo chão"*...

O menino continuou cantando; terminava uma modinha, começava outra. A voz, bem afinada, tinha seu palco na amplidão, a plateia eram os companheiros da viagem, a iluminação vinha da lua crescente, que escreveu, na noite linda, a letra C, lá nas alturas, o acompanhamento eram as vozes da natureza, sussurrando suave. O vento beijava as folhas do cerrado, enquanto as palavras, levadas por ele, ecoavam nos galhos. Os pálidos reflexos da lua, nas folhas, faziam tons prateados que devem existir, também, nos céus, onde as almas dos grandes artistas, músicos, pintores e poetas vão buscar inspiração. Ficaram em silencio, sem interromper aquela voz e as emoções sutis que ela transmitia. Eles ouviram A volta da asa branca, Assum preto, Lá no meu pé de serra e muitas outras. A memória do mocinho era prodigiosa. Enquanto estava gessado na cama do hospital de Juazeiro do Norte, seu ouvido atento ia gravando as letras das canções que ouvia no pequeno rádio da sala-de-espera. Ao colocar todo seu sentimento na interpretação, emocionava os companheiros, saudosos da terra natal. Após uma pausa ouvia-se, na natureza, o prolongar das notas no ar.

Quando o vento começou a soprar, ouviu-se o som das águas arrebentando-se nas pedras. O som que o vento carregava em suas asas enchia-lhes a alma. A natureza parecia buscar nos mundos de sonhos suas orquestrações sublimes. Ninguém falava.

Lentamente se misturaram aos reflexos verde-prateados da luz da lua, incidindo nas folhas, as luzinhas verdes de centenas de vagalumes. O teatro para a apresentação da dança dos minúsculos bailarinos do cerrado goiano se ampliava. Enquanto Raimundinho cantou, não se viu um só desses insetos. Logo a voz silenciou, eles invadiram o bosque, bailando. Era como se acabasse uma apresentação para se abrir a cortina de outro palco na natureza. A cachoeira continuava a cantar, nas suas águas a correr. Os paraibanos, desacostumados ao barulho do líquido, continuavam procurando, no ar, aqueles sons agradáveis. Era orquestra, onde milhões de gotas, quais músicos inspirados, extraíam melodias das flautas incrustadas nas pedras, dos violinos vibrando nas raízes das árvores ribeirinhas; dos oboés dos galhos que mergulhavam na corrente apressada; dos tambores, no fundo do rio, ressoando no jorro d'água volumoso que lhe batia com força; das cordas das harpas das folhas tocando ao beijar a superfície do regato... E a orquestra da cachoeira continuava a cantar.

A noite calma acalmou os nordestinos. Ouvia-se, aqui e ali, dentro da noite, os roncos de uns, outros, mais outros, até que todos dormiram.

Raimundinho, concentrado nos sons da natureza para mais tarde reproduzi-los com a própria voz, estava acordado. Dizia sempre que sua garganta era uma flauta que Deus lhe dera para compensar a perda dos movimentos. Queria escutar as vozes da floresta para imitá-las. Ficou na rede, ao lado de mainha, captando sons, alimentando sua inspiração com as belezas de Goiás cujas viagens relataria nos livrinhos de cordel que sonhava escrever.

Talvez muitos poetas e músicos brasileiros tenham feito o mesmo para gravar as cenas da natureza do Brasil. Onde Ary Barroso foi buscar os sons e ideias das palavras de amor da *Aquarela do Brasil*? Onde David Nasser achou as cenas... "e agora o teu cantar, meu Brasil, quero escutar na prece da sertaneja, nas ondas do rio-mar", no seu Canta Brasil? Onde Olavo Bilac ouviu a musa inspiradora a lhe ditar: "Ama com fé e orgulho a terra onde nasceste. Criança, não verás país nenhum como este... olha que céus, que rios, que mar, que florestas, a natureza aqui perpetuamente em festa... vê que luz que calor... vê que multidão de insetos que se balançam no ar entre os ramos inquietos"... O poeta teria visto os milhares de vagalumes nos cerrados de Goiás ou em outro lugar do país? Onde Castro Alves captou a inspiração para escrever "Espumas Flutuantes"? Foi nas ondas do mar brasileiro, beijando as areias, enquanto as rendas de espumas se despedaçavam no contato dos pés das crianças que, no entardecer, correm pelas praias de oito mil quilômetros no meu país? Onde

Catulo da Paixão Cearense foi buscar as cenas: "se a lua nasce por detrás da verde mata mais parece um sol de prata prateando a solidão"?... Na pintura cantada que se chama Luar do sertão? Todos, de Castro Alves a Drumond de Andrade, de Ary Barroso a Catulo, beberam na fonte da inspiração, nas belezas do Brasil. "A Natureza aqui, perpetuamente em festa, é um seio de Mãe a desdobrar carinho..."

A cachoeira continuava a cantar, a noite se escoava lenta na ampulheta da escuridão. A lua se afastou do firmamento ao ser retirada do palco da natureza. As tintas da madrugada invadiam as nuvens de fundo azul, no nascente.

O dia chegava caminhando lento, como criança, nos primeiros passos, mostrando esperança. O amanhecer pintando os céus é promessa de jornada proveitosa. A luz, abundante, prometia um dia feliz. Eles se apressavam, percebiam que o minuto que se esvai é tesouro que não volta. Assim, Zé Baiano iniciava a marcha quase na madrugada para aproveitar a brisa da manhã, que abençoa, beijando, com carinho, todos os seres sem distinção: dos pássaros às flores; da abelha aos colibris; dos campos às montanhas, dos rios às areias; das serras às fontes; dos riachos cantantes às campinas onduladas; dos bosques verdes aos jardins multicoloridos; das borboletas, flores voadoras, às pétalas nos jardins; dos diamantes no solo à gota de água transparente; da pepita de ouro, na correnteza dos riachos, à nesga de sol, ouro feito de luz; do carvão, ofertando energia, ao minério de ferro das montanhas; das fibras do algodão, no campo, às águas da cachoeira se derramando; das ondas do mar, escrevendo poesias na areia, às correntes dos rios; das árvores da floresta aos lagos, espelhos que refletem os céus; das folhas, brilhando na luz, ao uirapuru cantador; do capim verde inclinando-se gentil aos olhos amorosos das crianças; dos homens suplicantes até Deus, oceano de amor. O dia nascia lindo, lentamente o sol acendia as claridades da manhã.

No país da luz, o Brasil, a claridade e o calor tropical transformam energia em flores e frutos. Aqui encontramos a abundância da clorofila pintando os campos, as florestas, os cerrados, com tons de verde que não tem comparação. A natureza derrama-se em proteção e conforto ao homem, pássaros e animais.

A luz solar, energia pura, que nos chega em quantidades imensas, um dia será totalmente aproveitada pela nossa tecnologia e movimentará máquinas, produzindo eletricidade, ofertando-nos um oceano de conquistas. O dia nascia lindo nas praias, ao leste do roteiro da caravana. Do Rio Grande do Sul ao Pará, crianças já corriam nas nossas praias brancas. As ondas chegavam, trazidas nos braços do vento, para desenhar, na areia, imagens suaves que nunca se repetem. Quando elas, as ondas, recuam, vê-se o solo úmido, liso qual espelho, a refletir o céu. Tudo isso se repete através do país em todos os dias do ano. Somos privilegiados por nascer no Brasil.

No interior, na selva amazônica, a natureza despertou sorrindo no canto dos pássaros, nos vôos graciosos de bandos de papagaios, araras, periquitos, canários belos feito flores, que enfeitavam o dia. Na intimidade da floresta, cascatas mergulham nos abismos que cavam com a força paciente das águas. Lá embaixo o líquido se acalma, respira cansado do salto imenso e se espraia, preguiçoso, nos lagos límpidos cheios de encanto. O índio lança a piroga na correnteza. Na abundância de vida, peixes são flechados pela pontaria certeira dos nativos. As refeições do dia estavam garantidas.

No quintal das aldeias, o milho, de folhas ainda orvalhadas pelo sereno da noite, abre-se ao sol. Os pingos de orvalho ainda dormem nas folhas para repousar da viagem, vindos das alturas. Agradecidos à natureza, eles se transformam em gotas de luz, belas como o diamante liquefeito. Românticos, eles beijam as folhas com carinho e, aos beijos, cheios de amor, lhes acenam adeuses e se evaporam para voar de volta ao céu; na manhã seguinte retornam, sob o sol que mantém a vida. A mata inteira fica muda: o uirapuru começa o cantar com sua voz sublime.

Nas fazendas de gado, o peão, ainda sonolento, toca o rebanho para o curral da ordenha. No laboratório das tetas das vacas mansas, as gramíneas verdes se transformam no leite branco, milagre da vida. É o alimento, indiretamente, vindo do sol tropical.

Terra abençoada, aqui, no Brasil, não é preciso aquecer os currais para protegê-los do clima agressivo, dos invernos longos. A nossa casa, de mais de oito milhões de quilômetros quadrados, abriga todos os seres: pássaros, insetos, animais ou homens, com muito carinho. Nos campos, o boiadeiro feliz, sem saber porquê, lança, cantando, sua voz ao vento. Ele arrebanha o gado, mal o sol desponta no horizonte.

No sul, o gaúcho de chapéu de abas largas tange o gado de corte. Na ilha do Marajó, o vaqueiro nortista orienta a manada de búfalos nos rios e lagos das fazendas, onde se fartam, em festa, a saudar a natureza. No Pará, o boiadeiro não cavalga o 'pingo' ligeiro como no sul, monta bois amestrados. No norte, ao invés da bombacha, da bota de cano longo, o vaqueiro usa roupas de algodão, chapéu de palha e botinas que vão pouco acima do calcanhar.

Nas lavouras de soja do centro-oeste, operários agrícolas começam a limpar o solo entre as as alas das plantas verdes. Em São Paulo, os caipiras trabalhadores, entre ruas de café que auxiliaram a construção de Brasília, começam a manejar as enxadas que entoam canções de amor, beijando o solo, com toda ternura. Transformam as cantigas em mantos de flor, cobrindo as fazendas de esperança e fartura. Na capital, a população acorda sob a garoa romântica e se dirige às fábricas para ativar o maior parque industrial da América Latina. O trabalho de milhões de paulistas, nortistas e nordestinos, unidos aos estrangeiros imigrantes, fizeram das casas de taipa ao redor do Colégio de Piratininga uma das mais ricas cidades do mundo.

Em Minas Gerais, nas das áreas do minério de ferro, técnicos e operários começam o trabalho de produzir matéria-prima para máquinas e pontes, navios e guindastes, automóveis e edifícios, comportas e turbinas.

No Rio de Janeiro, no segundo parque industrial do país, operários se dirigem às refinarias de petróleo, trocando de turno com os que vararam a noite trabalhando. Enquanto isso as praias e montanhas cariocas espalham beleza sob o sol tropical.

Ao mesmo tempo, nas usinas hidrelétricas, jóias encaixadas no leito dos rios, operários e engenheiros iniciam outra jornada, entre mostradores, registros e medidores de corrente elétrica, trabalhando pelo bem do Brasil.

Nos aeroportos, aviões brasileiros lançam-se no ar para interligar, corações e cérebros, no amor e no trabalho.

Nas estradas, o motorista, comandando no volante o itinerário do próprio destino, escreve epopeias de coragem através dos Caminhos do Brasil. Ele une as gentes na missão de transportar, alimentar, instruir, auxiliar, carregando o país na direção do seu grande destino.

Nas margens do rio Iguaçu, paranaenses despertam, ouvindo o ribombo da queda das águas, em milhões de toneladas, caindo das alturas.

Nas praias do Nordeste, jangadeiros, poetas do mar, escrevem o livro da vida, viajando corajosamente. Abrem-se as velas e eles singram os mares em busca do sustento; elas, enfunadas, empurram o barco tosco na direção do futuro. São os românticos que pintam, no verde das ondas, cenas de amor à pátria. Os jangadeiros vão ao romper da aurora, os jangadeiros voltam ao nascer do sol. Na manhã morna, estendem, na areia, as redes cheias de peixes.

Nos hospitais, os funcionários trocam plantões, divulgam notícias dos pacientes, discutem as orientações dos tratamentos. As portas dos centros cirúrgicos se abrem, acolhendo necessitados dos bisturis.

Em Brasília, uma colmeia de operários, de todas as latitudes, começa a trocar os turnos com os que vararam a noite construindo a capital da esperança.

Zé Baiano, Raimudinho, Peixinho e Iracema, na cabine, nem sonhavam que milhares de brasileiros trabalhavam para lhes dar oportunidade de viver em Brasília. Caminhavam, na manhã suave, na direção do ideal.

58. O PAÍS DAS ÁGUAS

O país do Anhanguera recebia com carinho mais aquela caravana de visitantes; é tradição em Goiás ser hospitaleiro! A natureza do estado acolhe os visitantes: é pródiga, o clima é suave, a vegetação viçosa, a temperatura amena, o jeito do povo conquista logo os corações. Os emigrantes sentiam-se em casa, enquanto a jornada prosseguia, como o filme da realidade que se projetava nas telas das paisagens.

Todos, principalmente Raimundinho e as crianças, aprendiam muito sobre o país. Era um curso de brasilidade. O conhecimento da terra natal lhes seria de valor para o futuro. Vendo tanta riqueza, os viajantes se sentiam seguros quanto ao futuro, o que jamais haviam sentido no Nordeste, apesar de amar a terra natal com todas as forças do coração. Sentiam que todas aqueles tesouros: árvores, pássaros, borboletas, peixes, campos, florestas, rios, lagos, minas de pedras preciosas, madeiras, caatingas, cachoeiras, céus lindos, o amanhecer, os poentes deslumbrantes, o anoitecer, a madrugada fosca na aragem que passa breve, o sol sempre brilhante, a chuva abundante, o orvalho de gotas lindas, o gorjeio dos pássaros, o uirapuru cantor, a onça pintada elegante, as araras, o mutum, os periquitos graciosos, os macacos peraltas, os riachos, as pontes rústicas, o sorriso do povo bom, as águas das lagoas, os bandos de capivaras, a sucuri musculosa, o tamanduá-bandeira, a castanheira-do-pará, o ipê florido nas selvas e nos campos... Era deles, também deles, o país, era dos brasileiros.

Poderiam parar em qualquer local da selva amazônica, ou nos campos de Goiás, e ali começar, com o trabalho dos braços, uma comunidade, que, em alguns anos, se transformaria em uma cidade promissora, como aconteceu a centenas de vilas e povoados espalhados nos confins do país. Era só parar e tomar posse do território que pudessem usar e administrar. Teriam, gratuitamente, o clima maravilhoso, sem neves ou tempestades, sem terremotos ou tufões, com chuvas e sol morno, doador de energia, que presenteia a terra que recebe seus raios com o carinho tropical. Teriam a fertilidade do solo que produz, por dezenas de anos, e dá ao agricultor as colheitas fartas. Teriam a chuva caindo a intervalos regulares, os raios fazendo a absorção do nitrogênio do ar, ajudando a planta crescer, ofertando flores perfumadas e frutos saborosos.

À beira do mar, o caboclo brasileiro, se quiser se fixar à terra vasta, poderá fazê-lo, recebendo de graça: o clima, as águas mornas do mar, o calor do sol, sem necessitar de casa aquecida, graças à dádiva do nosso país. Teriam a areia branca, morna e macia, os coqueiros, buquês elegantes de folhas verdes com o coco, a água no seu interior, a folhagem, o tronco para fazer construções. Teriam a canção do "vento, que assobia no telhado, cantando para a lua escutar", "o vento, que na beira lá da praia, escutava o amor a cantar". Teriam, enfim, o país, com sua história, sua tradição, sua cultura de paz, através dos séculos. Os nordestinos sentiam que tudo aquilo lhes pertencia. A riqueza bem distribuída poderia fazer uma nação de povo abastado. A distribuição dos bens, se feita com justiça, poderia criar uma nação sólida, por isso seguiam agora felizes, tendo tantas oportunidades de viver bem.

E a jornada prosseguia no ronco esfumaçado do veículo. Nas proximidades de Arraias, já cansados pela distância e pelo pó da estrada, resolveram parar junto às águas de um rio de uns dez metros de largura. Zé Baiano parou sob os galhos de uma árvore de angico de galhos frondosos:

– *Pessoá, vamu pará pur aqui prá discansá um pouco, armoçá e dipois nóis segui até escurecê.*

Os mais moços saltaram da carroceria e foram procurar aventura. Num remanso, as águas se espalhavam invadindo o campo, num poço largo, rodeado de palmeiras buriti entre os arbustos. O rio, de águas claras, deixava ver o fundo e milhares de peixes, em cardumes, nadando tranquilos nas águas mansas, procurando frutos que caíam das árvores à margem. Via-se dezenas de amoreiras e ingás, com suas vagens amarelas, e as figueiras, lançando às águas pequenos figos, extremamente doces, feito gotas de mel. Os peixes se fartavam, nos banquetes da natureza que os faziam crescer e reproduzir-se de maneira acelerada, daí a multidão que povoava as águas. Os peixes, na água, eram fruto do mesmo fenômeno – a abundância de alimento – que já relatamos quando, na terra e no ar, centenas de macacos, periquitos, araras, maritacas e roedores se juntavam, nos bosques de ipês e castanheiras. Fartura de comida atrai as bocas famintas de espécies diferentes que vivem e se multiplicam no conforto de um clima acolhedor.

O moço gritou:

– *Genti du céu corri aqui prá vê. Tem muitu pexe diferente e grande. Vem vê!*

Ao chegar à beira do lago, os viajantes viram dezenas de curimbatás nadando graciosos, com suas bocas arredondadas de lábios grossos, ao lado de pintados de couro escuro, com manchas negras para camuflagem. Os dourados, verdadeiras pinturas de um artista que, além de enfeitá-los com a cor do ouro, os fez elegantes, eram joias que nadavam. Os pacus, feito travessas de prata, quase redondas, moviam-se despreocupados. A alimentação farta, em lugares próprios, fixa ali multidões de seres vivos, sejam eles homens ou peixes, pássaros ou répteis, insetos ou mamíferos.

O alargamento do rio, naquele local, era causado por interessante fenômeno geológico: toda a água da lagoa desaparecia, como por encanto, nas profundezas do solo, fazendo um ruído feito uma cachoeira, quando ela entrava na boca estreita de uma caverna. A garganta sedenta engolia todo o líquido, fazendo-o desaparecer nas suas entranhas. Depois de algumas centenas de metros, no meio do cerrado, as águas que atravessavam, apressadas, a intimidade da terra, saltavam de mais de quinze metros de altura, talvez festejando a liberdade e a luz, depois de passar, apertadas e feridas pelas pedras, durante a travessia do túnel subterrâneo feito pela natureza. Era Goiás mostrando outra das suas belezas para dar boas-vindas aos visitantes.

Comeram o almoço à beira do remanso das águas povoadas de peixes. No silêncio podiam ouvir, uns duzentos metros abaixo, no meio do cerrado, a orquestra da cachoeira murmurando contínua, nas águas que se derramavam na pedreira. Os peixes, talvez, pressentindo o obstáculo que os poderia ferir nas pedras do túnel longo, ficavam agrupados à entrada, sem se atrever a atravessá-lo. Acrescente-se a isso, também, a beleza das árvores frutíferas fartas de frutos ao redor, daí a multidão de peixes.

O túnel formava o que se chama, em Goiás, de 'ponte de pedra', fenômeno geológico não muito raro. São usados como pontes, forçando-se sobre eles o trajeto das rodovias. Assim economiza-se trabalho e material para construir pontes, com todo o cortejo de problemas que tal edificação exige.

Goiás é o país das águas: rios imensos, o Araguaia, o Tocantins, a ilha do Bananal, além disso, em dezenas de locais do estado, de sul ao norte, mananciais de águas quentes e puras presenteiam o povo goiano: são as águas da Lagoa Santa, de Caldas Novas, da Pousada do Rio Quente e em muitas outras áreas do estado. Os vulcões extintos, com o calor nas profundezas do solo, têm energia suficiente para aquecer o líquido e jogá-lo até a superfície, num fluxo constante pelos leitos de pedras negras, frutos da solidificação, há milhões de anos, da lava que brotava das crateras da região. São presentes de Deus para todos nós.

O grupo de paraibanos seguiu avante, atravessando estradas, descendo ladeiras, saltando buracos, derrapando nos areões, deslizando no barro, quebrando gravetos lançados pelo vento para dentro da estrada. Apesar da precariedade das trilhas, a persistência somava uns quilômetros hoje, outros amanhã, um pouco mais no dia seguinte, até que, no fim de uma semana, haviam andado quase duzentos quilômetros. Observadores curiosos, sabiam avaliar a grandeza deste país-continente que deslumbra pela sua beleza e pelo carinho da mãe-natureza.

O estado de Goiás estava, lentamente, sendo cortado no sentido norte-sul em esboços de estradas que apontavam o sul, sempre o sul, mas, às vezes, era necessário mudar de rumo, obrigando os viajantes a desviar para leste ou oeste ou, muitas vezes, acreditem, para o norte, pois trafegavam – como era possível – para atingir o sonhado destino: Brasília!

Próximo a Cavalcante, ao escurecer, uma ventania muito forte começou a levantar poeira densa, desconfortável, que impedia a visão além de dez metros da cabine.

Raimundinho alertou:

– Acendi a luiz logu, amigu Zé. A istrada da bixiga sumiu dus nossus oios. É perigosu viajá assim.

Andaram mais uns quinze minutos e eis que, num declive longo, o pó cobrindo quase tudo, o menino alertou novamente o motorista. Zé, porém, queria chegar a Cavalcante para dormir; foi a decisão errada!

Às vezes, na vida, um minuto de pressa tem consequências graves. Na descida, Zé descuidou-se, o veículo tomou impulso. No meio do pó, ele percebeu o reflexo de dois pontos brilhantes, a menos de cinco metros do motor. O motorista freou, mas os pneus, quase lisos, escorregaram nos pedregulhos redondos – o choque foi inevitável! Um boi de carro enorme e velho, talvez assustado com a ventania, após romper a cerca, caminhava desorientado na estrada poeirenta. Era preto, difícil de ser visto na quase escuridão. A cabeça bateu contra o parabrisa, estilhaçando-o e entrou na cabine, quase atingindo Raimundinho e Iracema, enquanto o cofre do motor batia na parte inferior das coxas do animal, derrubando-o. Iracema gritou desesperada, abraçando Raimundinho:

– Padim Ciçu, por Nossa Sinhora, sarva nóis.

Os varões longos dos freios, distribuídos para as quatro rodas, cantaram violentamente, assobiando no som metálico desagradável. As rodas, mesmo travadas, se deslocaram na superfície da estrada. Zé puxou o veículo para a esquerda, num golpe do volante, jogando o corpo do animal violentamente para a direita, caindo, como um saco de pano, nos buracos da beirada do caminho, cavados pelas enxurradas. Na batida, ouviu-se um forte urro de dor do pobre animal, com ambas as patas direitas fraturadas pelo baque do parachoques. A cabeça, sangrando muito, conforme o corpo era jogado, foi puxada violentamente, quebrando-lhe o pescoço sobre a tampa do motor. O sangue abundante pintava de vermelho vivo o verde enferrujado, enquanto escorria respingando na lataria.

O parabrisa em pedaço formou pequenas facas de pontas aguçadas que se espalharam pela cabine. Deus meu, por milagre, ninguém se feriu, apesar do colo dos três ter ficado cheio dos cacos de vidro. Felizmente Peixinho estava com a toquinha grossa de algodão protegendo-lhe a cabeça, apoiada contra os seios e a face de Iracema! Raimundinho, instintivamente, tentou dobrar o pescoço para baixo e apenas seu couro cabeludo foi levemente ferido. Zé Baiano teve alguns cortes na face que, apesar de pequenos, sangravam muito.

O boi estrebuchava lá fora. O pessoal da carroceria, sem ser atingido, gritava não sabendo o que acontecia. O escuro da noite que chegava e o pó denso que dominava a atmosfera aumentavam o medo. Zé parou à direita para avaliar a situação. Assustado, pediu à Iracema lhe desse um lenço para enxugar o sangue que teimava esparramar-lhe na face, caindo pelo colarinho aberto até o ombro. O pessoal, assustado, lá atrás, pediu-lhe orientação se descia ou não. Zé, dominando-se, gritou:

– *Genti du céu, arguém si machucô?*

Uma voz lá atrás gritou:

– *Pareci qui não, Zé. Nóis tá muito assustado, mais tá bão. I ocêis aí?*

A ventania se abrandou. Os gigantes das nuvens, que causam as tempestades assoprando violentos, se cansaram e, aos poucos, fechando as bocarras imensas, se aquietaram.

Zé, com a face toda ensanguentada, desceu apertando o pano de algodão contra o rosto ferido, tentando estancar a hemorragia. Desceram outros para ver como estavam os meninos e a mainha lá na frente. Abrindo, com dificuldade, a porta da direita, subiram no estribo que quase se encostava no barranco. Consolando Iracema e Raimundinho, tomaram-lhe dos braços o bebê Peixinho, que foi transferido para os braços acolhedores da velha rezadeira Dionísia, que, num sorriso largo, quase se derreteu de satisfação! Acariciou-o e beijou-o com muita ternura, aconchegando-o ao peito macio. O bebê, assustado pelo barulho, se acalmou, confortado pela maciez de um colo paraibano cheio de carinho.

Raimundinho foi retirado com Iracema e a cabine ficou vazia. A noite tomava conta dos céus, cobrindo a terra. A escuridão dominou a cena, o que amedrontou mais ainda os viajantes.

Quase todos desceram para ver o boi que ainda se mexia, nos últimos estertores, desarticulado no chão. Aí puderam entender o que aconteceu.

A cabine e o banco foram limpos, assim como o chão, o velho tapete de borracha que foi levado, cheio de cacos de vidros, e jogado na vala ao lado. Zé, mais calmo, pôde avaliar a situação, trocando ideia com os mais experientes do grupo. Zeferino sugeriu que fossem à cidadezinha, cujas lâmpadas balançavam ao longe, no fim do declive, a mais ou menos oito quilômetros dali. Era um sábado muito quente. Conversas para lá e para cá, decidiram que uns iriam à cidade pedir socorro, enquanto os outros ficariam aguardando a volta. Cinco moços e Zeferino foram escolhidos para representar o grupo e descobrir quem era o dono do animal morto. Zé ficou para avaliar melhor os estragos do veículo e repousar um pouco, já que o corte, apesar de pequeno, era profundo e deixava-o indisposto e tenso.

Daí a mais ou menos uma hora, andando ligeiro, chegaram à cidade. Logo na entrada passaram num bar, cheio de gente alegre, festejando não sabiam o quê. O brasileiro, normalmente feliz, festeja, no fim do dia, a alegria da vida, a dádiva do clima, do sol morno, do vento brando, das frutas abundantes, gratuitas, que crescem nas árvores à beira das estradas. Tudo nesta terra é motivo para festas e comemorações. Era algazarra sadia de umas quinze pessoas, servidas pelo dono do bar, uma filha, mocinha de uns quinze anos, e um filho, de aproximadamente dezoito, que ajudavam o pai no trabalho do bar. A mãe fazia quitutes, coxinhas e pastéis que eram vendidos, acompanhados de cerveja.

Os seis entraram no barzinho para pedir informações e atravessaram a varanda larga que circundava quase totalmente a construção principal. As mesas estavam espalhadas sobre o piso de cimento liso, com vermelhão bem escuro e algumas rachaduras formando desenhos muito diferentes e estranhos. Os que estavam bebericando cerveja e refrescos, comendo amendoim salgado e quitutes, olharam os estranhos chegando e silenciaram. Alguns, sentados dando as costas para a porta de entrada, se viraram para ver quem se aproximava.

À meia voz começaram os comentários tentando adivinhar a causa de tão inesperada visita. Via-se escrito na face dos paraibanos que algo não ia bem. Zeferino perguntou a uma mocinha, de olhos claros e cabelos crespos, quem era o dono do bar e ela apontou o pai, do outro lado do balcão, controlando o caixa e os pedidos que vinham da cozinha, por janelinha oval na parede.

Luciano Rodrigues, o dono do bar, os recebeu gentil. Antes de responder as perguntas ansiosas, quis saber o que queriam beber. Zeferino retrucou:

– *Nóis num tem dinheru, moço.*

– Primeiro vocês bebem e comem alguma coisa, pois parecem cansados, depois nós pensamos se têm dinheiro.

Magnólia, a esposa, ótima cozinheira, olhando o movimento pela janelinha, colocou quatro coxinhas e cinco pastéis de queijo em um prato e, deixando-os no aparador, bateu com força um sininho redondo que ficava sobre a mesa da cozinha:

– O lanche dos visitantes tá pronto...

O marido pegou o prato e o colocou sobre o balcão, abriu uma cerveja e depois outra, entregando a cada recém-chegado um copo com um colarinho de espuma. Os retirantes se entreolhavam sem entender o que acontecia. Encorajados por Luciano começaram a comer e beber.

– Precisam de alguma coisa? Parecem cansados e muito preocupados. De onde vêm?

Zeferino explicou:

– *Nóis é quase tudu da Paraíba. Nóis vai trabaiá nas obra di Brasília. Nossu caminhão nu iscuro bateu num boi de carru pretu i pareci eli tá mortu.*

U caminhão estragô a frenti i achu qui num dá prá andá. Nóis é trinta e um viajante ondi tem oito criança, uma muito ferida pur acidenti faiz quasi treis meis. U boi grandão tá lá na istrada. Nóis num sabe direitu u qui fazê!...

Luciano meditou por instantes:

– Nós vamos resolver isso, espere.

Foi à varanda, enquanto os seis devoravam as coxinhas e os pastéis. O povo curioso, em silêncio, vendo o dono do bar, esperou:

– Gente, esse pessoal vem do Nordeste num pau-de-arara que, há oito quilômetros daqui, na baixada do córrego do Diamante, trombou com um boi de carro preto e parece que o matou. O caminhão estragou muito. Pelo jeito o boi é do meu primo Joel Rodrigues. Tem crianças na caravana. Quem vai ajudar este pessoal?

Os homens empurraram, quase ao mesmo tempo, as cadeiras para trás e ficaram de pé:

– *Vamo lá prá buscá o pessoal e vê si dá prá hospedá eles por aqui*.

Alguns a cavalo, outros em jipes antigos, vários em charretes, se dirigiram ao local. Zeferino e os visitantes comiam apressados:

– Não tem pressa, o pessoal vai cuidar de tudo até a gente chegar. Comam tudo, que eu levo vocês.

Daí a dez minutos uma camioneta Ford, velha, saía para a estrada para auxiliar os nordestinos. A filha, o filho e a esposa do dono do bar ficaram aguardando.

O grupo foi recebido por Zé Baiano. O boi foi identificado, graças a uma lanterna grande, e se pôde ler as iniciais J. R. no couro marcado perto do cupim. O animal estava quase morto:

– Carvão, carvão, levanta boi forte!

O mamífero pareceu reconhecer a voz, balançou a cabeça, como se reunisse as últimas forças, moveu as patas traseiras e parou de respirar. Luciano gritou:

– Pessoal, o Carvão, boi do meu primo, morreu. Alguém precisa chamar ele. Pede prá trazer o caminhão da fazenda prá levar o pessoal e o boi.

Daí a meia hora, um caminhão Ford, azul escuro, velho, mas muito bem conservado, apontou no topo da descida longa. O fazendeiro, com seus sessenta e cinco anos, andar firme, forte e decidido, foi cumprimentado pelo primo, que tudo lhe explicou. Joel dirigiu-se a Zé Baiano:

– Do boi a gente faz um churrasco já que amanhã é domingo. O caminhão vai ser consertado e eu vou pagar. A cerca de arame deve ter ficado aberta. Tenho um empregado novo que não sabe direito as coisas, mas a responsabilidade é minha.

Chamou o pessoal para subir no caminhão Ford em que iriam, na carroceria, de pé, inclusive Zé Baiano, já que Iracema, Peixinho e Raimundinho ficaram na cabine.

Após manobrar várias vezes, Joel, virou o motor do caminhão em direção à cidade de Cavalcante e começou a trafegar na estrada cascalhada.

Raimundinho ouviu o diálogo com o fazendeiro:

– Brigadu, tiu. Jesus i a mãe dele vai ajudá muito o sinhô.

O fazendeiro olhou-o:

– Acho que nós vamos ser bons amigos, o que você acha, mocinho? Raimundinho e Iracema sorriram. A caravana dos frequentadores esperou o pó do caminhão de Joel baixar e voltou ao bar. Ao chegar, ao invés dos copos cheios pelas metades, as garrafas de cerveja começadas, os salgadinhos com sinais de dentadas, as mesas estavam novamente arrumadas, com copos e pratos limpos. Vendo isso, Vilobaldo, o dono da loja de tecidos, gritou:

– *Eta pessoá bão, assim dá gosto di bebê* – e chamou Joel e Zé Baiano para fazer parte da sua mesa. Os outros paraibanos foram descendo da carroceria e se acomodando na varanda.

Joel, que era o vice-prefeito da cidade, em exercício na prefeitura, substituindo o titular que estava, há quinze dias, em Goiânia, lutando por verbas para construção de estradas no município, explicou:

– Vamos abrigar esse pessoal no grupo escolar que está de férias. Agora eles precisam comer antes de ir para lá. Amanhã, bem cedo, vamos rebocar o caminhão, com o trator da prefeitura, e o Zezinho lateiro vai consertar tudo.

Os paraibanos que ouviram sorriram felizes. Ernesto, o chefe da agência dos correios, perguntou:

– Quantos o Luciano consegue alimentar aqui?

– Dez – foi a resposta. Sobravam vinte e dois. Ernesto expôs o problema. Os frequentadores do bar se levantaram oferecendo ajuda: levo quatro para casa, outro levava dois, o dono do armazém cuidaria de todos os meninos, dona Maria costureira abrigaria as meninas, Magnólia, a dona do restaurante, ficava com Iracema, o bebê e Raimundinho. Joel explicou:

– Levo o motorista Zé, Zeferino e mais três. Espero que a patroa aperte a cozinheira prá fazê uma boia boa.

Após comerem, os paraibanos saíram pelas ruas da cidadezinha distribuindo-se nas várias casas. Um grupo de seis pessoas, num jipe, voltou, com o açougueiro Rubinho, para tomar conta do boi para o churrasco do domingo, na praça, após a missa. O açougueiro planejou tudo, o boi foi preparado e a carne convenientemente guardada para a festa. O acidente iria se transformar em comemoração. A sonolência sem novidades de Cavalcante era interrompida por um acontecimento raro. Os goianos faziam os nordestinos se sentirem em casa. Raimundinho guardava mais um episódio de afeto para contar ao painho em Brasília...

59. FRATERNIDADE

Os viajantes passearam pela cidade e se dirigiram para o grupo escolar para dormir. Os colchões, cinco em cada sala, com as carteiras afastadas, ocuparam seis cômodos. Após o banho, num banheiro simples e limpo, comentavam os acontecimentos do dia. Já tarde da noite, o bate-papo se prolongava. Lá fora, no quintal amplo da escola, um bando de maritacas vindas das árvores do cerrado logo próximo se aquietavam após se calar a voz dos romeiros. Talvez os pássaros, estimulados pelas conversas dos homens, estivessem falando a linguagem das florestas, fazendo planos para a manhã seguinte. Enfim, homens e pássaros se aquietaram. A brisa suave do planalto, soprava delicada através das janelas das salas-de-aula, balançando as cortinas brancas e finas que, durante o dia, no período das aulas, protegiam os alunos do sol.

A noite era de temperatura agradável; o clima de Goiás, típico das terras do planalto: o sol aquece a Terra para dar aos homens abundância nas colheitas, mas, à noite, a temperatura cai, facilitando o repouso dos operários que se preparam para nova jornada de trabalho.

A manhã dos romeiros começou com o tanger dos sinos da capelinha, a seis quarteirões do Grupo Escolar Dona Genoveva Teixeira. As cinco badaladas pareciam desencadear o coro das vozes da passarada na praça, no cerrado próximo, no pomar ao redor da escola, nas árvores que protegiam do sol as calçadas e ruas. Maritacas e periquitos começaram a revoar sobre a cidadezinha, em algazarra, buscando os campos para colher grãos e insetos para se fartar na festa feita de abundância da natureza. Quais flores verdes e multicoloridas, enfeitavam os céus, alegrando os homens com seu vôo, sua voz, sua presença amiga.

No refeitório do grupo escolar foi servido café com leite, além de pão com manteiga, bananas e laranjas descascadas. Cinco senhoras da cidade prepararam a refeição matinal. Raimundinho descia as escadas, carregado por Zé e por Iracema, estava sonolento, bocejando, mas, tagarelando com o Baiano, despertou:

– Zé, tava iscritu nu quadru da paredi uma porção di coisa. Li tudu, Zé. Du otru ladu da losa tinha continha qui eu sabia fazê todas ela. Nunca fui prá iscola mais a mocinha do armazém lá di Patos mi ensinô i eu sei as coisa, Zé. Ocê acridita, amigo?

O bondoso homem sorriu:

– É claro, amiguinhu, ocê é um cabrinha arretadu di sorti. Sabi mais qui eu!...

Aí o menino retrucou:

– É, Zé, mais motorista cumu ocê no Brasil num tem...

Ele riu, já chegando ao salão amplo, de paredes pintadas com tinta a óleo branca, o chão cimentado de cor verde-escuro. As mesas compridas, com cadeiras azuis, acomodavam todos com muito conforto.

Durante as aulas, a escola dava sopa para mais de duzentas crianças, diariamente, compensando deficiências da dieta familiar. Bem nutridas, as crianças aprendem mais, têm mais saúde e crescem com equilíbrio; o aprendizado se torna motivo de prazer e as lições se fixam na mente para sempre. A infância é a hora de se cuidar do cérebro. Ele funcionará bem, apenas, se nos estágios iniciais receber, em quantidades adequadas, os nutrientes que formarão as células da 'máquina do pensar'. Muitos adultos, pelo mundo afora, não têm inteligência normal porque as carências alimentares lesaram-lhes o cérebro, durante a infância. Daí o potencial humano de um país como o nosso se achar comprometido. Imaginemos a responsabilidade dos políticos ou dirigentes mal intencionados, desinteressados da missão de servir, desviando recursos que seriam aplicados para nutrir os cérebros das crianças que conduzirão a nação para seu futuro. Se um homem ferisse, com um punhal, o cérebro de uma criança sem matá-la seria punido pela lei e a justiça! Os que desviam as sagradas verbas para a educação e alimentação das crianças fazem o mesmo de maneira sutil e camuflada, porém diabolicamente coletiva. Trabalhando em proveito dos próprios bolsos abarrotados e insaciáveis, esses dirigentes sem alma transformam a vida de milhares de crianças em martírio de adultos, que viverão na marginalidade cultural, sem condições de contribuir para o país com seus talentos, suas virtudes, seus dons, suas tendências artísticas ou científicas. Os dirigentes, desviados da justiça e do dever, o que merecem receber em troca das suas ações que resultam em desnutrição, dor e desespero? Muitas vezes, esses abutres sem alma escondem-se sob capas falsas da situação econômica em destaque. Passam a vida mentindo à própria consciência, vivem sem paz, enganando-se para enganar, sofrendo e fazendo sofrer, destruindo e destruindo-se, pois ignoram a beleza de cumprir a missão de amor, na vida pública, que a sociedade lhes deu. Seria maravilhoso se os políticos brasileiros, em geral, amassem o país, seu povo, sua gente, suas crianças! Conseguiríamos fazer, logo, desta nação, o país baluarte da civilização ocidental.

O café da manhã dos paraibanos terminou. Levantaram-se e caminharam para a igreja. Raimundinho carregado, braços e pernas balançando, ia à frente do cortejo dos nordestinos tagarelas, proseando felizes, descendo a rua de paralelepípedos irregulares. Chegaram à praça. As portas amplas de madeira esculpidas, grossa e pesada, com desenhos de pássaros, cordeiros e anjos, enfeitavam a entrada do templo. Os olhos do mocinho captavam tudo, detalhe por detalhe, de cada cena.

O tapete verde, bordado à mão pelas senhoras da comunidade, era enfeitado por desenhos de pássaros, flores e paisagens e tinha mais de vinte metros de comprimento, por dois de largura, e estendia-se da escadaria da entrada até a subida do altar. As cores alegres, mas solenes, mostravam o talento artístico que orientou as mãos que fizeram, fragmento por fragmento, aquela obra. Tal enfeite só era colocado na igreja em ocasiões especiais. Aquele era o dia de são Paulo, um domingo, e o padre Paulo Riccieri, um sacerdote italiano que aportara naqueles ermos de Goiás havia mais de trinta anos, queria homenagear o santo que lhe emprestara o nome e fora, nos tempos iniciais do cristianismo, um esteio da fé, além da sua função política ultrapassar os limites da Palestina para atingir todos os pontos do planeta. O grande político Paulo de Tarso poderia ensinar a muitos dirigentes brasileiros como se ama, se vive e se morre por uma causa digna!...

A missa foi muito bonita. Padre Paulo pregou sobre a determinação e a fé que levam o homem a construir o próprio destino. O assunto, para os nordestinos, é muito importante. Eles exemplificam a fé, a determinação em cada gesto na vida. Povo que não se dobra, é valente e passa a existência lutando contra as adversidades – humilde – não se revolta contra as injustiças sociais.

O sermão terminou. Um coro de vozes de crianças cantou vários hinos. Um velho piano alemão marrom-escuro, muito bem afinado, acompanhava as vozes infantis, dando-lhes um colorido especial. As melodias lindas encerraram a cerimônia.

Raimundinho foi colocado junto à escada que dava acesso ao altar, apoiado em duas cadeiras de braços, colocadas frente a frente, formando proteção contra qualquer queda. Sorria feliz e, algumas vezes durante a missa, acompanhara as melodias, pois sabia algumas letras. As outras crianças da caravana estavam juntas, em um banco longo, quase no meio do templo. Alguns, para ver as apresentações, precisavam ficar de pé com os pescocinhos esticados.

No final, saíram pisando o tapete com os chinelões de couro rústico, previamente limpos nas calçadas. Após as escadas, abria-se a praça larga, cheia de gente que se encaminhava para um canto onde construíram enorme barraca de lona verde suportada por bambus. Sob o toldo estavam protegidos do sol. À direita da barraca uma vala, construída de tijolos unidos por barro de terra pura, era a churrasqueira.

Sobre as mesas, inúmeras bacias de alumínio e gamelas de madeira estavam cheias de pedaços de carne, temperados pelos açougueiros durante a noite. A carne estava curtida pelo tempero que penetrava para dar-lhe sabor especial. O suco de limão cavalo, daquele tipo quase tão grande quanto uma laranja, também se transformou em refresco delicioso. O sal virgem, grosso, sem produtos químicos, vinha das salinas do Nordeste, atravessando o interior do Brasil em carros de bois e barcos.

As carnes depois eram presas em espetos longos de madeira e colocadas sobre o calor das brasas. O cheiro do churrasco invadiu a praça. Carvão, o boi negro, virou alimento para centenas de pessoas.

O vice-prefeito Joel Rodrigues ofertou também dois sacos de arroz, todo o tempero, além de quarenta quilos de tomates transformados em vinagrete. O pessoal sentou-se às mesas com pratos de papelão grosso e garfos de madeira. Panelas e gamelas estavam cheias de carne assada e farofa de ovo. O arroz branco, saído dos panelões de ferro pertencentes à paróquia, temperado com gordura de porco, dando-lhe um sabor especial, enchia os pratos, Nos fogões de lenha, no fundo da igreja, o alimento foi preparado e as panelas levadas bem quentes, cobertas por panos úmidos para conservar o calor, sobre carriolas de madeira até a barraca.

Todos se banqueteavam. Para beber, nada melhor do que caldo de cana esmagada com limões no engenho da fazenda. A criançada se fartava. Bebia mais garapa do que comia, o que fazia os pais repreendê-los várias vezes. No meio do almoço, padre Paulo levantou-se e pediu a todos uma salva de palmas para o vice-prefeito que, erguendo os braços, cumprimentou a todos, abanando as mãos.

Depois de duas horas, uns se levantavam aqui, outros ali e foram retornando para casa. A festa foi motivo de alegria para muitas senhoras que, normalmente, precisavam correr de volta à casa para aprontar o almoço para a família.

Joel Rodrigues chamou Zé Baiano para buscar o caminhão no local do acidente. Ele seria puxado pelo trator da prefeitura até a oficina do Zezinho, lateiro que fazia canecas, canecões e baldes de latas de óleo, de querosene ou massa de tomate, colocando-lhes cabos dobrados e arrebitados, vasilhas muito úteis. Ele consertaria o caminhão com suas ferramentas. Argeu, um pintor de paredes, sabia também trabalhar na pintura e proteção de metais.

Na segunda-feira de manhã, Zezinho aprontou a lista de material de que necessitava. Um jipe Willis foi mandado a Uruaçu para trazer o material necessário.

Enquanto Zezinho, Zé Baiano e mais dois auxiliares desmontavam a lataria para desamassar, outros varavam estradas buscando as peças. Seria muito difícil conseguir um parabrisa novo, mas alguém lembrou que, na fazenda das Corredeiras, o proprietário, Odesvaldo Martins de Souza, tinha um Fenemê abandonado sob uma figueira e, tudo indicava, era do mesmo ano do pau-de-arara do Baiano. Se não achassem na cidade, os faróis também poderiam ser aproveitados.

Os outros membros da caravana alojados no grupo escolar, trabalhadores que não gostavam de ficar parados, começaram a limpeza da chácara da escola, com mais de dois alqueires, cheia de mangueiras, tamarindeiros, jambeiros, jabuticabeiras e dezenas de outras árvores frutíferas que faziam verdadeiros túneis de sombra acolhedora. Eles podavam galhos, amontoavam gravetos e folhas, replantavam árvores, pois havia ampla área de sol para alimentá-las. As mudas, doadas pela fazenda do prefeito Miguel Ananias, eram quatro mangueiras, três jambolões e dois pés de jaca.

Deixaram o quintal como verdadeiro jardim. Alguém teve ideia de iniciar os canteiros de uma horta, já que a água ali era abundante, vinda de uma mina, no topo da colina, descendo aos borbotões, encosta abaixo, dentro dos sulcos feitos, como coxos longos, em troncos longos de aroeira. Alguns professores em férias, ao visitarem a escola para fazer os planejamentos das aulas para o início do ano letivo, ficavam encantados com as mudanças e deram ideias: a horta serviria como material educacional para ensinar o hábito de cultivar verduras sem qualquer veneno, além de produzir alimento a baixo custo, que seria aproveitado para a sopa dos alunos. Seria usada também como laboratório de botânica, para dar aulas práticas sobre germinação, fotossíntese e reprodução vegetal, ensinando os alunos a verem as reações das plantas como fenômenos naturais.

O prefeito e o vice souberam do trabalho voluntário dos nordestinos e foram lá visitá-los. Algumas caixas de bombons, marias-moles e pés-de-moleque foram presenteados.

O goiano valoriza muito a cultura, eles são, quase todos, alunos aplicados e exemplares. Assim a atitude dos paraibanos, arrumando o grupo escolar, atingiu em cheio a afeição dos moradores. Calculou-se que os consertos do caminhão levariam mais oito dias. Os compradores de peças trouxeram todas.

O vice-prefeito, como presente, considerando-se culpado pelo acidente, mandou trazer cinco pneus novos para o caminhão. Imaginou que, se um dos velhos estourasse, teriam que parar em lugar inadequado, talvez perigoso, para a segurança de Raimundinho e das crianças.

Zé, ao ver os sapatu novu do caminhão, não cabia em si de contente, mas logo procurou o vice-prefeito para dizer-lhe, preocupado, que não tinha dinheiro para pagar

O político, zombeteiro:

– Então, Zé, ocê deixa o caminhão prá pagá os pneus, uai.

"Não era necessário dizer que era mineiro", pensou Zé. O Baiano coçou a cabeça, começou a rir, embaraçado:

– Intão cumu nóis vai imbora?

Joel gargalhou, batendo-lhe no ombro:

– Talvez a pé ou a cavalo até Brasília.

Saiu andando, sorrindo, enquanto Zé voltava para a oficina, alegre feito criança que ganhou presente do Papai Noel, em plena noite de Natal.

60. Exemplo de trabalho

O pomar e a horta da escola agora estavam muito bonitos. O caminhão ficaria pronto em, talvez, mais cinco dias. Zé Baiano estava feliz como menino quando ganha doces. O veículo estava quase recuperado e os pneus novos! Pensou, na filosofia de homem sofrido e experiente, que, às vezes, uma desgraça pode abrir oportunidades e causar mudanças benéficas na vida. Deus, imaginou, se utiliza dos desastres para evitar males maiores e auxiliar de alguma maneira os seus filhos!

Censurava-se, após o acidente, que deveria ter obedecido à sugestão do 'copiloto' Raimundinho, quando pediu que parasse logo ao escurecer. A máquina não estava boa, um farol quebrado, a lataria solta. O bom-senso dizia para não viajar no escuro, com o veículo em condições precárias, mas a pressa de chegar...

Veio o acidente, daí derivou-se o churrasco, do churrasco a hospedagem na escola, daí a limpeza do pomar, a ideia da horta beneficiando a comunidade, cujas crianças iriam contar o que aprenderam, e, quem sabe?, dali surgiria o hábito da horta doméstica que facilita a vida das famílias e educa as crianças para valorizarem o alimento posto à mesa. As crianças aprenderiam a dificuldade de se produzir, veriam que a comida desperdiçada exige muito trabalho e tempo, no laboratório da natureza, para chegar à mesa. Além de tudo, vendo os vegetais, a crescerem na horta, aprenderiam a lição da paciência que governa os fenômenos naturais. Poderiam concluir que os mesmos fenômenos que equilibram os astros no firmamento abrem as pétalas das flores e perfumam a atmosfera; lançam no ar as folhas mortas, sopradas pelo vento; produzem os pássaros que carregam no bico as sementes que, germinando, vão produzir novos vegetais perpetuando a vida.

O trabalho de humildes retirantes da seca do Nordeste poderia beneficiar crianças goianas que – orientadas por professores de talento – tirariam da natureza ensinamentos profundos. Aliás, a vida é um desfilar de fenômenos e reações, encadeadas inteligentemente que, bem observados, levam o homem que medita a conclusões maravilhosas.

Na oficina, todo dia a partir das sete horas da manhã, um grupo de cinco homens preparava o caminhão. Com alavancas e marretas apropriadas consertaram o parachoque destruído na batida contra as pernas dianteiras do animal. Os paralamas foram retirados, desamassados, remendados pelo lateiro e pintados para voltar aos seus lugares feito novos. O estribo da esquerda, arrancado no estouro da boiada, foi recolocado. Aproveitaram a oferta do fazendeiro que doou o parabrisas do seu caminhão abandonado, do mesmo modelo do pau-de-arara, para que retirassem as peças. O parabrisa estava num canto da oficina, aguardando a pintura da cabine, conforme estava planejado.

"Coisa milagrosa", pensava Zé, "saí da Paraíba com um caminhão velho e depois de tantos problemas, se Deus quiser, chego a Brasília com um melhor e mais seguro. Tudo é fruto da bondade de Deus e da gentileza dos goianos!"

Todos da caravana sabiam o que acontecia na oficina. Assim trabalhavam no pomar com uma dedicação total, porém, no vigésimo dia, nada mais havia para limpar ou plantar, estava tudo uma beleza! Enquanto esperavam o conserto do caminhão, estimulavam o zelador da escola, que morava ali mesmo, em casinha confortável sob a sombra das árvores, a cuidar da horta, regando-a todos os dias.

Uma manhã, todos resolveram acompanhar Zé Baiano, quando ele se dirigia à oficina do Zezinho. Ficaram maravilhados. Zeferino falou ao Zé:

– Sabi, Zé, nóis precisa fazê mais arguma coisa prá cidadi. Issu qui tão fazenu nu 'giganti engolidô di istrada' é munto, munto bão.

Zé completou:

– Pia só, Zeferino, o jardim da praça da igreja ta percisanu de uns braçu forti di nodestinu prá miorá... Qui ocê acha?

– Boa ideia, cabra arretadu, já tamu inu vê u serviçu.

Chegaram dezoito pessoas, entre homens e mulheres, e falaram com o jardineiro que estava replantando uma roseira. Miguel, seu nome, logo os chamou para descansarem sob a sombra de imensa árvore, fícus, de folhagem espessa, que enfeitava a parte externa do jardim circular.

Zeferino e Miguel sentaram-se num banco de madeira de pés de ferro, rodeados pelos outros trabalhadores, e fizeram planos. Tudo indicava que ficariam mais oito dias na cidade. Assim fariam muita coisa. Ferramentas, daí uma hora, chegavam no carrinho de rodas de pneus, puxado por uma mula branca, alta, troncuda e mansa. Nas tábuas verdes da carrocinha, escrito em vermelho: "Prefeitura Municipal de Cavalcante – Departamento de Transporte – carro nº 5"...

O carroceiro descarregou pás, enxadões, picaretas, foices, tesouras que estavam no almoxarifado. O trabalho começou ali mesmo. Primeiro foi a poda dos galhos que não estavam aparados acompanhando a forma circular da praça, depois a grama foi cortada e as bordas dos canteiros aparadas, enquanto cuidavam da terra, retirando gramíneas e afofando o solo.

O relógio já marcava onze horas. Pararam. O carroceiro foi visto dobrando a esquina, trazendo dois panelões de arroz, um de tutu de feijão e uma panela grande com carne de porco frita. Lavaram as mãos nas torneiras disponíveis e, com as marmitas que foram trazidas à guisa de pratos, com colheres de alumínio, amassadas e tortas, comeram à vontade.

Enquanto se alimentavam, uma camionete Studebaker 1948 cinza parou em uma das ruas que delimitavam o jardim. O motorista, sorrindo, dirigiu-se aos trabalhadores que se agrupavam sob as árvores junto ao carrinho transportador do almoço. Brincalhão, chegou imitando, com o sotaque de mineiro, transplantado para Goiás, o modo de falar dos nordestinos:

– *Oh xenti, bichinho, num cunheçu esses funcionário da prefeitura. Di ondi ocês veio?*

Todos riram. Ele pediu lhe arrumassem uma marmita e uma colher, almoçaria ali. Miguel foi avisar à esposa, na casa a três quadras do local, que ele "almoçaria fora"; riu ao dizer tal expressão. O vice-prefeito reafirmou:

– É, hoje almoço fora mesmo, fora de casa, na praça com essa gente boa do Nordeste.

Observou o trabalho, orientado por Miguel, e ordenou que três carrinhos do Departamento de Transporte fossem até sua fazenda para buscar, cada um, cinco viagens do esterco do curral. A terra ficou muito bem adubada, por muitos meses,

Miguel, ao voltar da casa onde deu o recado, argumentou:

– *Pensei, Dotô, lá no vivero da prefeitura. Nóis tem uma porção de mudas de manacá, roseira, palmas, samambaias que eu quero dependurar prá enfeitar as árvores. O jardim vai miorá muito.*

Após terminar de comer, o vice-prefeito despediu-se do grupo, que o saudou todo sorriso, pegou a camionete e dirigiu-se à oficina para ver o andamento do trabalho com o caminhão.

Cumprimentou Zé Baiano, imitando sua maneira de falar, no que fez todos rirem. Ordenou ao Zezinho:

– *Oh goianinho, capricha aí se não vai tê comigo... Quero que você pinte a carroceria inteira também. Tira esse couro de cobra da berada, enrole ele, coloca atrás do banco da cabine e faz o pau-de-arara parecê que saiu da fábrica.*

Zé Baiano, não acreditando no que via, atalhou:

– *Deus du céu, dotô. Cumu eu vô pagá issu?*

O vice-prefeito retrucou:

– *Num si avexe não, bichim. O caminhão agora é meu i ocêis vai di pé prá Brasília*

Saiu gargalhando, deixando o motorista boquiaberto.

– *Esse dotô é demais brincalhão, minero bão que iguá é difici di achá... Vô vê que tinta tenho aqui prá pintá a carroceria* – falou Zezinho

O lateiro procurou em todo o depósito da oficina e, surpreso, pôde ver que tinha apenas tinta amarelo-ouro em quantidade suficiente para pintar a carroceria. Consultou Zé Baiano, trocou ideia com os outros que o auxiliavam e resolveram que não havia decisão melhor, uma vez que, se escolhessem outra cor, teriam que fazê-lo de duas ou três cores, o que seria muito feio. Pensou-se em misturar as três tintas que tinham em maior quantidade, mas daria uma cor muito pesada, de tom marrom, que não combinaria com a cabine verde-escuro. Assim foi decidido pelo amarelo, já que tinham, no depósito, vinte litros de ótima tinta. Um pouco de verde havia sobrado. Pensaram em fazer filetes sobre o amarelo que, em tábuas longas, combinariam bem.

Lixaram a madeira com muito cuidado, deixando-a pronta para receber a pintura. Começaram cuidadosamente, diluíram bem a tinta no querosene e usaram um tipo de ferramenta feito uma bomba de flit igual àquelas que se usava para espalhar veneno e matar insetos domésticos. Bem fina, a camada podia se espalhar sobre a superfície de maneira homogênea.

A pintura já estava pela metade, quando, numa manhã, Raimundinho pediu para ver os trabalhos. O grupo escolar onde estava hospedado ficava a mais de dez quarteirões da oficina. Levá-lo carregado nos braços seria muito difícil, mas, na manhã seguinte, o vice-prefeito, Joel Rodrigues, se dispôs a ir buscá-lo. Ele foi sobre o banco dianteiro seguro por Iracema. Ao dobrar a esquina, o mocinho viu, dentro da oficina o 'monstro engolidor de estradas'. Ficou deslumbrado, vendo o caminhão, quase novo, com mais da metade da carroceria reformada! Estava lindo. Ele pediu para sentar-se na cabine, viu o novo parabrisa, viu os faróis dianteiros, o paralama, o parachoque reformado, enfim, tudo estava ficando muito bonito.

O jovem estava muito feliz, junto ao amigo Zé Baiano:

– *Cumu nóis vai chamá ele agora, Zé? Achu qui pudia sê arara verde ou piri quito. Qui ocê acha?*

– *Bão, amiguinhu, arara é nomi di muié i o gigante é homi, piriquito pareci coisa fraquinha i u cargueiro é grandi dimais. Qui ocê acha?*

– *Bão, Zé, i si nóis chamá di 'giganti banderoso'? pruquê pareci qui nóis tá dentru da bandera du Brasil. Qui acha?*

– *Boa ideia, amiguinhu. Intão u caminhão vai sê u 'giganti banderoso' di hoje im diante!*

Raimundinho foi levado de volta à escola, vibrando de alegria. Se pudesse, iria pulando pelas ruas saltando contente como um passarinho livre, totalmente livre...

Mais cinco dias e o 'gigante' estava em ordem. Esperaram para secar completamente, aí estaria pronto para a viagem até Brasília.

Numa quarta-feira de manhã, depois de vinte e dois dias na cidade, estavam prontos para partir.

O jardim da praça estava bonito, as árvores podadas, canteiros limpos, terra adubada, fofa, novas mudas despontavam aqui e ali. Foram plantadas muitas primaveras, ipês, azaleias. Dava para imaginar como seria o jardim em dois ou três anos! Os canteiros de rosas estavam com dezenas de mudas que logo explodiriam em flores na produção abundante de muitas cores.

No dia da despedida, o café da manhã foi servido no refeitório da escola, por ordem da prefeitura, para que os viajantes sentissem que a cidade lhes agradecia o esforço. A cabine, cheirando a borracha e tinta nova, receberia Iracema, Raimundinho, Zé Baiano e Peixinho felizes! O veículo, estacionado sob as árvores do pomar, aguardava, orgulhoso, os passageiros!

Muitas pessoas da cidade foram para a festinha de despedida. Sobre a mesa, a abundância de leite, coalhada, goiabada pura bem firme, canjica com pedaços de canela e coco ralado, bolinhos de milho numa porção de delícias presenteavam o paladar do pessoal.

O vice-prefeito falou na despedida, imitando o sotaque nordestino:

– *Olha aqui, Zé Baiano. Vô dexá ocê levá meu caminhão, mais ocê traiz ele di vorta quando descarregá o pessoá em Brasília. Tá cumbinado, cabra valente da bixiga?*

Zé, que agora já conhecia o homem brincalhão e bondoso, retrucou:

– *Sabi, dotô. Prá num gastá teu caminhão qui tá novu, eu vô carregá ele nas costa, cum tudu o pessoá im cima, inté Brasília. Tá bão assim?*

Abraçou-o com muito carinho:

– Deus te proteja, Zé. Se precisar, volte sempre. Que São Cristóvão, o protetor dos viajantes, te carregue nas mãos vida afora. Volte um dia, homem...

Abraçou Raimundinho, Iracema e beijou Peixinho. Virou as costas, abanando a mão e, acompanhado pelo prefeito, saiu em direção à rua.

Zé, como sempre o fazia, desfilou pela cidade e deu duas voltas na praça buzinando, enquanto nas janelas apareciam rostos curiosos e sonolentos abanando as mãos para os nordestinos que seguiam determinados para Brasília.

Os goianos de sul a norte estavam imensamente felizes com a construção da capital. O cérebro das decisões nacionais estaria abrigado no generoso estado das esmeraldas, do Araguaia, do Tocantins, "das noites tão claras, tão belas, tão puras". A curiosidade para conhecer as obras da nova capital era imensa. Todo goiano sonhava vê-la um dia.

O caminhão lindo, feito uma bandeira do Brasil, desfraldada ao vento, arrancou, destemido, ganhando a estrada esburacada que os levaria a Uruaçu.

Elevações do terreno, colinas, vales, campos, pastagens, riachos, plantações, palmeiras, pontes, buracos, mata-burros, porteiras, entradas de fazendas, com latões de leite nos jiraus de madeira, eram deixados para trás num desfile contínuo de novidades.

O pessoal na carroceria começou a cantar feliz. Os da cabine também acompanharam. Raimundinho imitava as vozes de pássaros para testar qual se adaptava melhor à melodia:

"Já faz três noites que pru norte relampeia,
"A asa branca ouvindo o ronco do trovão,
"Já bateu asas e voltou pru meu sertão
"Qui é que há, padim Vigário...
"Vô cuidá da prantação...
"Com a sodade me arrecordo de Rosinha,
"A linda flor do meu sertão pernambucano.
"A se a safra não atrapaiá meus planos
"Qui é que há, padim Vigário...
"Vô casá no fim do ano.
"Rios correndo, as cachoeiras tão zuando,
"Terra moiada, mato verde, qui riqueza,
"E a asa branca à tarde canta, qui beleza,
"O cantar é todo alegre,
"Mais alegre é a natureza!..."

Iam varando as estradas, cortando montes e areões. Depois de andar quase vinte quilômetros, o sol já começava a tostar as pontas das gramas que se atreviam encará-lo de frente. Zé resolveu parar em uma baixada, enquanto o vento farfalhava as folhas das palmeiras que ali cresciam.

Pararam sob a sombra de um cajueiro perfumado, de galhos velhos e retorcidos, cobertos de folhas cheirando resina forte, dava centenas de frutos lindos, avermelhados.

61. Os cajueiros da minha terra

Sob a sombra do cajueiro, os retirantes se prepararam para almoçar. O sol despejava-se abundante sobre a terra, como acontece neste clima abençoado. O perfume das flores da árvore, minúsculas, aos milhares, nos tufos das pontas dos galhos, atraía abelhas que, zumbindo buliçosas, faziam ruído de festa.

O cajueiro é árvore brasileira das mais interessantes. Num só pé tem-se, ao mesmo tempo, frutos maduros, verdes, já passados do ponto de se comer que exalam perfume selvagem, e flores. Assim, as bagas suculentas, de vida passageira nos galhos, vão oferecendo, por vários meses, o alimento fascinante. A natureza sábia parece adivinhar que o período extenso de colheita favorece os pássaros, os insetos e os homens que deles se nutrem.

Com a polpa fazem-se compotas, geleias, sucos que contêm várias vitaminas, em abundância, principalmente a C, que tem propriedades antiinfecciosas e funções ainda desconhecidas pela ciência médica atual. A polpa é extremamente saborosa. Depois da colheita, sobram as castanhas, quando desaparece a parte suculenta. A castanha, depois de torrada e preparada, torna-se petisco saboroso de muitas propriedades nutritivas, com vitaminas, sais minerais, glicídios, protídeos, um mundo de substâncias muito indispensáveis ao homem.

O Brasil exporta esta iguaria para todas as latitudes do planeta. Os cajueiros, árvores preciosas no Nordeste, Norte e algumas áreas do Centro-Oeste, protegem perfumando e alimentando multidões. No Nordeste todo, principalmente nas áreas litorâneas, os cajueiros se agrupam como verdadeiras florestas nativas. Viajando-se do norte para o sul, nota-se que os períodos de colheita são determinados conforme a posição geográfica. As árvores mais próximas do Equador, ao norte, amadurecem seus frutos mais cedo. Conforme nos deslocamos para o sul, as colheitas vão se atrasando. Quando, no extremo norte, os cajueiros já produziram e desapareceram as partes moles, sobrando apenas as sementes que darão as castanhas, começa a colheita mais ao sul.

Os nordestinos almoçaram bem: queijos, castanhas-do-pará que ainda sobraram, pães caseiros, jacas, carne de porco, presentes do povo das cidades por onde passaram. Como sobremesa tiveram os frutos avermelhados do cajueiro. O caju mata a sede com seu líquido de gosto suave e raro. Às vezes, só um produz mais de meio copo de saborosa bebida. Eles colheram vários cestos de frutos. Eram verdadeiras obras de arte dentro das vasilhas; com o brilho intenso, após maduros, parecem esculturas de porcelana.

Após o almoço, a viagem continuou pelas estradas vermelho-claras do interior de Goiás.

O clima estava ideal para a viagem. Não havia pó, apagado pelas chuvas que beijaram, com carinho, o solo do país do Anhanguera. Andavam agora com mais conforto: o caminhão, cheirava a novo, o perfume das tintas, ainda frescas, lembrava-os do afeto do povo de Cavalcante.

A felicidade de Raimundinho era evidente. O 'banderoso', como apelidara o cargueiro, combinava com o ambiente das florestas, cerrados e campos do Brasil central. A cabine tinha a cor verde escura da bandeira brasileira, a mesma tonalidade das folhas das árvores do ipê ou de outras do cerrado de Goiás. A carroceria amarela, com listras verdes, parecia enorme buquê dourado, chamando atenção onde passava. E a caravana seguia... Agora o veículo não batia latas, como antes da reforma geral, era firme e silencioso, sem o tilintar e os gemidos metálicos da lataria solta.

A viagem era mais macia e confortável, pois os pneus, sem as saliências dos antigos, rodavam suavemente. Os sulcos novos se aderiam com firmeza ao solo goiano, a jornada rendia mais pela firmeza da rodagem que não deslizava, mas agarrava-se ao chão.

Peixinho era alimentado com muito carinho. Castanhas de caju, as recebidas dos índios, eram espremidas com garfo e a massa resultante, colocada na boquinha feliz da criança que crescia saudável.

Brasília se avizinhava a cada instante. Lá estava Severino, não mais a presa da tristeza e da saudade, mas consciente, emocionalmente equilibrado, esperando os familiares. Deixou de ser o homem brincalhão, extrovertido e ruidoso de outrora. Pelas circunstâncias da vida, tornou-se meditativo e calado. Algo lhe dizia, como mensagem de anjos falando-lhe aos ouvidos, que a família chegaria logo. O que ele nem suspeitava é que o grupo aumentara com a chegada de um filho adotivo, o Peixinho, mascote da leva de retirantes.

Zé Baiano dirigia admirado, feito o comandante de moderna aeronave com trinta e dois passageiros! Pensava na sorte que teve ao atropelar o boi preto – o Carvão. Aquele desastre aumentou o conforto da viagem para todos. Como a vida é imprevisível, o sofrimento momentâneo pode ser o portal de novo mundo de oportunidades e de progresso. Meditava, enquanto a máquina deslizava estrada afora. Há tempos estava muito preocupado com o estado precário do veículo. "Deus", pensou, "sabe das nossas necessidades e envia-nos tudo o de que precisamos para viver, por isso não vou mais me preocupar com coisas que fogem do nosso controle". Multiplicando-se por milhões o raciocínio do humilde baiano, poderíamos dizer que o Brasil, como um todo, caminha sob o olhar de Deus.

Após o almoço, a caravana continuou para o sul. Uruaçu estava a pouco mais de dez quilômetros e Zé Baiano calculava chegariam lá para dormir.

Passaram por uma boiada que se dirigia para Ceres, para o matadouro que abastecia grande parte da região. Quando foram ultrapassando a manada, com um peão à frente abrindo o caminho, Raimundinho lembrou-se:

– *Genti du céu, só di lembrá, dá um friu na barriga da genti. I si istorá outra veiz?*

Zé retrucou:

– *Num vai acuntecê nada, minino, essa boiada é pequena i o sor num tá tão quente hoje como naquele dia.*

Ultrapassaram os bois que ruminavam as gramíneas, colhidas com as bocas amplas, andando sonolentos na beira da estrada. O gado os segurou por, pelo menos, meia hora; depois o veículo deslanchou mais. Zé ficou alerta para o motor não morrer para não repetir a tragédia de semanas atrás.

Ao findar-se a manada, Raimundinho sorriu satisfeito:

– *Qui bão, Zé, num foi dessa veiz qui nóis teve pobrema. Agora o 'banderoso' segui feliz. Nóis podi sigui inté mais di noiti, né Zé, pruquê nóis agora têm dois farol novo. Qui ocê acha?*

– *Vamu vê o qui dá, amiguinho, pruquê dependi qui hora nóis chega em Uruaçu.*

Caminharam mais uns cinco quilômetros e eis que encontraram, logo após a baixada longa, uma ponte sobre o córrego das Antas, conforme tabuleta de tábua de caixote escrita com tinta preta, numa caligrafia bem primitiva: "Corgo das Anta".

Zé parou e pediu que descessem para diminuir o peso, até Peixinho e Raimundinho apearam. Zé novamente se arriscaria sozinho. Ao descer, Raimundinho falou:

– *Sabi, Zé, achu qui mermu com dois faró é percisu pará quandu iscurecê. Di noiti nóis num ia vê essa ponti meio baixada pru ladu, né?*

Pela janela Zé respondeu:

– *Tá muntu certu, amiguinho. A noiti é feita prá durmi. Vamo lá. Fala pras muié rezá. Antis vô oiá dibaxu das tábua, sabê das coisa.*

Desceu com Virgulino, o auxiliar de sempre, e juntos verificavam as travessas. No lado direito da estrada um tronco de aroeira, longo e reto, jazia, talvez, por muitos dias. Parecia que alguém planejou consertar a passagem e interrompeu os planos.

Zé e Virgulino cuidadosamente examinaram sob as tábuas e concluíram que uns buracos de tatu, na lateral do pequeno aterro, eram os responsáveis pela inclinação.

O tronco, com o auxílio de dez braços, foi lançado atravessando a vala cavada pelas águas do riacho através dos tempos. Amarraram ao redor da aroeira, englobando as tábuas, um laço de couro muito forte. Era mais uma garantia para a travessia. Virgulino viu um rolo velho de arame farpado, junto a um pedaço da cerca que protegia a passagem. Com mais dois auxiliares, dobraram em quatro o fio e fizeram um tipo de 'cabo de aço' que ia, no meio da ponte, amarrado à viga transversal de aroeira até o tronco da peroba que mergulhava suas raízes nas águas do córrego. Fazendo um torniquete, enrolando os arames, fizeram a ponte subir, ficando quase nivelada.

Zé Baiano, que calculava as horas pelas sombras do sol, queria que tudo desse certo bem rápido, pois Uruaçu estava nos planos para dormir.

Ele acelerou o motor, engatou a primeira, lentamente as rodas dianteiras pesaram sobre as duas primeiras tábuas. O arame zumbiu feito corda de violão, violentamente esticada sob o peso. Zé olhou para a direita e viu a casca da peroba sendo cortada pelos fios, com as farpas penetrando a madeira, fazendo porejar seiva como sangue em animal ferido e gritou, pondo a cabeça da janela, parando o veículo.

– Oh genti rezadera, pedi pro padim Ciço ajudá. To disisperadu.

Soltou a embreagem e o arame se retesou ainda mais, até que um ruído estranho de metal sendo rompido se fez ouvir. Zé fechou os olhos, pediu a Deus, e sentiu a ponte se inclinar. Lá na extremidade, do outro lado, o laço enrolado no tronco e amarrado nas tábuas se esticou e começou a ficar branco em alguns pontos. Era sinal de que a superfície, untada de óleo de mamona, estava se rompendo e o couro interno se mostrava à superfície. Apavorado o baiano gritou:

– Ajuda, Jesus!

E acelerou loucamente, os pneus dianteiros chegaram à terra do outro lado, enquanto os traseiros empurravam o veículo. Quando as quatro rodas se apoiaram na terra firme, o lado direito da ponte desceu quase meio metro. Agora, com cuidado, os retirantes deveriam atravessar a pé. Outro laço foi amarrado no lado esquerdo, ligando duas árvores, uma em cada margem.

Virgulino e Zé carregaram primeiro Raimundinho. Por cuidado amarraram pedaços de laços nas cinturas e argola ampla, foi deslizando pelo laço esticado. Se a ponte caísse eles ficariam dependurados, presos pela barriga. Passou depois o Peixinho, levado pelos braços do Zé, a velhinha cega, até que o último viajante atravessou, deslizando ambas as mãos na corda de couro. Zé precisava tirar o laço de lá, pois poderiam precisar dele novamente. Virgulino voltou, escorregando a mão no laço, desamarrou-o do tronco na margem e, enrolando-o no braço direito para se dependurar caso a ponte acabasse de desmoronar, foi lentamente cruzando o riacho que se espraiava quase dez metros abaixo dos seus pés. Quando chegou ao outro lado, foi saudado com vivas, abraços e palmas. Mais um episódio da aventura, mais um tropeço vencido. Ele enrolou o laço, desatou-o da árvore, voltou se equilibrando, recebeu mais palmas. Todos, apressados, tomaram seus lugares e seguiram.

No rosto de Zé Baiano notava-se a expressão que o triunfo molda nas faces dos lutadores quando vencem obstáculos. Sem comentar nada, Raimundinho sorria com os olhos bem abertos.

A estrada ia sendo engolida pelo apetite voraz do veículo que queria chegar logo. A felicidade se estampava em todas as faces. Brasília estava perto...

Mais um obstáculo vencido na caminhada rumo ao futuro. Era uma aventura, momentos de ansiedade e medo. Outros mais fracos talvez desistissem, mas, ali, não havia oportunidade para os indecisos. Estradas, quase não as havia na região; o que existiam eram trilhos no cerrado, feitos pelas patas das boiadas que destruíam, em parte, a vegetação. Os poucos habitantes aproveitavam os caminhos para a passagem dos carros de bois sonolentos e poéticos. Eles alargavam as picadas e muitos carreiros levavam, sob o cocão, machados, trançadores e picaretas amarrados com tiras de couro. Usavam essas ferramentas com frequência para arrancar troncos, serrar galhos ou raízes para passar o carro pesado e toda a boiada que o puxava. O caminhão era veículo um pouco mais largo, as rotas no meio dos campos, florestas e cerrados se ampliavam; todavia uma viagem com boas estradas que poderia ser rotina agradável tornava-se um risco sacrificado.

Havia uma só direção, havia um só plano, havia só uma atitude: vencer ou vencer. Os nordestinos não mediam sacrifícios nem doses de coragem necessárias, viam o futuro como o andarilho que se esquece dos espinhos e pedras do caminho e não pensa nos pés que suportam a caminhada, porque a mente e o coração se fixam nos píncaros da montanha. Vencem a travessia do vale, mirando o tope.

Brasília parecia estimular a coragem nos corações brasileiros, desde os mateiros rastejadores aos ministros, dos candangos ao presidente. Eu, com a determinação característica da minha personalidade, realizava esforços que necessitavam de resistência física acima dos níveis do aceitável.

Afinal, atravessar a ponte foi outra vitória da determinação nordestina. A batalha continuava. A tarde passou rápida, no calor que abrasava. As horas de tensão também se refletiam no físico, nos gestos, nas conversas, mas, sofredores experientes, os fugitivos da seca levantavam o próprio moral cantando ou rezando. Assim venciam as distâncias, atravessando as veredas, riscos de dedos gigantes sulcando os campos do planalto Central.

As canções nordestinas brotavam dos corações que se tranquilizavam. Aqueles sons de vozes em coro penetravam o cerrado, repetindo palavras dos poetas:

"Juazeiro, juazeiro, não te lembras quando o nosso amor nasceu. Toda tarde a tua sombra, conversava ela e eu.".

E a jornada continuava. O poente já se pintava com as cores do fogo. A passarada voltava aos ninhos, querendo descansar. A noite lentamente dominava o planeta, nossa morada...

Zé puxou o interruptor e as luzes dos faróis se acenderam, clareando o chão. Raimundinho pediu ao motorista que parassem. Zé, sempre querendo andar mais, agora amparado por melhor iluminação, explicou-lhe que seguiriam mais uns dez quilômetros, até a cidade de Uruaçu, onde dormiriam.

De repente, numa baixada longa, quando o cargueiro tomou embalo, próximo à ponte de um riozinho, em cujas margens vivia com o bando familiar, um tamanduá-bandeira, ao atravessar a estrada, tendo os olhos cegos pelos faróis, foi atropelado pelo veículo. O motorista, rápido, ao ver o reflexo dos pelos do animal, tentou desviar e frear ao mesmo tempo. A ponte rústica impediu-o sair da estrada para evitar a colisão; a máquina poderia despencar no barranco do riozinho. O animal bateu o focinho contra o centro do parachoque, entrou sob o veículo, com o ruído de ossos e músculos esmagados pelo eixo dianteiro e pelas rodas. O corpo foi se chocando contra os metais, contra a barra da direção, rodou, violentamente, sob o eixo cardã, colidiu contra as tábuas da carroceria, para sair após o eixo traseiro e cair na vala, à direita da estrada, já morto.

Outro susto! Zé Baiano censurou-se, novamente, por não parar dez minutos antes. Raimundinho e muitos na carroceria, sem saber o que acontecia, estavam pálidos, sem fala.

O susto nos faz perder a exata proporção das coisas. Muitos pensaram que haviam trombado contra a guarda da ponte e poderiam rolar, barranco abaixo, no profundo sulco que as águas cavaram ao longo dos anos.

Zé conseguiu atravessar e parou do outro lado. Com lanterna grande de três pilhas, verificou o estrago. Felizmente, apesar do barulho, havia apenas um raspado na pintura nova do parachoque, manchas de sangue e pelos brancos grudados na lataria.

Zé e Virgulino, já recuperados do susto, foram para ver o animal. Atravessaram a ponte e, à esquerda deles, um monte de pelos, ossos e sangue mostravam o bicho morto. Voltaram ao caminhão. A saparia dos charcos vizinhos coaxava no coro desafinado, saudando a noite.

Zé examinou a área, usando a lanterna; caminhou num raio de cinquenta metros e decidiu que dormiriam ali mesmo. Ali passaram a noite, depois de armar as redes nas árvores ao redor. Era bem mais confortável do que repousarem amontoados no caminhão. Uma fogueira que acenderam a certa distância do veículo os defendia dos animais selvagens.

As horas atravessaram, serenas, a ampulheta da noite e a madrugada chegou festiva, abrindo as alas da escuridão, no desfile dos astros. O sol chegou para anunciar a manhã, despontando, toda sorrisos, vestida de luzes, por detrás das serras suaves de Goiás.

A refeição da manhã coroou as horas de sono, dando-boas vindas aos viajantes. Logo à direita do caminhão via-se um pé de manga-rosa, com os galhos tortos pelo peso de centenas de frutos coloridos, dependurados como bolas de uma árvore de Natal. Comeram bem: ainda havia pães e queijo curtido, quase duro, muito saboroso. As mangas, apanhadas com a mão, completaram a refeição. Antes de partir, vários sacos de estopa foram cheios de frutos do tamanho de maçãs; seriam sobremesa por vários dias, principalmente as que não estavam bem maduras.

Às seis horas da manhã, o motor de arranque girou, girou até que um estalido seco fez a máquina começar a trabalhar, vomitando turbilhões de fumaça negra se enovelando em coluna, com cheiro de óleo queimado. O dia claro os convidava para a jornada. Redes recolhidas, corpos descansados, sorrisos de felicidades.

Recomeçava a viagem. As rodas marcavam o chão com carimbos infinitos desenhando na terra, os sulcos dos pneus novos, esculpindo na areia minúsculas estátuas que se esparramavam pelo caminho.

62. AS RAZÕES DO CORAÇÃO

As estradas aqui eram melhores. Por causa da população mais densa, as trilhas do norte se transformaram em corredores mais largos, pedregulhados às vezes, ladeados por cercas de aroeira, com cinco fios de arame farpado.

Notava-se o capricho dos fazendeiros do sul. Havia casas e construções de currais que mostravam o lucro do trabalho agropecuário. O país ultrapassava-se na produção, em todos os setores, a população sentia-se entrando numa nova era.

O Banco do Brasil distribuía financiamentos a juros baratos, daí os investimentos dos fazendeiros, em benfeitorias, em reprodutores para a pecuária e máquinas modernas para a agricultura. Onde estava o cerrado, o trabalho dos homens do campo transformava-o logo em fazendas bem organizadas.

Os nordestinos viam, com alegria, aquelas cenas que lhes desfilavam aos olhos. Sentiam, a cada quilômetro, que penetravam num mundo de futuro promissor.

A noite já se anunciava, quando viram as primeiras casas de Uruaçu. Foram para a pracinha da matriz, onde velhas árvores davam-lhes as boas-vindas. A cidade estava sem iluminação pelas avarias do gerador tocado a motor diesel. A praça deserta, às escuras, oferecia-lhes um chuveiro grande sobre um canteiro gramado. Ali se banharam, logo comeram e foram dormir.

A manhã despontou sanguínea. Zé, o primeiro a levantar da rede amarrada a uma árvore, chamou os outros. Após rápida refeição, lançaram-se à estrada que, na poeira, parecia querer engolir o pau-de-arara vistoso e alegre como a bandeira nacional.

Zé, entusiasmado com a estrada, aproveitava os minutos, correndo o quanto lhe permitiam o motor velho e o caminho plano.

Logo no entardecer surgia-lhes, aos olhos felizes, a vilazinha de Itapaci, que tinha apenas algumas casas para mostrar aos visitantes. Ali dormiram na praça usando as árvores como suporte das redes.

O alvorecer chamou-os para continuar a jornada. Viajaram durante o dia todo por uma estrada onde dezenas de operários, carroças e animais consertavam o caminho. O trânsito difícil atrasou-os muito.

Quase ao escurecer, aproximavam-se de Ceres, a colônia agrícola fundada pelo amigo Bernardo Sayão, logo transformada em centro de progresso. A cidade, no espigão ao longe, mostrava-se em crescimento, talvez impulsionado por um entusiasmo nunca visto. A atmosfera de otimismo, estimulada por Brasília, conquistava a região.

Ao lado da antiga colônia agrícola estavam as fazendas férteis, cheias de bois, cujas raças começavam ser apuradas, aperfeiçoando-se de geração a geração, no rumo de uma pecuária altamente produtiva.

Os retirantes pararam num posto de gasolina à beira da estrada. Aí reabasteceram, feita rápida revisão, troca de óleo, calibragem dos pneus, foi colocada água fresca nos potes de barro. Agora, de espaço a espaço, havia outros locais onde poderiam se alimentar.

Iracema lembrou-se de guardar alguns quilos de castanha-do-pará, jatobás e alguns peixes defumados recebidos como presentes dos índios. O coração da mulher fiel lembrou-se de guardar lembranças para o marido querido.

Entre meus humildes amigos, os candangos, pequenos mimos de preço irrisório eram ofertados nos invólucros invisíveis do carinho, que os transformavam em objetos muito valiosos. O afeto perfuma os objetos, penetra os sentimentos, sensibiliza o coração, une, nos elos do amor, as consciências. Como Iracema não tinha dinheiro para comprar presentes, nem na Paraíba e muito menos durante a viagem, jatobás, castanhas e peixes testemunhavam que ela se lembrara dele. Os pensamentos de afeto devem ter atravessado o espaço que os separava, durante toda a viagem.

Quando Zé Baiano explicou a Raimundinho que em dias estariam em Brasília, o mocinho sorriu satisfeito, sua fisionomia mudou: durante a viagem começava a sorrir, sem saber porquê. Para quem o conhecia, como Zé Baiano, sua face era um livro aberto onde o menino escrevia seus pensamentos, mesmo os que voavam longe, desenhando o encontro do pai com o filho.

Ele imaginou a cena quando Severino o abraçasse. Zé, observando-o, notou que uma ruga profunda sulcou-lhe a testa. Pensamentos de tristeza atingiam o filho: o painho o aceitaria após o desastre? Como reagiria Severino à surpresa de vê-lo, antes esperto e feliz, mas agora preso na gaiola do corpo? Meditando, o mocinho lembrou-se das palavras do Zé Baiano que, há tempos, lhe explicou: Deus lhes havia mandado Peixinho para que a presença do filho adotivo perfeito ajudasse o pai aceitar o acidente do mais velho.

Enquanto o caminhão roncava estrada afora, seus pensamentos, em maior velocidade, penetravam os espaços para atingir o coração de Severino, que labutava, valoroso, nas obras do palácio do Planalto.

Lá longe, em Brasília, o painho tirou o capacete, passou a mão grossa, calejada e rude, na própria testa, enxugou o suor que lhe porejava da fronte, molhando o cabelo caído na testa. Ao passar a palma da mão na cabeça, lembrou-se do filho, sorriu sozinho, imaginando que ele lhe estava próximo. Severino suspirou fundo.

Sua mente viajou, nas asas da imaginação, como um raio certeiro, atingindo a Paraíba, e lembrou-se das crianças, de Raimundinho, de Iracema. Suspirou novamente, enquanto as lembranças desfilavam nas cenas do passado: a pobreza, sempre presente, a seca agressiva, o sacrifício constante; mas, nas suas imagens, havia um sentimento suave, terno, meigo, doce, de amor profundo, de afeto, misto de respeito e reconhecimento que unia os corações dos cinco filhos ao do painho, de Iracema para o coração de todos eles. Pensou, pensou, pensou... A emoção, misto de gratidão, dominou-o.

Carregando tábuas, para empilhá-las fora da construção, parou no local rusticamente cimentado, onde seria mais tarde a continuação de um corredor pavimentado de granito claro. Encostou uma ponta das tábuas no chão, segurou a outra com a mão esquerda, com a direita, retirou o capacete e, pela janela ampla, olhou o céu de Brasília na manhã clara:

– *Obrigadu pur tudo, Pai du Céu, traiz eles logu pru meu coração.*

Enquanto, no coração do motor, os pistões do caminhão deslizavam nas câmaras de combustão, empurrando, girando o virabrequim, na viagem longa, os corações da família Paraíba se interligavam, lançando no ar, bem longe, o perfume do amor que lhes extravasava das câmaras secretas da alma.

Assim a alegria invadiu os sentimentos.

Raimundinho, que havia deixado o Loirinho – o papagaio – na carroceria com os irmãos, imaginou que o painho adoraria recebê-lo como presente. As rodas continuavam a girar, levantando poeira fina, marrom-escura, sujando o ar.

Zé Baiano sentiu profunda paz interior ao pensar que quase cumprira sua missão. Todavia, o sentimento do homem, que forja a alegria, usa os os mesmos fatos da vida para adiar a própria felicidade. Zé, ao imaginar que deixaria o menino e partiria para outras viagens, se emocionou, enxugou os olhos no ombro direito da camisa. O mocinho observador olhou-o com o canto dos olhos:

– *Pelo padim Ciçu, tá choranu, Zé?*

– *Oh xenti, cabrinha da moléstia, cumu um homi iguá eu chora, sô?*

Virou o rosto para a janela para secar as lágrimas, pigarreou forte duas vezes, seguiu dirigindo...

A verdade é que se afeiçoara ao menino que lembrava seu filho, morto na Bahia havia muitos anos. Ao pensar na despedida, lembranças dolorosas lhe vieram à memória: perdera um filho que teria a idade de Raimundinho. A desidratação, trazida pela água contaminada, na região de Ilhéus, precipitou a meningite que foi impiedosa. Muito da dedicação aos retirantes vinha-lhe da transferência do afeto que dedicara ao filho.

Pensativo, ali compreendeu porque se sacrificara tanto na viagem, no episódio do ferimento da mão, na troca do pneu... "O coração tem suas razões e a própria razão não se esquece"..., pensaria eu.

A estrada, feito tapete marrom-claro, estendia-se, ao longe, nos vales, espigões, curvas, buracos e pontes. O pensamento deles ultrapassava o veículo e ia até Brasília. Muitos tentavam imaginá-la, mas a surpresa lhes seria muito grande...

Enquanto o caminhão seguia, uma atmosfera de meditação inundou a cabine. O episódio da ponte quase desmoronando fez o motorista pensar no destino. Ele quase morreu naquele lance de coragem. Alguém poderia pensar que a coragem era consequência da responsabilidade de condutor da caravana. No íntimo, ele conhecia a causa – o amor ao semelhante.

O amor é a força que governa, desde os elétrons até as famílias dos sóis no infinito. A sociedade humana, alicerçada na família, mantém as cidades e as nações, enquanto o amor difunde-se para atingir o universo inteiro. Por causa do amor, a vida faz girar os astros, feito lares e escolas, educando humanidades espalhadas no espaço infinito. Aí elas lutam, sofrem, progridem, aprendem iluminando-se. O amor, quanto mais se doa, mais se aprimora, quanto mais se divide, mais se engrandece, quanto mais se fragmenta, doando-se, mais se embebeda de amplidão. O amor, dentro da cabina de um caminhão velho, perdido nas estradas do sertão de um país chamado Brasil, fez um homem tornar-se herói. O afeto por um mocinho da idade do filho morto fazia o motorista protegê-lo, até arriscar a própria vida.

O amor se transforma em outras tonalidades de afeto, chamando-se, às vezes, simpatia, amizade, dedicação, altruísmo, coragem, idealismo, caridade, determinação ou persistência – a matéria-prima é a mesma. Mudam-se os tons, mas persiste a base sobre a qual se constrói a verdadeira vida. Faltasse o amor no coração do Baiano, ele desistiria da empreitada e voltaria. Mas a amizade, forjada no sacrifício, solidifica-se.

Ceres já mostrava suas casas em construção, vilas nascendo, se espalhando no ondulado do planalto goiano. Seguindo a direção da torre da igreja, como fizeram dezenas de vezes durante a viagem, foram até o centro da praça. A curiosidade pelo cargueiro não era grande como nas cidadezinhas, quase ocultas, nos cerrados ou nas matas do norte goiano. Ceres, apesar de pequena à época, recebia influência cultural de Anápolis, Goiânia e até de cidades tradicionais do Triângulo Mineiro, como Uberaba e Uberlândia. O maior estímulo para seu progresso, porém, vinha da cidade do porvir: Brasília. Pelas ruas de Ceres passavam multidões de viajantes demandando a futura capital.

Os nordestinos acamparam na praça da matriz. Procurando um chuveiro, chegaram ao banheiro subterrâneo. Depois do banho, alimentou-os um lance forte, feito com o alimento armazenado na carroceria. Sentaram-se nos bancos do jardim. O véu da noite já cobria toda a terra. Ficaram, porém, milhões de orifícios por onde as estrelas espiavam os homens, aqui em baixo. Por um rasgo maior, a lua contemplava o planeta azul, com sua face sorridente pintada de prata, eterna musa, enfeitava a noite inspirando poetas a escreverem modinhas de amor que os namorados ouviam no alto-falante da praça. Ao longe escutavam as batidas dos motores que transformavam óleo diesel em luz. De repente eles se aquietaram, a escuridão dominou a cidade. O chão, agora, era desenhado de sombras, o céu iluminado de estrelas. Após a noite, marcada pelos roncos cansados dos nordestinos, a madrugada surgia, com o sol de olhos avermelhados enfeitando a terra.

Após o café da manhã, o comboio varava as estradas. Brasília, lentamente, se aproximava. Lá na futura capital, que parecia uma colmeia, entre os candangos, as abelhas operárias, Severino sorria sozinho, enquanto trabalhava. O coração parecia lhe falar que a família não demoraria a chegar. Imaginou-se encontrando-os, ao entardecer, quando já estivesse em casa com os companheiros de alojamento.

– Deus do céu, meu coração, ocê pareci cavalo assustado tentandu quebrá as tábua du currá du peitu. Pára di pulá, oh xenti...

Quem passasse por aquele corredor do palácio do Planalto, cheio de sacos de cimento, pensaria que Severino Paraíba estava ruim da cabeça, falando sozinho. Era, porém, a felicidade, nascida de um pressentimento, dominando o coração de um paraibano valente.

63. A RODOVIA DO PIONEIRO

A jornada continuou tranquila. Via-se nos rostos a felicidade de quem vislumbra a vitória. Vencedores, vencedores... parecia que o vento lhes falava, assobiando nos galhos tortos do cerrado goiano.

O grupo saído de Patos era diferente do que chegaria a Brasília: as experiências foram valiosas. O homem ou a mulher, após adquirir certos conhecimentos, muda intimamente, pois se altera a maneira como enfrenta a vida e o mundo. Quanto mais profunda a sabedoria adquirida, mais nítida será a diferença.

A chegada a Brasília lhes seria grande vitória; faltava-lhes pouco para conquistá-la. Eram como alpinistas cansados que atingem a última etapa da conquista do cume da montanha. As estradas eram melhores do que as do norte de Goiás ou do interior do Nordeste. Aqui o cascalho era socado por cilindros de cimento, muito pesados, que rolavam, puxados por juntas de bois, compactando o solo por onde corriam os veículos que se distanciavam da capital. Ali também passariam homens de coragem que atravessaram a floresta Amazônica, rumando para o sul, na ânsia de encontrar Brasília. A estrada permitia aos pneus rolarem livres, em boa velocidade. Com o pensamento na nova capital, a esperança se ampliava, o otimismo tomava os corações. Na cabina estavam Raimundinho, Iracema, Peixinho e Zé Baiano. Via-se a alegria se estampar nas faces cansadas. Já passava de uma hora da tarde quando, ao lado esquerdo da estrada, surge um posto de gasolina: "Auto Posto Brasil", mostrava a placa amarelo-ouro, fixa em dois postes de aroeira à beira do caminho. O caminhão desviou-se para a esquerda, derrapando nos montes de pedregulhos no leito da estrada; balançou de um lado para outro, deslizando sobre as pedras. Ao passá-las as rodas livres alcançaram os paralelepípedos que calçavam a área ao redor das bombas de combustível.

Tudo era pioneirismo. Em choupana ao lado, residia família de gaúchos, os proprietários do posto. Os paraibanos desceram, mas não queriam entrar na lanchonete. Os poucos cruzeiros que tinham poderiam, no futuro, fazer falta, se gastos ali.

Zé abasteceu, completou o óleo, colocou água no radiador e caminhou mais uns cinco quilômetros para estacionar o veículo sob duas mangueiras, bem velhas, no quintal da sede de antiga fazenda de gado. A chuva, abundante na região, e a terra fértil fizeram das duas árvores gigantescos monumentos vivos. Os galhos espraiavam-se desatando perfume nas flores miúdas. A cabina e a carroceria estavam bem protegidas do sol.

Pães, já meio secos, queijos curtidos e castanhas-do-pará, foram a refeição. Pelos planos do Zé, aquele almoço seria o penúltimo da viagem.

Pensou ideias de tristeza, coçou a cabeça, com a mão direita, logo acima da orelha, afinal a vida é uma constante viagem. Durante a jornada nós nos encontramos com outros passageiros, com sonhos semelhantes, e seguimos juntos por algum tempo. Depois os sonhos mudam, os destinos se transformam e descemos do comboio da vida em locais diferentes. Os outros prosseguem buscando o próprio destino. "Mas", pensou Zé, "motorista também tem coração. Eu tenho o direito de sentir que na caravana, atravessando serras e vales, areões e estradas, sofrendo juntos, formamos um grupo como verdadeira família. O caminhão era a casa que se move, mostrando pelas janelas o mundo lá fora, ensinando realidades aos que estavam aqui dentro. Os problemas resolvidos juntos, nos uniram." Eles pararam por uma hora para comer. Zé, que tinha alguns trocados no bolso, querendo festejar, tinha comprado, no posto onde pararam, algumas garrafas de guaraná para dar aos membros da caravana. Carregou um engradado de tábuas de pinho, cheio de frascos da bebida:

– *Oh turminha da muléstia, tem aqui uma bibida qui vai fazê muitu nordestino babá di delícia. Issu é u guaraná.*

O pessoal bebeu com gosto, o almoço terminou. Raimundinho pediu três copos do refrigerante. Zé, vendo-o beber, brincou:

– *Oh xenti, bichim, pur certu nóis vai tê qui tirá a água du joelhu, né?*

Iracema afastou-lhe a boca do copo, onde ele quase mergulhava o nariz, e virou mais a vasilha para ele beber tudo. Raimundinho respondeu, após suspirar fundo:

– *Tá certu, homi di Deus, mais lá na Paraíba nóis num tem issu, vamu aproveitá.*

Zé riu e, recolhendo as garrafas de vidro verde-escuro, colocou-as no engradado. Peixinho que recebeu meio copo de guaraná, na mamadeira, levantou as duas mãos, meio choroso, pedindo mais.

Precisavam partir. Viajando, o vento diminuía o rigor do sol. Desciam para o sul. Máquinas enormes, quais animais gigantescos de pele amarelo-berrante, apareciam aqui e ali à beira de estradas em construção. Os sulcos, no solo pedregoso, mostravam esboços da Belém-Brasília que já começava a fazer parte do cenário do Brasil central. Desvios cheios de areia e buracos retardavam a marcha do veículo, que ia quase parando. Os operários da rodovia abanavam a mão para os viajantes e gritavam-lhes, com sotaque forte:

– Ocêis acharu mina di ouru, genti da bixiga. Tamém veiu ficá rico em Brasília?

Os caravaneiros retrucavam:

– Dá prá vê qui ocê já tá rico, hominho arretado...

Gargalhadas se espalhavam, enquanto o caminhão seguia, sacolejando, entre montes de terra, pedras e buracos.

Mais adiante um grupo de nordestinos, armados de pás, enxadas e picaretas, alisavam os barrancos, construídos inclinados para combater a erosão. Um deles gritou:

– U caminhão parece a bandera du Brasil viajano. Oceis deve sê as estrela dela.

Novas gargalhadas explodiram. Um outro, próximo, gritou:

– Oceis é as istrela do Nordeste, oh xenti.

Riam felizes, enquanto o pó levantado pelos pneus formava nuvens que davam os adeuses dos viajantes que passavam, enquanto os operários continuavam a tarefa de construir as estradas para a capital.

Os paraibanos seguiam, lentos, por estradas secundárias, cheias de raízes retorcidas expostas ao sol, arrancadas pelo aço das lâminas dos tratores ou pelas picaretas, manejadas pelos dedos calosos dos nordestinos.

A jornada prosseguia. Próximo à Uruanã, escutaram ruído muito forte; parecia haste de aço se rompendo, com violência. Ao pressionar o pedal, Zé notou que ia até o fundo, mas a velocidade não diminuía. Ele foi reduzindo as marchas até estacionar junto a um barranco, à direita. Era um local de estrada estreita. Na segunda marcha caminhou mais um pouco, até encontrar um jacarandá projetando sombra na estrada. Alguns passageiros, em confusão de vozes, falavam preocupados.

O estalido veio da quebra do varão do freio. A mudança das marchas poderia dar relativa segurança, mas havia o risco de uma tragédia, numa emergência. Assim Zé deixou engatada a segunda marcha até chegar a Uruanã.

A rota atravessava lindas fazendas de criação de gado. O desfile das riquezas continuava. Goiás é uma joia encaixada no centro do Brasil. É o elo que centraliza os estados ao seu redor; sua atmosfera de progresso e equilíbrio une a federação. Os vizinhos do 'país do Anhanguera', nove estados, recebem dele energias inspiradoras que lhes auxiliam o progresso.

Cercado por rios, correndo no sentido sul-norte, Goiás foi projetado para abrigar a capital do país, pois sua geografia é delineada visando acontecimentos futuros, importantes para a humanidade.

As bacias hidrográficas formadoras do Paranaíba, do Tocantins e do Araguaia transportam vida, que se espalha pelas planícies, derramando fertilidade e abundância. Se o São Francisco é o rio da unidade nacional, o Araguaia e o Tocantins são o escudo protetor da união geográfica da pátria. Goiás é um sol no coração do país, por isso, os líderes nacionais decidiram colocar aqui o foco da luz civilizadora, a capital da esperança, que iluminará nossos destinos pelos séculos do porvir.

Tudo em Brasília foi projetado para inspirar a união dos povos, pois culturas diversas necessitam do imã centralizador da capital moderna que atrai as peças, os estados, que formam esta escultura gigante chamada Brasil. Goiás estendia-se protegendo os viajantes com um clima e um relevo acolhedores.

Zé desceu e viu o freio destruído pelo uso: aqui foi acionado para evitar o choque com um tronco caído, atravessado na estrada, ali, para segurar o veículo evitando um buraco, mais além, diminuía a marcha do pau-de-arara, numa curva, para evitar pedras, raízes, obstáculos no meio da estrada. Em caminhos precários, usam-se os freios milhares de vezes por dia, até que os varões, transmissores da pressão do pedal, se romperam.

O motorista examinou a peça e viu que o parafuso que fixava o cabo de aço se partiu. Era só encontrar outro e a viagem poderia prosseguir. Mediu a rosca e saiu debaixo do caminhão. Procurou na caixa de madeira onde guardava peças sobressalentes. Mexeu até encontrar algo que possivelmente serviria. E... serviu. Apertou a porca no parafuso e, ao sair de sob o chassi, mostrava sua alegria, o freio funcionava perfeito; poderiam continuar a viagem com toda segurança. Já estavam chegando a Uruanã, ao sul de Ceres. Brasília estava a menos de duzentos quilômetros.

Raimundinho com seu coração acelerado que pulava no peito, começou a imaginar como estaria o querido painho: teria envelhecido? Severino passava dos quarenta anos, época na qual as alterações físicas se acentuam. Raimundinho pensava sempre no grande amigo, amava o pai, respeitava-o profundamente, admirava sua coragem e tenacidade.

A jornada continuava. A chuva os colheu de surpresa. As cortinas de couro na carroceria foram baixadas, os vidros da cabina elevados. A tempestade violenta chicoteava a lataria do cargueiro. "Assim apaga um pouco o pó", pensou Zé Baiano. Os raios, coriscando no céu, preparavam caminho para os trovões de voz grossa explodirem, rasgando as nuvens. Raimundinho e Iracema podiam ver a estrada, graças aos limpadores, ambos funcionando. Os vidros estavam livres do pó e da água suja da enxurrada espalhada pelas rodas. O cenário agora era muito mais bonito. Iracema e o menino podiam ver, ao longe, as colinas e vales, árvores e plantações, riachos e cachoeiras, pássaros e rebanhos pastando tranquilos. A cabina estava mais clara. Com a visão cheia de coisas belas, eles se sentiam mais seguros.

Próximo à cidade de Uruanã, ainda no campo, resolveram parar. Seria a última vez que dormiriam no cerrado? Mais ao sul, as cidades eram próximas, espalhadas ao longo das estradas que melhoravam a cada quilômetro. As redes foram desenroladas e amarradas nos troncos das árvores vizinhas. A noite estrelada tomou conta do cerrado goiano. Um silêncio bucólico dominou os sons. De quando em quando, ouvia-se o cricrilar dos pequenos insetos e o arrulhar de uma juriti, pacífica, feito a mensageira do amor naquelas áreas. "Mais uns seis pousos e estaremos em Brasília", pensou Zé Baiano ao deitar-se.

A manhã surgiu calma, risonha. A Natureza abriu sua alma, repleta de alegria. Ele acordou vendo a multidão de cores tomar conta do céu do planalto, enquanto pensava, como se tivesse sonhado com isso, no encontro com Severino e como o auxiliaria a aceitar o filho aleijado pelo acidente.

Logo depois da refeição, montaram no pau-de-arrara e a máquina correu segura. A terra ali mostrava-se úmida pelas chuvas caídas dois dias antes. Pensando na chuva e na terra molhada, Zé pareceu ouvir, na intimidade do próprio coração: "Já faz três noites que pru norte relampeia, a asa branca, ouvindo o ronco do trovão, já bateu asas e voltou pru meu sertão. Ai, ai, eu vou-me embora, vou cuidar da plantação. Rios correndo as cachoeiras estão zuando, terra molhada, mato verde, que riqueza, e asa branca à tarde canta, que beleza, ai, ai, o povo é alegre, mais alegre é a natureza"... O motorista meditava como seria bom se os nordestinos não precisassem se transferir para outras terras por causa da seca. Ah, suspirou baixinho:

– Cum a chuva qui tem aqui, nóis seria feliz lá. Um dia vai brotá flor nu sertão u ano inteiru. É dolorido deixá a terra natá para trás. Cumu seria bão, si nóis tivesse todas as familha nordestina voandu, nas asa da Asa Branca, voltandu pru meu sertão.

64. A SAUDADE E A DOENÇA

Como é agradável a sensação da vitória. Quanto mais difícil a empreitada, mais profundo o sentimento; quanto mais rude o sofrimento, ao se conseguir algo, mais saborosos os frutos da luta.

O caminhão agora era uma ilha de felicidade. Depois de reparado o varão do breque, tudo ficou mais tranquilo.

Os viajantes mostravam, nas faces tostadas pelo sol da jornada, a ansiedade, com uma pitada de medo, a temperar-lhes as emoções. Afinal, a mudança de vida seria total.

Para o sertanejo do Nordeste, o cheiro da terra, os sons da natureza, o cantar dos pássaros sofridos, de gargantas secas, o mandacaru amigo, o juazeiro poeta, observando o martírio e a grandeza dos retirantes, lhe gravam na alma cenas que os tornam sempre saudosos da terra natal. Em outras terras, longe da sua, o sertanejo quer vencer ou vencer. É o amor que os acompanha pelo resto da vida. Por melhor que esteja o nordestino, uma saudade sutil o segue. Os que enriqueceram imaginam a vida mais doce se estivessem, um pouco menos ricos, vivendo na terra natal. Os que apenas sobrevivem economicamente, no fundo do coração, trazem o sabor discretamente amargo da necessidade de retornar. A realidade, porém, era que a caravana, depois de tantos obstáculos, estava próxima a Brasília... As estradas convidavam o veículo a deslizar mais livremente.

Raimundinho começou a queixar-se de um mal-estar. Subia-lhe pelo pescoço até o couro cabeludo um arrepio de frio. Reclamou com Iracema:

– *Num se avexi, fiu queridu, isso é só vontade de vê o painho querido...*

– *É, não, mainha, a vontade dissu divia dá coisa boa, achu qui tô duente di novu.*

Zé franziu a testa e, sem perceber, apertou mais o acelerador aumentando a velocidade:

– *Num vô travessá u mar i morrê na praia não. U padim Ciçu vai ajudá eu chegá com esse moleque vivo e são – falou para si mesmo.*

O menino piorava, a cada minuto. A febre forte preocupava a mãe. Zé parou e buscou, na traseira do caminhão, uma cabaça cheia de água. Iracema tirou o lenço do cabelo e umedeceu a testa do menino. Na parada, percebendo tudo, dona Virgulina pediu o Peixinho para mimá-lo nos seus braços mornos de mãe de nove filhos.

Iracema procurava fazer o menino reagir. Como médico, observei que a mente, determinada a vencer as doenças, faz a recuperação mais rápida.

Ela procurava mantê-lo participando da viagem. Perto das nove horas da manhã, ela viu, sobre forquilha de um tronco seco de árvore, um enorme gavião com suas feições agressivas, bico adunco, na cara de mau, tentando destruir um ninho, à caça de um filhote desprotegido. De repente, vindos não se sabe de onde, um bando de passarinhos cinzentos de bicos finos, feito esquadrilha de aviões de caça, atacaram o malvado, como se fosse batalha no mar, com pequenos aviões de caça a bombardearem navio enorme. O bando, se não ganhava na força, vencia na rapidez. Alguns, mais corajosos, bicavam as costas da poderosa ave que tentava se defender. A velocidade dos atacantes o fez alçar vôo, fugindo apavorado.

Iracema, que observava desde longe a cena, apontou-a para o filho. Ele olhou os pequeninos que perseguiam o grandalhão, viu que passaram à direita da cabina, fazendo-o abrir os olhinhos e sorrir, mas logo caiu na letargia que o dominava havia mais de quatro horas. Ela franziu a testa e continuou fazendo compressas, com a água fresca da cabaça. "A febre deveria ter cedido", pensou.

O pé do Zé Baiano parecia compreender a gravidade daquela hora e apertou mais o acelerador. O pau-de-arara, saltando buracos, respondia às ordens do motorista, quase se desmanchando na pressa de chegar, feito um cavalo nervoso vendo o fim da corrida. O silêncio tomou conta da cabina. Faces carregadas de preocupação, Zé resmungou:

– *Mininu Jesuis, ajuda o Zé a levá esse mocinho com saúde até Brasília. Ajuda eu, padim Ciçu.*

Ele diminuiu a marcha e, sem parar o cargueiro, pôs a cabeça para fora:

– *Pessoá, nosso amiguinho tá mar outra veiz: reza prá ele, gente.*

De imediato, na cabina, ouviu-se sussurro de vozes em oração. As rezadeiras paraibanas começavam a conversar com Deus, pedindo a proteção. Ela viria?

65. ONDE ESTÁ A FELICIDADE

O menino era o termômetro das emoções da caravana. Se estivesse bem, todos se alegravam, os sorrisos eram constantes, a viagem corria solta e descontraída. Naquelas horas, porém, sem saber o que estava acontecendo, o grupo ficou tenso. A alegria batia suas asas azuis e voava de dentro do caminhão.

É muito interessante a vida. A felicidade, neste mundo, nunca é completa; algo sempre parece turvar os sentimentos. O rico, abundante de posses, tenta conservá-las à custa da própria tranquilidade. Muitas vezes conversei com pessoas, mais do que ricas – poderosas – e percebi o mesmo sentimento de insegurança: o medo de perder –, que lhes tirava a felicidade.

Mesmo o imperador Hailê Selassiê, o rei dos reis, o Negus, o Augusto, um homem que tinha aos seus pés uma nação, ao visitar-nos durante a construção de Brasília, mostrava, nas nossas conversas amigáveis, sinais de tensão. No terceiro dia da visita, recebeu a notícia de que um golpe de estado no seu país, a Etiópia, o tirara do trono. O imperador tornou-se súdito humilhado. Pediu-nos emprestado cinquenta mil dólares, o que nós fizemos, através de amigos, com a máxima boa vontade. E ele era merecedor do nosso respeito pelas atitudes, até de sacrifício pessoal, em favor da população do seu país. Era um soberano com ideias democráticas. Com o dinheiro emprestado, voltou à sua pátria, conseguindo reverter o golpe militar, retomando o poder. Logo pagou a dívida com nossos amigos.

A alegria completa parece não existir por aqui, a não ser que mudemos nossa maneira de encarar a vida. Minha felicidade nascia, em grande parte, da satisfação de realizar obras importantes: desde as pontes sobre os rios, ao redor de Diamantina, tirando-a do isolamento, até sua legalização como patrimônio histórico, a transformação de Belo Horizonte, as obras da Pampulha, as estradas construídas no período da nomeação como prefeito, e depois governador do estado, as rodovias cortando o país durante os anos da presidência, e Brasília, a joia lapidada no planalto.

As obras, feitas com o esforço do povo, coordenado por nós, dava-nos muita satisfação. Porém, a alegria de tais conquistas era manchada pelos ataques pessoais da oposição, na maioria das vezes mal intencionada. Eles embaçavam a felicidade do povo e a nossa também.

Guardadas as devidas proporções, a situação do presidente do Brasil, do imperador da Etiópia e dos paraibanos era a mesma. Nestes últimos, a felicidade pela vitória na viagem difícil era manchada pela doença.

Mas, como a vida, a jornada continuava. As mãos de Zé Baiano, há tanto tempo agarradas ao volante, sentiam-se aliviadas. A proximidade de Brasília deixava-o feliz, porém Raimundinho estava lá, ao seu lado, na cabina, quase sem sentidos, derrubado pela febre alta... Apenas o recurso da água fria na testa poderia ser usado naquelas horas. Iracema cuidava dele, enquanto, lá atrás, as rezadeiras conversavam com Deus. Os músculos tensos do Zé apertavam o acelerador, aumentando a velocidade, diminuindo a distância entre o caminhão, lotado de preocupações, e a cidade que nascia.

O ronco do motor cansado cortava os ares do planalto, deixando para trás árvores, colinas, pastagens, estradas de fazendas, cobrindo com o pó fino, marrom-claro, os caminhos percorridos.

Enquanto Brasília se aproximava, Raimundinho piorava. Já estava sem sentidos, a febre altíssima, seu estado quase desesperador.

Cenho carregado, face enrugada pela preocupação, Zé Baiano olhou para Iracema:

– *Irmãzinha, u qui nóis faiz agora? Nóis vai passá pela entrada di Jaraguá. Nóis pode procurá um dotô lá.*

Ela pensou:

– *Sabi, Zé, im Brasília deve tê us mió dotô. Pará vai sê perdê tempu, vamu im frenti cum u padim Ciçu guianu nóis.*

O pé direito afundou mais e a máquina velha gemeu nervosa, fazendo o possível para correr. As rezas continuavam, as preocupações aumentavam, o estado do menino piorava. Não paravam nem para comer. O desespero invadiu a cabina, a tristeza tomou conta do grupo, os corações ansiosos batiam descompassados, querendo chegar.

Já tarde da noite, pararam na pracinha de Jaraguá. O médico, que vinha de Anápolis uma vez por semana, não estava. Um moço alto que passava em frente à igreja informou que na esquina havia uma farmácia e o farmacêutico morava na casa dos fundos.

Seu Doquinha, com mais de sessenta anos, olhos claros e bondosos, cabelos brancos ondulados, acordou com as batidas de Zé Baiano na janela do seu quarto. Ainda de pijama, caminhou até a praça, examinou Raimundinho e correu para a farmácia. Voltou com uma seringa em cuja agulha estava espetado um frasco com tampa de borracha, onde se lia: "Benzetacyl K 1200 unidades". Explicou ao Zé e a mainha que o menino estava com infecção e que aquilo ia melhorar. Meio desajeitado, tentava injetar o líquido leitoso no ombro do garoto, pois as nádegas estavam cobertas pelo gesso. Não conseguiu, o braço estava muito magro, a musculatura reduzida pela paralisia. Resolveu, então, introduzir a agulha, profundamente, na coxa direita. Conforme o líquido penetrava nos músculos fracos, o doentinho gemia de dor, quase desacordado. Numa caneca de alumínio velha e amassada, ele dissolveu quatro comprimidos, retirados de dois envelopes onde se lia: "Melhoral". O menino engoliu, com dificuldade, o líquido amargo. O homem explicou que aquilo ia fazer a febre baixar.

Iracema, sentada na cabina ao lado do filho, estava com os olhos vermelhos pela falta de sono, pelo cansaço e pela emoção de ver o pequeno sofredor, cujo tormento parecia não ter fim.

Pai de família amoroso, seu Doquinha entendeu a agonia daquela gente. Orientou Zé e a mainha sobre a gravidade da doença, aconselhou-os a correr para Brasília o mais depressa possível. O motorista, impetuoso, quis continuar a viagem imediatamente, em plena madrugada. O farmacêutico alertou que, na escuridão, poderiam ser vítimas de acidentes graves, pois, naquela região, havia muitos bois que varavam as cercas precárias de algumas fazendas e ficavam no meio da estrada. Achava melhor esperar o nascer do sol, o benzetacil já começava a proteger o menino da infecção, o melhoral da febre, e as coisas seriam mais fáceis. Ele se despediu do grupo e foi dormir, recusando-se a cobrar pelos medicamentos e pelo serviço.

Mal raiava o sol, as luzes ensanguentadas do nascente já clareavam o caminhão velho, penetrando no sulco da estrada cheia de pó, buracos e cascalho. A comida da manhã era distribuída aos da carroceria através das janelas; não podiam se dar ao luxo de parar para comer. Quase ao anoitecer, chegaram a Pirenópolis, onde abasteceram a máquina. Na velha cidade goiana, cheia de valorosas tradições culturais brasileiras, procuraram a farmácia, onde o doente recebeu outra injeção de benzetacil e tomou, dissolvidos, três comprimidos de cibalena para combater a febre que teimava em continuar. Com tudo isso ele melhorou muito pouco.

Zé, ansioso para chegar, resolveu continuar, apressado, a viagem, caminhando rumo a Corumbá de Goiás. As sombras, misturando-se à luz do sol que se apagava, tornavam difícil a visão. Naquelas horas, quando o dia não morreu e a noite ainda não tomou conta da natureza, os contrastes de imagens se tornam difíceis. Num local de estrada estreita, de barranco alto, numa curva à direita, com os faróis ainda apagados, Zé percebeu um vulto se movendo no caminho. A brecada, com toda a força da perna, desviou o caminhão para a direita, o canto traseiro da carroceria abriu um sulco fundo e longo na terra vermelha do barranco, freando a máquina. O barulho fez o pessoal gritar desesperado, sem saber o que acontecia. O motorista acendeu os faróis e a cena se fixou para sempre na memória do Baiano: a musculatura das pernas e do traseiro de um boi marrom-escuro brilharam à luz do veículo, enquanto o animal amedrontado fugia galopando. O farmacêutico de Jaraguá tinha razão, muitos animais fugiam das fazendas e saíam para a estrada ali morava o perigo.

Raimundinho, reunindo todas as suas forças, sussurrou:

– *Eu já tô um pouco mió, Zé. Nóis pode pará e discansá di noite.*

Zé andou mais um pouco, parou numa clareira do cerrado, examinou o caminhão, suspirou aliviado ao ver que apenas um ligeiro raspado na pintura da carroceria, além da terra mole ali grudada, testemunhavam o que poderia ter se transformado em tragédia.

As redes foram estendidas nos troncos das árvores ao redor. Quando foram procurar algo para comer, o depósito da carroceria estava vazio, nem água havia para beber. Na pressa, esqueceram-se de se reabastecer. Ao cansaço e à tensão, juntava-se agora a fome para testar a fibra dos nordestinos.

Zé, pensativo, deitou-se na rede, mas não conseguia dormir. A lição lhe fora muito dura: a falta de controle poderia levá-los a perder a vida, inclusive a de Raimundinho, que ele tentava salvar. Meditava agora que, nas desgraças, o equilíbrio emocional é o fator mais importante para a vitória. Mesmo no suplício extremo, o homem precisa se conservar calmo, dominando os próprios sentimentos, para ultrapassar barreiras e resolver problemas, principalmente os mais difíceis que surgem na vida.

A madrugada começou pintar o nascente, na tela azul escura do céu. O baiano logo gritou chamando o grupo. A jornada prosseguiu. A fome e a sede começaram a martirizá-los, conforme o sol ia se esquentando. Numa baixada longa viram um riacho que cantava ligeiro, correndo sobre pedras claras. Pararam. Todos desceram. Alguns correram para as águas, bebiam com a concha das mãos, sedentos e suados, molharam-se para se refrescar e, quase exaustos, deitaram na relva às margens. Iracema levou uma cabaça cheia do líquido para o filho, que o engoliu em desespero. A febre aumentava-lhe a sede, castigando o corpinho frágil.

Depois de mais de seis horas de viagem, por uma estrada cheia de curvas e buracos, chegaram a Corumbá de Goiás. Entraram na cidade, parando o primeiro que encontraram, um menino com uma bicicleta velha:

– *Amigo, faiz quase dois dia qui nóis num come. Onde tem argum tipo de cumida?*

O garoto esperto deu sinal para segui-lo. A bicicleta, toda descascada e sem paralama, desceu a rua estreita, calçada de pedras antigas, virou uma esquina e parou na frente de uma padaria:

– Seu Alonso podi fazê di tudo prá voceis comer.

Desceu a rua onde se via mofo verde cobrindo as pedras e cantos das paredes, soltou as mãos do guidão, mostrando sua perícia, abriu os braços e seguiu feliz por ter feito uma boa ação.

Todos desceram, entraram em bando pelas três portas da padaria. Ao ver os doces coloridos nas vitrinas, arregalaram os olhos, deslumbrados e famintos. Zé explicou ao dono que não comiam havia quase dois dias. O homem apontou para Raimundinho e Iracema, perguntando se não iam comer. O motorista explicou e logo o homem descia a escada de dois degraus, carregando uma bandeja cheia de pudins, bombas recheadas e quitutes variados. Uma garrafa de guaraná acompanhava as delícias. Raimundinho, ao ver aquilo, lambeu os beiços:

– Mainha du céu, mi dá logo um pedaço de cada um cum meiu copu da bibida doci.

A mãe colocava-lhe na boca pequenas porções que ele, apressado, tentava engolir sem mastigar. Ela lhe chamou atenção, ao dar-lhe meio copo de guaraná. Era a primeira vez que comia bem, após a grave doença que ainda o mantinha com a febre teimosa. A medicação dos farmacêuticos estava adiando problemas mais graves. Ambos comeram até se fartar.

Lá dentro, o homem preparou vários sanduíches de mortadela e queijo, que ele trazia da fazenda. Depois do jejum forçado, foi uma festa.

O comerciante, vendo a situação, com pena do menino, cobrou um mínimo, por ter dado, conforme explicou ao Baiano, doces e pães ainda bons, mas que não agradavam mais os fregueses exigentes. Encheu dois sacos de farinha com pães amanhecidos, mas ainda limpos e saborosos, e entregou ao motorista, explicando que, com aquilo, não passariam mais fome até chegar a Brasília. Nas torneiras do quintal os viajantes encheram todas as vasilhas de água; estavam abastecidos.

Partiram. A cidadezinha de Corumbá de Goiás ficava para trás, mergulhada no ar cheio de pó. Havia ainda muitas horas de luz do sol. Zé queria aproveitá-las. Não se sabe porque, mas Raimundinho começou a piorar muito. O Baiano afundava o pé ao vê-lo agora quase esticado no banco, com a cabeça no colo da mãe. Passou-lhe a mão no rosto e, quase automaticamente, apertou o acelerador. O pau-de-arara começou a balançar, na estrada esburacada, tentando correr. Chegavam a Taguatinga, cidade satélite que nascia. O sol ainda clareava aquele mundo de sonhos que se aproximava. Brasília surgia ao longe, no horizonte. O sonho dos paraibanos, depois de tantas lutas e sofrimentos, tornava-se realidade. Raimundinho sobreviveria para desfrutar da felicidade que lhes custou tanto em dores e esforços constantes?

Certa vez, encontrando-o nos galpões que forneciam refeição aos candangos, Zé Baiano me relatou que a chegada do grupo foi comparável, em emoção, à primeira visão que tiveram do rio São Francisco, cortando os campos da Bahia. Aqui, porém, o panorama, era diferente. O milagre do trabalho de milhares abelhinhas humanas mudava o aspecto do cerrado. Agora surgia um mundo de sonho parecendo fora da Terra.

Sorri, ao ouvir a comparação inteligente, pois, algum tempo antes, Iuri Gagarin, o célebre astronauta russo, o primeiro ser humano a orbitar ao redor do planeta, em visita oficial, declarou-nos que se sentia fora deste mundo ao contemplar Brasília.

As emoções do medo da morte do menino, justamente, às portas de cidade da esperança, contaram-me alguns da caravana, se misturavam à alegria da chegada e às surpreendentes formas das construções. As impressões lhes vinham como turbilhões de águas, rolando barulhentas, precipitando-se contra as pedras, como na Cachoeira de Paulo Afonso. Nos penhascos dos corações, a avalanche de emoções em conflito tomava conta dos sentimentos. Brasília estava ali, presente, real, verdadeira. A profusão de cenas, chegando aos olhos dos viajantes, os confundia na felicidade da vitória. A reza pelo mocinho, porém, continuava.

Tudo parecia um sonho, e não era? No limiar de um mundo diferente, desfilavam pelos olhos curiosos um sem fim de surpresas. Eles notavam atrevidas estruturas de concreto, perfurando as paisagens, quais dedos de mãos gigantes, feitas pelo idealismo de homens e mulheres. As estruturas riscavam os céus para escrever a história de um povo que acreditou em si próprio. O Brasil materializou sua fé no futuro através de um monumento de amor e glória: Brasília.

Numa colina à direita, os paraibanos notaram os guindastes, feito dinossauros mecânicos balançando seus pescoços desengonçados, carregando pedras, concreto, materiais diversos, empilhando-os ordenadamente, formando as paredes imponentes do Brasil do futuro. O pó fino, avermelhado, filtrava os raios do sol, dando ao local uma atmosfera estranha, criando cenário místico. Lá estava Brasília.

Mesmo Zé Baiano, acostumado ao ir e vir, admirou-se da velocidade das coisas, mudando desde a última visita. Os capacetes dos candangos, em tons berrantes, enfeitavam o panorama. Alguns no caminhão sentiam aquele frio no estômago, característico dos momentos de ansiedade, quando encaramos fatos novos. Atravessaram áreas semeadas de casas rústicas nas cidades satélites que nasciam.

Nas avenidas, as rodas do cargueiro vibravam ao passar nas saliências feitas pelos dentes dos rolos compressores que compactavam o solo. Em alguns locais borrifavam água para fazer a terra se firmar mais. O barulho das rodas lembrava o solo molhado nos dias de chuva. Os paraibanos, estranhando a abundância de água, se lembravam da seca no Nordeste. A poeira estava também misturada ao suor de milhares de brasileiros. Cada gota de suor caída na terra do planalto era semente de esperança a germinar para o futuro. O trabalho tudo vence.

Raimundinho, quase inconsciente, ouvia, num sonho confuso, os guinchos e roncos dos guindastes e tratores a modificarem a paisagem. Imaginou que estivesse numa casa enorme onde máquinas gigantes escavavam o solo, arranhando as paredes. Às vezes ouvia vozes de homens gritando ordens e de alguns gargalhando alto, enquanto os silvos dos vergalhões de aço atritando-se contra o concreto faziam os sons confusos. Ele abriu os olhos, tentou compreender onde estava. Viu de relance, sobre o painel, através do parabrisas, uma estrutura que lhe parecia a gaiola do assum preto: eram as colunas de um edifício da esplanada dos Ministérios. Tentou movimentar os olhos para cima. As toxinas das bactérias, diluídas na corrente sanguínea, dominavam-lhe o cérebro. Sentia-se como alguém alcoolizado que lutava para se conservar lúcido e... não conseguia.

Virou os olhos e viu umas tábuas sujas de cimento acima da sua cabeça. Era a laje do Hospital J. K. que estava em construção. Ouvia a voz de Zé Baiano como se fosse através de um túnel escuro e longo, pedindo pressa a um funcionário, vestido de branco, com a calça vermelha de pó. O menino nada compreendia, mas tinha certeza de que estava protegido ouvindo a voz do amigão. Sentindo o calor dos braços de Iracema, entregou-se a um sono agitado por uns segundos. Logo depois despertou, confuso com o barulho das rodas da maca apressada que ia saltitando nas saliências do cimento do corredor. Percebeu ao seu lado a mainha apertando-lhe a mão esquerda. O toque carinhoso o confortava. Do outro lado, o motorista, quase correndo, lançava a sombra do seu corpanzil sobre ele. Respirando com dificuldade, ele varava o corredor, deitado na maca branca cheirando tinta nova. O enfermeiro que, junto com Zé Baiano, levava a maca, empurrou a porta basculante da sala de emergência quase gritando:

– Doutor Ribeiro Ambrósio, menino de doze anos tetraplégico após acidente há três meses, com febre alta e quase inconsciente. Parece processo de infecção grave. Raimundinho percebeu um moço claro, quase loiro, com óculos grossos e cabelos ondulados, aproximando-se do seu rosto para examiná-lo.

A experiência clínica do doutor Ambrósio mostrou urgente necessidade de tratamento da grave infecção urinária que se instalou devastadora. Muito atencioso, o médico explicou a Iracema, ao saber da medicação recebida dos farmacêuticos, que era correta e ajudou muito o doente chegar até Brasília e, sem ela, talvez agora o menino já estivesse morto.

O tratamento com antibióticos na veia foi iniciado de imediato. Os remédios contra febre também ajudavam. A temperatura elevada já poderia ter lesado o cérebro, como o médico explicou. A sertaneja fervorosa retrucou:

– Priocupa não, Dotô. U padim Ciçu sempre protegeu meu fiu. Nóis cunfia nele i no fiu de Maria, u mininu Jesus.

O médico, com o sotaque de mineiro, esclareceu:

– Então, dona, Deus vai nos ajudar curá-lo – falava, enquanto lhe tomava o pulso:

– As coisas estão melhorando.

Retirou-se. A auxiliar de enfermagem explicou a Zé Baiano que apenas a mãe poderia permanecer ali. Zé saiu andando pelo corredor do hospital, em direção à rua, murmurando:

– Mininu Jesuis, ajuda meu amiguinho qui já sofreu muito. Num deixa ele morrê, Sinhô...

A preocupação fazia-lhe o corredor interminável. Lá na ponta, viu o grupo que descera do caminhão e, curiosos, esticavam o pescoço em direção à sala de emergência. Ao ver o Baiano caminhando desanimado, compreenderam que as coisas não iam bem. Ao chegar ele foi rodeado pelos caravaneiros. Explicou-lhes, com palavras simples, como entendera as do médico, que a infecção atacou os rins e a insuficiência renal rondava ameaçadora.

Iracema, ao voltar para a sala de emergência, pediu a Virgulina tomasse conta das outras crianças.

Zé tinha agora que distribuir o pessoal nas casas dos amigos que moravam em Brasília, onde ficariam até procurar os locais de recrutamento. Já era noite. Felizmente os recém-chegados dormiriam em casebres do Gama, na região onde morava o painho. Ao deixá-los, combinou que na manhã seguinte passaria para levá-los às entrevistas.

Dirigiu-se depois ao casebre de Severino. No tempo da sua ausência, muita coisa mudou em Brasília: novas construções, ruas, viadutos e avenidas mostravam o trabalho das equipes. Ao redor do lar de Severino não era diferente. Zé teve dificuldade para encontrar a casa, pois algumas árvores, que antes formavam pequeno bosque a duas quadras da moradia, foram derrubadas para dar lugar a novas obras.

Ele parou para perguntar na casa onde uma mulher tostada pelo sol, com um lenço branco na cabeça, lavava roupa num tanquinho de cimento. Quando o caminhão parou, a mulher magra de nariz curvado ergueu a cabeça e, deixando de lado as peças de roupa, dirigiu-se à calçada para atender ao motorista que gesticulava para que se aproximasse. Zé perguntou sobre Severino e ela, com o sotaque alagoano, respondeu:

– Já sei, moço, é a casa do baixinho Sevirino. Tudu mundo aqui conhece ele, eta hominho bão

Zé andou mais três quadras e reconheceu, na esquina, a casa onde, havia tanto tempo, deixara o grupo do Paraíba. Parou e desceu, olhou a porta da entrada, fechada como a dos fundos. Ficou aborrecido, tinha pressa de encontrar o amigo. Compreendeu que ainda não era hora dele estar em casa, conforme a alagoana lhe falou; chegaria em duas horas.

Ele recostou-se no banco da cabina vazia e adormeceu. O cansaço, a preocupação da viagem, o estado do menino o fizeram exausto, totalmente desgastado fisicamente. A boca aberta roncando, as mãos caídas sobre o assento assim ficaram até o motor de um caminhão, que parou ao seu lado, acordá-lo. Zé abriu os olhos, reconheceu Severino, que veio correndo:

– Zé du céu, qui caminhão lindo ocê tem, homi di Deus.

Abraçou-o e a voz emocionada não lhe permitia falar direito. Gaguejando, perguntou:

– Cadê meu povo, Zé. O qui aconteceu com a minha famia, homi? Tô morrendu di saudadi faiz muitu tempu.

Os outros moradores, liderados por Tonhão, se aproximaram. As amizades que se ajudam na solução dos problemas se solidificam em laços fortes.

66. Hospital, o ninho do amor e o ninho da dor

Zé foi logo explicando:

– A viagi demorô muitu, Severino; teve muito problema sério. A estrada era muito ruim. Raimundinho teve um pobreminha i tá nu hospitá. Pur issu eu vim ti buscá. Vamu pra lá logo ocê pudé. Aí eu ti falo tudo.

O painho apavorou-se: hospital, o que estaria acontecendo? Eles comeram às pressas, Severino ansioso e feliz ao mesmo tempo. O caminhão, todo enfeitado nas cores da bandeira brasileira, parecia um jovem indo à igreja, em roupas domingueiras. Os colegas de moradia o acompanharam até o veículo. Tonhão bateu com a mão pesada no ombro do baixinho:

– Num tem aligria compreta neste mundo, né Severino. Eles chegô, mas parece qui u mininu num tá bão. Vamu cum carma qui tudu dá certo, homi.

O veículo saiu roncando pelas ruas de terra, soltando nuvens de fumaça negra para seguir ao Hospital J. K.:

– Qui acunteceu, Zé?

O motorista, experiente na escola do sofrimento, parecia um psicólogo:

– Sabi, Severinu, Deus dá u sol du tamanhu da sombra du juazeiro. U padim Ciçu ajudô nóis tudu pur mais di três meis. Nus úrtimu dia, a saudi dele caiu muito. Eu curri dimais pra chegá, por causa du febrão. Agora ele tá no hospitá. Sabe, Severino, na viagem nóis achô boianu num rio em Goiás um bebê de seis meis. Iracema resolveu trazê ele. Assim, homi, tua famia tem outru moleque.

Severino não sabia se ria ou se chorava: tanto trabalho e agora mais um para alimentar. Zé Baiano tentava, aos poucos, ir preparando o amigo para os problemas.

A dor, seta de ponta fina a penetrar o coração, lentamente, vai se aninhando na alma. Ela prepara o próprio ninho, acolchoando-o, fazendo o sofrimento suportável para prolongá-lo. No coração sertanejo de Severino ela ficaria encravada a vida toda:

– U mininu tá mal, irmão, mais ficô muito pió tempos atrais, i sarô. Agora vai sará cumu das otras veiz

O veículo foi sacolejando pelas ruas esburacadas e poeirentas das cidades satélites, até atingir a esplanada dos Ministérios e daí, pelo caminho possível na época, até o hospital feito, em grande parte, de madeira. O pronto-socorro tinha alto valor social. O pessoal, muito bem preparado, salvava, diariamente, dezenas de casos graves.

Raimundinho melhorou graças ao padrão de tratamento. Cansado, com as energias gastas no processo infeccioso, dormia profundamente. Iracema, apoiada na mesinha de rodas, levantou a cabeça ao ver dois vultos entrando no quarto – não conseguia acreditar. Correu, com os braços abertos, sorrindo e chorando ao mesmo tempo e a voz não lhe saía. Acolheu o marido num abraço saudoso e cheio de ternura. O homenzinho valente, querendo mostrar-se firme, emocionou-se, deixando vermelhos os olhos. Não existem palavras para descrever a cena. Zé, ao lado, também se comoveu. Aproximou-se do leito onde o mocinho jazia semiconsciente, arrumou-lhe o travesseiro macio e viu que o doente lhe comunicava algo através do sorriso pálido. O menino abriu os olhos, parecendo prestar atenção à voz do pai. Iracema, passando a mão sobre o cabelo do marido, finalmente falou:

– Deus du céu, Severinu, num sei cumu aguentei firme.

Ele olhou-a nos olhos sem dizer nada. Naquele olhar havia mensagem de amor e confiança. Confessou:

– Sabi, amô, cum ocê eu fico u homi mais forti du mundu. Num tem pobrema qui venci nóis juntu.

Parece que os anjos interferiam para auxiliá-los a suportar a rude notícia do acidente.

Ela segurou-o pela mão e puxou-o delicadamente junto ao leito do filho. Zé, percebendo a sublimidade daquela hora do reencontro familiar, pigarreou, dirigindo-se à porta com passos silenciosos... Antes de atravessar a porta, sentiu o perfume, velho conhecido das horas da angústia, que os acompanhara por muito tempo. Virou-se:

– Sente u perfumi da Margarida. Isso é siná qui u mininu Jesuis i u padim Ciçu tá aqui cum nóis.

Severino suspirou profundo, sorriu surpreso e apertou mais a mão da esposa... Ela aproximou-se do menino e descobriu-o, acariciou-lhe a face com a mão direita, enquanto a esquerda apertava mais a mão do marido. Severino, assustado com a cena, não entendia bem o que se passava. Olhou o rosto do filho, sorriu triste e ela explicou:

– Ele caiu du caminhão i machucô u pescoço. U médico de Juazero du Norti falô qui ele vai miorá; na viagi ficô pió pur causo da febre.

O perfume penetrava em tudo: no cabelo dela, nas roupas de Severino, nos lençóis da cama, no travesseiro do menino, na toalha bordada com motivos campestres que enfeitava a mesinha de cabeceira. Ele cheirou a palma das próprias mãos e emocionou-se ao perceber o sinal de que Deus os protegia.

– *Vamu vencê tudu, amô. Juntu nóis venci quarqué pobrema.*

Contemplou o rosto febril do menino, o nariz bem másculo, a boca emoldurada por lábios perfeitos, a testa que era a sua, larga, mostrando inteligência, os cílios bem delineados... "Que bonito filho eu tenho" – uma sensação de alegria dominou-o – "valeu sofrer", pensou, este e os outros são presentes de Deus. Parecendo sentir-se observado, o menino abriu os olhos e, ao ver o pai, começou a chorar. Abraçados, os dois choravam...

Iracema tentou lhe explicar o acidente, mas Severino desviou o assunto, talvez sem perceber. "Pode ficar para amanhã", ela pensou, tomando os devidos cuidados para ele não ver a couraça de gesso. A verdade dolorosa, aplicada em pequenas doses, fere menos. A enfermeira entrou com a bandeja, carregando seringas e ampolas. Injetou, na borracha que transportava líquidos para as veias, o antibiótico e o antitérmico que penetraram no organismo doente, protegendo-o. Após a injeção, consultou o relógio grande e prateado que lhe envolvia o pulso e disse com sotaque carioca:

– Por favor, senhor, pelas regras do hospital, que só permitem um acompanhante, está na hora. Ele sorriu amarelo, dirigindo-se à cabeceira do leito. Iracema, pressentindo-lhe a intenção, puxou o lençol cobrindo o corpo do filho que ele abraçou. Iracema o acompanhou até a porta do hospital, caminhando de mãos dadas.

– *Sabi, painho, o dotô da Bahia falô qui u caso é muitu sériu; ele vai tê dificuldadi di andá*

Severino abriu os olhos muito triste:

– *Meu padim Ciçu, ajuda meu fiu i pedi pru mininu Jesuis ajudá nóis.*

Zé, do outro lado da rua, buzinou levemente chamando a atenção do Paraíba. Um abraço carinhoso foi a despedida da esposa que, noite adentro, iria cuidar do doente. De longe, do fim do corredor, ele jogou-lhe um beijo. Ela enxugou os olhos na manga do vestido de chita, todo colorido, ganho da fazendeira.

Severino voltou com Zé Baiano para casa, no Gama. No caminho, o motorista contava os fatos mais importantes da viagem: falou sobre os acidentes, as enchentes, os atoleiros, a árvore atravessada na estrada, as pontes que quase caíram, o buracão na estrada que quase engoliu o caminhão, o estouro da boiada, a doença de Raimundinho, na Bahia e em Goiás, o tétano na mão que quase o matou, a sucuri, o atropelamento das galinhas, o encontro de Peixinho, a trombada com o boi negro, enfim, foi o relato conciso de três meses de aventura, sofrimento, preocupações e luta. Era muito triste para o amigo Baiano pensar no acidente.

Quando contou a respeito de Peixinho, Zé percebeu que os olhos brilharam com um brilho diferente, misto de surpresa, alegria e medo ao mesmo tempo. Zé imaginou que a notícia de Peixinho poderia contrabalançar a desgraça do filho mais velho. Propositalmente insistiu no episódio do encontro do bebê:

– *Sabi, amigu, parece que Deus feiz tudu prá nóis encontrá aquele presentinho boiando na água. Si nóis chegasse antes da chuva podia passá a ponti sem vê nada, si chegassi algum tempu dipois, a correnteza podia levá u bebê pru fundu du riu. Parece qui us braçu da irmãzinha Iracema tava preparadu pelu padim Ciçu prá recebê u mininu. Sabi, Severinu, do jeitu qui tudu aconteceu, achu qui nada vai fartá prá oceis criá esse molequi. Cincu boca prá alimentá é coisa dimais. U mininu Jesuis que cuida das criança vai cuidá dos teus seis, sabi, homi?*

– *Aondi tá esse tar di Peixinho, Zé?*

– *Tá cum a dona Vergulina, lá no Núcleo Bandeirante. Ela tá cum as cincu criança enquanto, Iracema fica no hospitá cum u mais veio.*

Andaram sacolejando pelas ruas em construção até estacionar na esquina já nossa conhecida. Severino bateu com carinho no ombro do motorista, desceu e fechou a porta:

– *Vamu descê i tomá um café, amigu.*

– *Hoji não, Severino, percisu ainda passá numas casa prá cumbiná pra levá um pessoá prá sê contratado. Deus ti dê um sono bão.*

Contornou o quarteirão e dirigiu-se para a Asa Norte, onde encontraria alguns passageiros. Ia pensando nos fatos do dia, quanta coisa importante havia acontecido desde a saída de Corumbá de Goiás! Admirava-se como podia suportar tanta carga emocional e física, sem estar exausto, pois o dia lhe fora tremendamente longo. "Talvez", pensou, "o afeto que nutria por Raimundinho e toda a família Paraíba lhe anulasse o cansaço".

Enquanto o amigo partia, Severino deixou-se ficar na calçada pensando, pensando... Contemplou o céu estrelado, com milhares de olhos brilhantes que viam a Terra de longe, a lua minguante, minúscula, acanhada diante do intenso brilho das estrelas. Olhou para o alto:

– *Meu Deus, ilumina u meu caminhu, mi dá sabedoria prá eu guiá minha famia. Dá inspiração prus dotô curá u mais veiu.*

A emoção do reencontro e o medo de ver o menino doente aumentaram-lhe a tristeza. A intuição paterna previa dores amargas para o futuro. Porém o coração sentiu que Deus lhe falava aos ouvidos naquela noite histórica para o grupo familiar. Pela primeira vez rezou por Peixinho também. Surpreendeu-se ao perceber duas lágrimas na face. Reagiu:

– *Meu Deus, hoji é dia di aligria, purquê tô emocionadu?*

Longe, no infinito azulado, apareceu uma linha de luz, como se um dedo gigante, iluminado, se movesse no céu. Já vira tal fenômeno nos céus límpidos da Paraíba. Diziam que, ao se ver uma estrela cadente, os pensamentos se realizam: as coisas ruins desaparecem da vida, enquanto as boas se multiplicam. Riu de si próprio, surpreso por pensar assim. Percebeu, às suas costas, a janela da casa se abrindo, virou-se e viu a cabeça enorme do Tonhão, parcialmente iluminada pela lâmpada amarela, dependurada no fio longo pendente do telhado da sala. Ouvindo a chegada do caminhão, Tonho esperou pelo amigo para saber das notícias. Como o Paraíba demorasse para entrar, foi espiar o que acontecia. Viu que ele estava ali de pé, parado, qual estátua, contemplando os céus de Brasília, pensando, pensando, pensando...

67. A casinha do Gama, o ninho da esperança

Enquanto Severino se recolhia à casa, coração cheio de contradições, o sentimento oscilava entre a alegria e a preocupação.

No hospital, o tratamento prosseguia. Antibióticos penetravam nas veias em fluxo constante. Ele melhorava da infecção, porém os rins pararam de funcionar. Havia necessidade de diálise para auxiliar o organismo a filtrar o sangue e expulsar as toxinas. A diálise peritonial era o único recurso à mão. Iniciou-se, ainda naquela noite, o tratamento onde grande quantidade de soro, através do abdome, lavava o peritônio e o lavado saía por outra extremidade, renovando-se. Assim se mantinha equilíbrio. O tratamento era longo e penoso para o paciente.

Lá pelas duas da madrugada, a equipe entrou para a troca do equipamento. As cânulas sob a pele, atingindo o peritônio, causavam dor conforme eram movidas. Iracema, ignorando o grupo de enfermagem, ajoelhou-se aos pés do leito e rogou:

– Deus dus sofredô, chega di sofrimentu prá essi moleque querido. É dimais..

Raimundinho, dava sinais de melhora, pareceu ter ouvido a súplica. A voz materna, atravessou o quarto e, pela janela, mergulhou na amplidão até os céus... Deus a escutaria? Ele virou os olhos tentando compreender algo. Daí a duas horas, quando a enfermeira voltou, o coletor de urina tinha recolhido mais de cem centímetros cúbicos filtrados pelos rins. Eles começavam a funcionar.

O médico de plantão chegou poucos minutos depois de chamado. Examinou a secreção:

– Graças a Deus o pus está diminuindo e parece que o sangramento parou.

Iracema abriu-se num sorriso:

– A mainha paraibana pidiu i a Mãe du mininu Jesuis ajudô; ele vai sê curado.

Quando o dia amanheceu, inundando de sol os campos, os cerrados, as campinas, os esqueletos dos edifícios, as áreas de terraplanagem, o leito do future lago, os sulcos do eixo Monumental, a natureza feliz abençoava a terra goiana. Em casa, Severino e os colegas, após a refeição matinal, se empoleiraram na carroceria do caminhão da Novacap para trabalhar. Ele, quase feliz, começou a matraquear emocionado, a respeito do filho.

Lá no hospital, os médicos e a enfermagem se esforçavam para dar ao mocinho o melhor de si mesmos, visando recuperá-lo. O organismo, debilitado pelas agressões, lutava tentando buscar o equilíbrio. As alterações causadas pela doença eram vencidas pela tenacidade do organismo jovem.

Era o fim da manhã, depois de cinco dias no hospital. Raimundinho abriu os olhos:

– *Mainha, qui lugá é essi, pareci qui eu durmi muitu.*

A mãe desabrochou num sorriso cheio de felicidade:

– *Nóis tá em Brasília, fiu meu, nu hospitá J K. Ocê ficô muito ruim, agora tá mió.*

Ele sorriu, fechou os olhos e dormiu novamente, roncando em sibilos. A máquina orgânica se recuperava. Iracema até se encorajou a passear no corredor. Avisou o posto de enfermagem que iria sair por cinco minutos. A auxiliar tranquilizou-a, poderia ficar até vinte minutos, ela cuidaria do menino.

A mãe, arrastando os chinelos de couro, chegou à calçada e deslumbrou-se. Lá longe os olhos admirados viam milhares de colunas de cimento, esqueletos dos edifícios, perfurando o céu. Parecia-lhe um sonho. Emocionada pensou na sorte de estar ali com o filho. O sol forte já aquecia as pedras e as fontes, a relva e o riacho, o ar e a água dos rios que formariam o lago de Paranoá. Ela ficou lá, olhou o céu, viu umas árvores no fim da rua, admirou as construções ao longe e voltou ao posto do dever, arrastando, lentamente, os chinelos de couro velho através do corredor inacabado. Pensava em todas as formas do auxílio de Deus que a protegera. Deu-se conta de que a família estava novamente unida, sob o céu de Brasília. A emoção dominou-a, a imaginação voou longe. Penetrou o futuro e começou a sorrir satisfeita... Chegou ao quarto, o mocinho estava desperto, a auxiliar de enfermagem segurava-lhe a mão com muito carinho. Surpresa ouviu:

– *Bom-dia, mainha querida, eu tô mió. Cadê u painho?*

A mãe sorriu feliz. "Deus ouviu minhas orações", pensou.

A diálise peritonial prosseguiu por mais três dias. Apesar do desconforto, o menino melhorava.

Um dia, Severino decidiu ir ao hospital, levado por Zé Baiano. No caminho, Zé lhe falava, colocando o que podia de afeto na voz:

– *Sabi, Severino, nóis tivemo uma viagi muitu difici, estouro de boiada, ponte caída, caminhão quebrado, doença marvada qui quasi mi matô, mais tudu issu não foi nada si pensá nu qui acunteceu cum Raimundinho. Us retirante ficô cum muita pena dele.*

Severino franziu a testa, olhou o motorista de maneira estranha:

– *Fala logu, homi di Deus.*

– *Sabi, Severino, tudu pareci mostrá qui teu fiu, meu amiguinho quirido, num vai andá mais. Ele caiu du caminhão i quebrô u espinhaçu. Foi u qui u dotô di Juazeru falô.*

Um raio que o atingisse em cheio não faria o pai sofrer tão forte impacto. Começou a gaguejar:

– *Meu padim Ciçu, num é pussivi isso comigo. Faiz quasi um ano qui isperu meus fiu chegá i agora isso? Será qui Deus num sabi a sodade dolorida qui eu sinti da famia i du mininu mais veiu?*

Fechou-se emocionalmente, ficou mudo. Um silêncio incômodo tomou conta da cabina. Depois de muito tempo, Zé pigarreou:

– *É dolorido, homi di Deus. Fiquei muitas noiti sem durmi, eu mi curpava pelu acidenti, pois num vi u buraco ondi a roda bateu, meu Deus. Mais sabi, Severinu, nóis sofri muntu, mais nóis tem qui pensá qui pudia sê pió. Ele tá vivu, alegre, inteligenti, tudu mundu gosta dele, ondi ele chega logo faiz amizade. A voz dele imita us passarinhu. Em Goiás, ele feiz uma muié muitu rica ficá gostanu dele cumu di um filhu. Ela levô tudu nóis prá fazenda i tua famia ficô na casa dela. U mininu é ispertu dimais i lê cumu um professô. Na Bahia, ele feiz uma modinha linda na praça i cantô prá tudu mundu qui si admirô.*

Severino ouvia, balançando a cabeça, sem dizer nada.

O silêncio, de novo, tomou conta do ambiente. A tristeza os dominou. A viagem ainda demorou mais quarenta minutos pelas ruas das cidades satélites e do eixo Monumental. Chegaram ao hospital. O paraibano, que sofrera tanto na vida, sentia-se fraco diante do golpe rude. Era a destruição de um sonho: desde o nascimento planejava que ele fosse doutor no sul. Nos trabalhos duros, nos campos da Paraíba, tais pensamentos eram seu estímulo para enfrentar o desconforto durante os longos períodos de seca, mas agora...

Quando o caminhão parou, ele desceu, acompanhado pelo Baiano, chegando ao corredor. A auxiliar de enfermagem perguntou aonde iam. Severino olhou-a com olhar de sofrimento, ela, acostumada a ver a crueldade de destinos amargos, compreendeu logo. Perguntou ao Zé o nome do doente:

– Ah, o mocinho lindo do duzentos e dezoito está muito melhor. Ontem à noite me contaram que ele imita a voz dos passarinhos, sabe cantar e faz poesias. Eu sou de Pernambuco e ele me faz sentir muita saudade da minha terra. O quarto vive cheio de funcionários do hospital, todos gostam de tratar dele. É um anjo de menino, até puseram nele o apelido de Anjinho Paraibano...

Zé colocou sua manopla sobre o ombro do Paraíba e apertou-o carinhosamente. Agradeceu a funcionária e o puxou delicadamente em direção ao quarto. Para Severino, os dez metros que faltavam para chegar demoravam uma eternidade.

A porta estava escancarada, Zé entrou na frente. Como dissera a enfermeira, o quarto estava cheio de gente. Havia várias moças com bandejas de medicamento e um jovem médico, doutor Melicégenes Ribeiro Ambrósio, já nosso conhecido. Todos os que se dirigiam a outros quartos ali paravam para ver o cantor inteligente que os cativava.

Severino entrou. O menino, que estava recostado em almofada alta, viu o pai e gritou com a voz cheia de alegria:

– *Louvado seja u mininu Jesuis, painho querido*.

Os visitantes, que estavam entre os dois, deixaram um corredor entre a cama e a porta. Severino abriu os braços. Lágrimas silenciosas desciam-lhe pela face tostada de sol. Sob o braço, em sinal de respeito ao ambiente, estava o capacete de plástico que o identificava como um trabalhador das obras de construção. As pernas não o obedeciam, chumbadas ao solo. O filho queria aninhar-se no peito daquele homem amoroso e firme que lhe cativava o coração desde o início da vida. O pai, quase desgovernado, contornou o pé da cama e lançou os braços ao redor do pescoço do filho. Sentiu o gesso rude e desconfortável, os braços quase recuaram revoltados. Ambos esperavam por aquele momento, todavia, a felicidade completa não existe neste mundo... Severino, sem dizer nada, beijou a face do filho, procurando-lhe as mãos. Uma enfermeira, percebendo a intenção, puxou o lençol. O painho acompanhou os braços, a partir dos ombros e segurou as mãos soltas. Agarrou-se, emocionado, às mãozinhas do menino. Lágrimas continuavam a rolar-lhe pelo rosto. O doentinho sorria, sem tirar os olhos dos olhos do pai. Os que viam a cena tinham um nó na garganta. Sublime emoção transpirava do encontro tão longamente esperado. Ele quebrou o silêncio:

– *Painho tô iguar u assum pretu na gaiola du meu corpo. O sinhô ainda vai gostá di mim assim, painho?*

Severino estreitou-o de encontro ao peito e lágrimas rolaram, molhando a cabecinha inteligente do filho. Iracema entregou ao marido pequena toalha branca que ele pegou com a mão esquerda, enquanto a direita segurava a mão do menino. Ela emocionada falou:

– *Raimundinho, teu painho agora vai ti amá ainda mais*.

Como resposta, Severino apertou-o mais ainda. Os visitantes compreenderam que aquele era um momento de intimidade familiar.

O médico mineiro, doutor Meli, como o chamavam carinhosamente, foi o primeiro dirigir-se à porta. Segurou a maçaneta enquanto os olhos avisavam aos outros que era hora de sair. Ele fechou a porta atrás de si, deixando os Paraíbas no diálogo aguardado há muito tempo.

Zé Baiano, no corredor, afastou-se para dar passagem ao grupo. Ao vê-los sair, ficou pensando na vida e como Deus faz para proteger seus filhos: o amor cobre a multidão de sofredores. Ele deu meia volta e caminhou lento pelo corredor; parou ao ser chamado pela enfermeira pernambucana:

– O menino estava preocupado que o pai não ia gostar dele. Como foi o reencontro, moço?

Zé engoliu em seco:

– Padim Ciçu preparô tudu prá dá certu. Deus dá u sor, mais tamém dá u juazero prá protegê.

Lá no quarto, os três, de mãos dadas, comentavam a viagem. O perfume de rosas, invadiu o ambiente:

– Senti u perfumi da dona Margarida, mainha? É u mininu Jesuis qui manda prá perfumá meu painho.

Severino, sem entender direito, sorriu. O amor, em todas as suas formas e expressões, cobre os corações sofredores. Juntos os Paraibas seriam vencedores, por mais difíceis que fossem os problemas. A família, para formar a sociedade realmente sólida, precisa se basear no amor que gera a união. Lá longe, fora do hospital, o exército das abelhinhas trabalhadoras, os candangos, colegas do painho, se moviam apressados. Havia muito o que fazer.

A vida prosseguia, os três ficaram juntos no quarto do hospital. Severino teve licença especial como prêmio de quase um ano de trabalho, sem faltar um só dia. Não respeitou o repouso que o médico ordenou nem quando foi ferido, defendendo o amigo Tonhão.

No serviço, procurou o capataz:

– Possu í mermu, Sigismundo?

O homem sorriu:

– Oh, cabrinha da muléstia, si ocê num fô agora eu chamu a pulícia prá ti levá. O trabaio aqui vai ti isperá.

Ele correu para o caminhão verde e amarelo, como a bandeira brasileira. Na cabina virou o pescoço para admirar a obra do palácio do Planalto e seguiu. Agora, dentro do quarto, pensava como foi bom ter vindo; ficaria ali matando a saudade da esposa e do filho. Iracema lhe falou onde estavam os outros, inclusive o mais novo, o Peixinho. Pediria para Zé Baiano que o levasse um dia para lá. O motorista, que distribuía os passageiros, conhecia os roteiros, dentro de Brasília, como a palma da própria mão.

Já era dez horas da manhã e logo viria o almoço. A enfermeira que veio checar a diálise e o tratamento com antibiótico, sabendo do sofrimento da família, piscou:

– Sabe, gente, vou trazer o almoço para os três fazerem aqui a festa do reencontro.

Quando ela ia saindo, já segurando a maçaneta da porta, o menino imitou o trinar do canário da terra, "o amarelinho de cabeça de fogo", tão espalhado pelos sertões do Brasil. Ela, sorrindo, contemplou aquela face linda, de tez morena, que emoldurava dois olhos verde-claros, e sorrindo fechou a porta atrás de si.

Quando veio o almoço, a copeira trouxe uma mesa portátil para que Iracema e o marido comessem juntos. O pessoal da cozinha, sabendo para quem ia a comida, esmerou-se nas boas-vindas. Queriam homenagear a família, riquíssima de valores morais. Havia até um prato de salada de tomates vermelhos, alface verde e cenoura alaranjada, num arranjo artístico. Arroz, bife, farofa de ovo e filé de frango eram a refeição básica. Melancia, abacate e mamão, combinando cores na travessa de sobremesa, davam aspecto bonito à mesa. Para completar a mensagem de carinho ao casal, colheram duas rosas no jardim que se iniciava. Uma rosa era vermelha, representando o amor de Iracema, a outra era branca, falava da paz que Severino trouxe ao lar. Bilhete, escrito no guardanapo de papel, lido por Raimundinho, explicava isso, traduzindo afeto, com muitos erros de português e muito amor do pessoal da cozinha.

Começaram a comer. Abriu-se a porta, após duas batidas educadas. A enfermeira chefe entrou, trazendo três garrafas de guaraná em uma bandeja. Queria homenagear o casal. Lídia, seu nome, era paulista de Ribeirão Preto, centro médico dos mais destacados da América Latina. Ela sorriu, abriu as garrafas, serviu o casal em copos altos de forma cônica. Para Raimundinho ela colocou-lhe nos lábios pequeno copo de alumínio. Severino, acostumado a comer no bandeijão, sentiu-se um rei

A enfermeira deixou a família a sós e, sorrindo, atravessou o corredor com feições de felicidade. "O bem é bom para quem o pratica", pensou, querendo marcar, com seu afeto, na lembrança dos paraibanos, aquele dia especial.

Após a sobremesa de frutas, os três cochilaram. Lá pelas duas horas da tarde, Raimundinho chamou o pai para contar-lhe a viagem. Iracema acompanhava o relato, admirada com a memória do filho. Ele contou tudo: do estouro da boiada às sucuris, das tempestades violentas ao desastre do atropelamento do tamanduá e do boi. Iracema entendeu que seu filho, mesmo não tendo as mãos e pés para andar, não teria problemas para sobreviver, era bom narrador, reproduzia os fatos com detalhes que ela quase via as cenas. Severino ia acompanhando tudo com orgulho. Às vezes interrompia o monólogo com expressões: "*Nossa Sinhora*", "*pelu padim Ciçu*", "*meu Jesuis*".

Passaram mais de três horas quando duas batidas na porta anunciaram a enfermeira da tarde. Enquanto fazia suas obrigações, ela também ouvia as histórias. Antes de sair, anunciou que a chefia de enfermagem do setor a mandou preparar um leito onde dormiria Severino.

Zé Baiano, lá fora, já o aguardava para levá-lo para casa. Ao saber das novidades, sorriu satisfeito:

– Garantu qui u mininu asubiô cum voz di pasarinhu i conquistô tudo mundu.

O doente se recuperava. Decidiram morar na casinha onde estava Severino. Os outros colegas se mudariam.

Os encarregados da habitação sabiam da necessidade de acomodações para os outros paraibanos. No hospital já se falava de dar alta para o menino. Certo dia, a pedido de Iracema, Virgulina levou-lhe Peixinho. Foi só alegria. Raimundinho festejou imitando o canto da juriti.

A direção da saúde de Brasília, obedecendo minhas ordens, querendo facilitar a adaptação dos sofridos candangos à nova terra, procurava fazer-lhe as vontades, sem ferir a disciplina, indispensável em qualquer hospital. Daí a visita tomar quase a tarde toda.

Iracema era só felicidade: o filho ferido, bem melhor; o adotivo, forte e bem nutrido, só lhe traziam alegrias. O marido também os aceitou com muito amor. O quartinho do Hospital J. K. transformara-se em nicho familiar repleto de alegria: conforme o bebê o olhava, Raimundinho assobiava como um passarinho, alegrando-o. Riam observando-lhe as reações nos olhinhos admirados. Era uma festa.

Pelas cinco horas da tarde, doutor Melicégenes surgiu acompanhado pela enfermeira chefe do setor. Vinham dar orientação à Iracema para apressar a alta. Decidiram que em mais dois dias poderia ser mandado para casa, se tudo corresse conforme o planejado. A diálise peritonial cessara, os rins funcionavam bem. A infecção desapareceu, a temperatura se normalizou. Ele ficou corado, sem a palidez típica da insuficiência renal. A medicina, usada por mãos competentes do médico mineiro, realizara a metamorfose de um moribundo em criança sadia e feliz. Graças ao tratamento, lá estava ele alegrando a família.

Os companheiros de Severino se mudaram a quatro quadras do casebre da esquina. Numa terça-feira, depois de auxiliar na mudança dos companheiros, Severino dormiu sozinho na casa. Na solidão, o paraíba valente pensava nos problemas que vencera durante o tempo longe da família. Sentou-se à janela da cozinha, no mesmo local onde viu, pela primeira vez, os arredores da residência. Lembrou que aquela era noite cheia de estrelas enfeitando o céu goiano. De repente pareceu-lhe ouvir, no arquivo das lembranças, a modinha:

"Foi numa leva que a cabocla Maringá, ficou sendo a retirante que mais dava o que falá, e junto dela veio alguém que lhe pediu prá que nunca se esquecesse do caboclo que ficou. Maringá, Maringá, depois que tu partiste, tudo aqui ficou tão triste, eu garrei a imaginá, Maringá, Maringá, prá haver felicidade é preciso que a saudade vá bater noutro lugar. Maringá, Maringá, volta aqui pru meu sertão, prá de novo o coração do caboclo assossegá"

Ele não sabia porque, ao meditar emocionado, brotavam-lhe nas lembranças sons relacionados com sua vida. Talvez fosse o passado aflorando no presente. "Maringá", pensou, "seria outra Iracema?" Mas ela não o deixou no sertão, ele sim...

Cansado, cochilou no banco duro, enquanto se lembrava da sua casinha na Paraíba. Levantou-se, foi à sala, olhou lá fora a noite clara de Goiás. Ouvia a sinfonia dos grilos e das rolinhas, arrulhando chamando a prole dispersa para o repouso. Notou que a solidão multiplicava os sons da natureza. "Há tempo não os percebia", pensou. Sentou-se no colchão duro de capim. O ruído o fez lembrar do primeiro dia, quando viu a abundância de água derramando no quintal. Lembrou-se do primeiro banho no chuveiro dependurado na corda, após a viagem longa e penosa. A alegria tomou-lhe os sentimentos. Agora a família estava junto ao seu coração; o único ponto doloroso era ver o filho no leito. Apesar de tudo, sentia-se feliz. Trabalhando duro e gastando menos do que o necessário para viver, economizou o suficiente para comprar uma cama de casal, presente para Iracema. Os colegas de moradia lhes deixaram mesas e cadeiras.

Passou a mão pelo rosto para ficar acordado. Deixou-se cair para trás, apoiando as costas no canto da parede, onde se encaixava a cama. Pensou na casinha na área rural de Patos, como lhe era querida! Agora também amaria esta, pois a esposa e os filhos a encheriam de lembranças agradáveis. Recordou o tempo no Nordeste, quando chegava à casinha na roça, trazendo os frutos que colhia. Eram bons os tempos quando a chuva molhava o solo fértil do sertão. Transportou a cena para a casinha do Gama e sentiu-se feliz. Lembrou-se da primeira vez que comeu tomate, na festa de inauguração do palácio da Alvorada. Sorriu e planejou comprar quatro quilos dos vermelhos, bem suculentos, para lhes fazer um almoço de boas-vindas à casinha que os abrigaria. Pensou nos planos de mandar as crianças para a escola, sonhou com o futuro...

Cena rude cortou-lhe os pensamentos, "o que faria com Raimundinho que não podia andar?" Pensou, pensou e lembrou-se que "Deus dá u sol forte quando u cabra tem a sombra du juazeru". Cansado, cochilou, com a cabeça apoiada na parede, moveu-se e acordou. Depois de muito lutar contra o sono, decidiu dormir falando em voz alta:

– Amanhã é novu dia. Daqui prá frenti tudu vai sê muito bão. Meu pessoá tá cumigu.

Ajeitou-se melhor, apoiou a cabeça no travesseiro de palha. Lá fora uma pomba começou a cantar. Quase dormindo, ele imaginou que ela lhe fazia serenata, feliz, porque a família chegara. Pelas frestas do telhado penetravam-lhe nos ouvidos os sons da natureza sonolenta. Ele os ouvia longe, mais longe, bem longe, até desaparecer no silêncio da noite goiana. Severino adormeceu...

As horas rolaram atravessando a noite, a madrugada chegou luminosa, abrindo as cortinas do sol, inundando de luzes a natureza. Um canarinho, cabecinha de fogo, começou a trinar perto dali. Era a única lembrança que restava do bosque que ele encontrou, quando chegou da Paraíba. A avezinha era seu despertador, nunca falhava. Levantou-se espreguiçando ruidoso. Vestiu-se e foi à cozinha de fogão a lenha, ainda quente pelas brasas que atravessaram a noite. O bule de café estava ali, morno, com o bico de alumínio amassado e o cabo, de madeira escura, meio solto, rodando entre seus dedos. Sorveu o café na caneca feita de latinha de massa de tomate. Sentou-se à mesa. De uma lata amarela e redonda, com listras pretas verticais retirou um pão, comprado dois dias antes. Comeu metade do pão com café. Colocou o capacete de plástico azul-escuro, calçou as botas de borracha, ouviu lá fora a buzina e alguns gritando:

– *Vamu logu, Severino, agora que teu povo tá aqui, ocê num trabaia mais cabra da peste? Acorda, bichu preguiça, tá na hora...*

Ele surgiu à porta, bateu-a, fechou com enorme chave de metal amarelo e a dependurou, à vista de todos, num prego torto, enferrujado, na parte superior do batente. Fechava-se a porta e deixava-se a chave à mostra, quase junto à fechadura. Naquele tempo, as condições sociais do país ainda respeitavam a propriedade alheia.

Ele correu para o caminhão da Novacap, trepou na carroceria. A mão direita suportava o peso do corpo, enquanto a esquerda segurava o capacete. Ao sentar-se no segundo banco de madeira, ouviu de alguém à sua frente:

– *Agora tá feliz, né, hominho da bixiga.*

Ele sorriu:

– *Claru, amigo Tonhão, agora as coisa ficô mais faci. I a tua nova casa?*

O fiel companheiro respondeu:

– *Muntu boa mermu, Severinu; é nova, ainda chera madera. Nóis durmiu cum us corchão nu chão. Logu nóis vai tê as cama. Nóis tá bem.*

O veículo seguiu, parando em outros pontos para levar outros trabalhadores às obras. Notava-se que, a cada dia, as construções se modificavam com incrível rapidez. As colunas dos edifícios mostravam o luxo que teriam. O trabalho constante, durante a noite, produzia rapidamente enormes mudanças.

O caminhão parou em frente ao palácio do Planalto, quase terminado. Severino saltou, abanou a mão, agradecendo ao motorista. Andou um pouco e já se pôs a trabalhar carregando umas tábuas caídas do caminhão de entrega.

Aquele seria o local onde flutuariam no ar, dos salões, dos corredores, os pensamentos dos governantes. O formigueiro humano, feito colmeia do progresso, estendia-se a perder de vista na vastidão das obras. Guindastes e elevadores guinchavam erguendo pesos, movimentando-se fortes, construindo.

Enquanto isso, no Hospital J. K. no quarto 218, uma mulher empacotava suas roupas num saco de estopa onde, escrito em verde, sob uma faixa verde-amarela desbotada, sobre um mapa, lia-se: "Café do Brasil". Iracema preparava-se para pegar a perua do hospital que a levaria para casa com o filho. Raimundinho começou a assobiar uma canção inspirada nos sons da natureza... imitava os pássaros.

68. Onde Amor

Era mais de oito horas da manhã, uma perua estacionada à porta. Dentro dela Zé Baiano e Severino aguardavam. Ambos chegados no caminhão verde e amarelo, queriam participar. Às oito e meia, um grupo de seis pessoas: Iracema, Zé Baiano, Severino, Raimundinho e duas enfermeiras, atravessavam o corredor longo do Hospital J. K. Encostados à parede, dezenas de ladrilhos aguardavam ser colocados. Uma cadeira de rodas cheirando nova, com rótulo do preço ainda pregado nas hastes de metal, deslizava pelo corredor. Empurrando-a, uma enfermeira morena, muito alta, gorda, com o rosto de sorriso bonachão, emoldurando olhos negros cheios de bondade, perguntou:

– Está feliz, Raimundinho?

Ele tentou olhá-la, mas a cabeça não o obedecia. Como resposta, começou gorjear como um canário cabecinha de fogo, aquele tipo de passarinho que se parece com um pedaço de ouro voador, de cabeça vermelha. Começaram a rir. No cruzamento do corredor principal com o que levava ao Departamento de Radiologia, o diretor do hospital, o ortopedista Roberto Canto, encontrou a interessante caravana. Ficou impressionado com a cena. Raimundinho imitava a juriti mineira, sorrindo com os olhos, piscou para o doutor, mostrando-lhe a felicidade que sentia.

O médico caminhou ao lado da cadeira de rodas. Percebeu que o tórax do menino estava fixo ao encosto por larga correia de couro. Viu ainda que as pernas eram flácidas e atróficas. Os braços não se firmavam no encosto, mas balançavam soltos ao lado da cadeira. Observou, porém, que a personalidade ímpar vencia as dolorosas provas da doença. Acompanhando-o, colocou-lhe a mão sobre o ombro e percebeu o gesso. Imediatamente compreendeu o que se passava. Sentiu algo misto de afeição e pena. Olhou para Severino e Iracema; não dava para negar, eram os pais. O candango levava o capacete de plástico sob o braço, mostrando ao diretor seu respeito pelo hospital. Encontraram, vindo em direção oposta, o chefe do almoxarifado. O diretor rapidamente conversou com ele, enquanto alongava o olhar até o caminhão estacionado na entrada, mostrando as condições econômicas precárias do pessoal que vivia ao redor do paciente. Objetivo, perguntou como carregavam o doente. Iracema, apontando os paus roliços embutidos no gesso:

– Sabi, dotô, nóis carrega ele im dois. Um sigura por cima i outru pur baixu, cum as duas mão. Assim ele vai prá tudu lado, dotô...

Avaliou a situação e ordenou ao funcionário:

– Mateus, prepare os papéis de doação desta cadeira de rodas, assine, com duas enfermeiras como testemunhas, e leve rápido à minha sala para eu autorizar. Você, Lídia, ensine à mãe como usar bem o aparelho enquanto fazemos os papéis.

Severino curvou a cabeça, respeitoso, ao dizer:

– Deus pagui u sinhô, dotô.

Caminharam até o saguão amplo onde continuaram as instruções. A outra enfermeira beijou-o delicadamente na face, apertou a mão de Severino e Zé Baiano, dizendo:

– Não se esqueçam de trazê-lo de volta na próxima sexta-feira para a consulta com o doutor Wilter, o ortopedista. Ele vai revisar o gesso.

Iracema aprendeu todas as manobras com a cadeira, até inclinar o encosto, deixando-o quase na horizontal, transformando-a em cama confortável, onde os suportes dos braços impediam a queda do menino.

Iracema e Severino estavam felizes. Há sofredores emocionalmente amadurecidos que transformam, na escuridão da tempestade, pequenos pontos de luz em sóis de felicidade. Fixam-se na claridade e esquecem as trevas ao redor, aí a dor não dói tanto, o desespero fere menos, esquecem-se do sofrer ao fixar a atenção em pequena dádivas, transformando-as em alegria plena.

Via-se, pela porta larga do saguão e pelos vitrôs amplos, que lá fora fulgia o sol, a manhã era calma; o sentimento de paz inundou os corações ao redor do menino. A enfermeira beijou a face de atleta grego do belo jovem, estendeu a mão para os outros e caminhou firme na direção dos seus compromissos. Ao dobrar o corredor, virou-se, parou e jogou-lhe um beijo. O menino, colocado transversalmente, pôde vê-la. Feliz, começou imitar o bem-te-vi. Ela riu simpática e lançou-lhe outro beijo e continuou andando, enquanto as pontas longas do chapeuzinho triangular, engomado, iam balançando na cadência dos seus passos.

Severino e Zé, a pedido de Raimundinho, dispensaram a perua do hospital. Iriam para casa no caminhão; seria mais divertido. Zé baixou a tampa traseira da carroceria e colocou a cadeira de rodas, travada e amarrada na travessa junto à cabina. Poderiam ver o garoto pelo vidro traseiro. Ele, semissentado, de costas para a cabina, ia apreciando as cenas que lhe pareciam num sonho. Os edifícios, os guindastes, as máquinas de terraplanagem, as abelhinhas trabalhadoras, os candangos, com os capacetes coloridos que identificavam os diversos grupos. Ele notou os sulcos profundos onde seriam as ruas e avenidas, por onde trafegariam milhares de veículos. Viu o eixo Monumental, a esplanada dos Ministérios e, ao longe, o lago que começava a se formar. Sorria admirando tudo. Tentou virar a cabeça para ver o pai na cabina, mas não conseguia por causa das lesões da coluna. Mesmo assim gritou o que era aquilo, uma armação de ferro que subia – a torre de Brasília. O ruído do caminhão abafou-lhe a voz. Andaram muito, vendo o desfile de construções que lhes pareciam sonhos de outro mundo.

Iracema ia perguntando. Severino, conhecedor de cada detalhe, ia explicando. Ela repetia:

– *Meu Jesuis, qui lindu.*

Logo depois de ampla curva, ultrapassada ponte de concreto novo, apareceram as casinhas do Gama. No alto da carroceria, Raimundinho imaginava que o desfile era parte da comemoração da vitória da viagem. Falou baixinho:

– *Arguém saiu feiridu na luta, mas Deus cuidô qui ninguém morreu, i Ele vai curá meus ferimentu.*

As ruas foram se estreitando até chegar à casa. Severino foi o primeiro a saltar. Ele era todo alegria, ria sem parar. Após abrir a porta direita da cabina, estendeu a mão para Iracema, auxiliando-a descer. Olhou para ela e Raimundinho, ainda no alto da carroceria, gritou:

– *Deus du céu, nóis tem uma casa na capitá du Brasil. U padim Ciçu, Jesuis i santa Maria ajudô nóis chegá. Genti di Deus, tá aí nossa casa.*

A casinha simpática, cercada de flores mantidas pelo capricho de Severino, ali estava aguardando-os. Ele pegou a mão esquerda da esposa e caminhou em direção à entrada. Ela soltou a mão, colocou as duas em concha sobre o rosto e começou a chorar baixinho, enquanto as lágrimas lhe caíam por entre os dedos.

Raimundinho gritou:

– *Zé du céu, mi leva lá. Queru vê dentru da casa di Brasília, homi di Deus. Eles esqueceu di mim...*

Zé Baiano gargalhou, abriu a tampa traseira e, com as duas mãos apoiadas no assoalho, saltou sobre a carroceria. Desatou a cadeira e manobrou-a, levando o garoto. Severino voltou:

– *Perdoa u painho, meu fiu, fiquei apressadu prá mostrá a casa prá mainha i isqueci ocê. Vamu lá, Zé, sorta u peso qui eu siguro essa cadeira linda.*

Zé empurrou-a pela calçada, enquanto Severino aproximava-se de Iracema emocionada. Colocou-lhe, suavemente, a mão sobre o ombro direito:

– *Vamu entrá, cumpanheira, ocê vai vê qui Deus é nossu Pai i ama nóis.*

Ele abriu a porta da frente e o ranger das dobradiças velhas o fez lembrar quando chegou trazendo como mala o saco de estopa. Chegaram de mãos dadas. Ela, vendo o fogão de lenha de quatro bocas, sorriu feliz. Passeou nos três quartos, na sala e no banheiro. Ficou admirada com o número de torneiras da casa. Ali havia três: duas na pia e uma que abria o chuveiro, além da que viu na cozinha:

– Painho, aqui tem bastante água?

Ele sorriu:

– Claru, dá prá tumá um banhu di quatro hora todu dia...

Acariciou-lhe a mão.

Pela porta principal viram passar a cadeira, cheirando borracha nova, carregando Raimundinho. Os olhos do pai ficaram vermelhos ao contemplar o filho. "Apesar de tudo", pensou, "estou feliz. Obrigado meu Deus."

Lá fora, bem longe, as construções de Brasília apontavam os céus. A manhã morna desabrochava, em buquês de luzes, iluminando o futuro...

69. A NOVA VIAGEM E A VELHA SAUDADE

Raimundinho chegou ao quintal na cadeira de rodas, trazido pelo amigo. Pela alegria de todos, com a chegada do grupo, planejaram várias coisas para alegrá-lo também. Apesar de ferido, ele era um campeão na batalha que foi a viagem de Patos, na Paraíba, até Brasília, no Distrito Federal. Dentre as surpresas, além da casa onde iam morar, estava um pássaro.

Ao ver Zé e ouvir dele o início da modinha "Paraíba", a ave começou a cantar: "Quando a lama virô pedra i u mandacaru secô, quandu, a asa branca ao vento, bateu asas i vuô, eu intão si vim imbora carregando a minha dô. Hoje eu mando um abraço pra ti piquinina... Paraíba masculina, muié machu sim sinhô. Êta pau perera, di tristeza já rodô, êta Paraíba, muié machu sim sinhô. Êta pau perera, seu bodoque já quebrô, hoje eu mando um abraço pra ti, piquinina, Paraíba masculina, muié machu sim sinhô."

Raimundinho ficou imensamente feliz. Pudesse, saltaria para pegar nos braços o passarinho. Aquele era o Lourinho que ele ganhou dos índios de Goiás. Quando o menino ficou doente, Zé, ao chegar da viagem, deixou o presente com uns amigos. A dona da casa, que ficava o dia todo lavando roupa, comprou, para se distrair, uma vitrola Phillips usada, que tocava, sem parar, um disco de setenta e oito rotações, o

único da casa. A mulher, paraibana, saudosa da terra, mal sabia que o animalzinho também ouvia e ouvia. Às vezes, no poleiro, ele fechava os olhos, como dormindo, mas seus ouvidos estavam atentos. O cérebro armazenava sons, dia após dia. Certa manhã, quando ligava a vitrolinha, ela ouviu uma voz estranha cantando a modinha: "Paraíba masculina, muié machu, sim sinhô"... e continuou repetindo o dia inteiro. A paraibana, saudosa da terra natal, quase caiu de costas, ficou maravilhada. Era a primeira vez que ouvia um passarinho falar. Agora ela tinha uma vitrola viva.

Zé Baiano, quando ouviu o Loirinho cantar, pensou logo em devolvê-lo para Raimundinho. Levou o pássaro à casa de Severino para a surpresa. Antes de buscar o mocinho, dependurou a gaiola na pequena árvore do fundo do quintal e partiu para o hospital. A chegada do menino, graças ao cantor da floresta Amazônica, transformou-se em festa. Daí meia hora, Raimundinho já cantava a música toda, imitando o pássaro. E o Lourinho continuava: "*Paraíba masculina, muié macho*"...

"A casa era muito acolhedora", pensou Iracema. A cadeira de rodas ganha da diretoria do hospital fez sobrar uma cama para o pequeno Peixinho. Ela, durante toda tarde, arrumou as camas, mesas, o armário da cozinha, limpou todo o quintal, auxiliada por Severino, que teve licença de dois dias para ajudar a família.

O paraibano trabalhador conquistou a todos na construção. Recebeu cadeiras, mesas e muitas peças de roupa para a família, Cada presente tinha uma história: de uns eles necessitavam e foram emprestados por uns tempos, outros seriam mandados aos parentes no Nordeste, via caminhão do Zé Baiano, depois que os Paraíba os dispensassem. A solidariedade era a marca daquele grupo de lutadores que, sabendo da situação de Raimundinho, procuravam ajudar. As visitas constantes eram conquistadas pela simpatia do mocinho. Zé decidiu ficar mais uns dias em Brasília para auxiliar os amigos na adaptação. Partiria depois para a terra natal. No segundo dia chegaram todos os filhos do casal, trazidos pelo motorista, que os recolheu em várias casas. Dona Virgulina, companheira de viagem, quis entregar Peixinho nas mãos da mainha. Era a ética da mãe nordestina: "A criança é preciosa, e deve ser devolvida às mãos que a entregaram."

Os outros quatro também estavam muito felizes. Quando entraram foi uma gritaria, até a velha Virgulina participou. Sentaram-se à mesa de madeira de pés feitos de sobra de caibros e vigotas das construções.

Severino mudou de aspecto, ficou mais jovem. As rugas na testa, sinais de preocupação, quase desapareceram. O queixo, menos contraído, mudou-lhe a fisionomia para a de tranquilidade; sorria constantemente.

Lá no fundo do quintal, o cantor de asas começava a ladainha:

– *"Eu intão mi vim imbora carregando a minha dor, hoje eu mandu um abraço pra ti, piquinina"...*

Uma das meninas começou a gritar: – Queru vê u Loirinho, queru vê u Loirinho... – até que Zé Baiano a levou para ver o papagaio. Depois ele foi trazido, com a gaiola, para dentro de casa. Raimundino pediu liberdade para o bichinho. Todos foram contra:

– I si ele avoá, cumu nóis faiz?

O menino observador lembrou-se que os índios cortavam as penas de uma das asas, desequilibrando-lhe o vôo. A garotada pediu que Iracema, com a tesoura, aparasse a asa direita até quase a pele, aí eles se tranquilizaram. Colocado sobre a mesa, ouvindo Severino falar a palavra "Paraíba", o Loirinho desandou a cantar: "Paraíba masculina"... Parecia que ele também captava a alegria do ambiente.

Severino sentiu novamente o quanto era bom ter um lar, com a família ao redor: "vou me sentir mais forte para o trabalho", pensou. Já no primeiro dia, Iracema, quis que o marido levasse almoço feito por ela. O tempo passava rápido, Zé preparava-se para retornar ao Nordeste para buscar mais gente. A vida é uma jornada sem fim...

Ele atrasou a viagem para ver Raimundinho bem, todavia, a hora do adeus sempre chega. Rumava para o Nordeste em dois dias, pelo litoral. Na casa de Severino juntaram-se umas cinquenta pessoas. Havia doce de coco, feito pelas vizinhas, e guaraná em abundância. Raimundinho, que adorava a bebida, fartou-se junto aos irmãos. Lá estavam os companheiros da viagem, até a velhinha quase cega e os filhos, Virgulino, Tonhão e os outros se juntaram. Zé tinha o dom de transformar cada passageiro do pau-de-arara em grande amigo, buscou um por um em casa. Cada participante levou três garrafas de guaraná e um prato de cocada branca, mista ou queimada.

O motorista, no meio da festa, pediu a palavra. Trazia nos braços um pacote enorme embrulhado em papel verde-amarelado, amarrado com larga fita verde e amarelo ouro. Explicou que a cor era para lembrar o 'gigante banderoso' que ia rumar para o Nordeste. Pediu licença para dar um presente da "Companhia de Transporte Bahia-Brasil" ao passageiro mais simpático já transportado. Todos sorriram e olharam para Raimundinho, que ficou vermelho. Zé explicou que o couro de cobra que ele ia desembrulhar era lembrança de todos para ele guardar para sempre. Contou que Virgulino, bom trançador de couro, ia fazer uma carteira, uma almofada para ele apoiar a cabeça na cadeira de rodas e uma bolsa para ele colocar suas modinhas. Quando terminou, Zé desenrolou o couro da sucuri que a todos pertencia. Brincando, jogou-o sobre a cadeira e escondeu a cabeça do menino que, sem os braços para se defender, começou a gargalhar. Graças aos curtidores, a pele era macia e muito brilhante.

Alguém entrou tocando uma sanfoninha de oito baixos, aí o ambiente pegou fogo. Já passava da meia-noite da sexta-feira quando alguém gritou:

– *Genti, festa cumu essa num dá vontadi di i imbora, mais amanhã eu trabaio na construção. Muntu barigado, Zé. U padim Ciçu vai ti protegê nas tua viagi. Inté mais vê, Raimundinho. Brigadu, Severino i Iracema, tô indo.*

Um por um foi se despedindo; ao final restavam apenas a família Paraíba e Zé Baiano. Via-se que ele estava emocionado, adiando o momento de se despedir do menino. Enfim, decidiu partir. Abraçou Iracema, Severino e, por último, o mocinho:

– Adeus, inté quanu eu vortá, passarinhu. Deus i u mininu Jesuis ti guarda nus braçus deles.

O jovem comovido tentou brincar, aliviando a emoção do ambiente:

– Sabi, Zé, ocê nunca na vida vai isquecê essa viagi, né? Foi dimais, né amigo, o gigante ingolidô di istrada é uma coisa séria, né, Zé...

Zé abraçou-o com ternura. Ao apertá-lo no peito, lembrou-se do filho único que perdeu, muitos anos atrás na Bahia. O menino começou a trinar como um pintassilgo, fazendo todo mundo rir. Quando Zé foi saindo, Raimundinho pediu:

– Genti, mi leva pra fora vê o 'gigante banderoso'.

Zé subiu, bateu a porta, abanou a mão, buzinou longo, provocando risos, acelerou, acendeu os faróis e partiu.

Sozinho na cabina, sentiu-se triste. Estava acostumado com a companhia do menino e de Iracema. "Afinal", pensou, "a vida muda rápido; é necessário aproveitar cada momento, como se toma bebida deliciosa, degustando gota a gota. As gotas do licor da vida são os minutos que passamos junto aos que nos querem bem." Continuou acelerando através das ruas das cidades satélites, até atingir a esplanada dos Ministérios. Rumava para o Norte, aproveitaria parte da noite fresca para caminhar. Próximo a Ceres, encontraria um rapaz do Piauí que o acompanharia a Teresina para trazer de lá toda a família para Brasília. Até Ceres, sozinho na cabina, pensamentos de tristeza o invadiram. Ainda carregava complexo de culpa pelo acidente com Raimundinho:

– Pudia num tê acunticidu cumigu – falou.

Os faróis lhe mostravam a estrada longa. Enquanto isso, lá no Gama, Raimundinho repousava. A casinha arrumada pelas mãos de Iracema tornou-se muito acolhedora. A mulher fazia de tudo para torná-la confortável, mesmo com toda a pobreza. Peixinho acordou chorando, despertou Iracema que o ergueu da caminha. Ela colocou-lhe a mamadeira nos lábios, enquanto Zé Baiano, lá na estrada poeirenta, encostava o veículo junto a um casebre de palha, na frente de uma tábua larga escrita: "Pensão Céu do Goiás cama i cumida". Cenas da festinha na casa de Severino teimavam em se repetir na memória quando ele se recostou no travesseiro de paina e esticou-se no colchão ruidoso, feito de palha de milho. Dormiu. Roncando, estremecia a tramela quase solta da janela.

A manhã o encontrou disposto. Ele seguiu estrada afora, enquanto, em Brasília, cada membro da família Paraíba começava seu trabalho individual. "É interessante a vida", pensou, "assemelha-se muito a uma viagem: destinos se cruzam, vive-se junto, sofre-se, trabalha-se até que um dia as rotas se repartem, seguindo rumos diferentes. Voltaria a encontrar os amigos queridos? A estrada da vida tem surpresas em cada curva. Ele poderia morrer num acidente da viagem ou talvez algum membro da família também". Um frio passou-lhe pela barriga, pensou no amigo, quase um filho, e pensou alto:

– *Minino Jesuis, protegi meu amigu querido...*

A vida continuava. Em Brasília o dia amanheceu lindo. Severino nas obras do palácio do Planalto, Iracema no trabalho da casa, cuidando de Peixinho e Raimundinho. Ela também pensava na viagem. Ficou feliz vendo que tinha casa, o marido empregado, as outras quatro crianças na escola e duas em sua companhia, quando os outros saíam. Deveria aproveitar com alegria cada instante da vida. O amanhã, poderia não ser tão feliz quanto o presente.

Há tempos, conversara com uma senhora mais velha que a aconselhou a aproveitar a companhia das crianças o máximo possível, pois os tempos bons passam rápido. Lavando a louça do café-da-manhã, pensava no futuro, que um dos filhos poderia ser piloto de avião, ou motorista de caminhão, e viver muito tempo fora do lar. Quando o amanhã chegar, ela seria tão feliz quanto agora? Determinou que, jamais diria:

– *Eu era filiz i num sabia pruquê eu sô filiz i sei agora, issu aumenta mais a minha aligria. Brigadu, meu Deus.*

Raimundinho, na cadeira de rodas, no outro lado da cozinha, intrigado gritou:

– *Cum quem a mainha tá falandu?:*

– *Cum Deus, meu fiu...*

Ela olhou o menino paralítico, lembrou-se da vida dura que teria na seca do sertão paraibano, se ali pudesse sobreviver, e falou baixinho:

– *Nossu Sinhô vai tomá conta dele*

Ela olhou lá fora, a manhã cheia do sol lindo de Goiás e suspirou fundo... Ao longe, bem longe, roncava o caminhão verde e amarelo, soltando turbilhões de fumaça negra, seguindo determinado, cortando estradas sem fim.

70. A CIRURGIA E A ESPERANÇA

Os caminhos se estendiam, qual tapete marrom empoeirado, passando por vales e espigões, pontes e rios, riachos e campos, cerrados e matas. Zé seguiu sozinho até Ceres, onde se encontrou com Manoel, o rapaz que o acompanharia até Teresina aonde ia juntar a família para trazê-la para o sul.

Enquanto isso, em Brasília, a família Paraíba se organizava. As quatro crianças já estavam matriculadas. As escolas começavam a proliferar, enfrentando a necessidade de cultura para os jovens. O ministro de Educação e eu não queríamos que os filhos continuassem na rota cultural dos candangos de pais analfabetos por gerações.

O trançador de couro, Virgulino, fez bolsas para os cadernos dos quatro meninos. Eram de pele de bode curtida, trazida da Paraíba. Os pelos brancos e pretos foram conservados. Tudo foi costurado a mão, com fitinhas de couro nos orifícios das beiradas. As crianças estavam orgulhosas, desde o primeiro dia de aula, pois até os professores perguntaram sobre aquele material tão bonito.

A família Paraíba tinha os primeiros contatos com as letras. Raimundinho, o mais velho, teve a sorte de aprender a ler, escrever e fazer contas com a mocinha do armazém na periferia de Patos; era o único alfabetizado na família. As firmas de construção, estimuladas pelo ministério da Educação, forneciam material escolar básico a todos os filhos dos candangos que as serviam.

Severino, após levar a documentação das crianças e o atestado de matrícula, recebeu cadernos, lápis e livros. Quando chegou em casa com aquele pacote, juntaram-se ao redor da mesa de refeições. Foi uma festa. Cada lápis, caderno, borracha ou livro era recebido com palmas e gritos de viva. Raimundinho, tristonho num canto, não participava. Estava deslocado no ambiente onde todos estudavam, enquanto ele, prisioneiro do próprio corpo, curtia amarga provação. Iracema, observando-o, falou alto:

– *Todus us livru vai sê lidu pelu professô Raimundinho primero. Aí ele explica pra tudus nóis o que oceis aprende na iscola. Oceis fala pra ele i ele ajuda nas tarefa.*

Ele levantou a cabeça, riu alto, todo feliz. Severino agora ia feliz para o trabalho. Se antes era bom, tornou-se, daí em diante, funcionário dedicadíssimo.

Certo dia visitei as obras do palácio do Planalto e lá, no fundo do corredor vi dois olhos que me fitavam ansiosamente, desde que entrei, acompanhado de vários engenheiros e do amigo Israel Pinheiro. Logo o conheci. Ele sorriu amplo, abriu os braços com todo afeto, aproximou-se de mim, abraçou-me com muito respeito:

– *Qui filicidadi, dotô.*

– Quando você vai entregar pronta a tua parte da obra, Severino?

– *Dotô, vô pará de drumi pra acabá logu, só pruque u sinhô pidiu.*

O coordenador da obra comentou:

– Agora o baixinho morre de trabalhar, presidente... Sorri para Severino:

– *Presidenti, meu fiu chegô cum us quatro irmãozinho i mais um qui acharu boianu nas água du riu, é u Pexinhu. Agora tenhu seis fiu, presidenti.*

Olhei para aquele homem sofrido e valente, pequeno no físico, mas gigante na moral. Criar seis filhos, alimentando-os com o trabalho dos braços é tarefa grandiosa.

Continuamos andando pelo corredor e ele ia, quase correndo, à nossa frente, colocando junto às paredes as tábuas que estavam no meio do caminho, atrapalhando-nos andar. Novamente me aproximei dele:

– *Sabi, dotô, u palitó qui u sinhô deu pru meu fiu serviu feitu uma luva. Ele ficô bunitu arretadu, prá ninguém botá defeito. Nóis vai usá nu dia da festa. Vô levá ele na cadera di roda. Vai sê lindu, num é, presidenti?*

Lembrei do menino da foto que Severino me mostrou na Kombi, no dia da inauguração do Alvorada, e das suas queixas da falta da família, principalmente do filho mais velho. Perguntei-lhe porque pretendia levar o filho na cadeira de rodas, já que na foto que eu vi o garotinho me pareceu normal. Com detalhes ele explicou-nos todo o sofrimento do jovem, enquanto seguia limpando o caminho e falando ao mesmo tempo.

Virei-me para Niemeyer:

– Oscar, parece que o caso é para o seu irmão no Rio de Janeiro, que acha?

– Ele é neurocirurgião, presidente, o senhor sabe, o Paulo tem profunda afeição por crianças.

Paramos para conversar com mais detalhes, o momento era por demais importante.

– Severino, amanhã vamos comer no refeitório número cinco, às onze horas. Leve seu filho lá para almoçar comigo, aí aproveito para examiná-lo.

Ordenei ao chefe da obra que facilitasse tudo para o encontro. Na hora marcada, chegaram e esperaram muito tempo; nós atrasamos visitando outras obras. Era necessário conversar com os operários animando-os para acabar no prazo. Logo na entrada, à distância, eu já vi o homenzinho valente atrás da cadeira de rodas. Ao me aproximar do menino, vendo aqueles olhinhos esverdeados, sorrindo cheios de esperança, eu me comovi. Ele tinha as feições de um Deus grego: o perfil bem esculpido, a testa larga, denotando inteligência, a boca bem feita, o nariz fino, os olhos – que joias – eram gemas de esmeralda colocados na face cheia de simpatia. Estendi-lhe a mão com todo carinho. Severino ficou inseguro, gaguejando:

– Perdão, presidente, us braçu num funciona mais dipois du acidenti.

Acariciei-lhe a cabeça, ele sorriu carinhoso:

– Brigadu pelu palitó, presidenti, é lindu. Tô contanu as horas prá usá ele na festa.

A educação refinada do jovenzinho era temperada com sentimento de profundo respeito e amor refletidos na voz.

– Vamos almoçar que depois vou examinar você, meu filho. Sentamos, Israel ao meu lado, vários engenheiros, Severino e Raimundinho do outro lado da mesa.

Os operários acenavam sorrindo sempre que íamos lá. Naquele dia, porém, talvez sabendo a causa da nossa presença, vendo o menino, a afeição aumentou. Severino foi ao balcão e pegou o almoço para o filho. Enquanto comíamos, conversávamos. O pai colocava-lhe o alimento na boca. O mocinho não tirava os olhos sorridentes de mim e de Israel, estava muito feliz. Estudando-lhe a falta de movimentos, concluí pela lesão da medula cervical ao redor da sexta vértebra. Terminado o almoço, dei volta à mesa, empunhei o suporte da cadeira de rodas e empurrei-a na direção da saleta, no meio do galpão.

Severino correu:

– Pelu amô di Deus, presidenti, eu empurro.

– Que é que há, Severino, acha que eu não tenho força para empurrar uma cadeira, homem?

Ele embaraçado e eu sorrindo, caminhávamos até a sala.

– Num é presidente, suas mão é muito importanti prá issu.

– Pode deixar, Severino – continuei sorrindo e andando.

Vi pela contração de alguns músculos da nuca que o menino tentava virar o pescoço para nos ver. A vontade de se movimentar era insuficiente para sobrepujar a lesão. Chegamos à sala central. Pedi ao pai lhe tirasse a camisa e, após os testes neurológicos possíveis, expliquei:

– O menino machucou a medula, Severino, o cordão que leva eletricidade para mover os músculos. Parece que os fios foram cortados. Acho que ele deve consultar o professor Paulo Niemeyer no Rio.

– Mais, presidenti, u donu du caminhão pau-de-arara qui trouxe nóis já vortô pru sertão da Paraíba prá buscá mais genti. Rio di Janeru é longi?

– É, Severino, mas vocês vão no meu avião. Vai demorar menos de três horas.

Oscar falou com seu irmão Paulo, estava tudo arranjado. Daí a três dias voávamos para o Rio. Fui encontrar o famoso colega, pioneiro de várias cirurgias e criador de uma técnica de artrodese da coluna. Oscar se projetava na arquitetura, Paulo se destacava. na medicina. A família era admirável, mesmo considerando, apenas, os dois pioneiros.

O Viscount, como flecha, cortava os ares do planalto, perfurando nuvens brancas quais flocos de algodão.

– *Genti du céu, será que eu estou sonhando?*

Iracema estava maravilhada. Raimundinho, amarrado no encosto da poltrona, não tirava os olhos do céu infinito contando as nuvens que pareciam voar de encontro ao avião

No horário previsto, chegávamos ao Rio, no fim da manhã cheia de sol e alegria. A capital da República estava lá, às margens da baía da Guanabara, como um presépio feito por Deus para enfeitar o Brasil. Suas montanhas e enseadas pareciam esculpidas por cinzéis e escopros, manejados por braços de gigantes. Víamos o Pão de Açúcar, o Corcovado, o bondinho, a praia Vermelha, na Urca, os casebres sobre os morros, a imensidão do oceano azul. O Cristo de braços amplos, bem abertos, parecia nos dar boas-vindas. A cidade maravilhosa, com sua beleza incomparável, era marco histórico das glórias no Brasil.

Quando pousamos, Iracema perguntou:

– *É longi daqui, presidente?*

O carro que me aguardava levou-nos até a Santa Casa de Misericórdia do Rio de Janeiro. Deixei-os à porta aos cuidados de dois servidores do Ministério da Saúde, convocados por minha ordem pelo rádio de bordo.

Dirigi-me ao palácio do Catete. As ruas estavam apinhadas de gente: trabalhadores, intelectuais, cientistas que, com esforço e amor ao país, fazem-no respeitado. Minha agenda era apertada e eu me sentia feliz. Dentro de mim, não sabia porque, tinha certeza de que Paulo Niemeyer seria capaz de melhorar muito a vida do mocinho.

Pelas cinco da tarde, tocou o telefone do meu gabinete. Era o cirurgião. Explicou-me que, depois de inúmeros exames, concluiu que o caso era cirúrgico e não havia chance de o paciente andar. Todavia, um dos braços, mais provavelmente o direito, poderia funcionar parcialmente. Outros exames pré-operatórios eram indispensáveis. A cirurgia ficou marcada para três dias depois.

Iracema lá ficou como acompanhante, sempre rezando pelo filho. No dia marcado, às sete horas da manhã, a maca, de rodas gastas, carregava o garoto para o centro cirúrgico. Ele atravessava aqueles corredores históricos de paredes altas e janelas grandes. Ali, naquelas salas, estava muito da história do Brasil, desde 1808, quando da chegada da família real, vinda de Portugal. Ela foi empurrada para cá pelas forças de Napoleão Bonaparte que se preparava para invadir a pátria-mãe do Brasil, em represália à Inglaterra, aliada dos portugueses. No surto de progresso, resultante da chegada da família real ao Rio, surgiu o hospital da Santa Casa. Seu valor social é incalculável através do tempo.

A maca rangendo carregava o menino dormindo, fez uma curva de noventa graus na ponta do corredor e entrou à direita na porta basculante do centro cirúrgico. Colocaram-no em uma padiola interna e ele foi conduzido à sala quatro. Ali a mesa especial para neurocirurgia o aguardava. Após a anestesia geral começaram as primeiras incisões na parte posterior do pescoço.

O cirurgião, auxiliado por dois médicos assistentes e mais quatro técnicos, fazia a laminectomia – corte de partes ósseas – das vértebras para expor a medula que foi cirurgicamente explorada para avaliação da integridade do tecido nervoso. Alguns eletrodos esterilizados, após serem estimulados pela corrente elétrica, indicavam onde havia lesão. O exame mostrou que o trauma fragmentou a sexta vértebra cervical e havia cortes, irreparáveis, nos condutores do impulso elétrico aos membros inferiores. Porém, os filetes nervosos que levavam estímulo para o braço direito estavam íntegros. A paralisia do membro superior era curável. A medula, na região que inerva o braço direito, estava apenas comprimida – não cortada – por dois fragmentos de osso da sexta vértebra cervical.

As mãos enluvadas, com maestria, corrigiam os problemas. Após a descompressão das estruturas nervosas, viu-se que os impulsos elétricos fluíam, mostrando que o braço poderia funcionar. O campo cirúrgico foi estudado com minúcias. As seis mãos dos cirurgiões lenta e seguramente abriam caminho entre as estruturas anatômicas para chegar ao ponto onde havia torção das fibras nervosas. Conseguiram colocar a medula dentro do canal feito pelas vértebras, devolvendo-lhe a anatomia normal. O impulso elétrico nervoso passava livre.

71. Mãos, estrelas de cinco pontas

Com a dança das mãos num balé bem orquestrado, Paulo Niemeyer e os dois médicos assistentes faziam a cirurgia progredir segura. Tudo corria bem. No início da terceira hora, talvez pela compressão de algum ramo ligado à enervação do coração, o ritmo diminuiu, preocupando. A bombinha cardíaca quase parou. Um técnico que controlava o cardioscópio, aparelho que mostra a atividade cardíaca durante a cirurgia, deu alarme, os cirurgiões pararam. Os anestesistas se prepararam para usar o desfibrilador, para o choque elétrico, se houvesse parada cardíaca. Porém, rapidamente injetada, a medicação endovenosa fez efeito, tudo se normalizou, a pressão arterial subiu até os limites da segurança e a cirurgia, depois de meia hora, prosseguiu. A dança das mãos continuou manipulando, com carinho, as estruturas nervosas.

A parte óssea, para os enxertos, foi retirada do quadril em fragmentos múltiplos para o processo de unir as vértebras. O canal medular foi refeito, a medula descomprimida, a enervação normalizada.

Fiz questão de assistir parte da cirurgia, não apenas pela afeição que me prendia à família Paraíba, mas também para admirar a habilidade do cirurgião, logo transformado em precioso amigo. Ao passar pelos corredores do hospital antigo, as cenas ali vistas, mais o cheiro de medicamentos, despertaram-me a saudade das horas passadas no centro cirúrgico durante a minha vida de médico. Tanto amei a profissão que aquelas lembranças machucaram-me o peito. Ao andar, passando pelas enfermarias, cenas como num filme desfilavam pela tela da minha mente: a Santa Casa de Belo Horizonte, as salas de anatomia da Faculdade de Medicina, os doentes amigos, os plantões, a dor humana, o desespero de familiares e a alegria da cura. As recordações levaram-me, também, de volta a Paris, ao Serviço de Urologia do Professor Chevassu, onde passei proveitosos tempos. Agora, porém, meu novo paciente era o Brasil e eu era o clínico, o cirurgião e o endocrinologista que tinha o compromisso de fazê-lo crescer e ficar forte. O médico, mergulhado totalmente na política, ao rever cenas familiares, voltou saudoso, procurando no passado as alegrias que teve com seus pacientes.

Quando entrei na sala, Paulo Niemeyer, cumulou-me de gentilezas. Um dos assistentes ofereceu-me para entrar no seu lugar. Paulo sorriu:

– Vamos lá, colega presidente, vamos reinaugurar as linhas de transmissão das centrais elétricas do corpo do menino.

Sorri satisfeito, agradeci e fiquei ali observando. Retirei-me quase no fim. Dentro de mim doía a saudade de fazer minhas cirurgias. A saudade de sentir as mãos enluvadas, bateu-me forte no peito. Queria ficar mais, porém, apesar das transferências e cancelamentos, ainda sobraram compromissos. A construção de Brasília exigia-me dedicação integral vinte e quatro horas por dia.

Voltei ao palácio do Catete. Umas cinco horas depois, a campainha estridente chamou-me ao telefone. O chefe de gabinete me dizia que o dr. Niemeyer queria falar comigo. :

– Colega, você perdeu a chance de participar de uma obra magistral. – Riu alto, transmitindo felicidade na voz. – A vida do menino vai mudar para melhor, ele poderá mexer o braço direito. Gargalhou feliz. Eu, do outro lado da linha, o acompanhei na alegria. Como bem me dissera o irmão Oscar, Paulo adorava crianças, daí também seu contentamento.

O médico é um ser humano diferente, especial. O cirurgião não se forma, já nasce feito, com as emoções e reflexos direcionados para a tarefa que a vida lhe impõe. Acima de tudo, tem inspirações que lhe chegam, como voz em surdina, na intimidade do próprio cérebro, comandando-o, além e acima do conhecimento científico. A mente do cirurgião, durante a operação, entra em estado especial de consciência, o tempo não é medido da forma convencional: ele trabalha por quatro, cinco ou mais horas, sem dar conta do passar dos minutos. O físico, dominado pela mente ansiosa por fazer o melhor, coloca-se sob o controle mental e executa as ordens de comando, sem se cansar.

O tempo passou. Meu gabinete recebia notícias do doente duas vezes por dia. Raimundinho saiu da u.t.i. , voltou ao quarto. Quando acordou, Iracema percebeu, através das faixas que lhe seguravam o braço, que ele, precariamente, mexia os dedos da mão direita.

– Meu Deus i meu padim Ciço, Nossa Sinhora i mininu Jesuis, muito brigadu. Será qui eli vai podê cumê sozinho?

Quando o cirurgião, no primeiro curativo, foi visitá-lo, explicou à mainha que ele não andaria, pois havia corte nos nervos que vão para as pernas. O braço direito, porém, funcionaria. Ao se despedir de Iracema ela, muito emocionada, beijou-lhe a mão.

Novos rumos se descortinavam no universo de lutas, dores e sofrimento dos Paraíbas. Após a cirurgia, viajei para Brasília. Quando visitei as obras do palácio do Planalto, os amigos de Severino me rodearam. Queriam notícias do doente. Reservadamente, como manda a ética, relatei o estado do filho apenas ao pai. Após cinco minutos de prosa, sem parar de trabalhar, ele entendeu tudo.

– Nóis tá filiz, presidente.

A cada volta, na ponte aérea que minha aeronave fazia entre o Rio e Brasília, eu lhe trazia notícias. No trigésimo quinto dia, contaram-me, ouviu-se no quarto algo parecido ao canto do uirapuru. Raimundinho dava mostras de que estava bem, imitando a voz do minúsculo pássaro. O médico assistente preparou-lhe a alta. A mão, com os cinco dedos, funcionava relativamente bem. Estava na hora de sair do hospital e ir para casa.

Daí a dois dias, o mocinho, na cadeira de rodas, saiu pelos corredores do hospital. A simpatia que mostrava quando o visitavam fez muitos amigos entre os funcionários e pacientes. Agora conseguia, com certa dificuldade, abanar a mão e jogar beijos às pessoas que o cercavam.

Meus servidores foram à Santa Casa buscá-lo. Paulo Niemeyer saiu do centro cirúrgico para se despedir do garoto que também lhe conquistara o coração. Dizia a todos, com suas maneiras de carioca, que o menino era o paciente mais simpático que ele operou na vida. Raimundinho abraçou-o com ternura. Educadamente, pediu se poderia dar-lhe um beijo. O braço direito funcionava relativamente bem. Enlaçou o pescoço do cirurgião, puxou-o de encontro ao peito e começou a soluçar ao tentar agradecê-lo.

– Deus, Maria i u fiu dela, o minino Jesuis qui ti pague, tiu. U sinhô, pondo meu braço prá funciona, feiz minha vida mudá

Aquilo tocou o cirurgião O médico ainda estava com a máscara cirúrgica no pescoço, o gorro azul escuro e as iniciais SCMRJ (Santa Casa de Misericórdia de Rio de Janeiro), bordadas na frente do avental.

– Deus te abençoe também, Raimundinho. O braço direito, depois de longo tratamento com exercícios, vai ficar bom. Faça da sua mão uma estrela de esperança, na ponta do seu braço, e com ela ilumine a vida de todos perto de você. Deus te acompanhe.

– Dotô, qui gorru bunitu...

Ele sorriu, tirou o gorro e o colocou na cabeça inteligente do menino.

– Se Deus quiser, estarei na festa da inauguração de Brasília. Lá nos encontraremos. Guarde o gorro de lembrança.

Sorriu afável, abraçou Iracema, elegantemente abanou a mão, virou as costas e dirigiu-se à porta, fechando-a, delicadamente, atrás de si. Caminhou pelo piso de mármore, já gasto pelos cento e cinquenta anos de uso, e, sorrindo feliz, dobrou o corredor à esquerda para entrar no centro cirúrgico. Lá dentro mais quatro pacientes o aguardavam para operações no cérebro.

Aprontou-se rapidamente. Seus olhos agora tinham um brilho diferente. Era o reflexo da dedicação, do entusiasmo pela medicina, o brilho da esperança, o brilho da alegria de servir.

Enquanto isso, uma ambulância carregava Iracema, na cabina, e a cadeira de rodas, desmontada, no bagageiro. Raimundinho, sentado em cadeira especial de encosto alto, amarrado para não cair, seguia feliz para o aeroporto. Contava os minutos para mostrar ao pai seu braço que já mexia. Agora podia se apoiar, um pouco, nas barras metálicas da cadeira. O pescoço rígido dava-lhe agora mais conforto. As vértebras, totalmente soldadas, seguravam a cabeça em boa posição.

O vôo de volta não teve novidades. Determinei que uma ambulância do hospital J. K. fosse buscá-lo no aeroporto. Pela janela semiaberta do veículo, ele via a cidade, no burburinho das obras, na agitação de máquinas e homens apressados. Depois de mais de uma hora de solavancos e curvas, chegaram à casinha do Gama. Ao parar, o veículo chamou a atenção dos vizinhos que vieram recebê-los. Palmas se ouviram. Sorrisos felizes se abriram quando ele abanou-lhes a mão.

– Meu Deus, ele podi mexê u braço, louvado seja u mininu Jesuis.

Todos queriam apertar-lhe a mão. Ele respondia ao cumprimento de maneira muito suave, a atrofia muscular não lhe dava força suficiente. Junto à porta, na cadeira, ele rodou a maçaneta, conseguindo abri-la.

Os candangos, campeões do sofrimento, tinham fortaleza emocional invejável, modificavam os próprios pensamentos para se fixarem no que a vida lhes dá de bom, daí suportarem a dor. Não pensavam no que perderam, ficavam felizes com o que conservavam, consideravam as vantagens que recebiam como prêmios de Deus; as limitações eram esquecidas. Naqueles momentos, o garoto não se lembrava de que não podia andar. As pernas, o pescoço nem o braço esquerdo funcionavam. Para ele o importante é que o braço direito estava relativamente perfeito.

Ao penetrar a casa, vendo na cozinha um bando de moscas, lembrou-se de quando ficou sozinho: a mainha tinha ido à vizinha buscar duas cebolas emprestadas para fazer o jantar. Demorou-se, nem meia hora, no bate papo. Ao chegar, ele estava desesperado, tentando mexer o pescoço para se livrar de um pernilongo que se demorava picando-lhe a ponta o do nariz, que tortura! Recordou-se que Iracema chegou e esmagou o inseto contra o nariz. Ao romper-se, repleto de sangue, sujou-lhe a face toda. “Agora”, pensou feliz, “nunca mais vou sofrer com isso, pois, com a mão, posso me defender”. Sorriu satisfeito por voltar a seu lar cheio de afeto.

72. Um corpo perfeito, um tesouro infinito

A felicidade voltou àquela casa. O menino tinha relativa independência graças ao braço que ia ganhando precisão de movimentos. Como um órgão sadio auxilia a vida de um ser humano! Explicava a Iracema suas ideias amadurecidas no sofrimento: tendo corpo perfeito, a pessoa é imensamente rica. Tem obrigação de ser feliz quem tem um braço perfeito, mais feliz e mais rico quem tem os dois. Aumenta a riqueza quem tem uma perna boa, mais ainda quem tem as duas. Deve viver contente aquele que anda, que move a cabeça, o pescoço, as mãos, os braços e o que tem os olhos perfeitos. Quanto vale um braço que funciona bem? Quem pode andar, correr, pular tem o direito de ser infeliz?

As ideias do mocinho eram profundas, o sofrimento enobrece e enriquece a alma dos que o aproveitam como oportunidade de aprendizado. A pessoa que sofre e não se revolta se ilumina interiormente e difunde a luz da paciência ao seu redor.

Todos gostavam de visitar Raimundinho. Sua alegria de viver, seu entusiasmo fazia-lhes imenso bem. O jovem começou a dar conselhos para muitas pessoas que o procuravam. Iam como se fosse apenas para visita e, no fundo, procuravam obter ensinamentos. Ele, criado no sofrimento, tolhido na liberdade, negava-se a aceitar a prisão do corpo; talvez fizesse o mesmo que o imortal Sócrates, na prisão na Antiga Grécia, quando dizia viajar em pensamento através das grades da cela. O filósofo ensinava que, onde está o pensamento aí está a alma e, se a alma do homem é livre, ele vence quaisquer limitações. Não importa a situação do corpo, é o pensamento que nos forja o destino, fazendo a vida agradável ou infeliz. Assim os corajosos e determinados lutam e vencem; logo terminam uma etapa, se preparam para vencer outra, sobrepujam-se, ultrapassando obstáculos.

A família Paraíba era desse feitio, viviam da persistência, na luta da vida, um tropeço servindo de degrau para outra conquista, subindo sempre. Tinham em mente que sempre existe algo para melhorar – isso se chama ideal e jamais se completa.

Na solidão íntima, consciente de que só ele solucionaria seus próprios problemas emocionais, o menino pensava, a imaginação planava alto. Cada frase sábia que ouvia gravava e, mais tarde, usava-a como matéria-prima para construir seu mundo interior.

Voltou ao Hospital J. K., Departamento de Ortopedia, para depois ir à neurologia. Peregrinou por vários consultórios dentro daquela casa enorme. A instituição, apesar da construção inacabada, ia escrevendo sua própria história. Imaginei o hospital com a idade da Santa Casa do Rio de Janeiro, cento e cinquenta anos, quantos benefícios teria feito? E Brasília, pensei, o que seria em um século? Deverá liderar a política, levando as nações ao caminho da paz mundial.

Raimundinho, na cadeira de rodas, ia perambulando pelos corredores do hospital, registrando tudo, com seus olhinhos inteligentes. Foi enviado para o Departamento de Psicologia e Psiquiatria para exames e orientação. Na sala de espera, escutava os pacientes relatando seus problemas. Eles falavam do médico que dava poucos remédios, mas conversava muito com eles. O tratamento, diziam, era para curar o pensamento. Ouvindo aquilo, começou a ter ideias. Não poderia ficar a vida toda em casa, apenas pensando e conversando com a mainha, esperando os irmãos voltarem da escola para ajudá-los precisava voar.

Porém, como o papagaio Lourinho, mesmo as águias mais fortes, não conseguem voar com uma asa só. Ter um braço só é ter apenas uma asa. Pensava, filosofava, meditava e, ao ouvir seu nome na boca da atendente, guardou as ideias para mais tarde analisá-las. Parou de sonhar e entrou, levado pela funcionária.

Iracema, segundo as regras, deveria esperar. Sozinho ele teria liberdade para se expressar melhor. O médico, o psiquiatra carioca dr. Toledo, muito simpático, estendeu-lhe a mão que ele apertou suavemente. Com alguns minutos de prosa, o médico se viu conquistado pela inteligência do garoto. Depois de uma hora de consulta, traçou o perfil psicológico do paciente e chamou a mãe.

Explicou-lhe que o filho, apesar do trauma físico, psicologicamente estava muito bem. Personalidade forte, no curso intensivo de dois anos de sofrimento, já estava apto a enfrentar a vida ajudando muitos com sua palavra inteligente. Iracema sorriu muito feliz. O médico deu a Raimundinho um cartão e escreveu no verso, com o telefone residencial:

– Meu querido amiguinho, telefone-me quando quiser, vamos conversar mais. Nunca deixe morrer o sonho de ser doutor. Se você tem um braço, a cabeça muito boa, os olhos perfeitos, você se expressa muito bem, é claro que poderá ser como eu, porque não?

Raimundinho sorriu pensativo e agradeceu. Colocou o cartão no bolso pequeno do lado esquerdo da camisa e pediu para Iracema levá-lo de volta para casa. O painho lá estaria no fim da tarde. Ele tinha muitas novidades para contar ao amigo querido; ideias começaram brotar, transformando sonhos em metas.

A perua do hospital os levou de volta. Mais tarde um caminhão da Novacap trazia o painho que, ao entrar, emocionou-se ao ver o menino abanando-lhe a mão. Severino, cansado, ainda com o capacete de proteção, sentou-se no banco de madeira. Deveria tomar banho logo que chegou, mas a conversa com o filho o prendeu.

– Sabi, painho, vim pra se dotô, vô sê dotô im Brasília. U mininu Jesuis vai mi ajudá – disse ao pai. *– U dotô qui cunversô cumigu nu hospitá falô qui eu posso sê iguá ele. Num sô cabra arretadu, painho?*

Sem esperar pela resposta continuou:

– Ele falô qui, si eu istudá firme, eu vô vencê.

Tirou o cartão do bolso e entregou ao pai que, não sabendo ler, pediu-lhe explicasse o conteúdo. Severino ficou feliz, seu filho não se contentava com pouco.

Lá fora, a juriti começou a arrulhar anunciando a noite que logo cobriria a Terra. Anjos puxaram cortinas imensas, feitas de sombra, costuradas de escuridão. Na abóbada negra, Deus colocou milhões de pontos luminosos para enfeitá-la. Anoiteceu em Brasília...

73. A ESCOLA, LUZ DO FUTURO

A casinha da esquina, com seu jardinzinho coberto de flores, era um poema de ternura, escrito por Iracema com as letras do afeto. Lá dentro, destinos amargos eram adoçados pelo carinho da família. Quando os irmãos chegavam, rodeavam Raimundinho para falar sobre a escola e as tarefas. Severino, mesmo cansado do trabalho, sempre ia conversar com o filho; dialogavam até a hora do jantar. O pai, mesmo sendo analfabeto, exigia ver as lições. Encorajava os filhos para escreverem mais bonito e fazer desenhos caprichados. Elogiava-os com sabedoria, estimulando-os. Por isso, graças também às lições de Raimundinho, os quatro eram alunos destacados.

Iracema, cozinheira, passadeira, arrumadeira e lavadeira, dedicava-se a serviço das crianças, facilitando-lhes o desempenho na escola Os pais poderiam ser analfabetos, no sentido acadêmico, mas tinham noção do valor da cultura, percebiam que, através da escola, seria possível aos filhos crescer socialmente. Daí o estímulo constante.

A mainha prestava muita atenção às lições que os filhos faziam. Por intuição, ela sabia que, se os pais ficassem incultos, o progresso intelectual das crianças faria difícil o relacionamento.

A casa da esquina parecia biblioteca: viam-se livros em todos os cômodos. Certa vez, após o almoço, ainda com o avental de plástico, depois de lavar pratos e panelas, Iracema sentou-se à mesa onde estudavam. Ficou olhando os filhos escreverem. Com papel e lápis na mão, tentou seguir as lições de Raimundinho, que logo gritou:

– Meu Deus du céu, nóis tem agora nova istudanti im casa, aleluia.

Ela ficava esticando o pescoço para ver o que a filha Aparecidinha escrevia. Fizeram um programa: Iracema copiaria as lições da filha. Porém o 'professor' percebeu que ela não segurarava direito o lápis com suas mãos grossas de mulher trabalhadeira. Ele, com a mão direita que melhorava constantemente, segurou a dela e escreveram juntos a palavra "babá", até encherem uma folha de caderno.

Ficou estabelecido que, enquanto eles estivessem na escola, ela ficaria treinando, quando o serviço da casa permitisse. No dia seguinte, Iracema observou como a professora encapou os cadernos e livros dos filhos. Com papéis que embrulhavam compras da mercearia, ela protegeu um caderno velho. Uma caixa de madeira de mate, toda forrada com papéis coloridos, servia-lhe agora de estojo para lápis e borrachas. O capricho compensava a pobreza. Até a tampa da caixa ela cobriu com papel vermelho.

No outro dia, quando colocou sobre a mesa o caderno, a caixa e um livro velho que achou, tudo encapado e bem organizado, a criançada festejou com aplausos:

– *Professô Raimundinho, a aluninha nova vai sê a mió da classe. Vê u capricho dela, homi di Deus* – falou Robertinho.

Iracema sentiu-se mais jovem junto aos filhos. Todos se animaram. Agora as lições eram feitas com mais cuidado ainda, ficavam mais tempo estudando, esperando a mainha acabar as tarefas. Os moleques e meninas dos vizinhos tinham de esperar até às cinco da tarde para brincar com os Paraíbas, antes disso era hora de estudo. Após as lições feitas, liam outros livros emprestados pelas professoras.

Iracema, andando na rua, começava a enxergar as letras, antes sinais sem utilidade, agora lhe traziam mensagens. O letreiro no ônibus que, naquela semana, começou a trafegar, mostrava-lhe uma ideia. As placas, com nomes de ruas, já apareciam.

Ficou feliz quando, um dia, pôde ler, soletrando vagarosamente: "Rua Pará", na placa de esquina. Quando os meninos chegaram, contou-lhes. Foi uma gritaria geral:

– *Viva mainha, turma, ela é moça arretada mermu.*

As lições continuaram. Combinaram nada dizer a Severino. Queriam fazer-lhe uma surpresa. Um dia, após o jantar, ela distraída, pegou uma cartilha: "Primeiras Lições Úteis" de Benedita Stahl Sodré, e começou a ler: "Como são belos os passarinhos, eles fazem nos galhos os seus ninhos..."

Severino arregalou os olhos olhando fixamente a capa do livro que trazia o desenho de uma menina de cabelos pretos com tranças longas:

– *Ó xenti, Iracema, ocê já tá sabenu lê. Quem ti insinô, muié?*

A criançada gritou:

– *Raimundinho insinô; ela foi copiano as lição da Aparecidinha.*

Severino retrucou:

– *Intão Severino Paraíba, du palácio da Arvorada i du Planaltu vai aprendê lê tamem. Quandu nóis cumeça as aula, Raimundinho?*

– *É prá já* – respondeu.

Iracema tinha umas folhas soltas, trouxe, na caixa de mate, vários tocos de lápis e borracha e deu-lhe os melhores. Os meninos excitados pela novidade pulavam de alegria. Todos rodeavam o painho. Foi uma festa quando ele abriu o um caderno para desenhar a letra 'A' Cada um dava um palpite

– *Pegui u lápis assim, apague cum a borracha, faiz u traçu mais forti, mais longu.*

Ele riu feliz sentindo afeto e respeito. Ergueu a mão, todos ficaram silenciosos.

– *Bão, pessoá, cum ordi eu vô aprendê. Só u Raimundinho vai mi insiná, pur inquantu. Us otru fica cuidanu dus seu cadernu i livru, inquantu eu aprendu.*

Todos se seguravam para não atrapalhar a aula, cada um queria ensinar-lhe um pouco. As mãos grossas, como couro de bode ressequido, não tinham sensibilidade para segurar direito o lápis. Os movimentos delicados estavam sem coordenação, mas ele persistia. Diariamente, após o jantar, as lições se repetiam. O linguajar nordestino começou ficar mais gramatical. A professora Mariana estimulava todos os filhos dos candangos a falarem de acordo com as regras. Nascida no Maranhão, sabia das dificuldades dos conterrâneos e ajudava-os com muita eficiência. Raimundinho lia o livro de gramática e todos riam quando ele explicava que, ao invés de falar '*cum nóis*', deveriam falar 'conosco', 'vamos embora' substituiria '*vamu imbora*'. Zombando das novas regras e observando os professores na escola, os ouvidos começaram a identificar os erros. Brincar de ensinar é um dos métodos de aprender mais eficientes que existe, assim iam progredindo.

Três meses se passaram, Peixinho crescia. Severino resolveu que deveriam colocar-lhe um nome. Houve votação. Várias propostas foram apresentadas após a aula da noite. Ficou estabelecido que se chamaria Moisés, porque também fora encontrado boiando nas águas do rio, além disso era um nome curto, fácil de falar e de escrever. No outro dia, foram ao plano piloto registrar o filho mais novo. Autorizado pela chefia para chegar atrasado algumas horas, descontaria em trabalhos extras. Iracema aproveitou a carona do caminhão da Novacap e, com o menino no colo, foi na cabine com o motorista e Severino. Ele vestiu uma roupa domingueira e, num bornal de brim amarelado, dependurado no ombro, carregava a roupa de trabalho.

74. Mãe brasileira

O cartório ainda era de madeira. O cartorário, sr. Miguel, carioca do Grajaú, como se apresentava simpático, tomou o garoto no colo sorrindo:

– E a mamãe, porque esperou o bebê crescer tanto? Se demorasse mais um pouco ele viria sozinho, dirigindo o caminhão da Novacap.

Foi uma risada geral. O bebê também riu com a boquinha aberta e as gengivas à mostra como passarinho sem penas.

Miguel, vendo que a fisionomia dos pais não mostrava qualquer semelhança com o filho, perguntou:

– É de vocês mesmo?

Veio a explicação longa a respeito da morte da família no Rio do Sono, no norte de Goiás. O cartorário coçou a cabeça, pensou, pensou, olhou muito cuidadosamente o casal, analisou as feições de Severino, sua maneira de falar, suas mãos rudes de trabalhador e perguntou quantos filhos tinham. Espantou-se ao saber que a prole atingia cinco. "Meu Deus", pensou, "mais um?" Naquela época, rapto de criança era algo quase impossível. Para que um casal desses roubaria uma criança?

– Vocês o chamam de Moisés?

– Não, u nomi dele antes era Pexinho, pruque veiu da água – respondeu Severino.

A sinceridade daquele homem convenceu Miguel da verdade dos fatos. Registrou o menino e Moisés, vestido de azul-claro, passou sorrindo de colo a colo. Quando o homem da lei entregou-lhe a certidão de registro, Severino com todo carinho dobrou-a, embrulhou-a num papel, colocando-a sob a camisa. Estava emocionado.

– Vige Nossa Sinhora, cumpanhera Iracema, meia dúzia di fiu é um bucado, né minina?

Ouviram-se risos altos. O cartorário tinha mais dois registros para fazer. Pediu ao casal para esperá-lo. Os dois, ela com Moisés ao colo, sentaram-se num banco de tábuas escuras, envernizadas. Terminado o trabalho, convidou o casal para beber guaraná no barzinho recém-inaugurado, três prédios rua abaixo, na mesma calçada. Os dois vibraram de felicidade. Iracema viu, pela vitrine de vidro do bar, pequenos pacotes como lâminas longas, pretas e prateadas, onde ela a custo soletrou o nome da marca de chocolate, cujo significado adivinhou porque havia um jogador de futebol deitado de costas no ar, balançando as pernas. Era a foto de Leônidas da Silva, o famoso Diamante Negro, criador de 'gol de bicicleta'. Ela continuou balbuciando as sílabas e mexendo os lábios tentando ler tudo o que via. O carioca sorriu e pediu ao vendeiro um punhado de chocolate. Derramou-os no balcão, havia oito tabletes.

– Está aí, dona, coma e beba à vontade. Está tudo pago. Preciso voltar ao cartório.

– Só vô reparti um cum u Severino i us otru vô dá prus mininu pra nóis fazê uma festa.

Ele pediu mais um punhado que o vendeiro embrulhou num papel grosseiro cinza-claro, fazendo um pacote grande. Severino agradeceu muitas vezes, apertou a mão do homem. Ficaram os três da família Paraíba sorvendo o guaraná até a última gota. A festa seria em casa, à noite, quando Severino voltasse do trabalho. Iracema, com a carona do caminhão de uma empreiteira, também foi para a obra. Precisava esperar Severino até o fim do expediente, pois não havia condução que a levasse para casa.

Ela permaneceu à sombra de um pequizeiro, sentada sobre uma pilha de tijolos que Severino preparou como um banco. Ali ficou por muito tempo. Severino às vezes ia levar-lhe água e, de longe, sempre que a via, abanava-lhe a mão. Ela parecia nem sentir o peso do garoto no colo. Na hora do almoço, Severino falou com o encarregado que lhe deu um vale para ela comer nos galpões de madeira que serviam de refeitório. Ela entrou na fila atrás de Severino, com o menino no colo. Os colegas de trabalho, demonstrando alegria com a presença da esposa e do filho, começaram a zombar dele:

– Ó xenti, u hominho hoje tá comportadu, tem genti tomanu conta dele

O pessoal ao redor ria simpático:

– Pelu padim Ciçu, u bebê logu tá maió qui u pai

Aí outro retrucou

– Logu não, homi, já tá agora.

Até Severino desatou a gargalhar. O grupo, para dar boas vindas à família, juntou-se à mesa de Iracema e continuou a brincar. Todos que passavam com a bandeja queriam ver a senhora e o bebê, que era o primeiro a aparecer naquele local. Uma cozinheira amazonense, de rosto redondo como as feições dos nossos indígenas, vendo a cena, descascou três laranjas, colocou num prato de alumínio e dirigiu-se ao grupo. Feito mãe bondosa, conhecendo todos ao lado de Severino, esticou o indicador:

– Oia aqui, pessoá, ninguém vai tocá nessas fruta, é só pra mãi, maridu i u fiu. Quem cubiçá vai tê cumigu.

Perguntou com polidez o motivo da visita e, ao sabê-lo, pegou a cabecinha do bebê e beijou-o na testa

– Deus ti abençoe, candanguinho lindo.

Rapidamente foi de volta ao seu posto na distribuição de alimento. Iracema pegou uma faca e limpou os gomos das laranjas. Distribuiu-os entre todos, dois para cada um. A maioria recusou e ela insistiu. Via-se ali que a fraternidade entre o meu povo ensina aos abastados: três laranjas e muito afeto fazem uma festa. Iracema encantou a todos com suas maneiras. Após as frutas, ela tirou três tabletes de chocolate, cortou em doze pedacinhos e distribuiu entre todos.

– Num careci, não, dona, já tá bão...

Alguém pediu o papel da embalagem bem enfeitado, preto brilhante e prata, com a foto do Leônidas. Outros dois o imitaram. Queriam levar os papéis aos filhos que também ouviram falar do famoso craque.

Coisas simples do meu povo, migalhas que são desprezadas por outros, perfumadas com o amor, fazem de um gomo de laranja, de um pedacinho de chocolate, de fitas de papel brilhante, presentes preciosos que marcam acontecimentos.

Terminada a refeição, Severino e Iracema com Moisés sentaram-se num caixote de pinho, onde se lia impresso na madeira:

"Bacalhau da Noruega". Ali fora, na calçada do galpão, ficaram mais de vinte minutos aguardando o grupo para voltarem juntos ao trabalho na construção.

O palácio do Planalto deslumbrava seguindo a filosofia arquitetônica do Alvorada, marcos da grandeza da capital. Iracema, brincando com Moisés, ficou ali, à sombra de uma marquise, até as seis da tarde. Uma sirene marcou a mudança de turnos. Começava o grupo que trabalharia noite adentro.

O caminhão logo parou no ponto. Um dos candangos, gentilmente, abriu a porta da cabine para Iracema. Auxiliou-a a subir no estribo com o bebê no colo e fechou a porta delicadamente. Antes do caminhão andar, pancadas de punhos fechados na cabine alertaram o motorista. O pessoal galhofeiro começou a gritar:

– Vai prá baxu, Severinu, vai pra baxu, Severinu; desci hominho da bixiga. Viaja cum a famia, sô.

Ele desceu da carroceria, onde subiu apressado antes de todos, entrou na cabine, sentando à direita da esposa, que carregava no colo uma joia sorridente.

Quando ele bateu a porta, a algazarra explodiu:

– Num custuma não, homi da bixiga, é só hoje qui ela tá aqui. Amanhã vai sê na tábua dura mermu, cabra...

Sonoras gargalhadas ecoaram. Aquilo era típico do Nordeste brasileiro: muito amor e muita alegria Após muitos solavancos chegaram à casa. Severino trazia num bornal de brim a roupa que usou no trabalho. A vestimenta domingueira enfeitava-o, diferenciando-o dos colegas. Os filhos, acostumados a esperá-lo à porta, admiraram-se ao vê-lo bem vestido. Iracema desceu da cabina com o bebê na mão direita e o embrulho de chocolate na mão esquerda. Ao bater a porta, ouviu-se do grupo que restava na carroceria:

"Criança feliz, feliz a cantar, alegre a embalar teu sonho infantil, oh, meu bom Jesus que a todos conduz, olhai as crianças do nosso Brasil."

O motorista que movia o caminhão, freou para esperar o final do coro dos candangos. E eles continuaram desafinados:

"Crianças com alegria, qual um bando de andorinhas, viram Jesus que dizia, vinde a mim as criancinhas. Hoje dos céus num aceno, os anjos dizem amem, porque Jesus Nazareno foi criancinha também..."

Os erros gramaticais adoçavam as palavras com afeto. Iracema emocionou-se, era a comemoração do registro do seu filho caçula. Colocou o pacote de doces entre o peito e o bebê, sorriu largo e, com a mão esquerda, jogou um beijo para todos.

Aprendi, convivendo com eles, que a felicidade não depende de coisas externas, mas apenas dos sentimentos que se aninham na alma e no coração. Ao entrar na casa, duas vizinhas que se ofereceram para cozinhar e cuidar das crianças, foram recebê-la à porta. Queriam ver o registro de nascimento; davam grande importância àquele documento, pois, na zona rural do Nordeste, à época, pouca gente era registrada. Aquilo lhes parecia uma taça com sabor de vitória.

Iracema convidou a família das amigas para a festa. Os quinze tabletes de chocolate foram picados e colocados em prato esmaltado, no centro da mesa, coberta por toalha de fios de barbante branco, bordada por uma cearense. Oito limões-cravos, alaranjados, transformaram-se em dois caldeirões de limonada. A festa começou pelo refresco. Logo vieram os pedacinhos de chocolate que faziam todos estalarem a língua para conservar o gosto da iguaria rara. Os papéis que os embrulhavam foram distribuídos entre as crianças, mas alguns adultos pediram para guardá-los de lembrança... Leônidas da Silva, o craque dos anos trinta e quarenta, ainda era famoso, mesmo por volta de cinquenta e sete...

75. IMITANDO A GRANDEZA DA PÁTRIA

Ao saber da festa do registro de nascimento do filho mais novo do casal Paraíba, meditei sobre a simplicidade que faz o homem feliz. A felicidade, muitas vezes, é desperdiçada pela ânsia de se acumular bens dispensáveis. Meu povo simples trabalhava quase até a exaustão, porém, com a alegria do viver sem complicações, valorizava minúsculas ofertas da vida. Passavam por dolorosos problemas sem se alterar psicologicamente, atravessavam sofrimentos, insuportáveis para a gente comum, impregnados de uma paz interior admirável. A cerveja no barzinho da esquina, o som da viola pobre, os acordes da sanfoninha, as modinhas, saudosas lembranças da terra natal, as festinhas singelas com pouca comida e muita alegria, as roupas usadas, quando passavam do filho mais velho para um menor traziam alegria ao novo dono. Coisas pequenas e simples lhes davam ânimo para as batalhas da vida. Lutavam, sofriam e venciam.

Moisés em casa trazia felicidade para a família. Severino às vezes o olhava demoradamente pensando no seu futuro. Decidiram batizá-lo daí a duas semanas na igrejinha do Gama. No domingo combinaram com o padre, cearense que os recebeu com muito carinho. Tudo foi acertado, porém, para daí três semanas, um domingo após a missa.

A rotina do trabalho e da escola seguia. Raimundinho lia, lia e lia... Num sábado à tarde, um marceneiro, sabendo dos seus problemas, visitou-o para adaptar, sobre os braços da cadeira de rodas, uma mesa para ele apoiar livros e escrever. Luiz, com muita habilidade, encaixou tábuas aqui e ali até a mesinha ficar pronta. Raimundinho, proseando, explicou seus planos de estudar medicina. O artesão concluiu que ele precisava também de algo muito bonito. Para o marceneiro-chefe da obra do palácio do Planalto, era muito fácil fazer algo que poderia ser usado em qualquer ambiente luxuoso. Voltou na semana seguinte, com tábuas escuras, de ipê, e outras bem claras, de marfim. Escreveu em trabalho de marchetaria: "DR. RAIMUNDO PARAÍBA – MÉDICO PSIQUIA-

TRA." O verniz claro, bem brilhante, deu aspecto muito rico à mesinha. Agora Raimundinho tinha duas: uma de trabalho e a outra superluxuosa. Ele vibrava de alegria. Insistiram para pagar algo ao marceneiro. O amigo de Severino não aceitou. Raimundinho surpreendeu-se ao notar que tudo era desmontável, facilitando quando lhe dessem banho. Sobre as mesinhas escreveria suas ideias e inspirações, além de estudar com conforto.

A vida da família Paraíba decorria entre os trabalhos caseiros, as lições da escola e o serviço pesado da construção. Severino era provedor eficiente e Iracema coordenava o lar com disciplina. Durante as reuniões de tarefas, decidiu-se que Raimundinho frequentaria uma escola, pois as sessões de fisioterapia melhoravam dia-a-dia seu braço direito. Ele começou a escrever, com muita precisão, numa caligrafia elegante.

O ortopedista e o neurologista que o seguiam no Hospital J. K. concordaram que a ida à escola o ajudaria muito. Ele falou das decisões ao dr. Toledo, o psiquiatra. O médico o estimulou ainda mais, prometendo conseguir uma kombi para levá-lo à escola, com a cadeira de rodas. Raimundinho pediu ao painho que procurasse alguém para fazer um mecanismo para que ele movesse a cadeira usando um braço só. "Se fosse possível, o menino ficaria mais independente, facilitando-lhe a vida", pensou Severino. Ele conversou com um mecânico que trabalhava montando elevadores nos edifícios em construção. Daí a uns dias, apareceu na casinha o moço Zenóbio, que visitou Raimundinho por quatro noites seguidas. Ali media, desenhava, pensava, conversava, fazia modelos de peças em madeira.

Retornou depois de duas semanas e melhorava, criava, adaptava até que, após um mês, voltou com um aparelho que tinha uma alavanca horizontal, semelhante à dos antigos moinhos de café, com duas engrenagens, de quarenta e cinco graus, encaixadas. Elas transmitiam a força do braço direito, através de uma manivela, para os cubos das rodas tipo bicicleta. Outra alavanca, junto ao cabo giratório, acionava sistema de freios que segurava seletivamente uma das rodas. Era a maneira mais simples e eficiente de mudar a direção da cadeira. O inventor voltou mais de vinte vezes, durante a noite, aperfeiçoando o veículo e treinando o condutor. O jovem se adaptou perfeitamente. Deslocava-se dentro de casa com facilidade. Era muito interessante vê-lo.

Sob orientação do psiquiatra, escolheram a escola. No primeiro dia de aula, a perua do Ministério da Saúde parou em frente ao portão. A diretora, professora Marta, estava lá, aguardando-o. Ao vê-la, ele se abriu num sorriso largo: aquele era um dos dias mais importantes da sua vida. Era dia de festa. A diretora quis empurrá-lo na cadeira. Ele recusou, espontâneo e educado, mostrando-lhe o mecanismo que movia a cadeira. No caminho foi-lhe contando sobre o inventor.

Após as orientações, encaminharam-se para a secretaria. Uns testes de conhecimento o colocaram na terceira série do curso primário. Naquela sala só perdia em idade para um garoto amazonense, de Parintins, que era o filho de um mateiro, abridor de picadas, participante da Coluna do Sul, grupo de corajosos que iniciou a abertura da Belém-Brasília.

O paraibano ria constantemente, muito feliz. A diretora se encantou com o novo aluno. A secretária Joana, pernambucana educada, já o esperava. A professora Marta o beijou e voltou para a diretoria. Joana o levou para a sala número dois, no térreo, orientando-o como entrar. Ele o fez com precisão; a turma se admirou das suas habilidades. Já sabia sua história, contada pela professora Odete, paulista de Olímpia, tipo de mestra que exala afeto pelo olhar sereno. As crianças a amavam num misto de respeito e admiração. Ela, sorridente, com seus cabelos castanhos, quase loiros, olhos límpidos, azuis-esverdeados, recebeu-o com um sorriso cheio de amor. Ele sentiu-lhe o afeto e entregou-se, sem reservas, aos seus cuidados.

Intimamente tinha certeza de que ali conseguiria um guia para o início do seu futuro. A secretária explicou, com detalhes, aos alunos a vida dele. Falou da sua coragem e determinação. Ao terminar, um murmúrio de admiração ecoou pela sala. Com palavras de boas-vindas, dona Odete o colocou à frente, próximo ao quadro negro, olhando a turma. Quando a mestra terminou, ele ergueu a mão pedindo licença:

– Brigadu, professora, vô fazê tudu pra aprendê. Oi, turma, u mininu Jesuis vai ajudá nóis. Tô muitu feliz di tá aqui cum oceis. Tenhu cincu irmão i hoji aqui ganhei mais trinta.

A criançada, simpática e zombeteira, riu alto por causa do sotaque acentuado. A professora logo lhe percebeu a inteligência aguçada.

A aula começou após a retirada da secretária e da psicóloga. Estariam à disposição se ele de algo necessitasse, conforme o pedido do psiquiatra. Depois de duas horas, um sino metálico e estridente anunciou a hora do recreio. A professora pediu que ele ficasse na frente da fila. Raimundinho movimentou a cadeira, manejando-a, deslizava rindo dos curiosos que até viravam o pescoço para vê-lo. A classe em fila de dois o acompanhava pelo comprido corredor, com um misto de orgulho e admiração, afinal aquela turma era a única que tinha alguém com cadeira de rodas que se deslocava tão rápida.

No pátio o rodearam, muitos lhe ofereciam parte do lanche. Ele ria contente, aqueles eram os momentos mais felizes da sua vida. A escola seria seu mundo de felicidade, onde seu sorriso e a alegria de viver atraíam simpatias.

A vida modificou-se. Quando a kombi estacionou, Iracema foi recebê-lo à porta. A família, após as tarefas diárias, aguardava a noite para encontrar o Paìnho e contar-lhe as novidades da escola.

76. A cultura abre os caminhos

A casa transformou-se. Parecia pequena escola ou biblioteca onde se reuniam vários alunos para estudar. Crianças vizinhas ali também começaram a fazer suas lições. Por acaso, lá se formou um núcleo pedagógico que utilizava o estímulo do afeto e da alegria para aprender – aprendia-se brincando.

Severino, muito feliz, recebia notícias de que os filhos, nas suas salas de aula, eram os melhores alunos. Unidos, vencendo a fase de adaptação da nova vida, progrediam sempre. A coragem de viver, trazida da vida rude do agreste paraibano, dava-lhes resistência para enfrentarem coisas novas. A solidariedade, aprendida no sertão, reproduzia-se na sala de estudos. Lá fora um mundo diferente, ali dentro o intercâmbio de ideias dava a alegria para se aprender. À experiência do sofrimento na vida de Iracema e Severino somava-se agora ao entusiasmo das crianças. Era uma permuta muito eficiente.

As lições de gramática começaram a surtir efeito. Agora se policiavam, alertando, com zombaria, quando cometiam um erro.

– Oh, paraibano da bixiga, num é assim qui istudanti di Brasília fala, bixim.

Depois das risadas, vinha a maneira correta ensinada pelos professores. O progresso do grupo se acentuava. Um dia apareceu na casa um livro Geografia do Brasil, de Haroldo de Azevedo em cujos capítulos havia descrições detalhadas do Nordeste. Começaram a lê-lo. Iracema e Severino conferiam as informações. Fotos da caatinga, tendo um vaqueiro vestido de couro, encantou -os. Alguém até comentou:

– Genti, pareci u Duda, fiu da dona Gumercinda lá di Patos.

Aquele livro, falando de coisas que eles conheciam, serviu de estímulo para outras leituras. Um dia apareceu na casa O Correio Brasiliense, jornal novo, com suas páginas ainda mal impressas e poucas, dando seus primeiros passos em direção à glória do jornalismo nacional. Era um exemplar velho, descartado pela diretoria da escola. Miguelzinho procurava uma foto da construção do palácio do Planalto e levou-o para casa. A secretária da escola diariamente dava um exemplar do jornal do dia anterior para Raimundinho levar para casa. O hábito da leitura, lentamente, começou a germinar, misturando-se aos folguedos infantis. A família aprendeu a folhear o jornal.

Raimundinho brilhava: promovido para o quarto ano do curso primário, recebeu vários prêmios pelo seu desempenho. O linguajar dentro de casa se modificava. Certa vez, Zé Baiano, depois de passar muito tempo ausente, chegou de surpresa para uma visita noturna. Admirou-se, brincalhão:

– *Oh xenti, u pessoá virô muito sabido. Tudu mundu qué falá feitu dotô. Tô perdidu, num intendu mais nada.*

Severino determinou que naquele dia não haveria reunião de estudo. Sorrindo, Raimundinho retrucou que o amigo Zé Baiano poderia participar.

– *Pelu padim Ciçu, genti, burro cumu eu num aprendi.*

– Aprende sim, amigo José, falou o professor Raimundinho – pronunciando corretamente todas as palavras. Procuraram o livro de Geografia com a foto do boiadeiro. Zé Baiano o viu:

– *Meu Deus du céu, pareci u Duda lá di Patos.*

Todos concordaram.

Mostraram o jornal, com fotos de caminhões pau-de-arara, foragidos da seca, que chegavam aos magotes em Brasília. Severino, todo orgulhoso, ia lendo. Zé arregalava os olhos sem acreditar. O amigo analfabeto já sabia ler. O chefe da casa explicava com detalhes as notícias. Raimundinho sorria feliz, considerando-se o mentor do grupo. Dez meses de aulas domésticas foram suficientes para fazer um analfabeto inteligente virar leitor de jornal. O tesouro da alfabetização mudava vidas e consciências. "Bendita escola" pensei ao tomar conhecimento desses fatos. Iracema e Severino, entusiasmados, relatavam ao motorista que agora começavam a notar aqueles sinais estranhos, as letras, que se transformavam em mensagens. Parecia-lhes que as palavras escritas saíam da boca de alguém lhes falando aos ouvidos. Ela explicou que, antes, via sem enxergar, agora entendia. O mundo lhe parecia mais completo e seguro. Onde andava, se algo estava escrito, parecia alguém lhe falando: "Mercearia Pernambuco". Esses sinais desenhados na placa falavam de longe que sob aquelas letras havia doces, sabonetes, escovas de dente, frutas e dezenas de objetos que ela poderia precisar. Importante para ela, continuou explicando, eram os letreiros dos ônibus:

– *"Gama-Esplanada", sabi, Zé, pareci qui alguém mi fala: Iracema, essi carro vai pra isplanada dus Ministérios, si ocê subi nele ele ti leva lá. A vida de quem sabe lê fica muito mais alegre, homi de Deus. Pareci que todu mundo qué conversar com a gente*

– Pelu padim Ciçu, genti, nunca pensei nissu.

A visita foi agradável, café e bolacha foram servidos. Ela disse que aprendeu a fazer aquelas bolachinhas na receita escrita pela professora, trazida por Raimundinho.

– O papel fala pra nóis, Zé, pareci qui a professora tá aqui na cozinha falandu como se faiz as coisa. Num é bacana, amigo?

– Enquantu eu ficá em Brasília, tudo dia tô aqui. Num sabia qui lê é tão bão assim. Tô nessa, pessoá.

Mudaram de assunto. Agora relatava as viagens que fez após a vinda dos Paraíbas. Contou-lhes que voltou à Feira de Santana para conversar com o médico que o tratara em Juazeiro do Norte. Queria entregar-lhe o caminhão como pagamento. Dr. Cerqueira, ao vê-lo chegar, abriu-se num sorriso:

– Zé do céu, o caminhão está lindo.

– É tudu seu, patrão, tô cum saúdi i vim pagá minha dívida.

O médico explicou:

– Bem, Zé, então a máquina é minha, mas você vai usando até eu precisar dela.

– O Baiano entendeu a mensagem e sorriu. Sabendo do fato, acho que, na ocasião, o médico deve ter dito para si mesmo:

– O sertanejo é antes de tudo um homem de honra, ele veio me pagar promessa que eu já me esquecera.

A conversa prolongou-se até quase meia-noite. Raimundinho prestava atenção a cada palavra do amigo. Rompendo longo silêncio, convidou Zé para dormir ali. No outro dia, ele apareceu na escola com a cadeira amarrada em cima da carroceria. A perua do Ministério foi dispensada. A chegada do 'gigante banderoso' à escola foi motivo de festa. O garoto, quando o veículo encostou, do alto da carroceria, abanava a mão para a criançada aglomerada ao redor. Raimundinho ali se sentia um rei. Gritou:

– Oi, este é o meu grande amigo Zé Baiano que me trouxe da Paraíba. Ele é o dono do caminhão e o melhor motorista do Brasil.

Zé ficou de pé no estribo e acenou para a molecada, que explodiu em aplausos e vivas. Subiu à carroceria, desatou as cordas que amarravam a cadeira às grades, desceu o menino que, guiando seu veículo, atravessou a pequena multidão. Dia feliz, Zé vibrava, foi elogiado pelo jovem diante dos seus amigos. Isso lhe pagava muitos dos sacrifícios para trazê-lo a Brasília. "Em qualquer trabalho", pensei, "quando o amor dirige, a felicidade se espalha, inundando os corações".

Como as árvores da caatinga que, na ânsia de crescer, soltam brotos novos aos primeiros pingos das chuvas, os nordestinos estavam ávidos para aprender a ler. Para o casal Paraíba, as letras iam tomando forma como algo que estivesse atrás de um véu transparente e, lentamente, fosse clareando, trazendo mensagens. Zé Baiano entusiasmou-se. Nos vinte e oito dias em que ficou se preparando para a volta, não deixou, uma só noite, de ir à casinha dos Paraíbas para as lições. Era muito inteligente, a vontade férrea ajudava-o a progredir rápido. Ao deixar Brasília em direção ao Nordeste, já conhecia bem todas as letras e começava a formar algumas palavras. Numa das escolas, um dos meninos conseguiu-lhe cartilha velha, muito usada, porém muito eficiente: Primeiras Lições Úteis, por Benedicta Stahl Sodré. O presente, recebido da mão direita de Raimundinho, comoveu-o:

– *Sabi, Zé, ocê vai ler u livrinho toda noite folha por folha e vai fazer as lições. Quando voltá já vai saber muita coisa.*

Zé partiu feliz como menino num lugar cheio de brinquedos. Nas paradas para almoço ou para dormir, onde houvesse luz, tentava ler: "dá dó do doido"..., "os passarinhos fazem seus ninhos"...

As palavras, durante a leitura, com dezenas de erros de pronúncia, iam se clareando. Os desenhos ajudavam. O passarinho no ninho mostrava o sentido da frase. Outros viajantes do grupo mostravam-se curiosos, vendo-o copiar as letras da cartilha. As palavras alertam, o exemplo arrasta. Começavam a comentar que, logo chegassem a Brasília, iriam procurar escola para aprender a ler.

Zé vibrou quando conseguiu ler no posto de gasolina: "E com S outro S e O". Aí gritou:

– *Genti, lá tá iscritu Esso, oceis sabi dissu?*

Alguém retrucou, zombando:

– *É não, Zé, tá iscritu issu* – e caiu na gargalhada.

Assim brincavam transmitindo o entusiasmo. Daí a dois meses, quando voltou à casa dos Paraíbas, Zé já conseguia ler algumas palavras.

Raimundinho vibrou. As lições continuaram até a partida do motorista. "A alfabetização dilata no homem a visão do mundo, abre-se a percepção, amplia-se a compreensão", pensava. A vida torna-se mais dinâmica, cheia de informações. O repórter lhe fala através das letras do jornal, o amigo pelas cartas manuscritas vindas de longe.

Quando via os sinais que formam "Mercearia São José", agora algo lhe falava:

– Aqui é a mercearia, Zé, ali adiante é o Açougue Pernambuco, mais longe está a Sorveteria do Aparecido.

Isso Zé Baiano explicava aos amigos animando-os a aprender também. Lendo, eles poderiam dilatar a própria percepção, as ideias se modificariam, aumentavam a autoestima, tornavam-se menos tímidos. O alfabetizado vive mais intensamente. "Quem não lê, mal enxerga, mal ouve, mal vê", o grupo aprendeu numa cartilha lida por Raimundinho.

Sabendo de tudo isso, minha equipe investiu todos os recursos possíveis para alfabetizar os candangos. "Eu quero saber mais, preciso aprender mais" era frase divulgada em Brasília, nas escolas de alfabetização de adultos, durante e após a construção. A família Paraíba, através da escola, começava a participar da vida da comunidade. Certa vez, a professora de Raimundinho, admirada com o rápido progresso do menino, decidiu visitar a família, estimulada pelas notícias do jovem 'professor' a respeito do grupo de estudos que haviam montado. Dona Odete, avisando com várias semanas de antecedência, chegou às dezenove horas de uma sexta-feira. Quando ela bateu a porta da kombi, na sala se ouviu um murmúrio de alegria. Ela chegou com um vestido azul, combinando com sua pele clara. Ao ver Iracema e Severino esperando à entrada do pequeno jardim salpicado de flores miúdas, abriu-se num sorriso. Iracema abraçou-a com carinho. Severino mostrava-se honrado:

– Obrigado pela visita, dona, nóis estamo muito feliz.

Os erros agora eram em menor número em cada frase. Ela notou-lhe o esforço para falar melhor. Ao entrar na sala a alegria explodiu nas palmas das cinco crianças. Raimundinho, tendo só a mão direita, batia a palma contra a tábua da mesa, provocando risos:

– Meu Deus, será que istou sonhando, minha querida professora na minha casa?

– Não está sonhando não, mocinho, é a Dona Odete da escola mesmo. Estou muito feliz por te ver no teu ninho...

Miguelzinho completou:

– *Sabi,* professora*, u cabrinha tá xique prá falá*. Parece *um professô; lá* na Paraíba ele falava assim não.

A gargalhada foi geral. Sobre a mesa, na frente de cada um, estavam os cadernos das lições que faziam juntos. Sob o olhar de Raimundinho, ficou a cartilha. Ela, muito alegre, após comer um pedaço de bolo de fubá e tomar limonada, percebeu que os cadernos continuavam abertos. Severino olhava nas folhas e depois na direção dela, como se pedisse uma aula. Ela observou que, pregada à parede, havia uma folha de papel de embrulho, bem larga, com mais de um metro de comprimento. Era daquelas que vinham em bobinas pesadas que se desenrolavam dos suportes nas lojas e armazéns. Uma caneta tipo pincel, azul escura, estava ali esperando. Ela entendeu e sorriu encantada. Olhou todos com simpatia, examinou caderno por caderno e começou a ensinar. Desenhava cada letra com clareza, como só as professoras dedicadas sabem fazer. Severino e Iracema escreviam com o máximo capricho o que ela apresentava. Ela ensinou por quase uma hora. Ao terminar, continuaram conversando.

Apareceu sobre a mesa um grande bule de alumínio cheio de café quente. Uma vizinha, sabendo da novidade, veio colaborar com a amiga Iracema.

Logo depois, outra mulher trouxe um cesto com bolinhos fritos. Eram mães cujos filhos aprenderam a ler com a professora. Nobre missão a de ensinar.

O motorista da perua quis aguardar no veículo. Foi chamado para dentro para participar do lanche. O bate-papo se alongava, a manhã seguinte era um sábado. Dona Odete orientou, esclareceu, aconselhou e pediu a Raimundinho sempre lhe informasse dos problemas com o aprendizado do grupo. Prometeu voltar. Já passava de onze horas quando ela deixou a casa, sob protestos das crianças. Severino e Iracema a acompanharam. Ele abriu a porta do veículo educadamente e a auxiliou subir. Quando bateu a porta, ouviu alguém gritar:

– Oh, Seu Severino, ispera um poco, nóis tem um presente prá dona Odete.

Ele aproximou-se com um vaso de barro onde cresciam seis dálias vermelhas. Era Rafael, um carpinteiro, cujo filho fora alfabetizado pela mestra. Explicou que aquelas flores foram cultivadas na hortinha da família. Sabendo da visita, apressaram-se a preparar o vaso. O presente estava coberto por papel de embrulho, amarelo escuro, com tiras vermelhas, cortadas com a tesoura. Em pedaço de cartolina em caligrafia clara, lia-se:

"Para minha professora, dona Odete, o amor de todos nóis. O alunu de sempre, Pedrinho Teixeira."

A professora, após ler a mensagem, procurou o moço que estava à distância, acanhado. Abraçou-o com carinho. Ele, emocionado, não conseguiu falar, daí pediu ao pai lhe entregasse as flores. Ele era gago ao entrar na escola. Ela, com carinho, o fez superar os problemas psicológicos, curando-lhe a fala.

Meus candangos sabiam agradecer os que os auxiliavam a viver melhor. Na pobreza deles, mostravam grandeza de alma, unidos, juntando migalhas de amor; faziam de reunião simples, uma festa para os corações. A união deles se via na alegria ou na dor, cada um colaborando com o que pudesse, assim a felicidade se espalhava. O Brasil caminha sob o olhar de Deus...

77. NASCEU BRASÍLIA, O BRASIL DA GRANDEZA

A alegria inundava os corações. Em Brasília, começava-se a respirar com um pouco de tranquilidade. As metas da construção, todas, eram atingidas. Os edifícios semeados no planalto altaneiro eram enormes diamantes lapidados pela arquitetura brasileira. Os candangos, engenheiros, técnicos, professores, comerciantes, pilotos, mateiros, administradores, políticos, todos transpiravam otimismo. Eles mostravam que o dever estava sendo cumprido. Faltavam apenas vinte e cinco dias para a inauguração da capital da esperança. O povo andava nas ruas recentemente construídas, passeava na esplanada dos Ministérios sorrindo uns para os outros, como se todos fôssemos uma família só. Para mim, de fato, nós somos.

A grandeza da pátria, demonstrada no esforço coletivo do povo brasileiro, inspirava a necessidade de amar e trabalhar pelo país. Planejavam-se festas todos os dias, a euforia aumentava. Os trabalhadores, cada qual no seu setor, dedicavam-se com esforço de gigantes para terminar as obras. Cada qual procurava dar o máximo de si. Alegrava-me ver os meus candangos “construtores de catedrais”, limpando as paredes pintadas; o capricho lembrava alguém acariciando a pessoa amada. Cada um se considerava responsável pela grandeza da nova capital, ninguém abria mão do direito de colaborar.

Os programas da inauguração eram aperfeiçoados para que a festa marcasse o acontecimento inesquecível da história do país. No dia 20 de abril, às onze horas da noite, após dez dias de trabalhos sem descanso, contemplei, do edifício do Senado que fui inspecionar, aquelas figuras magníficas e modernas como sonhos do futuro. Eu me deslumbrei. Aqueles perfis, criados por arquitetos geniais, encheram-me a alma de orgulho. Ali estava Brasília, a capital do Brasil, dos meus sonhos de brasileiro. As luzes brilhando contra o horizonte criavam quadros indescritíveis que me emocionaram. Pensei, rapidamente, em todos os obstáculos vencidos para ver aquele dia chegar festivo. Coloquei o rosto na palma das mãos e chorei. Estava exausto. Veladamente dona Sarah, a esposa preciosa, preparou dois médicos para me observarem. Ela temia, com razão, que o excesso de trabalho e emoções pudesse lesar-me o coração. Felizmente, eu chegava ao fim da obra com a saúde apenas, ligeiramente, abalada. Estava, porém, imensamente feliz: "alguns dias de repouso e tudo estará bem", pensei.

Naquele momento, talvez o mais importante da minha vida, elevei uma prece a dom Bosco, agradecendo-o. Lembrei-me quando, no início da obra, pedi-lhe proteção. Sentado ali, as mãos segurando a face, por entre os dedos, contemplei as vidraças faustosas do local onde despachariam os presidentes brasileiros através da história. Percebi que grossas lágrimas toldavam-me a visão. Foi-me impossível conter o pranto.

Poucos políticos no mundo tiveram a sorte de ser tão inspirados pelos céus quanto eu. "De Diamantina a Brasília", pensava soluçando baixinho, "como Deus me foi bom."

Lá em baixo, a multidão, vinda de todo o Brasil e outros países, começava a se juntar, aguardando a magnífica festa de luzes e cores que aconteceria após a meia-noite. Dirigi-me, então ao palácio do Planalto olhando aquelas belezas que nós, brasileiros, havíamos construído. Eram séculos de lutas e sacrifícios resumidos, ali, naquelas ruas, avenidas, edifícios, palácios, escolas, hospitais. Cada detalhe era mensagem da grandeza do país.

Oh, momentos sublimes, oh, dádivas celestes. As luzes começaram a dançar no céu, coloridas, enfeitando a paisagem. Holofotes do exército, da aeronáutica e da marinha, de longe, iluminavam mudando de posição as sombras dos edifícios distantes no horizonte. A multidão delirou em vivas e aplausos. Bandas militares começaram rufar os tambores – penetrávamos no dia 21 de abril de 1960. Parecia-me ouvir, na acústica da alma, a voz dos inconfidentes de Minas cantando, felizes, o hino nacional.

Será que a emoção profunda pode nos descortinar outras dimensões da vida? Senti ao meu lado, naquele instante, a figura estoica e digna de Tiradentes. "Meu Deus", pensei, "a emoção e o cansaço me descontrolaram". Ao pensar isso, parecia vê-lo sorrir, olhando tudo aquilo deslumbrado. "Santo Deus", falei comigo, "será que o amor à Pátria, permite a viagem através do vale da morte? Será possível ao patriota visitar o país pelo qual deu a vida? Poderia ele voltar para ver um momento culminante de festa? A verdade é que a data escolhida por nós foi totalmente aceita pelo Congresso. Nada mais justo do que homenagear os inconfidentes valorosos, dedicando-lhes, aos sonhos de liberdade, a capital da esperança."

As festas continuaram por muitos dias. Inaugurações se sucediam como avalanches de preciosas construções. Numa das solenidades, em frente ao palácio da Alvorada, enquanto eu falava para uma multidão, na praça à minha frente, vi duas figuras muito queridas no meio do povo. Era um homem baixinho de camisa amarelo-clara de mangas compridas, muito elegante, com calças azuis. Ao seu lado, ao sol da manhã, numa cadeira de rodas, um mocinho com um paletó cinza-claro. Reconheci logo. Era o paletó que eu havia dado a Severino para presentear o filho. Estava lá meu paletó estreito, comprado em Paris, cobrindo o peito do menino. Muito pano lhe sobrava, além dos ombros, as mangas eram bem mais longas que os braços, mas o sorriso, a alegria nos olhos, que eu vi brilhar de satisfação, faziam a cena comovedora. Ele percebeu que eu os olhava e sorriu inteligente.

O pai fez questão de pagar a promessa que me fez quando recebeu o presente. Isso me tocou, profundamente, o coração...

Esta edição foi impressa, em junho de 2015, pela Assahi Gráfica e Editora Ltda., São Bernardo do Campo, SP, sendo tiradas duas mil cópias, todas em formato fechado de 160x230 mm e com mancha de 126x196 mm. Os papéis utilizados foram o Off-set 63 g/m^2 para o miolo e o Cartão Supremo 300 g/m^2 para a capa. O texto principal foi composto em Times 11,5/13,8 e a nota de rodapé em 9,5/13,8, os títulos foram compostos em Apple Chancery 30/36. A programação visual de capa foi elaborada por Andrei Polessi e diagramação do miolo por Fernando Luiz Fabris.